법인관리, 세무컨설팅
이익배당, 핵심 세무
법인의 부동산 세무

경영정보사 편

◆ 제1부 법인설립 및 법인관리
◆ 제2부 이익배당, 주식이동·주식평가
◆ 제3부 법인의 핵심 세무
◆ 제4부 법인의 부동산 세무
◆ 제5부 법인 폐업, 해산·청산 실무

경영정보사

■ 저자 이진규 (약력)
(현)삼일인포마인 세무상담위원
　　　2015년 ~
(현)비즈폼, 이지분개 세무상담위원
　　　2005년 ~
(현)경영정보사 도서 집필 및 발간
(전)국세청 세무조사관

■ 저자 저서
세법의 가산세 & 세무조사
법인기업의 세무회계실무
세법의 가산세 및 세무회계실무
부가가치세 및 원천세 실무
세금개요 및 절세

법인관리, 세무컨설팅
이익배당, 핵심 세무
법인의 부동산 세무

2024년 1월 5일 재판 발행
저　　　자 : 이　진　규
발 행 인 : 강　현　자
발 행 처 : 경영정보사
신고번호 : 제2021-000026호

주　　　소 : 대구광역시 동구 동촌로 255
전　　　화 : 080 - 250 - 5771
홈페이지 : www.ruddud.co.kr
이 메 일 : lee24171@naver.com

정　　가　　26,000원

머리말

이 책은 상법의 규정에 의한 법인관리, 정관 작성, 주주총회 및 이사회를 개최하여야 하는 사안, 주주총회의사록, 이사회회의록의 작성, 등기부등본 기재사항의 변경에 대한 내용, 이사·감사의 선임 및 공증, 자본금 총액 10억원 미만 주식회사의 상법 적용 등에 대한 실무적인 내용과

주주명부 및 주권관리, 자본금 변동에 관한 내용 및 자본금 변동시 세무상 유의하여야 하는 사항, 가수금의 출자전환, 법인의 이익배당 및 배당과 관련한 세무실무, 비상장법인의 자기주식 취득과 관련한 세무 문제, 자기주식의 취득 및 매매와 관련한 회계처리, 주식 양도양수와 관련한 유의사항 및 세무신고 등의 업무에 관한 사항, 주식이동시 반드시 검토하여야 할 사항, 과점주주의 간주취득세 납부의무, 비상장주식의 평가 및 평가방법, 주식 또는 자산의 저가 및 고가양도에 대한 세무상 문제 등에 관한 내용을 수록하였습니다.

그리고 법인의 임원 급여, 상여금, 퇴직금 지급시 유의하여야 하는 상법 및 법인세법 규정, 법인의 임원에게 사업과 관련없는 가지급금 지급시 발생하는 세무상 문제, 임원 및 근로자 퇴직금 중간정산, 법인의 임직원 인적보험료 불입액에 대한 세무상 문제 등 법인기업의 세무와 관련하여 실무적으로 주의를 요하는 핵심적인 내용을 저자의 세무 상담 경험을 통하여 정리하였습니다.

특히 이 책은 세무리스크가 발생할 수 있는 까다로운 부분을 사례별로 예시를 들었으며, 업무적으로 실수할 수 있는 내용들을 수록하여 실무에서 유용하게 활용할 수 있도록 각고의 노력을 기울여 편집하였습니다.

끝으로 세무회계업무를 담당하시는 분들에게 본서가 유익한 참고자료가 되기를 간절히 바랍니다.

2023년 9월

이 진 규

법인관리, 법인 핵심 세무

제1부   법인설립 및 법인관리

제1부에서는 상법의 규정에 의한 법인관리, 정관 작성, 주주총회 및 이사회를 개최하여야 하는 사안, 주주총회의사록, 이사회회의록의 작성, 등기부등본 기재사항의 변경에 대한 내용, 이사·감사의 선임 및 공증, 자본금 총액 10억원 미만 주식회사의 상법 적용, 외부감사제도 및 감사임선임 등에 대한 실무적인 내용을 수록하였습니다.

제2부   자본관리 · 이익배당, 주식이동 · 주식평가

제2부에서는 주주명부 및 주권관리, 주식의 종류, 자본금 변동에 관한 내용 및 자본금 증자 및 감자시 세무상 유의하여야 하는 사항, 가수금의 출자전환, 법인의 이익배당 및 배당과 관련한 세무실무, 배당소득세 원천징수, 비상장법인의 자기주식 취득과 관련한 세무 문제, 자기주식의 취득 및 매매와 관련한 회계처리, 주식 양도양수와 관련한 유의사항 및 주식변동상황명세서의 작성제출, 주식이동시 반드시 검토하여야 할 사항, 지방세기본법과 상속세및증여세법의 특수관계자, 과점주주의 간주취득세 납부의무, 비상장주식의 평가 및 평가방법, 자산 및 부채의 종류별 평가, 주식평가와 관련하여 유의할 사항, 주식 또는 자산의 저가 및 고가양도에 대한 세무상 문제, 부당행위계산부인, 특수관계자와의 거래시 유의하여야 할 사항 등에 관한 내용을 수록하였습니다.

제3부　　　법인의 핵심 세무

제3부에서는 임원 급여, 상여금, 퇴직금 지급시 유의하여야 하는 상법 및 법인세법 규정, 법인의 임원에게 사업과 관련없는 가지급금 지급시 발생하는 세무상 문제, 임원 및 근로자 퇴직금 중간정산, 법인의 임직원 인적보험료 불입액에 대한 세무상 문제, 직원 경조사비 세무처리, 내일채움공제제도, 대손상각 및 대손세액공제, 국고보조금 세무회계 등의 내용을 수록하였습니다.

제4부　　　법인의 부동산 세무

제4부에서는 법인의 부동산 취득과 관련한 취득세 및 제세공과금에 대한 내용을 수록하였으며, 특히 대도시 법인의 취득세 중과세제도에 대하여 상술하였습니다.

그리고 법인의 부동산 보유에 대한 재산세, 종합부동산에 과세구조에 대하여 설명하여 두었으며, 또한 법인의 부동산 양도시 발생하는 세금구조 및 주택 및 비사업용토지의 추가 과세제도, 토지 및 건물 양도시 안분계산 등에 대한 내용을 자세히 수록하였습니다.

제5부　　　법인 폐업, 해산·청산 세무

제5부에서는 법인이 폐업하는 경우 상법 규정에 의한 해산·청산절차 및 세무상 주의하여야 할 내용등에 대한 실무적인 내용을 수록하였습니다.

목 차	법인관리, 세무컨설팅 **법인 핵심 세무**

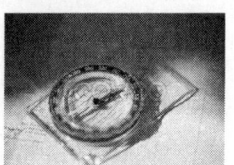

CONTENTS .....

제1부 법인설립 및 법인관리

제1장 법인 및 개인사업자 차이, 법인 설립 및 사업자등록

[1] 법인 및 개인사업자 세금 차이   3

❶ 법인 및 법인관리 개요   3
   법인 설립 이유   4
   주주명부 관리   4

❷ 법인과 개인사업자 차이   6
   장부 기장   6
   법인의 대표이사 또는 개인사업자의 회사 자금 입출금   7
   법인 대표이사 급여 및 주주   9
   개인사업자의 대표자 소득   9
   폐업 절차   10

❸ 개인사업자의 종합소득세   11
   분리과세 대상소득   11
   개인사업자의 사업소득에 포함하지 않는 소득   12
   개인사업자의 사업소득에 포함하여야 하는 소득   13
   종합소득세 신고시 사업소득과 별도로 합산하여야 하는 소득   13
   소득의 구분 및 종류   15
   종합소득세 과세표준 및 세율과 산출세액   15

❹ 법인 세금 16
　법인의 소득 계산 16
　신설 법인의 사업연도 17
　신설 법인의 법인세 계산 17
　법인세 계산 요약 18
　실질과세 19

[2] 법인 설립 및 사업자등록

❶ 법인의 주식, 자본금 20
　주식회사의 자본금 20
　상장법인과 비상장법인 20

❷ 비상장법인 설립 절차 및 등기 21

❸ 법인설립 23

제2장　법인 등기부등본 변경 의무

[1] 법인 등기부등본 24

❶ 개요 24

❷ 법인 등기부등본의 등기사항 25

[2] 법인 등기부등본 변경 등기 31

❶ 대표이사 및+ 이사·감사 변경 및 변경 등기 절차 31

❷ 대표이사 주소변경 및 변경 등기 절차 37

❸ 법인 상호 변경 몇 변경 등기 절차 38

❹ 자본금 변경 등기 40

❺ 기타 법인등기부 등본 변경 41

■ 변경등기를 상법에 정한 기한내에 하지 못한 경우 과태료 44

제3장 법인 정관이란 무엇이며, 정관 변경은 언제하는가?

[1] 법인 정관   45

❶ 정관이란?   45
❷ 정관의 절대적 기재사항   46
❸ 정관의 상대적 기재사항   47
❹ 임의적 기재사항   51

[2] 정관 변경   52

❶ 개념   52
❷ 정관변경 절차   52
❸ 정관 변경   53
    법인세법 중 정관의 규정을 필요로 하는 내용   55

제4장 주주총회 또는 이사회는 어떤 경우에 개최하여야 하는가?

[1] 이사, 대표이사, 감사   57

❶ 이사, 대표이사, 사외이사 선임 등   57
❷ 감사 선임 등   61

[2] 주주총회   65

❶ 개요   65
    정기주주총회 및 임시주주총회   65
❷ 주주총회 보통결의사항   66

❸	주주총회 특별결의사항	66
❹	주주총회 소집·결의절차 및 의사록 작성 사례	67
	주주총회 의사록 작성 사례	68
	정기주주총회 의사록	70
	임시주주총회 의사록	72
	정기주주총회 소집통지서	73
	임시주주총회 소집통지서	74
	임시주주총회 참석장	75

[3] 이사회 76

❶	개요	76
❷	이사회 구성 (상법 제383조)	76
❸	이사회의 권한 및 결의사항	76
❹	이사회 소집 및 결의절차	79
	이사회 소집통지서	80
	이사회 의사록	81
	정관의 정함 및 주주총회 또는 이사회 결의를 거쳐야 하는 사안 요약	82
	집행임원제도	83

[4] 주주총회 및 이사회의사록 공증 및 등기부 변경 84

❶	개요	84
❷	공증을 받아야 하는 주주총회 및 이사회의사록	85
	정관 변경 및 주주총회의사록 또는 이사회의사록 공증	85
	주주총회의사록 또는 이사회의사록 공증 및 법인 변경등기	87
❸	공증을 받지 않아도 되는 주주총회 및 이사회의사록	90

[5] 자본금 총액 10억원 미만 주식회사의 상법 적용 91

❶	개요	91
	이사의 인원	91

감사	91
자본금납입금의 증명	91
주주총회 소집통지 간소화	91

❷ 이사회 결의사항을 주주총회의 결의로 하는 경우   92

❸ 이사회 결의가 있는 때 → 주주총회 소집이 있는 때   97

❹ 상법의 규정이 적용되지 않는 사항   98

❺ 대표이사, 이사가 이사회의 기능을 담당하는 사항   100

제5장 외부감사제도 및 감사인 선임

[1] 외부감사제도 및 외부감사대상법인   102

❶ 외부감사제도   102

❷ 외부감사 대상법인   102

❸ 연도별 외부감사 대상법인   104

❹ [신설] 외부감사인 선임규정 및 평가기준   105

❺ 감사인을 선임하지 않은 경우 제재 조치   106

❻ 감사의견   107

[2] 비상장법인 감사인 선임 및 보고   108

❶ 감사 또는 감사인선임위원회 승인   108

❷ 사업연도 개시 후 4개월 이내 외부감사인 선임   108

❸ 정기총회 보고   108

❹ 금융감독원 보고   109

제2부 자본관리 · 이익배당, 주식이동 · 주식평가

제1장 주주명부, 주권 관리 및 주식 종류

[1] 주주명부 및 주권　　　　　　　　　　　　　　113

❶ 개요　　　　　　　　　　　　　　　　　　　　113

❷ 주주명부 기재사항 및 작성　　　　　　　　　　113

❸ 주식　　　　　　　　　　　　　　　　　　　　116

[2] 주식 종류　　　　　　　　　　　　　　　　　117

❶ 개요　　　　　　　　　　　　　　　　　　　　117

❷ 주식 종류　　　　　　　　　　　　　　　　　　117
　　보통주　　　　　　　　　　　　　　　　　　　117
　　우선주　　　　　　　　　　　　　　　　　　　118
　　상환우선주와 전환우선주 비교　　　　　　　　118
　　상환주식　　　　　　　　　　　　　　　　　　119

제2장 자본금 증자 또는 감자 및 세무상 유의할 사항

[1] 자본금 증자　　　　　　　　　　　　　　　　120

❶ 유상 증자　　　　　　　　　　　　　　　　　　120
　　실권주 처리　　　　　　　　　　　　　　　　　122
　　유상증자 절차　　　　　　　　　　　　　　　　123
　　자본금 증자 등기시 필요서류　　　　　　　　　127

❷ 무상증자　　　　　　　　　　　　　　　　　　　128
　　무상증자 절차　　　　　　　　　　　　　　　　128
　　무상증자 등기　　　　　　　　　　　　　　　　129

[2] 자본금 증자시 유의하여야 할 사항 131

❶ 불균등증자시 증여세 과세 131
  주식의 저가 발행 및 증여세 132
  주식의 고가 발행 및 증여세 135

❷ 자본금 증자와 관련한 세무실무 137
  주식변동상황명세서 제출 137
  과점주주가 되는 경우 취득세 신고 및 납부 137
  무상증자시 배당소득세 원천징수 137

❸ 자본금 증자 회계처리 138

[3] 가수금의 출자전환 140

❶ 개요 140

❷ 가수금 출자전환 등기절차 142

❸ 가수금 출자전환의 세무상 문제 143
  시가가 아닌 금액으로 출자전환한 경우 세무상 문제 등 144
  가수금의 출자 전환시 기타 유의사항 등 149

[4] 자본금 감자 150

❶ 유상 감자 및 무상 감자 150

❷ 자본금 감자 등기 151

❸ 감자에 따른 의제배당 152

❹ 자본금 감자 회계처리 153

제3장 법인의 이익 배당 및 배당 관련 세무실무

[1] 법인의 주주에 대한 이익배당 154

❶	이익배당	154
	이익의 배당과 관련한 상법규정	155
❷	중간배당	159
❸	이익잉여금 처분	161
❹	이익잉여금처분계산서	162
◨	배당금 지급 회계처리 사례	163

[2] 배당과 관련한 세무실무 166

❶	배낭소득세 원천징수	166
	이익잉여금을 자본금으로 전입하는 경우의 세무적인 문제	167
	배당권리 포기	167
	배당소득세 원천징수영수증 발급 및 제출	170
❷	배당소득 분리과세 및 종합과세	170
	종합과세되는 배당소득의 배당세액공제	171
	금융소득금액이 2천만원을 초과하는 경우 산출세액의 계산특례	171

제4장 비상장법인의 자기주식 취득 관련한 세무 문제

[1] 자기 주식 취득 목적 및 취득 유형 173

❶	개요	173
❷	자기주식 취득 목적	174
❸	자기주식 취득 유형 및 절차	175
	매매 목적의 자기 주식 취득	175
	주주총회의 결의	176
	배당가능이익으로 자기주식 취득	176
	균등취득	176
	자기주식 취득과 관련한 상법 규정	176
	자본금 감소를 위한 자기주식 취득	176
	특정 목적에 의한 자기주식 취득	177

[2] 비상장법인의 자기주식 거래와 조세 문제 — 178

❶ 개요 — 178
   법인이 주식을 매매 목적으로 매입하는 경우 — 178
   법인이 자본금 감자 목적으로 주식을 매입하는 경우 — 178
   매매 목적과 감자 목적 구분 기준 — 179

❷ 자기주식 취득의 세무상 문제 — 181
   자기주식을 장기 보유하는 경우 — 181
   법인의 주주가 출자지분의 반환을 청구하는 경우 — 181
   가지급금을 줄이기 위하여 자기주식을 취득한 경우 문제 — 181
   비상장법인 자기주식 취득시 세무리스크 예방을 위한 조건 — 184
   시가보다 높거나 낮은 금액으로 매입하는 경우 세무상 문제 — 185
   자본금 감자를 위하여 자기주식을 취득하는 경우 세무상 문제 — 186

❸ 주식을 당해 법인에 매도하는 경우 세무신고 등 — 187

[3] 자기주식 관련 회계처리 — 189

❶ 매매목적인 경우 — 189

❷ 소각목적인 경우 — 190

❸ 자기주식과 관련한 일반기업회계기준 — 192

제5장 주식 양도양수와 관련한 유의사항 및 세무신고 등

[1] 주식양도양수(비상장법인) — 193

❶ 주식양도양수 계약서 작성 — 193

❷ 증권거래세 신고 및 납부 — 193

❸ 양도소득세 신고 및 납부 — 195

❹ 주식등변동상황명세서 제출 — 197

❺ 신설법인의 주주등의 명세서 제출 — 198

[2] 주식 이동시 반드시 검토할 사항　　　　　　　　　**199**

❶ 과점주주의 국세 제2차 납세의무　　　　　　　　　199

❷ 과점주주의 취득세 납세의무 등　　　　　　　　　　202
　과점주주 지분 변동에 대한 취득세 과세 대상 여부　　203
　과점주주의 취득세 과세표준　　　　　　　　　　　　204

[3] 지방세기본법의 특수관계자　　　　　　　　　　**206**

❶ 개요　　　　　　　　　　　　　　　　　　　　　　206

❷ 지방세법상 과점주주 개념 및 특수관계자　　　　　206

❸ 간주 취득세 과세표준　　　　　　　　　　　　　　210

❹ 간주 취득세와 관련한 사례　　　　　　　　　　　　211

❺ 상증법의 특정주주 및 임직원간 특수관계자 여부　　215

제6장　비상장주식 평가 및 평가방법

[1] 비상장주식 평가　　　　　　　　　　　　　　　**216**

❶ 개요　　　　　　　　　　　　　　　　　　　　　　216

❷ 상증법에 의한 비상장법인 주식 평가　　　　　　　217

❸ 1주당 순손익가치 계산　　　　　　　　　　　　　220

❹ 1주당 순자산가치　　　　　　　　　　　　　　　　227

[2] 주식 평가와 관련하여 유의할 사항　　　　　　**230**

❶ 주식 평가액의 할증　　　　　　　　　　　　　　　230
❷ 부동산 과다 보유법인의 평가액　　　　　　　　　　232

❸ 각 사업연도 소득금액이 변동된 경우	232
❹ 사업개시일부터 3년 미만인 경우	233
❺ 추정 이익의 계상	233

[3] 상증법에 의한 자산 및 부채 종류별 평가   235

❶ 유동자산	235
❷ 비유동자산(유형자산)	237
❸ 비유동자산(무형자산)	241
❹ 부채	244
■ 기타 자산 평가시 유의할 사항	245

제7장 주식 또는 자산의 저가양도에 대한 세무적 문제

[1] 부당행위계산부인   248

❶ 개요	248
❷ 부당행위계산부인 사례	252

[2] 특수관계자인 개인에게 저가 양도   255

❶ 증여세 분야	255
❷ 양도소득세 분야	259
❸ 비상장주식 저가양도시 세무리스크 및 결정 사례	260

[3] 개인이 특수관계자인 법인에게 저가 양도   263

❶ 개요	263
❷ 양도소득세 분야	263
❸ 상속세 및 증여세 분야	264

[4] 특수관계자 외의 거래와 부당행위계산부인   266

❶ 특수관계인간의 거래가 아닌 경우 증여세 과세기준	266
❷ 정상가액 이하 거래에 대한 세무리스크 및 결정 사례	267

제3부 법인의 핵심 세무

제1장 특수관계자 가지급금 및 사적비용의 세무상 문제

[1] 가지급금   271

❶ 개요   271
❷ 가지급금의 범위   272
❸ 가지급금 인정이자 계산   273
❹ 가지급금인정이자 세무조정 및 소득처분   276

[2] 지급이자 손금불산입   279

❶ 개요   279
❷ 채권자 불분명 사채이자   279
❸ 지급받은 자가 불분명한 채권·증권이자   279
❹ 건설자금이자   280
❺ 업무무관 자산 등에 대한 지급이자 손금불산입   280

[3] 임원 사적비용의 세무문제   283

❶ 법인카드를 임원 개인용도로 사용한 경우   283
❷ 임원 및 임원자녀 대학·대학원 학비 지원금   283

제2장 법인의 임원 급여 및 상여금의 세무상 문제

[1] 임원 급여   286

❶ 상법 규정   286
❷ 법인세법 규정   287
❸ 세무상 문제   287
❹ 임원 급여를 적법하게 지급하는 방법   288
❺ 임원 급여 인상시 유의할 사항   289

[2]   임원상여금   290

❶ 상법 규정   290
❷ 법인세법 규정   290
❸ 세무상 문제   291
❹ 임원 상여금을 적법하게 지급하는 방법   292

제3장   임원 퇴직금 세무상 문제

[1]   법인의 임원   294

❶ 세법 규정   294
❷ 상법 규정   295
❸ 근로기준법 해석 기준   296

[2]   임원퇴직금 무엇이 문제인가?   298

❶ 개요   298
❷ 임원 퇴직금한도액   298
❸ 임원 퇴직금의 정관 위임 및 주주총회 결의   300
❹ 퇴직금 배수 또는 누진율 적용 및 추가 보수 지급   301
❺ 확정급여형퇴직연금(DB)의 손금산입   305
❻ 임원 확정기여형퇴직연금   306

[3]   임원 및 근로자 퇴직금 중간정산   306

❶ 개요   306
❷ 임원 퇴직금 중간정산   306
❸ 근로자 퇴직금 중간정산   308

제4장   법인의 임직원 인적보험료 불입액에 대한 세무상 문제

[1]   보험 가입전 알아두어야 할 사항   309

❶ 보험 용어   309

❷ 보험의 종류 312
❸ 변액보험 및 변액연금보험 314

[2] 보험료 세무회계 317

❶ 개요 317
❷ 회사가 부담한 보험료의 세무회계 처리 317
❸ 보험금 수입에 대한 세무회계 325

제5장 법인의 핵심 세무실무

[1] 종업원 선물, 포상금, 경조사비 등 326

❶ 종업원 선물 326
❷ 종업원 경조사비 327
❸ 종업원 공로금, 상금 및 경품 328
❹ 종업원 포상금 329
❺ 근로제공외 인적용역을 제공하는 경우 소득구분 330
❻ 자사제품 등의 종업원에 대한 할인판매 331
❼ 부서단위로 지급하는 성과상여금의 소득세 원천징수 332
❽ 선택적복지제도 운영에 따른 소득세 과세여부 333

[2] 대손상각 및 대손세액공제 334

❶ 대손상각 334
   거래처가 폐업한 경우 대손상각 337
   소멸시효 완성에 의한 대손상각 339
   부도어음 대손상각 343
   장기 미회수채권 정리 344
❷ 수출과 관련한 매출채권의 대손처리 346
❸ 대손세액공제 348

[3] 국고보조금 세무회계 354

[4] 2023년 주요 개정 세법 364

제4부 법인의 부동산 세무

제1장 법인의 부동산 취득 및 양도 세무

[1] 부동산 취득 관련 제비용 및 회계처리 — 373

❶ 부동산 취득과 관련한 세금 및 제비용 — 373

❷ 부동산 취득과 회계처리 — 377

[2] 법인의 대도시 취득세 중과세 — 384

❶ 개요 — 384

❷ 과밀억제권역에서 본점 신축 또는 증축 취득세 중과세 — 385

❸ 대도시내 부동산 취득 및 중과세 — 389

❹ 공장의 취득세 중과세 — 399

❺ 취득세가 중과세되는 경우 신고 및 납부 — 401

[3] 재산세 및 주민세 재산분 — 403

❶ 재산세 — 403

❷ 주민세 — 407
　주민세 사업소분 — 407
　주민세 종업원분 — 410

[4] 종합부동산세 과세대상 및 신고·납부 — 412

❶ 종합부동산세 개요 — 412

❷ 종합부동산세 납세의무자 및 과세대상 — 413

❸ 종합부동산세 과세표준 및 세율	414
❹ 종합부동산세 고지 및 납부	417
❺ 종합부동산세 합산대상에서 제외되는 주택	418
합산배제 사원용주택 등	419
합산배제신고를 하지 못한 경우	420

[5] 법인의 주택 취득·보유·양도 개정 세법   421

❶ 개요	421
❷ 법인의 주택 취득·보유·양도에 대한 세법 개정 내용	421

제2장 법인의 부동산 양도와 세무

[1] 법인의 부동산 양도와 법인세   423

❶ 개요	423
❷ 법인세 과세표준	423
❸ 법인세 산출세액 계산	424
법인세 산출세액 = 과세표준 × 법인세율	424
토지등 양도소득에 대한 과세특례	424

[2] 추가 과세 대상 주택 및 비사업용토지   425

❶ 주택 추가 과세 및 기숙사, 사택	425
추가 과세 대상 주택	425
추가 과세 대상이 아닌 주택	426
기숙사 및 사원 주거용 주택 세무실무	426
❷ 비사업용토지	430
❸ 토지와 건물 일괄 공급시 과세표준 안분계산	432

제5부 법인 폐업, 해산·청산 실무

제1장 법인 폐업 및 해산·청산

❶ 법인 폐업 신고 437

❷ 주식회사의 해산 및 청산 절차 439

제2장 법인 폐업 세무실무

❶ 폐업시 재고재화 과세 및 부가가치세 신고·납부 443

❷ 법인 폐업 및 청산시 법인세 신고·납부 447
　청산소득금액 계산 및 회계처리 457
　폐업신고만 하고 청산신고를 하지 않은 경우 세무문제 459
　폐업한 법인의 가지급금 문제 461

❸ 의제배당 및 배당소득 원천징수 462

❹ 퇴직소득 및 근로소득신고와 연말정산 464

❺ 4대보험 정산 및 사업장 탈퇴신고 466

개정 세법 등 확인

[1] 2023년, 2024년 개정 세법 내용, 도서 수정사항 및 업무 참고자료는 경영정보사 홈페이지(경영정보문화사 자매회사)에 확인할 수 있습니다.
[2] 경영정보사 홈페이지 접속 방법
1. www.ruddud.co,kr
2. 네이버, 구글 등에서 '경영정보사' 검색

1

상법과 법인관리

1. 법인 및 개인사업자 차이 법인 설립 및 사업자등록

1 법인 및 개인사업자 세금 차이

❶ 법인 및 법인관리 개요

1 법인

[1] 법인 등기

법인사업자란 사업의 주체가 대표이사 개인이 아니라 상법상 등록된 법인이 법률상 모든 권리.의무의 주체가 된다. 따라서 법인으로 사업을 하고자 하는 경우 반드시 정관을 작성하여야 하며, 법인등기를 하여야 한다.

[2] 법인 주주 및 배당

영리를 목적으로 하는 법인사업자의 경우 사업을 하기 위하여 자본금이 필요하며, 이 때 자본금을 출자하는 자가 주주(자본주)인 것이다. 그러므로 주주는 경영자가 아니라 사업자금을 출자한 자에 불과한 것으로 법적인 절차에 의하여 경영자로 선임된 경우를 제외하고는 사업에 참여할 수 없다.

다만, 출자자(주주)는 법인이 사업을 잘 운영하여 이익이 발생할 시 법인의 이익 중 일부를 배당이라는 형태로 출자에 대한 이익을 얻게 되는 것이다.

[3] 법인 설립 이유

우리나라 대다수 중소기업의 경우 위와 같은 형태로 법인을 운영하는 경우는 드물며, 현실은 법인이라는 형태만 갖추고 있을 뿐이며 개인기업과 같이 법인을 설립한 자가 경영자이며, 사실상 최대주주로서 개인기업과 유사한 형태로 운영되고 있는 실정이다. 그럼에도 불구하고 사업자들은 왜 법인형태의 기업을 선호하는가 하면, 다음의 사유로 법인체로 사업을 운영하고자 하는 것이다.

① 주식회사라는 상호를 사용함으로서 대외적인 공신력이 있다고 생각한다.
② 일부 업종(특히 건설업)의 경우 법인사업자로 등록되어야만 공사입찰, 납품 등에서 유리한 조건으로 작용할 수 있다.
③ 세법상 개인사업자에 비하여 상대적으로 소득에 대한 세율이 낮다.
④ 세금을 체납할 시 납부하지 못한 세금에 대하여 개인사업자의 경우 사업자 본인이 무한책임을 져야 하나 주식회사인 법인사업자의 경우에는 출자형식상(주주명부상) 최대주주와 그와 특수관계자가 보유한 주식금액(출자금액)이 50% 이하인 경우 대표이사의 개인재산은 강제적인 세금 징수가 불가능하다.

2 법인관리 개요

[1] 법인등기 사항의 변경 등기의무 (법원 등기소)

법인등기 사항의 변경(사업의 목적 변경, 자본금 총액, 발행할 주식의 총수, 본점 이전, 지점 설립, 이사감사의 변경, 대표이사 주소변경, 상호변경 등)이 있는 경우 2주내에 변경등기를 하여야 하며, 변경등기를 상법에 정한 기한내에 하지 못한 경우 상법 제635조에 의하여 500만원 이하의 과태료가 부과될 수 있으므로 주의를 하여야 한다.
<상세 내용> (본문) 법인 등기부등본 변경 등기

[2] 주주명부 관리

법인의 주식 소유자는 매우 중요한 문제이다. 그런데 비상장법인의 주식은 법인 설립시 또는 자본금 증자시 주주에게 교부하고, 이후 주주간에 양도양수를 할 수 있다. 한편, 주주명단은 정관이나 법인등기부등본에 등재되는 것이 아니므로 관리상 문제가 발생할 수 있으므로 반드시 주주명부를 작성하여 회사에 보관하여야 한다.

주주명부에는 ①주주의 성명과 주소 ②주주별 주식의 종류와 수 ③주권을 발행한 때에는 그 주권의 번호 ④주식의 취득년월일을 기재하여야 하되, 특정한 양식은 없으나 다음 양식을 참고하여 주주명부를 작성하여 두면 된다.

주 주 명 부

년 월 일 현재

성 명	주 소	주권번호	주 식 수	비율(%)
주민등록번호	취득연월일	1주 금액	출자금액	비 고
합 계				

상 호:
대 표 이 사:
주 소:

[3] 주주등의 명세서 제출 (관할 세무서)

법인을 등기한 후 법인사업자등록시 주주등의 명세서를 제출하여야 하며, 제출하지 않는 경우 주식 등의 액면금액의 0.5%를 가산세로 부담하여야 한다.
<상세 내용> (본문) 신설법인의 주주등의 명세서 제출

[4] 주주등변동상황명세서 제출등 (관할 세무서)

1) 자본금 변동이 있는 경우 법인 등기부등본 변경 등기 및 법인세 신고시 주식변동상황명세서를 제출하여야 하며, 주식변동상황명세서를 제출하지 않는 경우 변동된 주식가액의 1%를 가산세로 부담하여야 한다.
2) 법인장부에 자본금 변경에 대한 내용을 정리하여야 한다.
<상세 내용> (본문) 주식양도양수

♣ 주주등의 명세서 주주등변동상황명세서 양식
☐ 국세청 홈페이지 → 국세청책제도 → 세무서식

❷ 법인과 개인사업자 차이

[1] 사업자등록
1) 법인은 앞에서 살펴본 바와 같이 상법의 규정에 의하여 법인 설립등기를 한 후에 사업자등록을 할 수 있다.
2) 개인사업자는 특별한 절차를 필요로 하지 않는다. 다만, 인허가를 요하는 사업의 경우 인허가를 먼저 받은 이후 사업자등록을 할 수 있다.(통신판매업의 경우 사업자등록 이후에 통신판매업 신고를 할 수 있음)

[2] 장부 기장
1) 법인은 법인의 자산, 부채, 자본 증감 및 수익, 비용 거래에 대하여 반드시 복식부기장(차변 / 대변 형식)을 하여야 한다. 복식부기 기장은 세무회계에 대한 전문적인 교육을 받은 경우가 아니면, 어려우므로 사업 시작 시점부터 세무사사무소에 장부기장을 맡겨야 한다.
2) 개인사업자의 경우 최초 과세연도 소득은 추계(수입금액 × 국세청에서 정한 단순경비율)에 의하여 계산하여 본인이 종합소득세를 신고할 수 있을 것이나 다음연도 이후의 수입금액이 아래 기준금액을 초과하는 경우 복식부기 기장을 하여야 하므로 세무사사무소에 장부기장을 맡겨야 한다.

▣ (개인사업자) 복식부기대상자 [직전연도 수입금액이 아래 금액 이상인 사업자]
▶ 직전연도 수입금액은 연간으로 환산하지 않음

업 종 별	기준금액
가. 농업·임업 및 어업, 광업, 도매 및 소매업(상품중개업 제외), 부동산매매업, 그 밖에 나목 및 다목에 해당되지 아니하는 사업	3억원
나. 제조업, 숙박 및 음식점업, 전기·가스·증기 및 공기조절 공급업, 수도·하수·폐기물처리·원료재생업, 건설업(비주거용 건물 건설업은 제외), 부동산 개발 및 공급업(주거용 건물 개발 및 공급업에 한정), 운수업 및 창고업, 정보통신업, 금융 및 보험업, 상품중개업	1억5천만원
다. 부동산임대업, 부동산업(부동산매매업은 제외), 전문·과학 및 기술서비스업, 사업시설관리·사업지원 및 임대서비스업, 교육서비스업, 보건업 및 사회복지서비스업, 예술·스포츠 및 여가 관련 서비스업, 협회 및 단체, 수리 및 기타 개인서비스업, 가구내 고용활동	7천500만원

[3] 법인세 신고납부 및 종합소득세 신고납부

1) 법인은 1사업연도 기간 (12월말 법인의 경우 1. 1 ~ 12. 31)동안의 사업 활동 결과 발생한 법인소득에 대하여 법인세율을 곱하여 계산한 산출세액에서 각종 감면세액을 공제한 결정세액을 다음 해 3월 31일까지 법인의 본점소재지를 관할하는 세무서에 납부하여야 한다.
2) 개인사업자는 과세기간(1. 1 ~ 12. 31) 동안의 사업활동 결과 발생한 소득에 대하여 다음해 5월 31일까지 관할세무서에 신고.납부하여야 한다.

[4] 법인의 대표이사 또는 개인사업자의 회사 자금 입출금

법인은 상법상 하나의 독립된 경제주체로서 대표이사의 개인소유가 아니다. 따라서 법인의 대표이사 등이 법인자금을 사적용도로 인출하여 가는 경우 사업과 무관한 지출로 보아 법인이 대표이사 등에게 자금을 대여한 것(가지급금)으로 보게 된다.

법인 자금을 대표이사 등이 무상으로 사용하는 경우 당좌대출이자율(2022년 4.6%) 또는 법인이 금융기관 등으로부터 금전 등의 차입에 대한 이자율 상당액(인정이자)을 법인의 소득에 추가(익금산입)하여 법인세를 추가 부담하여야 하며, 인정이자를 법인 대표이사 등의 근로소득으로 처분을 하여 대표이사 등은 근로소득세를 추가로 부담하여야 하는 문제기 발생하게 되므로 대표이사 등에게 법인 자금을 사적용도로 지급하지 않도록 하여야 하며, 부득이한 경우에도 최소화 하여야 할 것이다.

한편, 법인의 대표이사가 주주이고, 사실상 법인을 지배하고 있더라도 법인자금은 정당한 절차(급여지급, 배당금 지급 등)를 거쳐 지급을 하여야 한다. 반면, 개인사업자는 사업과 관련한 소득에 대하여 종합소득세만 정당하게 신고하는 경우 회사자금의 입출금이 자유로우며, 세무상 특별한 문제가 발생하지 않는다.

[5] 법인의 대표이사 또는 개인사업자의 대표자 변경

1) 법인의 대표이사는 이사회의 결의에 의하여 변경할 수 있으며, 대표이사를 변경하는 경우 법인 등기부등본 변경등기를 하여야 한다.
2) 개인기업의 대표자는 변경할 수 없으며, 대표자를 변경하는 경우 폐업후 사업자등록을 다시 하여야 한다.

[6] 법인의 자본금과 개인사업자 자본금

1) 법인의 자본금(주주의 출자금)은 정관에서 정한 자본금 범위내에서 자본금으로 출자한 금액(통상 100만원 이상)은 법인등기부등본에 등기를 하여야 하며, 자본금을 증액하거나 감액하는 경우 변경등기를 하여야 한다.

□ 상법 제329조(자본금의 구성) -요약-
① 회사는 정관으로 정한 경우에는 주식의 전부를 무액면주식으로 발행할 수 있다.
② 액면주식의 금액은 균일하여야 한다.
③ 액면주식 1주의 금액은 100원 이상으로 하여야 한다.

▶ 법인의 가지급금 및 가수금
1. 법인의 내표이사 등에게 법인자금을 일시 대여하거나 사적 용도로 지급하는 경우 가지급금으로 처리를 한 후 회수하여야 하며, 회수되지 않은 가지급금에 대하여는 회수될 때까지 관리를 하여야 한다.
2. 법인의 자금 부족등으로 대표이사 등이 개인돈을 법인에 입금한 경우 가수금으로 처리한 후 변제를 하거나 가지급금이 있는 경우 가지급금과 상계처리한다.

2) 개인기업의 사업주가 회사 자금을 가져가거나 또는 사업주 본인의 돈을 입금하는 경우 인출금으로 처리한 후 인출금 잔액은 회계기말에 자본금으로 대체처리를 하여야 한다.

1. 대표자가 회사 자금을 인출하여 감 → (인출금 2000 / 보통예금 2000)
2. 대표자가 본인 자금을 입금함 → (보통예금 1000 / 인출금 1000)
3. 회계기말 → (자본금 1000 / 인출금 1000)

[7] 소득의 귀속

1) 법인의 경우 사업을 영위하여 얻은 소득은 법인의 소득이 되어 법인의 순자산이 증가하게 된다. [이익 발생 → 순자산(자산 - 부채) 증가]
2) 개인사업자의 경우 사업을 영위하여 얻은 소득으로 증가한 순자산은 사업주 본인 것으로 특별한 절차 없이 인출하여 가져갈 수 있다. 단, 사업소득으로 발생한 이익에 대하여 종합소득세는 신고 및 납부하여야 한다.

[8] 법인 대표이사 급여 및 주주

1) 법인의 대표이사는 법인의 경영자로서 주주총회의 승인을 받아 임명되며, 대표이사는 정관의 규정 등에 의하여 급여를 지급받게 되며, 대표이사가 법인으로부터 받는 급여는 근로소득에 해당하므로 법인에서 대표이사에게 급여 지급시 간이세액표에 의하여 근로소득세 및 지방소득세를 원천징수하여 납부하여야 하며, 다음해 2월말일까지 연말정산을 한 후 3월 10일까지 연말정산에 대한 지급명세서를 관할세무서에 제출하여야 한다.

법인의 대표이사는 법인의 경영자로서 주주가 아니더라도 주주총회의 승인을 받아 대표이사가 될 수 있다.

2) 법인의 주주는 법인에 자본금을 출자한 자로서 법인이 사업을 영위하여 이익이 발생하게 되면, 주주총회의 결의를 거쳐 주주는 배당금을 지급받게 된다. 법인이 주주에게 배당금을 지급하는 경우 배당소득세(배당금의 14%) 및 지방소득세(배당소득세의 10%)를 원천징수하여 신고 및 납부하게 되므로 배당소득이 발생하는 경우 주주는 15.4%의 세금을 부담하게 된다.

단, 연간 금융소득(이자소득 + 배당소득)이 2천만원을 초과하게 되면, 종합소득세 신고를 하여야 하며, 소득이 많은 경우 최대 45%(지방소득세 4.5% 별도)의 세율로 계산한 소득세를 부담하여야 한다.

3) 비상장법인의 경우 통상 법인의 최대주주가 대표이사를 맡게 되며, 이 경우 법인으로부터 대표이사로서 급여를 받을 수 있고, 또한 주주로서 배당금을 지급받을 수 있다.

[9] 개인사업자의 대표자 소득

1) 개인사업자는 본인의 사업소득(총수입금액 - 필요경비)에 대하여 종합소득세를 신고 및 납부하여야 하며, 개인사업자가 종합소득에 합산하여야 하는 다른 소득이 있는 경우 종합소득세 신고시 그 소득을 합산하여 신고 및 납부를 하여야 한다.
따라서 개인사업자는 법인과 달리 사업장으로부터 급여를 지급받을 수 없으며, 급여 명목으로 지급한 금액은 사업자의 필요경비에 해당하지 아니하므로 자본금의 감소(인출금 / 보통예금)로 처리를 하여야 한다.

[10] 법인세 및 사업소득에 대한 종합소득세 부담

1) 법인의 경우 법인 소득에 대하여 법인세를 개인사업자는 사업소득에 종합소득세를 부담하여야 하는데 법인세율(10% ~ 22%)이 종합소득세 관련 기본세율(6% ~ 45%)보다 낮으나 세금 부담의 유불리는 소득 조건, 사업자의 개인 조건 등에 따라 현저히 달라지게 되므로 세율에 의한 단순원리로 판단할 수는 없다.

개인사업을 영위하다 세금 부담이 많아지게 되는 경우 법인으로 전환을 할 수 있으므로 사업 초기 법인으로 하여야 하는 특별한 사정이 없는 한 개인사업자로 사업자등록을 하면 될 것이다.

[11] 폐업 절차

1) 법인은 부가가치세법의 규정에 의하여 관할 세무서에 폐업을 하더라도 법인 실체가 없어지는 것이 아니며, 상법에 의한 해산등기 및 청산종결등기를 하여야 법인은 완전히 없어지게 된다.
2) 개인사업자가 폐업하는 경우 관할 세무서에 폐업신고서를 제출함으로서 사업장은 폐업이 된다.

❸ 개인사업자의 종합소득세

1 개요

[1] 종합소득세

사업소득이 있는 거주자의 경우 반드시 종합소득세 신고를 하며, 개인의 소득세를 종합소득세라 함은 사업과 관련한 소득이외의 다른 소득도 합산하여 신고하여야 하기 때문이다.

사업소득이 있는 거주자가 근로소득이 있거나 연간 금융소득(이자소득 + 배당소득)이 2천만원을 초과하는 경우(거주자별로 연간 2천만원 이하인 경우 <u>분리과세됨</u>) 또는 기타소득금액(기타소득 - 필요경비)이 3백만원을 초과하는 경우 사업소득과 구분하여 별도 합산하여 종합소득세 신고를 하여야 한다.

▶ 분리과세
조세 정책 목적에 의하여 일부 소득은 종합소득에 합산하지 아니하고, 소득을 지급하는 자가 소득세를 징수함으로써 소득을 지급받는 자의 납세의무가 종결되는 것을 분리과세라 하며, 분리과세대상소득은 종합소득에 합산하지 아니한다.

분리과세 대상소득
• 이자소득과 배당소득의 합계액이 2,000만원 이하의 경우
• 일용근로소득
• 기타소득금액(기타소득 - 필요경비)이 300만원 이하의 기타소득
• 사적연금(금융기관 연금 등)이 1200만원 이하인 경우

[2] 거주자별 과세

종합소득세는 연령, 성별 등에 불문하고 한 개인(거주자)의 소득을 기준으로 신고하여야 한다. 예를 들어 사업자의 배우자가 별도의 사업을 하는 경우 사업자 및 그의 배우자가 각각 별도로 종합소득세를 계산하여 신고 및 납부를 하여야 한다.

2 개인사업자의 사업소득에 포함하지 않는 소득

법인사업자는 사업의 관련성 여부와 관계없이 법인에서 발생한 모든 소득을 원칙적으로 법인의 소득금액으로 계상하여야 하나 개인사업자의 경우 사업과 직접 관련이 없는 아래의 것은 사업소득의 총수입금액에 산입하지 아니하거나 필요경비에 산입하지 아니한다.

[1] 이자소득 및 배당소득

개인사업자의 이자소득 및 배당소득은 이자소득, 배당소득으로 별도 과세되므로 사업과 관련한 총수입금액에 포함하지 아니한다. 단, 이자 및 배당소득이 2천만원을 초과하는 경우 종합소득에 합산하여야 한다.

[2] 유형자산처분손익

개인사업자의 경우 유형자산의 처분시 발생하는 유형자산처분손익은 총수입금액이나 필요경비에 산입하지 아니한다. 단, 복식부기의무자의 경우 유형자산처분이익은 총수입금액에 포함하여야 하며, 유형자산처분손실은 필요경비 산입하여야 한다.

한편, 유형자산 중 양도소득세 과세대상이 되는 것(토지, 건물 등)은 사업소득과 별도로 양도소득세를 신고.납부하여야 한다.

[3] 유형자산폐기손실

개인사업자가 유형자산을 폐기하는 경우 발생하는 유형자산폐기손실의 경우에도 원칙적으로 필요경비에 산입할 수 없다. 다만, 시설개체 또는 기술낙후 등으로 인하여 유형자산을 폐기하는 경우 장부가액과 처분가액의 차액은 필요경비에 산입할 수 있다. 따라서 유형자산을 폐기함과 동시에 처분하는 경우에는 그 차액을 필요경비에 산입할 수 있으나 폐기하였으나 처분하지 않는 경우에는 처분일에 필요경비에 산입하여야 한다.

[3] 대표자에 대한 인건비

법인이 대표이사에게 지급하는 급여 등 인건비는 법인의 손금에 산입하고, 대표이사는 근로를 제공하고 받은 대가에 해당하므로 근로소득세를 납부하여야 하나 개인사업자는 대표자가 사업의 주체로서 해당 사업과 관련하여 발생한 사업소득을 종합소득에 합산한 다음 종합소득세를 납부하게 되므로 필요경비에 산입하지 아니한다. 따라서 개인사업자의 대표자에게 급여 명목으로 지급한 인건비는 자본금의 반환으로 처리하여야 한다.

[4] 업무와 관련 없는 자금 인출

법인의 경우 법인의 특수관계자에게 법인의 자금을 무상 또는 차입금의 평균이자율보다 적은 이자율로 대여하는 경우 인정이자를 계상한 다음 상여로 처분을 하여야 한다.

반면, 개인사업자의 사업주가 회사의 자금을 인출하여 가져가는 경우에는 출자금의 반환으로 보아 인정이자를 계상하지 아니한다. 다만, 차입금에 대한 지급이자가 있는 경우로서 출자금을 초과하여 인출하여 가져가는 경우 초과 인출금에 상당하는 지급이자는 필요경비에 산입하지 아니한다.

3 개인사업자의 사업소득에 포함하여야 하는 소득

[1] 자산수증이익 및 채무면제이익

사업과 관련이 있는 경우에는 총수입금액에 산입하여야 하나 사업과 관련이 없는 경우에는 증여세를 신고납부하여야 한다.

[2] 국고보조금 및 판매장려금 수입

사업을 영위하는 거주자가 사업과 관련한 국고보조금 또는 거래처로부터 판매장려금을 받는 경우 총수입금액에 산입하여야 한다.

4 종합소득세 신고시 사업소득과 별도로 합산하여야 하는 소득

[1] 사업소득자가 근로소득이 있는 경우

근로소득은 소득을 지급하는 사업주가 연말정산을 하여 세금을 신고 및 납부하므로 근로소득만 있는 경우 별도로 종합소득세 신고는 하지 않는다. 다만, 근로자가 사업소득 등 다른 종합과세 대상소득에 있는 경우 종합소득과 합산하여 종합소득세 신고 및 납부를 하여야 한다.

[2] 이자·배당소득 연간 합계액이 2천만원을 초과하는 경우
이자 및 배당소득의 연간 합계액이 2천만원 이하인 경우 종합소득에 합산하지 아니하나 2천만원을 초과하는 경우에는 종합소득에 합산하여 신고하여야 한다.

[3] 공적연금 및 사적연금이 1200만원을 초과하는 경우
① 공적연금(국민연금, 공무원연금, 군인연금, 사립학교교직원연금 등) 만이 있는 경우 근로소득과 같은 방법으로 연말정산에 의하여 납세의무가 종결되나 사업소득 등 다른 종합소득 신고대상소득이 있는 경우 금액에 관계없이 공적연금은 종합소득에 합산을 하여야 한다.
② 사적연금(금융기관 연금 등) 중 세액공제받은 연금계좌 납입액 및 연금계좌의 운용실적에 따라 증가한 금액으로 수령하는 연금이 1200만원을 초과하는 경우 종합소득세 신고를 하여야 한다.

[4] 기타소득금액이 300만원을 초과하는 경우
사업소득, 근로소득, 이자소득, 배당소득, 연금소득에 해당하지 않는 소득을 기타소득이라 하며, 기타소득금액(기타소득 - 필요경비)이 연 300만원을 초과하는 경우 종합소득세 신고를 하여야 한다.

■ 종합소득에 합산하지 않는 소득
1) 퇴직소득 → 퇴직소득세로 별도 신고납부
2) 부동산 양도에 대한 양도소득 → 개인사업자가 사업에 사용하던 부동산을 양도하는 경우 양도소득세를 별도로 신고납부하여야 하나 법인은 법인의 소득에 포함하여 신고하여야 하므로 법인은 양도소득세 신고납부가 없다.
3) 증여 또는 상속을 받은 경우 → 증여세 또는 상속세로 별도 신고납부

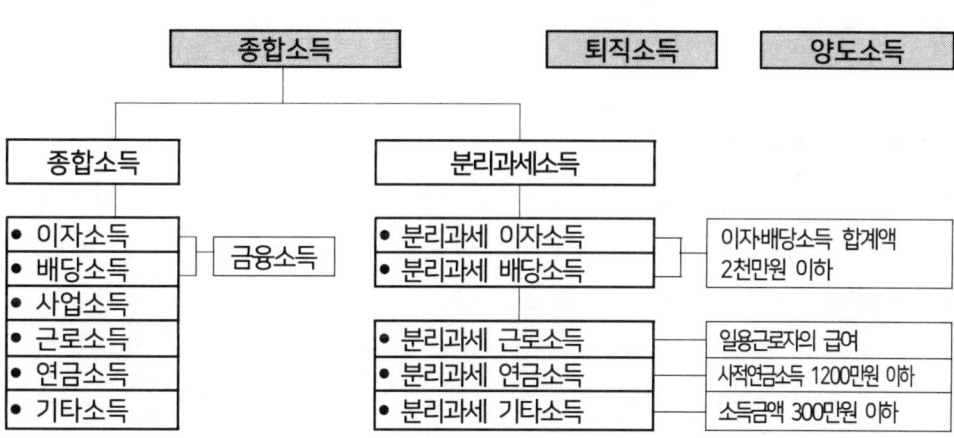

5 종합소득세 과세표준 및 세율과 산출세액

소득금액(총수입금액 - 필요경비)에서 이월결손금 공제 후의 종합소득금액에서 소득공제를 공제한 금액을 과세표준(세금을 부과하는 기준이 되는 금액)이라 하며, 과세표준에 기본세율을 곱한 금액이 산출세액이다.

➡ 2022년 및 2023년, 2024년 귀속분 소득세 기본세율 (소득세법 §55①)

2022년 기본세율			2023년 기본세율		
과세표준 구간	세율	누진공제액	과세표준 구간	세율	누진공제액
1,200만원 이하	6%		1,400만원 이하	6%	
1,200만원 초과 4,600만원 이하	15%	108만원	1,400만원 5,000만원 이하	15%	126만원
4,600만원 초과 8,800만원 이하	24%	522만원	5,000만원 8,800만원 이하	24%	576만원
8,800만원 초과 1억5천만원 이하	35%	1,490만원	8,800만원 1.5억원 이하	35%	1,544만원
1억5천만원 초과 3억원 이하	38%	1,940만원	1.5억원 3억원 이하	38%	1,994만원
3억원 초과 5억원 이하	40%	2,540만원	3억원 5억원 이하	40%	2,594만원
5억원 초과 10억원 이하	42%	3,540만원	5억원 10억원 이하	42%	3,594만원
10억원 초과	45%	6,540만원	10억원 초과	45%	6,594만원

❹ 법인 세금

1 개요

[1] 법인의 소득 계산

법인은 소득의 종류를 별도로 구분하지 아니하고, 법인에서 발생한 모든 소득에 대하여 법인의 소득으로 계산하여 법인세를 신고 및 납부하여야 하며, 이를 포괄주의 과세라 한다.

예를 들어 법인이 사업과 관련하여 직접 발생한 소득이 아닌 예금에 대한 이자소득, 주식투자 등에 대한 배당소득, 부동산 등의 양도시 발생하는 양도소득 등이 있는 경우에도 전부 영업외수익으로 계상하여 법인세를 납부하여야 한다.

법인의 과세소득은 기업회계기준에 의하여 계상한 소득(당기순이익)에서 조세정책 목적으로 법인이 계상한 비용 중 인정하지 아니하는 금액(손금불산입이라고 한다.) 및 회계상 수익은 아니더라도 세법에서 수익으로 계상하여야 할 금액을 더하고, 회계상 비용이 아니나 비용으로 인정하는 금액 등을 차감한 소득으로 계산하는 세무조정 절차를 거쳐 각 사업연도소득을 확정하며,

각 사업연도소득에서 전기 이전에 발생한 결손금 등을 공제한 금액을 과세표준으로 하여 과세표준에 세율을 곱하여 법인세액을 산출한다,

또한 법인세 산출세액에서 조세정책 목적에 의한 각종 세액감면 및 세액공제를 한 후에 가산세 등을 추가하여 납부할 세액을 결정하며, 이러한 일련의 과정이 거쳐 납부할 법인세를 계산한다.

▶ 익금, 손금, 총수입금액, 필요경비
법인의 경우 세무상 수익은 익금이라고 하며, 세무상 비용은 손금이라고 하나 개인사업자의 경우 세무상 수익은 총수입금액이라고 하며, 세무상 비용은 필요경비라고 한다.

[2] 법인세 신고 및 납부

법인은 1사업연도 기간 (12월말 법인의 경우 1. 1 ~ 12. 31)동안의 사업 활동 결과 발생한 법인소득에 대하여 법인세율을 곱하여 계산한 산출세액에서 각종 감면세액을 공제한 결정세액을 다음 해 3월 31일까지 법인의 본점소재지를 관할하는 세무서에 납부하여야 한다.

▶ 법인의 사업연도
개인사업자의 종합소득세 과세기간 단위는 법인의 소득은 일정 기간 단위로 구분하여 계산하여야 하며, 구분 계산의 단위 기간을 사업연도라 한다. 사업연도는 법령 또는 법인의 정관등에서 정하는 1회계기간으로 한다.

> **참 고** 외국의 회계기간
>
> 우리나라의 예산회계법은 회계연도를 매년 1월 1일에 시작하여 12월 31일에 종료한다. 외국의 경우 우리나라와 같은 1~12월제(프랑스, 독일, 이탈리아·러시아 등) 즉, 역년제(曆年制)를 채택한 나라도 있으나, 영국, 일본은 4~3월 기간을 회계연도로 하고 있고, 미국은 10~9월 기간을 회계연도로 하고 있다. 따라서 외국법인이나 외국인 투자기업의 경우 자국의 회계연도에 맞추어 3월말 법인, 9월말법인으로 사업연도를 별도로 신고하고 있다.

> **참 고** 손익계산 기간(회계연도, 과세기간, 사업연도)
>
> 손익계산 기간은 1월 1일(신규사업자의 경우 개업일)부터 12월 31일 기간으로 하며, 손익계산 기간을 회계상으로는 **회계연도**라고 하며, 세법에서는 개인사업자는 **과세기간**, 법인은 **사업연도**라고 한다.

▶ 신설 법인의 사업연도 [법인세법 시행령 제3조]
신설법인의 최초 사업연도는 본점 또는 주사무소에서 설립등기를 한 날로부터 그 법인의 정관에서 규정하는 사업연도의 종료일까지로 함

▶ 신설 법인의 법인세 계산
산출세액 = {(과세표준×12/사업연도의 월수) × 세율} × (사업연도의 월수/12)

■ 법인세 계산 요약

구 분	세무조정	비 고
결산상 당기순이익		법인세 차감 후 당기순이익
+ 가산	손금불산입	법인세비용, 접대비한도초과액, 벌과금 등
		감가상각비 및 퇴직급여충당부채 한도초과액
		자본금 증자비용, 자산의 평가차손
	익금산입	가지급금인정이자
- 차감	익금불산입	자산의 임의 평가차익
	손금산입	전기 이전에 손금불산입액 중 유보 처분한 금액의 당기 손금추인액
= 각 사업연도소득금액		
- 이월결손금		2009.01.01 이후 발생한 결손금 : 10년 이내
		2021.01.01 이후 발생한 결손금 : 15년 이내
- 비과세소득		실무에서 발생하는 경우 거의 없음
- 소득공제		고용유지중소기업 소득공제 [조특법 제30조의3]
= 과세표준		
× 세율		과세표준 구간 / 종전 세율 / 개정 세율 2억원 이하 / 10% / 9% 2억원 초과 200억원 이하 / 20% / 19% 200억원 초과 / 22% / 21% 3000억원 초과 / 25% / 24% [개정] '23.1.1. 이후 개시하는 사업연도 분부터 적용
= 법인세 산출세액		특정 토지의 양도소득에 대한 법인세는 별도 계산
- 감면 또는 공제세액 (조세특례제한법)		창업중소기업 등에 대한 특별세액감면 (제6조)
		중소기업에 대한 특별세액감면 (제7조)
		연구·인력개발비에 대한 세액공제 (제10조)
		통합투자세액공제 (제24조)
		고용을 증대시킨 기업에 대한 세액공제 (제29조의7)
+ 가산세		증빙불비가산세 등
= 법인세총부담세액		결정세액이라고도 함
- 기납부세액		중간예납세액, 원천납부세액
= 법인세 납부세액		법인세로 납부할 세액

2 실질과세

각 사업연도 소득금액은 그 사업연도에 속하는 익금의 총액에서 손금의 총액을 공제한 금액으로 하고, 손금의 총액이 익금의 총액을 초과하는 경우 그 초과하는 금액은 각 사업연도의 결손금으로 한다.

각 사업연도의 소득금액 계산은 실질과세원칙에 의하여 자산 또는 사업에서 생기는 수입의 전부 또는 일부가 법률상 귀속되는 법인과 실질상 귀속되는 법인이 서로 다른 경우에는 그 수입이 실질상 귀속되는 법인에 대하여 법인세법을 적용하며, 법인세의 과세소득이 되는 금액의 계산에 관한 규정은 소득·수익등의 명칭이나 형식에 불구하고 그 실질내용에 따라 이를 적용한다.

□ 과세사실의 판단기준【법인세법 기본통칙 4-0…4】
법인세의 과세소득 또는 토지등의 양도차익을 계산함에 있어서 구체적인 세법적용의 기준이 되는 과세사실의 판단은 당해 법인의 기장내용, 계정과목, 거래명의에 불구하고 그 거래의 실질내용을 기준으로 한다.

□ 법인명의로 등기되지 아니한 자산의 취급【법인세법 기본통칙 4-0…7】
공부상의 등기가 법인의 명의로 되어있지 아니하더라도 사실상 당해 법인이 취득하였음이 확인되는 경우에는 이를 법인의 자산으로 본다.

□ 타인명의 차입금에 대한 취급【법인세법 기본통칙 4-0…8】
① 차입금의 명의인과 실질적인 차용인이 다른 경우에는 실질적인 차용인의 차입금으로 한다.
② 제1항의 실질적인 차용인은 금전대차계약의 체결, 담보의 제공, 차입금의 수령, 각종 비용의 부담 등 차입에 관한 업무의 실질적인 행위내용과 차입한 금액의 용도 등을 기준으로 판단한다. 이 경우 차입금을 분할한 경우에는 차입한 금액의 전부 또는 일부를 타인에게 다시 대여한 것으로 인정되는 경우에 한하여 당해 차입금 총액을 당초 차용인의 차입금으로 한다. (2001. 11. 1. 개정)

② 법인 설립 및 사업자등록

❶ 법인의 주식, 자본금

[1] 법인

법인이란 법률에 의하여 권리능력이 인정된 법적인 독립체로서 법인 자체가 권리의무의 주체가 되며, 법인은 영리법인(주식회사, 유한회사, 합자회사, 합명회사)과 비영리법인(사단법인, 재단법인 등)으로 구분된다.

우리나라의 대부분 영리법인은 주식회사의 형태이며, 본장에서는 주식회사의 설립 등에 대하여 살펴보기로 한다.

[2] 주식회사

주식회사란 주식의 발행을 통해 여러 사람으로부터 자본금을 조달받고 설립된 회사를 말한다. 다만, 주주 1명이 자본금 전액을 출자할 수도 있으며, 이를 1인법인이라고도 한다.

[3] 주식회사의 자본금

자본금은 주주가 출자하여 회사성립의 기초가 된 자금을 말하며, 주식회사의 최저자본금은 종전에는 5000만원 이상이었으나, 「상법」 개정으로 최저자본금제도를 폐지되었으므로 자본금을 100원으로 하여 법인을 설립할 수도 있다. 다만, 통상 100만원 이상을 자본금으로 하여 법인을 설립한다.

[4] 주식

주주가 법인에 자본금 출자를 하게 되면, 법인은 그 증표로 주식을 발행하여 주주에게 교부하여야 하며, 1주의 금액은 100원 이상으로 한다

[5] 상장법인과 비상장법인
상장법인이란 법인이 일정한 요건을 갖추어 증권시장에 상장된 증권을 발행한 법인을 말하며, 상장법인의 주식은 한국거래소에 등록되어 주식시장[유가증권시장(코스피), 코스닥시장]에서 거래할 수 있다.

비상장법인은 상장법인을 제외한 법인으로 우리나라 대부분 법인은 비상장법인에 해당하며, 비상장법인의 주식은 시장성이 없으므로 특정인간의 계약으로 이루어진다.

❷ 비상장법인 설립 절차 및 등기

[1] 발기인 조합 구성
발기인은 실질적으로는 주식회사의 설립을 기획하고 추진하는 주체이며 법적으로는 정관에 발기인으로서 기명날인 또는 서명한 자를 의미한다(상법 제289조 1항).

발기인이 수인인 경우 발기인 상호간에 회사설립을 목적으로 하는 계약을 체결하게 되는데 그 결과 나타나는 조합을 발기인조합이라고 한다.

▶ 발기설립과 모집설립
발기설립이란 설립시 발행하는 주식의 전부를 발기인이 인수하는 방법(주로 비상장법인)이며, 모집설립은 설립시에 발행하는 주식 중 일부만을 발기인이 인수하고, 나머지 주식에 대해서는 따로 주주를 모집하여 인수시키는 방법을 말한다.

[2] 정관 작성 및 정관 인증
정관이란 회사의 조직과 활동에 관한 기본규칙을 기재한 서면을 말하는 것으로 상법은 주식회사의 설립관계를 명확히 하기 위하여 공증인의 인증을 유효요건으로 하고 있다.(상법 제292조)

▶ 정관의 절대적 기재사항
① 목적
② 상호

③ 회사가 발행할 주식의 총수(발행예정주식총수, 수권주식총수)
④ 액면주식을 발행하는 경우 1주의 금액
⑤ 회사의 설립시에 발행하는 주식의 총수
⑥ 본점의 소재지
⑦ 회사가 공고를 하는 방법
⑧ 발기인의 성명·주민등록번호 및 주소

[3] 발기인의 주식인수
발기인은 회사 설립시 발행하는 주식 전부를 인수하여야 하며, 주식을 인수하기 위해서는 서면에 주식 인수 내용을 기재하고 서명한다.

[4] 주금납입
발기인이 주식을 인수한 때에는 지체없이 그 인수금액의 전액을 은행에 납입하여야 하며, 납입은행은 발기설립시에 발기인이 지정한다.

[5] 발기인총회(창립총회)개최
주식대금의 납입과 현물출자(현물출자의 경우)의 이행이 완료되면 발기인은 지체없이 발기인총회를 개최하여야 한다. 이 때 결의는 의결권의 과반수로 하며(상법 제296조), 발기인은 의사록을 작성하여 의사의 경과와 그 결과를 기재하고 기명날인 또는 서명하여야 한다(상법 제297조).

[6] 이사와 감사 선임
발기인총회에서는 의결권의 과반수로 이사와 감사를 선임하여야 한다. 선임된 이사와 감사는 취임 후 지체없이 회사의 설립에 관한 모든 사항이 법령 또는 정관의 규정에 위반되지 않는지 여부를 조사하여 발기인에게 보고하여야 한다.

[7] 법인 설립등기
발기인총회(창립총회)가 종료하면 그 대표이사의 신청으로 법원에 설립등기를 하여야 한다(비송사건절차법 제149조). 이러한 설립등기에 의해 회사는 비로소 법인격을 취득하게 된다(상법 제171조 1항).

[8] 법인설립신고 및 사업자등록

설립등기를 마친 후 본점 소재지 관할 세무서에 법인설립 신고 및 사업자등록을 함으로써 사업을 할 수 있다.

▶ 법인설립 신고 및 사업자등록 신청서에 첨부해야 할 서류
1. 법인설립신고 및 사업자등록신청서
2. (법인명의)임대차계약서 사본(사업장을 임차한 경우)
3. 주주 또는 출자자명세서
4. 사업허가·등록·신고필증 사본(해당 법인)
허가(등록, 신고) 전에 등록하는 경우 허가(등록)신청서 등 사본 또는 사업계획서

❸ 법인설립

[1] 법무사사무소 대행

위에서 법인 설립절차에 대하여 간략히 살펴 보았으나 법인을 설립하여 사업을 하고자 하는 경우 여러 가지 복잡한 절차가 필요하므로 법인 설립은 법무사사무소 등에 의뢰를 하는 것이 바람직하다.

[2] 법인설립비용

법인을 설립하고자 하는 경우 여러 가지 복잡한 절차를 거쳐야 하므로 대부분의 경우 법무사사무소에 법인설립에 대한 업무를 의뢰하게 되며, 이 경우 비용이 발생하게 되므로 법인 설립비용을 줄이기 위해서는 아래 사이트를 참고한다.

▶ 법인 설립비용을 줄일 수 있는 참고사이트
법인설립지원센터
법인등기 헬프미

[3] 법인 설립에 대한 자세한 내용 및 본인이 직접 설립

본인이 직접 법인을 설립하고자 하거나 법인설립에 대하여 자세한 내용을 알고자 하면, 정부기관에서 운영하는 "온라인 법인설립시스템"을 참고한다.

법인 등기부등본 변경 및 변경사항 등기의무

1 법인 등기부등본

❶ 개요

자연인인 개인은 특별한 절차없이 생존하는 기간 동안 본인이 권리·의무의 주체가 되어 법률이 정하는 바에 따라 그 행위를 할 수 있다.

법인은 특정한 목적을 달성하기 위하여 사람의 결합이나 특정한 재산에 대하여 자연인과 마찬가지로 법률관계의 주체로서의 지위를 인정하게 하는 것으로 법인은 자연인과 달리 반드시 **법인등기**라는 절차를 거쳐 설립이 되며, 등기된 법인은 법인격(권리능력)이 부여되는 것이며, 등기된 법인은 독립적인 권리의무의 주체가 되어 권리능력을 행사하는 것이다. 우리가 잘 알고 있는 주식회사는 영리를 목적으로 하는 사단법인으로서 상법의 규정에 의하여 설립하는 회사로서 상법상의 회사는 다음과 같이 정의하고 있다.

☐ 상법 제169조(회사의 의의) 이 법에서 "회사"란 상행위나 그 밖의 <u>영리</u>를 목적으로 하여 설립한 법인을 말한다.

영리란 법인이 이윤추구에 목적을 둔 영리사업을 영위할 뿐만 아니라 그러한 사업 활동에서 발생한 이윤을 이익배당·잔여재산의 분배 등의 형태로 법인의 구성원에게 귀속시키는 것을 말한다. 따라서 영리법인은 구성원이 반드시 존재해야 하므로 사단법인에 한하고, 재단법인은 영리법인이 될 수 없다.

◆ **상장법인과 비상장법인**

영리법인은 한국증권거래소에 주식을 상장하고 있는 여부를 기준으로 상장법인(코스피, 코스닥 상장법인)과 비상장법인으로 분류하고 있으며, 처음 설립하는 법인 또는 중소기업은 모두 비상장법인에 해당한다.

❷ 법인 등기부등본의 등기사항

[1] 상호

정관에 기재된 상호를 기재하며, 상호 중에는 법령에 특별한 규정이 없는 한 "주식회사"라는 문자를 반드시 사용하여야 한다. 등기부상 로마자 등의 표기를 병기하고자 할 경우(대법원 등기예규 제1455호 참조)는 상호 오른쪽에 괄호를 사용하여 병기할 수 있으며, 병기되는 로마자 등의 표기는 반드시 정관에 기재되어 있어야 한다.
(예 : 주식회사 에이비씨건설 (ABC Constructions Co., Ltd))

[2] 본점

이사회에서 결의한 본점소재지를 기재하며, 정관에는 본점소재지를 최소행정구역을 표시하면 되지만, 신청서에는 그 소재 지번까지 정확히 기재하여야 한다.

[3] 공고방법

정관에 기재된 공고방법을 기재하며, 관보나 시사에 관한 사항을 게재하는 일간신문이어야 한다. 일간신문은 특정한 1개 또는 수 개의 신문을 기재하여야 하며 추상적, 선택적(A신문 또는 B신문)으로 기재하여서는 안된다.

[4] 1주의 금액

정관에 기재된 1주의 금액을 기재한다. 1주의 금액은 100원 이상이어야 하며, 균일하여야 한다.

[5] 발행할 주식의 총수

회사가 발행할 수 있는 주식 수의 한도로서 정관에 기재된 발행할 주식의 총수를 기재한다.

[6] 발행주식의 총수와 그 종류 및 각각의 수

정관에 규정된 설립시에 발행하는 주식의 총수와 그 종류 및 각각의 수를 기재한다. 종류주식을 발행한 경우에는 회사가 정관에 정한 종류주식의 명칭(예 : 제1종종류주식, 제2종종류주식 등)을 기재하고, 그 내용은 종류주식의 내용란에 기재한다.

▶ 보통주 및 종류주식(우선주)

주식은 보통주와 종류주식으로 구분된다. 보통주는 주주로서의 모든 권한을 부여받는 주식으로 우리가 일반적으로 말하는 주식이란 보통주를 말한다.
종류주식이란 주식의 일부 권한에 대해 제한을 두는 주식을 의미한다. 예를 들어 보통주보다 배당우선권을 갖고 있으나 의결권을 갖지 못하는 우선주가 대표적이다. 우선주의 종류로는 일정 기간 후 현금으로 상환을 하도록 한 상환주식, 일정기간 후 보통주로 전환하도록 약정이 된 전환주식 등이 있다.

[7] 자본금총액

회사 설립시에 발행하는 주식총수의 액면총액이 자본금총액이다.

[8] 목적

정관에 규정된 목적을 기재하며, 영업의 목적은 영리사업으로 영업내용을 구체적으로 명확히 기재하여야 한다. "제조업", "도매업" 등과 같이 포괄적이고 불분명하게 기재하여서는 안된다.

[9] 이사·감사의 성명 및 주민등록번호

사내이사.사외이사.기타비상무이사와 감사의 성명.주민등록번호를 기재하고 주민등록번호가 없는 재외국민 또는 외국인의 경우에는 주민등록번호 대신 생년월일을 기재하여야 한다. 외국인의 성명은 국적과 원지음을 한글 등으로 기재한 후, 괄호를 사용하여 로마자 등의 표기를 병기할 수 있다(예 : 사내이사 미합중국인 존에프

케네디(John. F. Kennedy)). 이사의 수는 3인 이상이어야 하나, 소규모회사(자본금의 총액이 10억 원 미만인 회사, 이하 소규모회사라 함)에서는 1명 또는 2명으로 할 수 있으며 감사를 선임하지 않을 수 있다.

[10] 대표이사의 성명, 주민등록번호 및 주소

회사를 대표할 이사(집행임원 설치회사의 경우에는 집행임원)의 성명, 주민등록번호 및 주소를 기재한다.

[11] 종류주식의 내용

정관의 규정에 따라 이익의 배당, 잔여재산의 분배, 주주총회에서의 의결권의 행사, 상환 및 전환 등에 관하여 내용이 다른 종류주식을 발행한 경우 그 내용을 기재한다.

[12] 지점

이사회에서 지점 설치를 결의하였을 때 기재하며, 본점과 동일하게 소재 지번까지 기재하여야 한다. 설립등기시 본·지점 일괄신청을 하지 않았을 경우, 설립등기 후 2주 이내에 지점소재지 관할등기소에 지점설치 등기신청을 하여야 한다.

[13] 존립기간 또는 해산사유

정관으로 회사의 존립기간이나 해산사유를 정하였을 때 기재하는 사항이며 정관의 상대적인 기재이다.

[14] 기타

상법 제317조 제2항 각호에 규정된 등기사항 중 위 기재사항 이외에 등기를 하고자 하는 사항에 대하여 기재를 하는 항목으로 정관에 주식의 양도에 관하여 이사회의 승인을 얻도록 정한 때, 주식매수선택권을 부여하도록 정한 때에는 그 규정, 명의개서대리인을 둔 때에는 그 상호와 본점소재지 등이 이에 해당된다.

2 법인 등기부등본 변경 등기

법인 등기부등본 변경 등기란 등기된 사항에 변경이 있는 경우 그 내용을 등기부에 변경하여 반영하는 것을 말한다. 등기부등본의 변경사항이 있는 경우 변경 등기를 하여야 하며, 변경 등기를 하지 않는 경우 과태료가 부과된다.

❶ 대표이사 및 이사·감사 변경 및 변경 등기 절차

1 이사·감사의 임기 및 변경 등기

[1] 이사의 선임, 임기, 변경 등기

① 주식회사의 이사 임기는 취임일로부터 3년이며, (감사는 선임한 회계연도를 포함하여 3년) 법인 이사는 변경이 없더라도 3년마다 변경등기를 하여야 한다. 이사나 감사의 임기가 만료되면 다시 선임할 수 있고, 교체할 수도 있다.
② 이사의 상법상 임기는 3년을 초과할 수 없으므로 3년이 경과하면 재선임하여 변경등기를 하여야 하며, 변경등기를 하지 아니한 경우 과태료가 부과된다.
③ 이사는 주주총회에서 선임한다.

☐ 상법 제383조 (원수, 임기) ① 이사는 3명 이상이어야 한다. 다만, 자본금 총액이 10억원 미만인 회사는 1명 또는 2명으로 할 수 있다. 〈개정 2009.5.28〉
② 이사의 임기는 3년을 초과하지 못한다. 〈개정 1984.4.10.〉
제382조(이사의 선임, 회사와의 관계 및 사외이사) ① 이사는 주주총회에서 선임한다.

▶ **등기이사 및 미등기이사**
1. 등기이사란 법인등기부등본에 등기된 이사를 말한다.
2. 미등기이사란 법인등기부등본에 등기되지 아니한 이사를 말한다. 미등기이사는 영업상 필요에 의하여 이사의 직함을 부여하였으나, 주주총회에서 정식적으로 이사로 선임한 것이 아니므로 이사회의 의결권이 없다.

[2] 감사의 선임, 임기 및 변경등기

① 감사는 주주총회에서 선임한다.
② 의결권없는 주식을 제외한 발행주식의 총수의 100분의 3을 초과하는 수의 주식을 가진 주주는 그 초과하는 주식에 관하여 제1항의 감사의 선임에 있어서는 의결권을 행사하지 못한다.
③ 자본금의 총액이 10억원 미만인 회사의 경우 감사를 선임하지 아니할 수 있다.
④ 감사의 임기는 취임후 3년내의 최종의 결산기에 관한 정기총회의 종결시까지로 한다.

▶ **감사 변경 등기시 유의할 사항**

감사는 선임한 회계연도를 포함하여 3년마다 임기변경을 하여야 한다. 예를 들어 20×3.1.20. 감사 선임을 한 경우 감사는 20×5년 말에 임기가 만료가 되고, 이사는 20×6.1.20. 임기가 만료가 되는 것으로 만료일에 변경등기를 하여야 한다. 즉, 감사는 회계연도 기준으로 3년 임기이고, 이사는 만 3년의 임기를 뜻한다. 다만, 정관에 "감사의 임기를 회계년도말부터 정기 주총일까지 연장할 수 있다."라고 정하여 두면 정기주총일(최대기한은 3월 31일)까지 임기가 연장이 되며, 이 경우 정기주총일에 감사변경등기를 하면 된다.

2 변경등기 사유

[1] 임원의 퇴임

임원의 퇴임 등기는 이사가 사임하거나 이사의 해임, 이사의 사망 또는 그 밖의 결격사유가 발생하는 경우에 퇴임한 이사의 성명과 퇴임사유 등을 기재하여 임원의 퇴임등기를 한다.

▶ **이사의 사임으로 임원의 퇴임등기를 하는 경우**

사임의 의사를 확인하는 사임서 및 인감증명서 등을 첨부하여 법인 변경등기 신청서를 법원 등기소에 제출하여야 한다.

▶ **이사의 해임으로 임원의 퇴임등기를 하는 경우**

법인 변경등기 신청서와 함께 해임을 증명하는 서면을 제출하여야 한다. 이때 해임을 증명하는 주주총회의사록을 첨부해야 되고 그 의사록은 공증을 받아야 한다.

▶ 이사의 사망으로 퇴임하는 경우

사망사실을 기재한 가족관계 등록사항별 증명서와 법인 변경등기신청서를 법원에 제출하여야 한다.

[2] 임원의 취임

기존 이사의 임기 만료 등으로 새로이 이사를 선임하는 경우 취임한 이사의 성명, 주민등록번호와 취임취지 및 등기연월일을 기재하여 임원취임등기를 하여야 한다. 이사의 취임등기를 위해 법인의 변경등기 신청서와 이사를 선임한 공증 받은 주주총회의사록, 취임승낙서(주주총회의사록에 취임을 승낙한 취지가 기재되어 있고 취임예정자가 그 의사록에 날인한 경우에는 취임승낙서를 별도로 첨부하지 않아도 됨), 취임승낙자의 인감증명서 및 인감 제출, 주민등록번호 또는 생년월일을 증명하는 서면 등을 함께 제출하여야 한다.

[3] 임원의 중임

① 이사의 임기가 만료된 후 재선되어 다시 이사로 취임하는 경우에도 법인 변경등기를 해야 한다. 즉 동일인이 다시 취임하여 전임 임기만료일과 후임 임기개시일이 동일한 경우에도 이사의 임기가 연장되는 것이 아니라 이사의 지위가 새로 시작되기 때문에 취임등기와 퇴임등기를 하여야 한다.
② 이사의 임기만료 전에 중임되는 임기를 새로 시작해야 하는 경우에는 이사의 사임서를 받아 사임으로 인한 퇴임과 취임 등기를 하면 된다. 중임등기를 신청하기 위해서는 공증받은 주주총회의사록, 주민등록등본, 인감 및 인감증명서, 법인의 변경등기 신청서 등을 법원에 제출하여야 한다.

３ 변경 절차 및 변경 등기 신청

[1] 임원 변경 절차

① 임기 중인 경우 사임서 제출(임기가 모두 종료되었다면 생략)
② 주주총회를 개최하여 임원을 선임하고 주주총회 의사록 작성
③ 주주총화 의사록 공증(공증사무소)
④ 주식회사 변경등기 신청

▶ **공증시 필요한 서류**
o 주주총회 의사록 또는 이사회 의사록 3부
o 과반수 이상 주주 또는 과반수 이상 이사의 인감증명서
o 공증위임장 (과반수 이상 주주 또는 과반수 이상 이사의 인감 날인)
o 정관사본(원본대조필 도장 날인)
o 주주명부
o 진술서

[2] 변경 등기 신청시 구비 서류

(1) 필수 서류
o 주식회사 변경등기 신청서(대법원 사이트에서 다운)
o 공증받은 주주총회의사록 또는 이사회의사록(해임, 선임 등의 경우) 1통
o 사임서(인감증명서포함) 각1통
o 취임승낙서(인감증명서 포함) 1 통
o 주민등록표등(초)본(선임한 경우) 1통
o 등록면허세 영수필확인서 1통

(2) 추가 서류
o 가족관계 등록사항별 증명서(사망한 경우) 1통
o 판결 또는 결정등본 및 확정증명원(재판에 의한 경우) 1통
o 정관(필요한 경우) 1통
o 인감신고서(취임하는 대표이사) 1통
o 위임장(대리인이 신청할 경우) 1통

관련 자료

대법원인터넷등기소 → 자료센터 → 검색어 "이사"
▮ **주식회사변경등기(대표이사)**
▮ **주식회사변경등기(이사감사)**

■ 법무사사무소 의뢰시

[1] 구비 서류
변경 등기 신청시 구비서류 참조

[2] 비용
1. 등록면허세 : 23,000원 (지방세법 제28조 제1항 제6호 바목 그 밖의 등기)
2. 지방교육세 : 4,600원 (지방세법 제151조 제1항 제2호)
3. 공증비용 : 30,000원 (공증인 수수료 규칙 제21조 제2항)
   * 대표이사의 경우 주주총회의사록과 이사회 의사록 공증 60,000원
4. 등기신청수수료 : 6,000원 (등기사항증명서 등 수수료규칙 제5조의 3 제2항)
5. 법무사 수수료 (대한법무사협회 법무사 보수표)
   * 일반적인 경우 공과금과 법무사 수수료를 포함하여 200,000 ~ 250,000원 수준

4 세무 관련 업무

[1] 사업자등록 정정
법인의 대표이사를 변경한 경우 지체없이 대표이사 변경을 증명할 수 있는 서류(등기부등본)를 첨부하여 사업자등록정정신청을 하여야 한다. 다만, 정정신청을 늦게 한 경우라도 가산세는 없으나 가능한 빠른 시간내에 정정신고를 하여야 한다.

[2] 가지급금 및 가수금 정리
법인의 대표이사가 변경되는 경우로서 기존 대표이사에 대한 가지급금이 있는 경우 상여처분을 하거나 회수하여야 하며, 가수금이 있는 경우에는 법인이 상환을 하여야 한다.

□ 법인세법 기본통칙 4-0…6 【가지급금 등의 처리기준】
① 특수관계자와의 자금거래에서 발생한 가지급금 등과 동 이자상당액이 다음 각호의 1에 해당하는 경우에는 이를 영 제106조의 규정에 의하여 처분한 것으로 본다. 다만, 회수하지 아니한 정당한 사유가 있거나, 회수할 것임이 객관적으로 입증되는 경우에는 그러하지 아니한다.

1. 특수관계가 소멸할 때까지 회수되지 아니한 가지급금 등과 미수이자 (1993. 2. 1. 개정)
2. 특수관계가 계속되는 경우 이자발생일이 속하는 사업연도 종료일로부터 1년이 되는 날까지 회수하지 아니한 미수이자 (1993. 2. 1. 개정)
② 제1항의 규정에 의한 가지급금 등은 다음 각호에 게기하는 날이 속하는 사업연도에 처분한 것으로 본다.
1. 가지급금 등 : 특수관계가 소멸하는 날
2. 미수이자 : 발생일이 속하는 사업연도 종료일로부터 1년이 되는 날. 다만, 1년 이내에 특수관계가 소멸하는 경우 특수관계가 소멸하는 날 (1993. 2. 1. 개정)
③ 제1항의 규정에 의하여 처분한 것으로 보는 미수이자를 그 후에 영수하는 때에는 이를 이월익금으로 보아 영수하는 사업연도의 소득금액 계산상 익금에 산입하지 아니한다.
④ 제1항의 규정에 의하여 처분한 것으로 보는 미수이자에 상당하는 다른 상대방의 미지급이자는 이를 실제로 지급할 때까지는 채무로 보지 아니한다. 따라서 동 미지급이자는 그 발생일이 속하는 사업연도 종료일부터 1년이 되는 날이 속하는 사업연도의 소득금액 계산상 익금에 산입하고, 동 미지급이자를 실제로 지급하는 사업연도의 소득금액 계산상 손금에 산입한다.
⑤ 제1항 단서에서 "회수하지 아니한 정당한 사유가 있거나, 회수할 것임이 객관적으로 입증되는 경우"라 함은 다음 각호의 1의 경우로 한다. (1988. 3. 1. 신설)
1. 채권·채무에 대한 쟁송으로 회수가 불가능한 상태에 있는 경우
2. 회수할 채권에 상당하는 재산의 담보제공 또는 소유재산에 대한 강제집행으로 채권을 확보하고 있는 경우
3. 당해 채권과 상계 가능한 채무를 보유하고 있는 경우
4. 기타 제1호 내지 제3호와 유사한 사유에 해당하는 경우

5 기타 업무

① 거래처 통보
② 금융기관에 대표이사 변경 통보
③ 대표이사 인감 변경
④ 국민연금 및 건강보험 자격상실 및 자격취득 신고
⑤ 명함, 봉투 등 회사가 사용하는 서류의 변경
⑥ 인터넷 홈페이지 대표이사 변경

▣ 법인 등기 등에 대한 등록면허세 및 지방교육세

■ 등록면허세

[1] 법인 등기 (설립과 납입)
납입한 주식금액이나 출자금액 또는 현금 외의 출자가액의 1천분의 4
단, 세액이 112,500원 미만인 때에는 112,500원으로 한다.

[2] 자본증가 또는 출자증가
납입한 금액 또는 현금 외의 출자가액의 1천분의 4

[3] 사무소 이전 등
1) 본점 또는 주사무소의 이전 : 건당 112,500원
2) 지점 또는 분사무소의 설치 : 건당 42,000원
3) 그 밖의 등기: 건당 42,000원

▶ 등록면허세 중과세
다음 각 호의 어느 하나에 해당하는 등기를 할 때에는 그 세율을 [1], [2], [3] 해당 세율의 100분의 300으로 한다. 다만, 과밀억제권역과밀억제권역(「산업집적활성화 및 공장설립에 관한 법률」을 적용받는 산업단지는 제외한다. 이하 이 조에서 "대도시"라 한다)에 설치가 불가피하다고 인정되는 업종(지방세법 시행령 제26조 참조)에 대하여는 그러하지 아니하며, 그 밖의 등기의 경우에도 중과세에서 제외한다.

| 보 충 | 수도권과밀억제권역(수도권정비계획법 시행령 별표1) |
- 서울특별시, 하남시, 고양시, 수원시, 성남시, 안양시, 부천시
- 광명시, 과천시, 의왕시, 군포시, 의정부시, 구리시
- 인천광역시(강화군, 옹진군, 서구 대곡동·불로동·마전동·금곡동·오류동·왕길동·당하동· 원당동, 인천경제자유구역 및 남동 국가산업단지는 제외)
- 남양주시(호평동, 평내동, 금곡동, 일패동, 이패동, 삼패동, 가운동, 수석동, 지금동 및 도농동만 해당한다)
- 시흥시[반월특수지역(반월특수지역에서 해제된 지역 포함)은 제외한다]

1. 대도시에서 법인을 설립(설립 후 또는 휴면법인을 인수한 후 5년 이내에 자본 또는 출자액을 증가하는 경우를 포함한다)하거나 지점이나 분사무소를 설치함에 따른 등기
2. 대도시 밖에 있는 법인의 본점이나 주사무소를 대도시로 전입(전입 후 5년 이내에 자본 또는 출자액이 증가하는 경우를 포함한다)함에 따른 등기. 이 경우 전입은 법인의 설립으로 보아 세율을 적용한다.

[4] 상호 등 등기
1. 상호의 설정 또는 취득 : 건당 78,700원
2. 지배인의 선임 또는 대리권의 소멸 : 건당 12,000원

□ 지방세법 제28조(세율) ① 등록면허세는 등록에 대하여 제27조의 과세표준에 다음 각 호에서 정하는 세율을 적용하여 계산한 금액을 그 세액으로 한다. 다만, 제1호부터 제5호까지 및 제5호의2의 규정에 따라 산출한 세액이 해당 각 호의 그 밖의 등기 또는 등록 세율보다 적을 때에는 그 밖의 등기 또는 등록 세율을 적용한다.
<개정 2016. 12. 27., 2017. 7. 26., 2017. 12. 26., 2019. 8. 27.>
6. 법인 등기
가. 상사회사, 그 밖의 영리법인의 설립 또는 합병으로 인한 존속법인
　1) 설립과 납입: 납입한 주식금액이나 출자금액 또는 현금 외의 출자가액의 1천분의 4(세액이 11만2천5백원 미만인 때에는 11만2천5백원으로 한다. 이하 이 목부터 다목까지에서 같다)
　2) 자본증가 또는 출자증가: 납입한 금액 또는 현금 외의 출자가액의 1천분의 4
나. 비영리법인의 설립 또는 합병으로 인한 존속법인
　1) 설립과 납입: 납입한 출자총액 또는 재산가액의 1천분의 2
　2) 출자총액 또는 재산총액의 증가: 납입한 출자 또는 재산가액의 1천분의 2
다. 자산재평가적립금에 의한 자본 또는 출자금액의 증가 및 출자총액 또는 자산총액의 증가(「자산재평가법」에 따른 자본전입의 경우는 제외한다): 증가한 금액의 1천분의 1
라. 본점 또는 주사무소의 이전: 건당 11만2천5백원
마. 지점 또는 분사무소의 설치: 건당 4만2백원
바. 그 밖의 등기: 건당 4만2백원
7. 상호 등 등기

가. 상호의 설정 또는 취득: 건당 7만8천7백원
나. 지배인의 선임 또는 대리권의 소멸: 건당 1만2천원
다. 선박관리인의 선임 또는 대리권의 소멸: 건당 1만2천원

■ 지방교육세

등록면허세액의 100분의 20에 해당하는 금액을 지방교육세로 추가하여 납부하여야 한다.

◆ 등록면허세 신고 및 납부

① 등록을 하려는 자는 그 과세표준에 해당 세율을 적용하여 산출한 세액을 **등록을 하기 전**까지 지방자치단체의 장에게 신고하고 납부하여야 한다.
② 등록면허세 과세물건을 등록한 후에 해당 과세물건이 중과세의 세율 적용대상이 되었을 때에는 그 날부터 30일 이내에 중과세의 세율을 적용하여 산출한 세액에서 이미 납부한 세액을 공제한 금액을 세액으로 하여 납세지를 관할하는 지방자치단체의 장에게 신고하고 납부하여야 한다.

■ 법인등기 신청시 등록면허세 납부방법

[1] 인터넷으로 신고, 납부하는 방법
1) 서울시세금납부시스템(http://etax.seoul.go.kr/) 접속 → 신고납부 → 등록면허세 → (로그인 필요) → 등록면허세(등록분) → 납세의무자 정보입력 → 등기/등록 내역에서 물건구분(법인등기), 등기종류 선택 → 나머지 사항 입력 후 납부 → 납부확인서를 출력하여 등기소에 제출함
2) 위택스(http://www.wetax.go.kr/) 접속 → 등록면허세 → 신고납부

[2] 대법원인터넷등기소(http://www.iros.go.kr/) → 고지서 발급
대법원인터넷등기소(http://www.iros.go.kr/)
왼쪽 메뉴 중 등록면허세(등록)정액분 신고 → 기재사항 입력 후 출력 → 은행납부

❷ 대표이사 주소변경 및 변경 등기 절차

1 대표이사 주소변경

대표이사는 주식회사의 필수적 상설기관으로서 그 성명과 주민등록번호뿐만 아니라 주소도 등기를 하여야 한다. 따라서 대표이사의 주소가 변경된 경우 그에 따른 변경등기를 하여야 한다.

2 대표이사 주소변경 등기를 하지 않은 경우 과태료

법인기업의 대표이사 주소가 변경된 경우 변경된 날로부터 **2주일** 이내에 주소 변경등기를 하여야 하며, 이 기한을 넘기는 경우 500만원 이하의 과태료가 부과될 수 있다.

3 대표이사 주소변경 등기 시 필요서류

[1] 대표이사 주민등록등(초)본
최근 3개월 이내, 변경된 주소지 내역이 나타난 것

▶ **대표이사가 외국인 또는 재외국민인 경우**
1. 대표이사가 외국인인 경우 본국 관공서나 본국 공증인의 공증, 또는 외국주재 한국대사관이나 영사관의 확인을 받은 확인서로 주민등록등(초)본을 대신할 수 있다.
2. 국내에 외국인등록을 한 외국국적자인 경우 외국인등록표등본을 첨부하고 주소는 외국인등록표등본에 나타난 국내 체류지로 한다.
3 대표이사가 재외국민인 경우 국내에 입국한 때는 국내거소신고사실증명, 거주사실증명, 또는 재외국민등록부등본을 첨부한다.

[2] 등록면허세 영수필확인서
본점소재지 관할 시, 군, 구청장으로부터 등록면허세납부서를(지방세법 제 137조 제1항) 발부 받아 납부한 후 등록면허세 영수필확인서를 첨부하여야 한다. 다만,

정액으로 부과되는 등록면허세의 경우 인터넷등기소(www.iros.go.kr)에서 납부서를 작성, 출력할 수 있으므로 수납기관에 납부한 후 제출하면 된다.

[3] 대리인 방문 시 위임장
등기신청권자인 대표이사의 위임에 의한 대리인이 신청을 할 경우 그 권한을 증명하는 서면으로 위임장을 첨부하여야 한다. 실무상 수임자, 위임자, 위임내용을 기재하고 등기소에 제출(신고)된 대표이사의 인감을 날인한다.

[4] 대표이사 인감
등기소에 제출된 대표이사의 인감을 날인하여야 한다.

> **관련 자료**
>
> 대법원인터넷등기소 → 자료센터 → 검색어 "주소"
> ▎주식회사변경등기(대표이사주소변경)

4 사업자등록정정 및 기타 업무

대표이사의 주소가 변경된 경우에는 사업자등록정정신청대상이 아니므로 별도의 신고를 하지 않으며, 기타 업무도 특별히 처리할 내용은 없다.

❸ 법인 상호 변경 몇 변경 등기 절차

1 법인 상호 변경

[1] 주주총회의 특별결의 및 정관 변경
1) 회사의 상호는 정관의 필요적인 기재사항이다. 따라서 상호를 변경하려면 정관 변경 절차를 거쳐야 하므로 주주총회의 특별결의에 거쳐야 한다.

2) 상호는 동일상호에 해당할 경우 등기가 불가능하므로 회사는 상호의 변경전에 우선 관할 등기소에 상호검색을 통하여 변경예정인 상호가 동일상호에 해당되지는 않는지 여부를 확인하여야 한다.

□ 상업등기법 제29조(등기할 수 없는 상호) 동일한 특별시, 광역시, 특별자치시, 시(행정시를 포함한다. 이하 같다) 또는 군(광역시의 군은 제외한다. 이하 같다)에서는 동종의 영업을 위하여 다른 상인이 등기한 상호(商號)와 동일한 상호를 등기할 수 없다.

[2] 법인인감변경
상호를 변경한 경우 새로운 상호에 맞게 다시 인감을 새겨서 변경하여야 하며, 이 경우 인감변경절차를 거쳐야한다.

② 상호 변경 등기 절차

[1] 상호 변경등기
상호는 본점과 지점에서의 등기사항이므로 대표이사(또는 1인이사)가 주주총회에서 상호가 변경된 날로 부터 본점소재지에서는 2주간, 지점소재지에서는 3주간내에 그 변경등기를 신청하여야 한다.

[2] 상호 등기 변경 신청시 준비서류
1. 정관사본 1통
2. 법인등기부등본 1통
3. 법인인감도장
4. 주주명부(1통) 및 주주총회의사록
 * 주식총수 1/3이상의 주주 인감증명서 1통 및 인감도장
5. 법인인감도장 변경시 대표이사 인감증명서 1통, 인감도장

관련 자료

대법원인터넷등기소 → 자료센터 → 검색어 "상호"
▌주식회사변경등기(상호·목적·공고방법변경)

[3] 사업자등록증 변경(정정)

법인 상호를 변경한 경우 지체없이 상호 변경을 증명할 수 있는 서류(등기부등본)를 첨부하여 사업자등록 정정신청을 하여야 한다. 다만, 정정신청을 늦게 한 경우라도 가산세는 없다.

[4] 기타 처리할 업무
1. 차량, 공장 등의 각종 등록증 및 인허가(벤처, ISO, 특허, 실용신안등)의 변경
2. 각종 공과금(전화, 전기요금 등)의 상호변경
3. 공인인증서 및 은행통장의 명의 변경
4. 4대보험 관리공단의 상호변경
5. 로고, 명함, 봉투 등 회사가 사용하는 서류의 변경
6. 인터넷 서비스업과 관련된 홈페이지 의 상호변경

❹ 자본금 변경 등기

① 개요

주식회사의 자본금은 이사회 또는 주주총회의 결의에 의하여 증액 또는 감액할 수 있으며, 그 내용은 다음과 같다.

[1] 자본금 증자

자본금 증자의 경우 이사회 결의만으로 유상증자가 가능하지만, 수권주(정관 및 법인 등기부등본에 기재된 발행할 주식의 총수)를 초과하여 발행을 하려면 정관을 변경하여야 하므로 주주총회 특별결의를 거쳐야 하며, 주주총회 특별결의는 주주의 의결권의 3분의 2이상의 수와 발행주식총수의 3분의 1 이상의 수로써 의결한다.

[2] 자본금 감자

자본금을 감소하고자 하는 경우에는 주주총회의 **특별결의**를 거쳐야 한다. 다만, 결손 보전을 위한 자본금 감소는 보통결의(제368조제1항)에 의한다.

> 제368조(총회의 결의방법과 의결권의 행사) ①총회의 결의는 이 법 또는 정관에 다른 정함이 있는 경우를 제외하고는 출석한 주주의 의결권의 과반수와 발행주식총수의 4분의 1 이상의 수로써 하여야 한다. 〈개정 1995.12.29.〉
>
> 제434조(정관변경의 특별결의) 제433조제1항의 결의는 출석한 주주의 의결권의 3분의 2 이상의 수와 발행주식총수의 3분의 1 이상의 수로써 하여야 한다.
>
> 제438조(자본금 감소의 결의) ① 자본금의 감소에는 제434조에 따른 결의가 있어야 한다.
> ② 제1항에도 불구하고 결손의 보전(補塡)을 위한 자본금의 감소는 제368조제1항의 결의에 의한다.
> ③ 자본금의 감소에 관한 의안의 주요내용은 제363조에 따른 통지에 적어야 한다.

[3] 기타 자본금 변동내용
1. 준비금의 자본전입
2. 주식배당에 의한 자본금 변경등기
3. 자기주식소각. 상환주식소각

2 자본금 변경 등기 절차

자본금 변경 등기에 관한 절차는 자본금 증자 및 감자 편에서 상술한다.

❺ 기타 법인등기부 등본 변경

> 법인설립, 이사변경, 대표이사 주소변경, 상호변경, 자본금 변경외에 다음과 같은 변경 사유 발생시 법인등기부 등본을 정정하여야 하며, 이에 대한 내용은 대법원 인터넷 등기소의 자료센터에서 해당 자료를 다운로드받아 참고한다.

[1] 본점 이전에 관한 사항

본점을 이전하는 경우 주주총회의 특별결의를 거쳐 주주총회회의록을 공증한 다음 본점 이전일로부터(이전일자를 예정하여 미리 등기할 수는 없음) 본점소재지에서는 2주 이내, 지점소재지에서는 3주 이내에 대표이사 또는 그 대리인이 등기신청을 하여야 한다.

▶ 주주총회 또는 이사회결의 및 공증

① 회사가 정관에 규정된 최소행정구역 내로 본점을 이전한 경우에는 정관을 변경할 필요 없이 이사회의 결의만으로 본점을 이전할 수 있다. 다만 정관상에 본점소재지가 구체적인 소재 장소까지 기재되어 있는 경우에는 주주총회의 결의에 의하여 정관을 변경하여 한다(이 경우 공증 받은 주주총회의사록을 첨부하여야 함).

② 이사회의 의사에 관하여는 의사록을 작성하여야 하며 의사록에는 의사의 의안, 경과, 그 결과 등을 기재하고 출석한 이사 및 감사가 기명날인 또는 서명하여야 하며, 등기를 신청할 때에 이사회의사록에 공증인의 인증을 받아 제출하여야 한다.

[2] 지점의 설치, 이전, 폐지에 관한 사항

지점을 설치 또는 이전하는 경우 지점 소재지에 지점설치의 등기를 하거나, 신지점소재지에서 지점이전의 등기를 해야 한다. 이때 회사성립의 연월일과 지점을 설치 또는 이전하는 뜻 및 그 연월일을 등기해야 한다. (상업등기법 제57조)

지점을 설치하는 경우 해당 사업장의 사업개시일부터 20일 내에 납세지(회사 등기부상의 본점 또는 주사무소의 소재지) 관할 세무서장에게 사업자등록을 신청하여야 한다.

회사의 성립 후에 지점을 설치하는 경우에는 본점소재지에서는 2주 내에 그 지점소재지와 설치 연월일을 등기하고, 그 지점소재지에서는 3주 내에 다음의 사항을 등기해야 한다. (「상법」 제269조에 따른 「상법」 제181조제2항 본문의 준용)

1. 목적
2. 상호
3. 본점의 소재지
4. 대표이사의 성명·주민등록번호·주소
5. 존립기간 기타 해산사유를 정한 때에는 그 기간 또는 사유

▶ **주주총회 또는 이사회결의 및 공증**
1. 회사의 정관에 지점 설치방법에 관한 별도의 규정이 없는 때에는 이사회의 결의만으로 지점을 설치할 수 있다. 다만 정관상에 지점(소재지 등)에 관한 규정이 있는 때에는 주주총회의 결의에 의하여 정관을 변경하여 지점에 관한 사항을 규정하여야 한다. (이 경우 공증 받은 주주총회의사록을 첨부하여야 함)
2. 이사회의 의사에 관하여는 의사록을 작성하여야 하며 의사록에는 의사의 의안, 경과 등을 기재하고 출석한 이사 및 감사가 기명날인 또는 서명하여야 한다.

▶ **지점폐지 등기**
지점을 폐지한 때에는 본점소재지에서는 2주 내에, 지점소재지에서는 3주 내에 지점폐지사항을 등기해야 한다(「상법」제269조에 따른 「상법」제183조의 준용).

[3] 발행할 주식의 총수
발행할 주식의 총수를 변경하고자 하는 경우 정관 변경후 등기부등본 정정을 하여야 한다.

[4] 사업 목적
사업목적을 변경하고자 하는 경우 정관 변경후 등기부등본 정정을 하여야 한다.

[5] 전환증권의 발행 및 행사에 관한 사항
1. 전환주식의 전환
2. 전환사채의 전환권행사
3. 신주인수권부사채의 신주인수권 행사
4. 신주인수권부사채발행
5. 주식매수선택권규정설정
6. 전환사채발행
7. 전환형 조건부자본증권의 발행 및 전환

[6] 합병 및 분할 관련 등기
1. 흡수합병시 존속회사에서의 경우

2. 신설합병시 신설회사의 경우
3. 합병시 소멸회사에서의 경우
4. 분할로 인한 주식회사설립등기
5. 회사분할로 인한 신설회사설립의 경우
6. 피분할회사가 존속하는 경우
7. 분할시 소멸회사에서의 경우
8. 흡수분할합병의 분할합병상대방회사에서의 경우
9. 분할합병으로 인한 신설회사에서의 경우

[7] 주식회사 해산 관련 등기
1. 해산등기
2. 청산인취임등기
3. 청산인변경등기
4. 청산종결등기

> 관련 자료
>
> 대법원인터넷등기소 → 자료센터 → 검색어 "주식회사"

▣ 변경등기를 상법에 정한 기한내에 하지 못한 경우 과태료

상법 제635조에서는 상법을 위반한 경우 과태로 부과에 대한 전반적인 내용을 규정하고 있으며, 등기의무를 위반한 경우 500만원 이하의 과태료를 부과하는 것으로 규정하고 있다. 한편, 비송사건절차법 제149조는 회사 등기는 법령에 다른 규정이 없으면, 그 대표자가 신청한다고 규정하고 있어 주식회사의 등기신청의무자는 그 회사의 대표이사가 된다. 따라서 등기신청 의무를 해태한 경우에 과태료는 법인이 아닌 등기신청의무자인 대표이사 개인에게 부과되므로 등기 변경사유가 있는 경우 반드시 기한내에 등기를 하여 과태료를 부과받는 일이 없도록 하여야 한다.

3 법인 정관이란 무엇이며, 정관 변경은 언제하는가?

1 법인 정관

❶ 정관이란?

정관(定款)이란 법인의 조직과 활동에 관한 근본 규칙, 또는 그 근본 규칙을 기재한 서면을 말하며, 주식회사의 경우 법인 설립시 반드시 정관을 작성(원시 작성)하여야 하며, 이후 정관 변경 사유가 발생하는 경우 주주총회의 특별결의로 정관을 변경하여야 한다.

정관에는 모든 법인이 반드시 기재하여야 하는 절대적 기재사항과 당해 정관에 기재하여야 효력이 발생하는 상대적 기재사항 및 해당 법인의 사업목적 등을 위하여 기재하는 임의적 기재사항으로 구분한다.

정관은 공증인의 인증을 받음으로써 효력이 생긴다. 다만, 자본금 총액이 10억원 미만인 회사를 발기설립(發起設立)하는 경우에는 각 발기인이 정관에 기명날인 또는 서명함으로써 효력이 생긴다.

☐ 상법 제288조(발기인) 주식회사를 설립함에는 발기인이 정관을 작성하여야 한다.
제292조(정관의 효력발생) 정관은 공증인의 인증을 받음으로써 효력이 생긴다. 다만, 자본금 총액이 10억원 미만인 회사를 제295조제1항에 따라 발기설립(發起設立)하는 경우에는 제289조제1항에 따라 각 발기인이 정관에 기명날인 또는 서명함으로써 효력이 생긴다.

> **참고** 정관작성시 참고하면 도움이 되는 곳
> ① 법무부, 주식회사 표준정관
> ② 한국상장회사협의회(www.klca.or.kr) → 법률정보 → 표준규정 → 상장회사 표준정관
> ③ KRX 한국거래소(www.krx.co.kr) → 종합자료실 → 코스닥등록법인 표준정관

❷ 정관의 절대적 기재사항

> 정관의 절대적 기재사항은 반드시 정관에 기재하여야 하는 사항으로서 그 기재가 없거나 위법하면 정관 자체가 무효로 되는 사항으로서 상법 제289조 제1항에서 정하고 있다.

① 목적
② 상호
③ 회사가 발행할 주식의 총수(발행예정주식총수, 수권주식총수)
④ 액면주식을 발행하는 경우 1주의 금액
⑤ 회사의 설립시에 발행하는 주식의 총수
⑥ 본점의 소재지
⑦ 회사가 공고를 하는 방법
⑧ 발기인의 성명·주민등록번호 및 주소

☐ 상법 제289조(정관의 작성, 절대적 기재사항) ①발기인은 정관을 작성하여 다음의 사항을 적고 각 발기인이 기명날인 또는 서명하여야 한다. 〈개정 2011.4.14.〉
1. 목적
2. 상호
3. 회사가 발행할 주식의 총수
4. 액면주식을 발행하는 경우 1주의 금액
5. 회사의 설립 시에 발행하는 주식의 총수
6. 본점의 소재지

7. 회사가 공고를 하는 방법
8. 발기인의 성명·주민등록번호 및 주소
③ 회사의 공고는 관보 또는 시사에 관한 사항을 게재하는 일간신문에 하여야 한다. 다만, 회사는 그 공고를 정관으로 정하는 바에 따라 전자적 방법으로 할 수 있다.

❸ 정관의 상대적 기재사항

> 정관의 상대적 기재사항은, 반드시 정관에 기재할 필요가 있는 것은 아니지만, 정관에 기재해야만 그 효력이 인정되는 사항을 말한다.

1 변태설립사항 [상법 제290조]

① 발기인이 받을 특별이익과 이를 받을 자의 성명
② 현물출자를 하는 자의 성명과 그 목적인 재산의 종류, 수량, 가격과 이에 대하여 부여할 주식의 종류와 수
③ 회사성립후에 양수할 것을 약정한 재산의 종류, 수량, 가격과 그 양도인의 성명
④ 회사가 부담할 설립비용과 발기인이 받을 보수액

2 주식에 관한 사항

[1] 설립 당시의 주식발행사항 [상법 제291조]
회사설립 시에 발행하는 주식에 관하여 다음의 사항은 정관으로 달리 정하지 아니하면 발기인 전원의 동의로 이를 정한다.
1. 주식의 종류와 수
2. 액면주식의 경우에 액면 이상의 주식을 발행할 때에는 그 수와 금액
3. 무액면 주식을 발행하는 경우에는 주식의 발행가액과 주식의 발행가액 중 자본금으로 계상하는 금액

[2] 자기주식 취득의 주주총회 결의를 이사회 결의로 갈음

자기주식을 취득하려는 회사는 미리 주주총회의 결의로 다음 각 호의 사항을 결정하여야 한다. 다만, **이사회 결의로 이익배당을 할 수 있다고 정관으로 정하고 있는 경우** 이사회의 결의로써 주주총회의 결의를 갈음할 수 있다. (상법 제341조 제2항)
1. 취득할 수 있는 주식의 종류 및 수
2. 취득가액의 총액의 한도
3. 1년을 초과하지 아니하는 범위에서 자기주식을 취득할 수 있는 기간

[3] 자기주식 처분의 내용[상법 제342조]

회사가 보유하는 자기의 주식을 처분하는 경우에 다음 각 호의 사항으로서 정관에 규정이 없는 것은 이사회가 결정한다.
1. 처분할 주식의 종류와 수
2. 처분할 주식의 처분가액과 납입기일
3. 주식을 처분할 상대방 및 처분방법

[4] 신주의 발행을 주주총회에서 결정하기로 하는 경우 [상법 제416조]

회사가 그 성립 후에 주식을 발행하는 경우에는 다음의 사항으로서 정관에 규정이 없는 것은 이사회가 결정한다. 다만, 상법에 다른 규정이 있거나 정관으로 주주총회에서 결정하기로 정한 경우에는 그러하지 아니하다.
1. 신주의 종류와 수
2. 신주의 발행가액과 납입기일
3. 무액면 주식의 경우에는 신주의 발행가액 중 자본금으로 계상하는 금액
4. 신주의 인수방법
5. 현물출자를 하는 자의 성명과 그 목적인 재산의 종류, 수량, 가액과 이에 대하여 부여할 주식의 종류와 수
6. 주주가 가지는 신주인수권을 양도할 수 있는 것에 관한 사항

[5] 기타 사항

① 무액면 주식의 발행, 액면 주식과 무액면 주식 사이의 전환(상법 제329조)
② 주식의 양도에 관하여 이사회의 승인을 받도록 하는 경우(상법 제335조제1항)
③ 명의개서 대리인의 설치(상법 제337조제2항)

④ 주식매수선택권의 부여(상법 제340조의2)
⑤ 종류주식을 발행하는 경우 각종 주식의 내용과 수(상법 제344조, 제344조의2, 제344조의3)
⑥ 이익에 의한 주식의 소각(상법 제345조 제1항)
⑦ 상환에 관한 종류주식 발행(상법 제345조 제3항)
⑧ 주식전환에 관한 종류주식 발행(상법 제346조)
⑨ 전자주주명부의 작성(상법 제352조의2 제1항)
⑩ 주주명부의 폐쇄기간과 기준일의 지정(상법 제354조제4항)
⑪ 주식의 전자등록(상법 제356조의2)
⑫ 주권불소지제도의 배제(상법 제358조의2제1항)
⑬ 주주의 청구가 있는 때에만 신주인수권증서를 발행한다는 것과 그 청구기간 이사회가 아닌 주주총회의 권한으로 하는 경우(상법 제416조제1항 단서)
⑭ 제3자에 대한 신주인수권의 부여(상법 제418조제2항)
⑮ 신주인수권의 전자등록(상법 제420조의4)

3 주주총회에 관한 사항

① 법정 결의사항 이외의 사항을 주주총회의 결의사항으로 정하려는 경우(상법 제361조)
② 본점소재지 또는 그 인접지 이외의 지에서 주주총회를 소집할 수 있도록 하는 경우(상법 제364조)
③ 정족수의 배제 기타 총회의 결의방법에 관한 다른 규정(상법 제368조제1항)
④ 주주총회의 의장에 관한 사항(상법 제366조의2제1항)
⑤ 서면에 의한 주주의 의결권 행사(상법 제368조의3)

4 이사 · 감사 · 집행임원 · 청산인에 관한 사항

① 이사 선임 방법으로서의 집중투표의 배제(상법 제382조의2 1항)
② 이사의 임기연장(상법 제383조 3항)
③ 2명의 이사를 둔 주식회사의 대표이사 선정 여부와 방법(상법 제383조 제6항)

④ 이사의 자격주에 관한 사항(상법 제387조)
⑤ 주주총회에 의한 대표이사의 선정(상법 제389조 1항)
⑥ 이사회(청산인회)의 소집통지기간의 단축(상법 제390조 3항, 제542조 2항)
⑦ 이사회(청산인회)의 결의요건의 가중(상법 제391조 1항, 제542조 2항)
⑧ 동영상 및 음성 통신수단에 의한 이사회 결의방법의 배제(상법 제391조 2항)
⑨ 이사회내 위원회의 설치(상법 제393조의2 1항)
⑩ 이사회내 위원회에의 이사회 권한 위임의 배제(상법 제393조의2제2항)
⑪ 집행임원의 임기연장(상법 제408조의3)
⑫ 감사 선임시 의결권 행사의 제한비율 인하(상법 제409조 3항)
⑬ 감사위원회 설치(상법 제415조의2)

5 상장회사에 대한 특례

① 이사회 결의에 의한 주식매수선택권 부여(상법 제542조의3 3항)
② 소수주주에 대한 주주총회 소집의 통지방법(상법 제542조의4)
③ 소수주주권 행사 요건 완화(상법 제542조의6 7항)
④ 집중투표제 배제 위한 의결권 행사의 제한비율 인하(상법 제542조의7제3항)
⑤ 최대주주 등의 주식의 합계로 감사 또는 사외이사가 아닌 감사위원회위원을 선임하거나 해임할 때 의결권 행사의 제한비율 인하(상법 제542조의12제3항)

6 기타

① 재무제표의 이사회 승인(상법 제449조의2)
② 준비금 자본전입을 이사회가 아닌 주주총회에서 결정(상법 제461조 제1항 단서)
③ 중간배당에 관한 규정(상법 제462조의3 1항)
④ 현물배당 결정(상법 제462조의4)
⑤ 사채의 발행을 이사회에서 대표이사에게 위임하는 경우(상법 제469조제4항)
⑥ 사채권 전자등록(상법 제478조 3항)
⑦ 전환사채, 신주인수권부사채 발행사항을 이사회가 아닌 주주총회에게 결정하는 경우(상법 제513조 2항, 제516조의2 2항)

⑧ 주주외의 자에게 전환사채, 신주인수권부사채를 발행하는 경우 특정한 사항 결정(상법 제513조 3항, 제516조의2 4항)
⑨ 신주인수권증권 전자발행(상법 제516조의7)
⑩ 회사의 존립기간 또는 해산사유(상법 제517조 1호)
 청산인의 지정(상법 제531조 1항)

❹ 임의적 기재사항

> 정관의 임의적 기재사항은 정관에 기재하지 않아도 정관 자체의 효력이 무효화되는 것은 아니며, 정관에 기재하지 않아도 주주총회 또는 이사회의 결의에 의하여 그 효력이 발생하지만, 해당 사항의 존재나 내용을 명확히 하는 등의 목적으로 정관에 기재하는 사항 임의적 기재사항도 정관에 기재된 이상 그 사항을 변경하기 위해서는 주주총회 특별결의로 정관변경절차를 거쳐야 한다.

① 주권의 종류
② 주권의 재발행 절차
③ 주식의 명의개서의 절차
④ 기명주식에 대한 질권의 등록 또는 신탁표시에 관한 사항
⑤ 주주와 법정대리인의 주소, 성명, 인감의 신고 등에 관한 사항
⑥ 정기주주총회의 소집시기
⑦ 주주총회의 구체적인 개최장소
⑧ 주주의 의결권의 대리행사에 관한 사항
⑨ 이사·감사의 원수
⑩ 이사·보선이사 또는 대표이사의 임기
⑪ 회사의 영업연도
⑫ 이익의 처분방법

2 정관 변경

❶ 개념

정관변경이란 정관의 기재사항을 추가하거나 삭제하거나 수정하는 것을 말한다. 정관변경을 엄격하게 해석하는 입장에서는 간단한 자구나 구두점의 수정, 가감도 정관변경이며, 절대적 기재사항이건, 임의적 기재사항이건 정관에 기재된 사항의 변경은 모두 정관변경으로 본다.

❷ 정관변경 절차

[1] 주주총회 특별결의
정관의 변경은 주주총회의 특별결의에 의하여야 하며, 정관변경을 위한 총회소집의 통지와 공고에는 의안의 요령을 기재하여야 한다. 즉 정관변경의 내용을 구체적으로 표시하여야 한다. 그러나 정관의 기재사항이 어떠한 사실에만 기초를 두고 있는 경우에는 정관은 그 사실의 변경에 의하여 총회의 결의 없이 변경된다.

[2] 정관의 효력 발생
정관변경의 효력은 주주총회의 결의와 동시에 발생하며 원시정관의 경우와 달리 공증인의 인증은 필요로 하지 않는다.

[3] 정관변경의 등기
정관변경은 등기사항이 아니지만 정관변경의 결과 등기사항에 변경이 생길 때에는 본점소재지에서는 2주간내에, 지점소재지에서는 3주간내에 변경등기를 하여야 한다.

▶ **종류 주주총회**
수종의 주식을 발행하고 있는 경우에 정관변경이 어느 종류의 주주에게 손해를 미치게 될 때에는 주주총회의 결의 외에 그 종류의 주주총회의 결의가 있어야 한다.

❸ 정관 변경

1 절대적 기재사항

[1] 목적 변경
회사의 목적은 정관의 절대적 기재사항으로서 사업 목적을 추가 또는 변경하고자 하는 경우 주주총회의 특별결의로 결의를 한 다음 법인 등기부등본 변경등기를 하여야 한다.

[2] 상호 변경
상호 변경은 정관의 절대적 기재사항으로 상호를 변경하고자 하는 경우 정관을 변경한 다음 법인등기부등본 변경등기를 하여야 한다.

상호는 동일한 특별시, 광역시, 특별자치시, 시(행정시 포함) 또는 군(광역시의 군은 제외)에서는 동종의 영업을 위하여 다른 상인이 등기한 상호(商號)와 동일한 상호를 등기할 수 없으므로 동종 업종의 동일 상호가 있는지 여부를 대한민국 법원 인터넷등기소 홈페이지 하단 '법인상호' 검색에서 확인을 하여야 한다.

□ 상업등기법 제29조(등기할 수 없는 상호) 동일한 특별시, 광역시, 특별자치시, 시(행정시를 포함한다. 이하 같다) 또는 군(광역시의 군은 제외한다. 이하 같다)에서는 동종의 영업을 위하여 다른 상인이 등기한 상호(商號)와 동일한 상호를 등기할 수 없다.
제30조(등기사항) 상호의 등기를 할 때에는 다음 각 호의 사항을 등기하여야 한다.
1. 상호
2. 영업소의 소재지
3. 영업의 종류
4. 상호사용자의 성명·주민등록번호 및 주소

[3] 발행예정주식총수의 변경

회사의 발행예정주식총수는 정관의 절대적 기재사항으로서 발행예정주식총수를 증액하고자 하는 경우 정관변경 절차에 따라 변경할 수 있다.

[4] 1주 금액 인상

1주의 금액은 정관의 절대적 기재사항이기 때문에 주금액의 변경을 하고자 하는 경우에는 정관 변경을 하여야 한다. 주금액의 인상이 추가출자를 요할 때에는 출자의무의 이행이 종료한 때에, 추가출자가 없이 주금액을 인상하는 경우에는 주식병합의 절차가 종료한 때에 그 효력이 발생한다.

[5] 본점 소재지

본점 소재지는 정관의 절대적 기재사항으로서 본점 소재지를 변경하고자하는 경우 주주총회의 특별결의로 결의를 한 다음 법인 등기부등본 변경등기를 하여야 한다.

[6] 회사가 공고를 하는 방법

회사가 공고를 하는 방법은 정관의 절대적 기재사항으로서 공고방법을 변경하고자 하는 경우 주주총회의 특별결의로 결의를 한 다음 법인 등기부등본 변경등기를 하여야 한다.

> **상법**
>
> 제433조(정관변경의 방법) ①정관의 변경은 주주총회의 결의에 의하여야 한다.
> ②정관의 변경에 관한 의안의 요령은 제363조에 따른 통지에 기재하여야 한다.
> 〈개정 2014.5.20.〉
> 제434조(정관변경의 특별결의) 제433조제1항의 결의는 출석한 주주의 의결권의 3분의 2 이상의 수와 발행주식총수의 3분의 1 이상의 수로써 하여야 한다.

◆ **법인등기부등본 변경**

정관을 변경하는 경우 주주총회 결의를 거쳐야 하며, 정관 변경 내용 중 법인등기부등본의 변경을 요하는 사항이 있는 경우 주주총회회의록에 공증인의 공증을 받아 법인 등기부등본 변경을 하여야 하며, 등기부등본의 변경에 대한 자세한 내용은 등기부등본편을 참고한다.

2 상대적 기재사항 및 임의 기재사항

정관변경이란 정관의 기재사항을 추가하거나 삭제하거나 수정하는 것을 말한다. 정관변경을 엄격하게 해석하는 입장에서는 간단한 자구나 구두점의 수정, 가감도 정관변경이며, 절대적 기재사항이건, 임의적 기재사항이건 정관에 기재된 사항의 변경은 모두 정관변경으로 본다. 따라서 주주총회의 특별결의를 거쳐 정관을 변경하여야 한다.

■ 법인세법 중 정관의 규정을 필요로 하는 내용

[1] 사업연도 [법인세법 제6조(사업연도)]
① 사업연도는 법령이나 법인의 정관(定款) 등에서 정하는 1회계기간으로 한다. 다만, 그 기간은 1년을 초과하지 못한다.
② 법령이나 정관 등에 사업연도에 관한 규정이 없는 내국법인은 따로 사업연도를 정하여 제109조제1항에 따른 법인 설립신고 또는 제111조에 따른 사업자등록과 함께 납세지 관할 세무서장(제12조에 따른 세무서장을 말한다. 이하 같다)에게 사업연도를 신고하여야 한다.

[2] 퇴직급여 [법인세법 시행령 제44조(퇴직급여의 손금불산입)]

② 현실적인 퇴직은 법인이 퇴직급여를 실제로 지급한 경우로서 다음 각 호의 어느 하나에 해당하는 경우를 포함하는 것으로 한다. <개정 2019. 2. 12., 2022. 2. 15.>
1. 법인의 직원이 해당 법인의 임원으로 취임한 때
2. 법인의 임원 또는 직원이 그 법인의 조직변경·합병·분할 또는 사업양도에 의하여 퇴직한 때
3. 「근로자퇴직급여 보장법」제8조제2항에 따라 퇴직급여를 중간정산(종전에 퇴직급여를 중간정산하여 지급한 적이 있는 경우에는 직전 중간정산 대상기간이 종료한 다음 날부터 기산하여 퇴직급여를 중간정산한 것을 말한다. 이하 제5호에서 같다)하여 지급한 때
4. 삭제 <2015. 2. 3.>
5. 정관 또는 정관에서 위임된 퇴직급여지급규정에 따라 장기 요양 등 기획재정부령으로 정하는 사유로 그 때까지의 퇴직급여를 중간정산하여 임원에게 지급한 때

④ 법인이 임원에게 지급한 퇴직급여 중 다음 각 호의 어느 하나에 해당하는 금액을 초과하는 금액은 손금에 산입하지 아니한다. <개정 2019. 2. 12.>
1. 정관에 퇴직급여(퇴직위로금 등을 포함한다)로 지급할 금액이 정하여진 경우에는 정관에 정하여진 금액
2. 제1호 외의 경우에는 그 임원이 퇴직하는 날부터 소급하여 1년 동안 해당 임원에게 지급한 총급여액[「소득세법」 제20조제1항제1호 및 제2호에 따른 금액(같은 법 제12조에 따른 비과세소득은 제외한다)으로 하되, 제43조에 따라 손금에 산입하지 아니하는 금액은 제외한다]의 10분의 1에 상당하는 금액에 기획재정부령으로 정하는 방법에 의하여 계산한 근속연수를 곱한 금액. 이 경우 해당 임원이 직원에서 임원으로 된 때에 퇴직금을 지급하지 아니한 경우에는 직원으로 근무한 기간을 근속연수에 합산할 수 있다.

[3] 상여금 [법인세법 시행령 제43조(상여금 등의 손금불산입)]

② 법인이 임원에게 지급하는 상여금중 정관·주주총회·사원총회 또는 이사회의 결의에 의하여 결정된 급여지급기준에 의하여 지급하는 금액을 초과하여 지급한 경우 그 초과금액은 이를 손금에 산입하지 아니한다.
③ 법인이 지배주주등(특수관계에 있는 자를 포함한다. 이하 이 항에서 같다)인 임원 또는 직원에게 정당한 사유없이 동일직위에 있는 지배주주등 외의 임원 또는 직원에게 지급하는 금액을 초과하여 보수를 지급한 경우 그 초과금액은 이를 손금에 산입하지 아니한다. <개정 2008. 2. 22., 2019. 2. 12.>

법인의 주주총회 또는 이사회는 어떤 경우에 개최하여야 하는가?

1 이사, 대표이사, 감사

❶ 이사, 대표이사, 사외이사 선임 등

1 이사 선임

[1] 이사의 임무 및 선임

이사(理事)는 대외적으로 법인을 대표하고 대내적으로는 법인의 사무를 집행하는 상설 필요기관으로 이사는 주주총회에서 선임하며, 회사와 이사의 관계는 민법의 위임에 관한 규정을 준용한다.

[2] 이사의 인원 및 임기 (상법 제383조)

① 이사는 3명 이상이어야 한다. 다만, 자본금 총액이 10억원 미만인 회사는 1명 또는 2명으로 할 수 있다.
② 이사의 임기는 3년을 초과하지 못한다.
③ 제2항의 임기는 정관으로 그 임기 중의 최종의 결산기에 관한 정기주주총회의 종결에 이르기까지 연장할 수 있다.

[3] 이사의 보수 (상법 제388조)

이사의 보수는 정관에 그 액을 정하지 아니한 때에는 주주총회의 결의로 이를 정한다.

[4] 이사 등과 회사 간의 거래 (상법 제398조)

다음 각 호의 어느 하나에 해당하는 자가 자기 또는 제3자의 계산으로 회사와 거래를 하기 위하여는 미리 이사회에서 해당 거래에 관한 중요사실을 밝히고 이사회의 승인을 받아야 한다. 이 경우 이사회의 승인은 이사 3분의 2 이상의 수로써 하여야 하고, 그 거래의 내용과 절차는 공정하여야 한다.

1. 이사 또는 주요주주
2. 제1호의 자의 배우자 및 직계존비속
3. 제1호의 자의 배우자의 직계존비속
4. 제1호부터 제3호까지의 자가 단독 또는 공동으로 의결권 있는 발행주식 총수의 100분의 50 이상을 가진 회사 및 그 자회사
5. 제1호부터 제3호까지의 자가 제4호의 회사와 합하여 의결권 있는 발행주식총수의 100분의 50 이상을 가진 회사

▶ **주요주주(상법 제542조의8 제2항 제6호)**

누구의 명의로 하든지 자기의 계산으로 의결권 없는 주식을 제외한 발행주식총수의 100분의 10 이상의 주식을 소유하거나 이사·집행임원·감사의 선임과 해임 등 상장회사의 주요 경영사항에 대하여 사실상의 영향력을 행사하는 주주(이하 "주요주주"라 한다) 및 그의 배우자와 직계 존속·비속

[5] 이사 해임 (상법 제385조)

이사는 언제든지 주주총회의 특별결의로 이를 해임할 수 있다. 그러나 이사의 임기를 정한 경우에 정당한 이유없이 그 임기 만료전에 이를 해임한 때에는 그 이사는 회사에 대하여 해임으로 인한 손해의 배상을 청구할 수 있다.

▶ **이사 해임 절차**

1. 주총소집을 위한 이사회 개최
2. 이사회에서 임원의 해임을 위한 주총소집 결의
3. 주총소집일 2주전 각 주주에게 주총소집통지 발송
4. 특별결의로 해임 결의(참석주식수의 2/3가 찬성하고 그 주식수는 곧 전체주식수의 1/3이상 이어야 한다)

▣ 등기이사 및 미등기이사

등기이사란 법인등기부등본에 등기된 이사를 말하며, 미등기이사란 법인등기부등본에 등기되지 아니한 이사를 말하며, 그 책임과 권한은 다음과 같다.

[1] 주주총회에서 이사로 선임되었고, 당사자의 취임승낙이 있은 경우
주주총회에서 정식적으로 이사로 선임되었고, 당사자의 취임승낙이 있었으며, 다만, 등기만 되지 않은 경우에는 이 이사는 등기여부와 관계없이 법률상 이사의 직에 있으며, 이 경우 이사회에서 의결권이 있다.

[2] 주주총회에서 선임하지 않았거나, 당사자의 취임승낙이 없는 경우
법률상 이사가 아니므로 이사회의 의결권이 없다. 이 경우 영업상 필요에 의하여 이사의 직함을 부여하였으나, 주총에서 정식적으로 이사로 선임한 것이 아니므로 그의 직함여부와 관계없이 법률상으로는 이사가 아니므로 이사회의 의결권이 없다.

2 대표이사 (상법 제389조)

대표이사는 대외적으로 회사를 대표하고 대내적으로 업무집행을 하는 자로서 대표이사는 원칙적으로 이사회에서 선임하지만, 정관에 의하여 주주총회에서 직접 선임할 수 있다.

3 사외이사

[1] 사외이사란?
사외이사란 해당 회사의 상무(常務)에 종사하지 아니하는 이사로서 다음 각 호의 어느 하나에 해당하지 아니하는 자로 한다.
1. 회사의 상무에 종사하는 이사·집행임원 및 피용자 또는 최근 2년 이내에 회사의 상무에 종사한 이사·감사·집행임원 및 피용자
2. 최대주주가 자연인인 경우 본인과 그 배우자 및 직계 존속·비속
3. 최대주주가 법인인 경우 그 법인의 이사·감사·집행임원 및 피용자

4. 이사·감사·집행임원의 배우자 및 직계 존속·비속
5. 회사의 모회사 또는 자회사의 이사·감사·집행임원 및 피용자
6. 회사와 거래관계 등 중요한 이해관계에 있는 법인의 이사·감사·집행임원 및 피용자
7. 회사의 이사·집행임원 및 피용자가 이사·집행임원으로 있는 다른 회사의 이사·감사·집행임원 및 피용자

[2] 사외이사제도의 목적

이사회가 최고경영자를 임명하며, 업무집행에 관한 회사의 의사를 결정하고 이사의 업무집행을 감시.감독하여야 함에도 지배주주인 경영자가 이사회를 지배하여 독선적 경영을 함으로써 일반주주의 이익을 크게 해치는 문제가 야기될 수 있으므로 경영진과 독립적인 관계에 있는 사외이사를 기업의 의사결정기구인 이사회에 참여시켜 업무집행에 대한 감시.감독업무를 수행하고 정책결정을 위한 조언 및 전문지식의 제공 등 회사의 건전한 발전을 위한 내부견제의 직무를 수행함으로써 기업경영의 투명성을 제고하고 지배구조의 선진화를 달성하는데 그 목적이 있다.

[3] 사외이사를 두어야 하는 회사 (상법 제542조의8 ①)

상장회사는 자산 규모 등을 고려하여 다음에 정하는 경우를 제외하고는 사외이사를 두어야 한다.

1. 벤처기업 중 최근 사업연도 말 현재의 자산총액이 1천억원 미만으로서 코스닥시장 또는 코넥스시장에 상장된 주권을 발행한 벤처기업인 경우
2. 회생절차가 개시되었거나 파산선고를 받은 상장회사인 경우
3. 유가증권시장, 코스닥시장 또는 코넥스시장에 주권을 신규로 상장한 상장회사
4. 기업구조조정 부동산투자회사인 경우
5. 해산을 결의한 상장회사인 경우

[4] 사외이사 수 (상법 제542조의8 ②)

상장회사는 이사 총수의 4분의 1 이상을 사외이사로 하여야 한다. 다만, 최근 사업연도 말 현재의 자산총액이 2조원 이상인 상장회사의 사외이사는 3명 이상으로 하되, 이사 총수의 과반수가 되도록 하여야 한다.

❷ 감사 선임 등

■ 감사의 업무, 선임 및 해임 등

[1] 감사란?
감사란 이사의 업무집행과 회계를 감사할 권한을 가진 주식회사의 필요상설기관을 말한다.

[2] 감사 선임 (상법 제409조)
감사는 주주총회에서 선임한다. 의결권 없는 주식을 제외한 발행주식총수의 100분의 3을 초과하는 수의 주식을 가진 주주는 그 초과하는 주식에 관하여는 의결권을 행사할 수 없다. 감사의 임기는 취임후 3년내의 최종의 결산기에 관한 정기총회의 종결일까지이다.

[3] 자본금 10억원 미만인 회사의 감사
① 자본금의 총액이 10억원 미만인 회사의 경우에는 감사를 선임하지 아니할 수 있다.
② 감사를 선임하지 아니한 경우 상법 제412조, 제412조의2 및 제412조의5제1항·제2항 중 "감사"는 각각 "주주총회"로 본다.
제412조(감사의 직무와 보고요구, 조사의 권한)
제412조의2(이사의 보고의무)
제412조의5(자회사의 조사권)

[4] 감사의 업무
감사는 이사의 직무를 감사한다. 업무감사를 위하여 감사는 언제든지 이사에 대하여 영업에 관한 보고를 요구하거나 회사의 재산 상태를 조사할 수 있다. 감사결과에 대한 의견은 이사회에서의 의견진술 및 보고, 주총에서의 의견진술, 감사록, 감사보고서의 작성 제출로 한다.

[5] 감사 임기 (상법 제410조)
취임 후 3년내의 최종의 결산기에 관한 정기총회의 종결시까지로 한다.

▶ 이사 또는 감사 변경 등기

감사는 선임한 회계연도를 포함하여 3년마다 임기변경을 하여야 한다. 예를 들어 20×3.1.20. 감사 선임을 한 경우 감사는 20×5년 말에 임기가 만료가 되고, 이사는 20×6.1.20. 임기가 만료가 되는 것으로 만료일에 변경등기를 하여야 한다. 즉, 감사는 회계연도 기준으로 3년 임기이고, 이사는 만 3년의 임기를 뜻한다. 다만, 정관에 "감사의 임기를 회계년도말부터 정기 주총일까지 연장할 수 있다." 라고 정하여 두면 정기주총일(최대기한은 3월 31일)까지 임기가 연장이 되며, 이 경우 정기주총일에 감사변경등기를 하면 된다.

[6] 감사의 보수 (상법 제415조 → 상법 제388조 준용)
감사의 보수는 정관에 그 액을 정하지 아니한 때에는 주주총회의 결의로 이를 정한다.

[7] 감사 해임 (상법 제415조 → 상법 제385조 준용)
이사는 언제든지 주주총회의 특별결의로 이를 해임할 수 있다. 그러나 이사의 임기를 정한 경우에 정당한 이유없이 그 임기만료전에 이를 해임한 때에는 그 이사는 회사에 대하여 해임으로 인한 손해의 배상을 청구할 수 있다.

2 감사의 감사절차

[1] 이사는 감사에게 재무제표 등을 제출하여야 함 (상법 제447조의3)
이사는 매 결산기에 재무제표와 그 부속명세서 및 영업보고서를 작성하여 이사회의 승인을 받고 정기총회 6주전에 감사에게 제출하여야 한다.

☐ 상법 제447조의3(재무제표등의 제출) 이사는 정기총회회일의 6주간전에 제447조 및 제447조의2의 서류를 감사에게 제출하여야 한다.

□ 상법 제447조(재무제표의 작성) ① 이사는 결산기마다 다음 각 호의 서류와 그 부속명세서를 작성하여 이사회의 승인을 받아야 한다.
1. 대차대조표
2. 손익계산서
3. 그 밖에 회사의 재무상태와 경영성과를 표시하는 것으로서 대통령령으로 정하는 서류

△ 제16조(주식회사 재무제표의 범위 등) ① 법 제447조제1항제3호에서 "대통령령으로 정하는 서류"란 다음 각 호의 어느 하나에 해당하는 서류를 말한다. 다만, 「주식회사의 외부감사에 관한 법률」 제2조에 따른 외부감사 대상 회사의 경우에는 다음 각 호의 모든 서류, 현금흐름표 및 주석(註釋)을 말한다.
1. 자본변동표
2. 이익잉여금 처분계산서 또는 결손금 처리계산서

제447조의2(영업보고서의 작성) ①이사는 매결산기에 영업보고서를 작성하여 이사회의 승인을 얻어야 한다.
②영업보고서에는 대통령령이 정하는 바에 의하여 영업에 관한 중요한 사항을 기재하여야 한다.

△ 제17조(영업보고서의 기재사항) 법 제447조의2제2항에 따라 영업보고서에 기재할 사항은 다음 각 호와 같다.
1. 회사의 목적 및 중요한 사업 내용, 영업소·공장 및 종업원의 상황과 주식·사채의 상황
2. 해당 영업연도의 영업의 경과 및 성과(자금조달 및 설비투자의 상황을 포함한다)
3. 모회사와의 관계, 자회사의 상황, 그 밖에 중요한 기업결합의 상황
4. 과거 3년간의 영업성적 및 재산상태의 변동상황
5. 회사가 대처할 과제
6. 해당 영업연도의 이사·감사의 성명, 회사에서의 지위 및 담당 업무 또는 주된 직업과 회사와의 거래관계
7. 상위 5인 이상의 대주주(주주가 회사인 경우에는 그 회사의 자회사가 보유하는 주식을 합산한다), 그 보유주식 수 및 회사와의 거래관계, 해당 대주주에 대한 회사의 출자 상황
8. 회사, 회사와 그 자회사 또는 회사의 자회사가 다른 회사의 발행주식총수의 10분의 1을 초과하는 주식을 가지고 있는 경우에는 그 주식 수, 그 다른 회사의 명칭 및 그 다른 회사가 가지고 있는 회사의 주식 수

9. 중요한 채권자 및 채권액, 해당 채권자가 가지고 있는 회사의 주식 수
10. 결산기 후에 생긴 중요한 사실
11. 그 밖에 영업에 관한 사항으로서 중요하다고 인정되는 사항

[2] 감사는 이사에게 감사보고서를 제출하여야 함 (상법 제447조의4)

감사는 상법 제447조의3(재무제표등의 제출)의 서류를 받은 날부터 4주 내에 감사보고서를 이사에게 제출하여야 한다.

☐ 상법 제447조의4(감사보고서) ① 감사는 제447조의3의 서류를 받은 날부터 4주 내에 감사보고서를 이사에게 제출하여야 한다.
② 제1항의 감사보고서에는 다음 각 호의 사항을 적어야 한다.
1. 감사방법의 개요
2. 회계장부에 기재될 사항이 기재되지 아니하거나 부실기재된 경우 또는 대차대조표나 손익계산서의 기재 내용이 회계장부와 맞지 아니하는 경우에는 그 뜻
3. 대차대조표 및 손익계산서가 법령과 정관에 따라 회사의 재무상태와 경영성과를 적정하게 표시하고 있는 경우에는 그 뜻
4. 대차대조표 또는 손익계산서가 법령이나 정관을 위반하여 회사의 재무상태와 경영성과를 적정하게 표시하지 아니하는 경우에는 그 뜻과 이유
5. 대차대조표 또는 손익계산서의 작성에 관한 회계방침의 변경이 타당한지 여부와 그 이유
6. 영업보고서가 법령과 정관에 따라 회사의 상황을 적정하게 표시하고 있는지 여부
7. 이익잉여금의 처분 또는 결손금의 처리가 법령 또는 정관에 맞는지 여부
8. 이익잉여금의 처분 또는 결손금의 처리가 회사의 재무상태나 그 밖의 사정에 비추어 현저하게 부당한 경우에는 그 뜻
9. 제447조의 부속명세서에 기재할 사항이 기재되지 아니하거나 부실기재된 경우 또는 회계장부 · 대차대조표 · 손익계산서나 영업보고서의 기재 내용과 맞지 아니하게 기재된 경우에는 그 뜻
10. 이사의 직무수행에 관하여 부정한 행위 또는 법령이나 정관의 규정을 위반하는 중대한 사실이 있는 경우에는 그 사실
③ 감사가 감사를 하기 위하여 필요한 조사를 할 수 없었던 경우에는 감사보고서에 그 뜻과 이유를 적어야 한다.

2. 주주총회

❶ 개요

[1] 주주총회

주주총회(株主總會)는 주주전원에 의하여 구성되고 회사의 기본조직과 경영에 관한 중요한 사항을 의결하는 필요적 기관이다. 주주총회는 형식상으로는 주식회사의 최고기관이며, 그 결의는 이사회를 구속하는 것이나, 총회가 결의할 수 있는 사항은 법령 또는 정관에 정하는 바에 한정된다(361조). 법률상으로는 주주총회에 회사의 지배권이 있으나, 현실적으로는 경영자에게 지배권이 있는 경우가 많다.

상법은 실질적인 소유와 경영의 분리를 위하여 주주총회 결의사항을 정하고 있으며, 주주총회의 결의는 보통결의사항과 특별결의사항으로 구분하고 있다. 한편, 법인의 정관에서 주주총회의 결의사항을 별도로 정할 수 있다.

[2] 정기주주총회 및 임시주주총회

주주총회는 매년 1회 정한 시기에 열리는 정기총회와 임시총회가 있다. 상법은 정기주주총회에 대하여는 매년 1회 소집하는 것으로 하고 있으며, 임시주주총회는 주주총회를 개최하여야 하는 사안이 발생될 때마다 주주총회를 개최하는 것으로 정기주주총회가 아닌 것을 임시주주총회라 한다.

예를 들어 정기주주총회는 12월 결산법인인 경우 결산기와 아울러 그 정기주주총회가 개최되며, 임시주주총회는 연도 중 이사 등의 임기 만료, 중임, 사임이 필요한 경우 정기주주총회까지 기다릴 수 없으므로 주주총회를 열어 의안을 상정 처리하게 되며, 이것을 임시주주총회라 한다.

☐ 상법 제365조(총회의 소집) ① 정기총회는 매년 1회 일정한 시기에 이를 소집하여야 한다.
② 연 2회 이상의 결산기를 정한 회사는 매기에 총회를 소집하여야 한다.
③ 임시총회는 필요있는 경우에 수시 이를 소집한다.

❷ 주주총회 보통결의사항

주주총회의 보통결의는 상법 또는 정관에 다른 정함이 있는 경우를 제외하고는 출석한 주주의 의결권의 과반수와 발행주식총수의 4분의 1 이상의 수로써 하여야 하며, 주주총회에서 결의하여야 할 사항은 다음과 같다.

1. 이익배당
2. 이사 및 감사의 급여, 상여금 기타보수 및 퇴직금의 결정
3. 재무제표 및 보고서의 승인
4. 이사, 감사의 선임
5. 기타 법률의 규정에 의하여 주주총회의 의결을 요하는 사항 및 이사회에서 요구하는 사항

❸ 주주총회 특별결의사항

주주총회 특별결의는 출석한 주주의 의결권의 3분의 2이상의 수와 발행주식총수의 3분의1 이상의 수로 하여야 하며, 주주총회에서 특별 결의하여야 할 사항은 다음과 같다.

1. 정관변경
2. 수권자본의 증가
3. 회사의 합병, 분할, 분할합병, 해산, 청산 또는 회사정리법에 따른 회사정리
4. 본 회사의 영업 및 자산의 전부 또는 2분의1 이상의 양도, 또는 다른 회사의 영업 및 자산의 전부 또는 2분의1 이상의 양수
5. 이사, 감사 및 청산인의 해임
6. 자본의 감소
7. 주식매수선택권을 부여받을 자의 성명, 주식매수선택권의 부여방법, 주식매수선택권의 행사가격 및 행사기간, 주식매수선택권을 부여받을 자 각각에 대하여 주식매수선택권의 행사로 교부할 주식의 종류 및 수
8. 기타 법령의 규정에 의한 경우

❹ 주주총회 소집·결의절차 및 의사록 작성 사례

▇ 주주총회 소집·결의절차

[1] 주총소집을 위한 이사회 개최
주주총회는 일반적으로 이사회에서 주주총회의 안건과 일정을 결의하여 소집하며, 이사회를 개최하기 위하여는 1주일전에 이사회 개최사실을 이사 및 감사에게 통보하여야 한다. 다만 이사와 감사 전원이 참석한 경우에는 소집통보 절차없이 이사회를 개최할 수 있다. 이사회는 주주총회의 일시, 장소, 의안 등을 정하며, 이사회의 소집결의에 따른 구체적인 처리는 대표이사가 한다.

[2] 주주총회 소집의 통고 또는 공고
주주총회의 소집은 상법에 별다른 규정이 있는 경우를 제외하고는 이사회가 결정하고(362조), 이 결정에 기하여 대표이사가 구체적인 소집절차를 밟게 된다. 주주총회를 소집함에는 회일(會日)을 정하여 2주간 전에 의결권이 없는 주주를 제외한 각 주주에 대하여 서면(書面)으로 통지를 발송하여야 하고, 그 통지서에는 회의의 목적사항을 기재하여야 한다.(363조 1항·2항·4항)

[3] 소집장소
총회는 정관에 다른 규정이 없으면 본점소재지 또는 이에 인접한 장소에 소집하여야 한다.

[4] 결의사항
주주총회는 통지, 공고된 목적 이외의 사항에 대하여는 결의할 수 없다.

[5] 주주총회 결의요건
(1) 보통결의
주주총회의 결의는 상법 또는 정관에 다른 정함이 있는 경우를 제외하고는 출석한 주주의 의결권의 과반수와 발행주식총수의 4분의 1 이상의 수로써 한다.

(2) 특별결의

출석한 주주의 의결권의 3분의 2이상의 수와 발행주식총수의 3분의 1 이상의 수로써 하는 결의이다. 정관변경은 원칙적으로 특별결의를 요하며, 기타 특별결의를 요하는 사항은 상법에 특정되어 있다.

[6] 주주총회 의사록 작성

주주총회를 개최한 경우 의사록을 작성하여야 한다. 의사록에는 의사의 경과요령과 그 결과를 기재하고 의장과 출석한 이사가 기명날인 또는 서명하여야 한다. 주주총회의사록에 감사는 기명날인 또는 서명할 권리가 없다.

[7] 주주총회 의사록 인증

주주총회의사록은 원칙적으로 인증받을 필요가 없다. 다만 등기소에 등기 첨부서류로 제출되는 주주총회의사록은 공증인의 인증을 받아야 한다.

2 주주총회 의사록 작성 사례

[1] 재무제표 승인

의장은 20×5년도 영업보고서를 유인물로 제출하여 위 안건을 일괄 상정한 후 우선 감사로부터 감사 보고부터 듣겠다고 하지 감사 ○○○은 앞으로 나의서 위 사업연도에 대한 회계 및 제반 장부를 감사한바 법령 및 정관 규정에 따라 정확하게 표시되어 있었다는 취지의 보고가 끝나자 의장은 이의 승인을 구한즉 주주 전원은 만장일치 원안대로 승인가결하다.

[2] 이익배당 승인

의장은 상법 제449조에 의거, 제○○기 이익잉여금처분계산서(안)에 대하여 설명한 후 총 이익잉여금 50억원 중 배당으로 10억원 이익준비금으로 1억원을 처분하고 나머지 39억원은 차기 이월이익잉여금으로 처리하기로 승인을 요청한 바, 주주간 심의 후 전원 이의 없이 만장일치로 승인 가결함

■ 배당금액 : 보통주 주당 12% 현금배당

[3] 정관 변경 승인

의장은 본회사 경영형편상 회사의 정관을 "별첨"과 같이 변경할 필요가 있음을 설명하고, 별지 정관안을 낭독하고 축조설명을 가한 후 그 승인여부를 물은 바 전원 이의없이 찬성하여 회사의 정관을 별첨과 같이 변경하다.

[4] 이사 및 감사 보선

의장은 금일 이사 ○○○은 사정에 의하여 사임하고, 감사 ○○○ 금일 임기만료이며, 감사 ○○○은 20×2년 월 일 취임하였는바 본 총회는 동 감사가 취임후 3년내에 도래한 최종의 결산기에 관한 정기주주총회이므로 동 감사의 임기는 금일 (20×5년 3월 31일) 만료되므로 금일 총회에서 이사와 감사를 보선하여 줄 것을 구하고 그 선출방법을 자문한 즉 무기명 비밀투표로 선출하자고 전원 일치되어 즉시 투표한 결과 다음 사람이 이사와 감사에 선임 및 재선되다.

위 이사와 감사는 즉석에서 그 취임 및 중임을 각 승낙하다. 단, 감사의 선임은 상법 제409조 제2항의 규정에 의하여 의결권 없는 주식을 제외한 발행주식의 총수의 100분의 3을 초과하는 수의 주식을 가진 주주는 그 초과하는 주식에 관하여 의결권을 행사하지 아니하다.

[5] 임원보수 한도 승인

의장은 본회사의 임원의 보수의 한도를 다음과 같이 결정할 것을 제안하고 그 가부를 물은바, 전원 이의없이 찬성하다.

◇ 이사의 보수한도 :　　　　원
◇ 감사의 보수한도 :　　　　원

[6] 임원퇴직금 규정 승인

의장은 본회사의 임원퇴직금 지급기준 및 그 운용에 관하여 임원퇴직금 규정(별첨)을 신설할 필요가 있음을 설명하고, 별첨 규정안에 대하여 상세히 설명한 후 그 가부를 물은바, 전원 이의없이 찬성하여 임원퇴직금 규정을 승인하다.

정기주주총회 의사록

20×5년 월 일 오전 시 분 본점 사무실에서 정기주주총회를 개최하다.

    주식총수　　　　주　　주주총수　　　　명
    출석주주수　　　　명　　이주식수　　　　주

　　의장인 대표이사 ○○○은 의장석에 등단하여 위와 같이 법정수에 달하게 출석하였으므로 본 총회는 적법하게 성립되었음을 고한 후 다음 의안을 부의한 후 그 심의를 구하다.

제1호 의안 : 20×5년도 대차대조표, 손익계산서 및 이익잉여금처분승인의 건
의장은 20×5년도 영업보고서를 유인물로 제출하여 위 안건을 일괄 상정한 후 우선 감사로부터 감사 보고부터 듣겠다고 하자 감사 ○○○은 앞으로 나와서 위 사업연도에 대한 회계 및 제반 장부를 감사한바 법령 및 정관 규정에 따라 정확하게 표시되어 있었다는 취지의 보고가 끝나자 의장은 이의 승인을 구한즉 주주 전원은 만장일치 원안대로 승인가결하다.

제2호 의안 : 정관 일부변경(안) 승인의 건
의장은 본회사 경영형편상 회사의 정관을 "별첨"과 같이 변경할 필요가 있음을 설명하고, 별지 정관안을 낭독하고 축조설명을 가한 후 그 승인여부를 물은 바 전원 이의없이 찬성하여 회사의 정관을 별첨과 같이 변경하다.

제3호 의안 : 이사 및 감사 보선의 건
의장은 금일 이사 ○○○은 사정에 의하여 사임하고, 감사 ○○○ 금일 임기만료이며, 감사 ○○○은 20×2년 월 일 취임하였는바 본 총회는 동 감사가 취임 후 3년내에 도래한 최종의 결산기에 관한 정기주주총회이므로 동 감사의 임기는 금일(20×5년 3월 31일) 만료되므로 금일 총회에서 이사와 감사를 보선하여 줄 것을 구하고 그 선출방법을 자문한 즉 무기명 비밀투표로 선출하자고 전원 일치되어 즉시 투표한 결과 다음 사람이 이사와 감사에 선임 및 재선되다.

이　　사　　○○○(선임)
감　　사　　○○○(중임)

위 이사와 감사는 즉석에서 그 취임 및 중임을 각 승낙하다. 단, 감사의 선임은 상법 제409조 제2항의 규정에 의하여 의결권 없는 주식을 제외한 발행주식의 총수의 100분의 3을 초과하는 수의 주식을 가진 주주는 그 초과하는 주식에 관하여 의결권을 행사하지 아니하다.

제4호 의안 : 임원보수 한도 승인의 건
의장은 본회사의 임원의 보수의 한도를 다음과 같이 결정할 것을 제안하고 그 가부를 물은바, 전원 이의없이 찬성하다.

- 이사의 보수한도 :　　　　원
- 감사의 보수한도 :　　　　원

제5호 의안 : 임원퇴직금 규정 승인에 관한 건
의장은 본회사의 임원퇴직금 지급기준 및 그 운용에 관하여 임원퇴직금 규정(별첨)을 신설할 필요가 있음을 설명하고, 별첨 규정안에 대하여 상세히 설명한 후 그 가부를 물은바, 전원 이의없이 찬성하여 임원퇴직금 규정을 승인하다.

의장은 이상으로서 회의목적인 의안 전부의 심의를 종료하였으므로 폐회한다고 선언하다.(회의종료시간 11시 00분)

위 의사의 경과요령과 결과를 명확히 하기 위하여 이 의사록을 작성하고 의장과 출석한 이사가 기명날인 또는 서명하다.

20×5년 3월 22일

이상으로서 금일의 의안 전부 심의 종료하였으므로 의장은 폐회를 선언하다.

위 결의를 명확히 하기 위하여 본 의사록을 작성하고 의장과 출석한 주주가 다음에 기명날인하다.

20×5년 3월 22일
대한물산 주식회사
의장 대표이사　○○○
주　　　주　　○○○
주　　　주　　○○○

임시주주총회 의사록

20○○년 ○○월 ○○일 00:00 본회사 본점회의실에서 임시주주총회를 개최하다.

주주 총수   0 명   발행주식총수   000 주
출석주주수   0 명   이의 주식수   주

   의장 대표이사 ○○○은 정관규정에 따라 의장석에 등단하여 위와같이 법정수에 달하는 주주가 출석하였으므로 본 총회가 적법히 성립되었음을 알리고 개회를 선언한 후 다음의 의안을 부의하고 심의를 구한 바 만장일치로 다음과 같이 가결하다.

의안 : 이사 선임의 건

   의장은 본 회사의 형편상 이사선임이 불가피함을 설명하고 그 선출방법을 물은 바, 무기명 비밀투표를 선출하기로 전원일치되어 그 즉시 투표를 실시한 결과 다음과 같이 선출되다.

   이사 성명 전우치 (주민등록번호 650401 - 1234567)
   위 피선자는 그 즉석에서 취임을 승낙하다.

   의장은 이상으로서 총회의 목적인 의안 전부의 심의를 종료하였으므로 폐회한다고 선언하다. (회의종료시간 00:00)

   위 의사의 경과요령과 결과를 명확히 하기위하여 이 의사록을 작성하고 의장과 출석한 이사가 기명 날인하다.

                                 20×5년   월   일
                                 대한물산 주식회사
                                 의장 대표이사 홍길동
                                            이사

정기주주총회 소집통지서

주주님의 건승과 댁내의 평안을 기원합니다.
당사는 상법 제 365조와 정관 제 18조에 의거 제 7기 정기주주총회를 아래와 같이 개최하오니 참석하여 주시기 바랍니다.

◾ 아　래 ◾

1. 일　　시 : 20×5년　월　일(　) 시
2. 장　　소 :
3. 회의목적사항
가. 보고사항 : 감사보고 및 영업보고
나. 부의 안건
제1호 의안 : 제7기(20×5.1.1 ~20×5.12.31) 대차대조표, 손익계산서 및 결손금 처리계산서(안) 승인의 건
제2호 의안 : 정관 일부변경(안) 승인의 건
제3호 의안 : 이사 및 감사 보선의 건
제4호 의한 : 이사 및 감사보수 지급한도 승인의 건
제5호 의안 : 임원퇴직금 규정 승인에 관한 건
4. 실질주주 의결권 행사에 관한 사항
증권회사에 주권을 예탁하고 계신 실질주주께서는 의결권을 직접 행사하거나 또는 불행사하고자 하는 경우에 그 뜻을 주주총회일의 5일전까지 한국예탁결제원에 통지하시기 바랍니다. 그러지 아니할 경우에는 자본시장과 금융투자업에 관한 법률 제314조 제5항 및 제6항에 의거 한국예탁결제원이 그 의결권을 대신 행사하게 됩니다.
5. 주주총회 참석시 준비물
1) 직접행사 : 주총참석장, 신분증
2) 대리행사 : 주총참석장, 위임장, 대리인의 신분증
6. 기타사항
주주총회 기념품은 지급하지 아니하오니 이점 양지하여 주시기 바랍니다.

20×5. 2. 20.
한국물산 주식회사
대표이사 ○○○ (직인생략)

제○○기 임시주주총회 소집통지서

　　주주님의 건승과 댁내의 평안을 기원합니다.
당사는 상법 제363조와 정관 제19조에 의하여 제○○기 임시주주총회를 아래와 같이 소집하오니 참석하여 주시기 바랍니다. (※ 소액주주에 대한 소집통지는 상법 제542조의4와 정관 제19조에 의하여 이 공고로 갈음하오니 양지하여 주시기 바랍니다.)

- 아　　　래 -

1. 일　시 : 20×5년 ○○월 ○○일(목) 오전 10시
2. 장　소 : 서울 종로구 종로1번지 ○○물산 주식회사 본사 1층 강당
3. 회의목적사항
　　이사 선임
4. 의결권의 대리행사에 관한 사항
　　주주께서는 주주총회에 참석하시어 직접 의결권을 행사하시거나 또는 위임장에 의하여 대리 행사를 하실 수 있습니다.
5. 주주총회 참석시 준비물
- 직접행사 : 주총참석장, 신분증
- 대리행사 : 주총참석장, 위임장(주주와 대리인의 인적사항 기재, 인감 날인), 대리인의 신분증

※ 당사는 주주총회에서 기념품을 준비하지 않기로 하였습니다.
　　주주여러분의 깊은 이해를 바랍니다.

　　　　　　　　　　　　　　　　　　　　20×5년　12월　11일

　　　　　　　　　　　　　　　　　　○○물산 주식회사
　　　　　　　　　　　　　　　　　　대표이사 ○　○ ○ (직인생략)

임시주주 총회 참석장

본인은 ○○물산(주)의 주주로서 20×5년 12월 4일에 개최하는 임시 주주총회에 참석할 것임을 확인합니다.

□ 다 음 □

1. 임시 주주총회 일시 : 20×5년 12월 4일(금) 오후 6시
2. 임시 주주총회 장소 : 서울 종로구 종로1번지 ○○물산 주식회사 본사 1층

성 명		주민등록번호	
주 소			
의결권 주식수		무의결권 주식수	
참석구분	본인( ) 대리인( )	대리인과의 관계	

20×5년 12월 4일
주주 ○ ○ ○ (인)

위 임 장

본인은 ○○물산(주)의 주주로서 20×5년 12월 4일(금)에 개최하는 임시주주총회에 다음과 같은 사항을 대리인에게 위임합니다.

- 다 음 -

1. 임시 주주총회 일시 : 20×5년 12월 4일 오후 6시
2. 임시 주주총회 장소 :
3. 위임에 관한 사항
  1) 임시주주총회 목적사항에 대한 의결권 행사
  2) 기타 임시주주총회 참석등에 관한 일체의 행위

대리인	성 명 : (인)
	주 소 :
	주민등록번호 :

20×5년 12월 4일

3 이사회

❶ 개요

주주총회에서 회사의 경영 및 업무집행을 위하여 선임한 이사의 회의체인 이사회)는 회사의 활동을 공동으로 감독하는 필요적 상설기관이다. 주식회사의 이사회는 상법 제393조에 의하여 개최하며, 형식적으로는 기업의 경영 관리에 대한 최고 의사결정기관으로서 이사회는 대표이사 선임, 경영 목표의 설정, 업무적·재무적 성과의 평가, 이익 배분 등에 대하여 권한을 가진다. 그러나 현실적으로 대부분 기업의 경우 경영관리의 실권을 창업주인 대표이사와 그의 친인척이 장악하고 있어 상법의 규정에 의한 기능을 다하지는 못하고 있으나 상법의 규정을 이행하지 않는 경우 벌칙 및 과태료 처분을 받을 수 있으므로 이사회를 개최하고, 적법한 절차를 거쳐 의사결정을 하여야 한다.

❷ 이사회 구성 (상법 제383조)

① 이사는 3명 이상이어야 한다. 다만, **자본금 총액이 10억원 미만인 회사는 1명 또는 2명으로 할 수 있다.**
② 이사의 임기는 3년을 초과하지 못한다.
③ 제2항의 임기는 정관으로 그 임기 중의 최종의 결산기에 관한 정기주주총회의 종결에 이르기까지 연장할 수 있다.

❸ 이사회의 권한 및 결의사항

1 이사회의 권한(상법 제393조)

① 이사회는 이사의 직무의 집행을 감독한다.

② 중요한 자산의 처분 및 양도, 대규모 재산의 차입, 지배인의 선임 또는 해임과 지점의 설치·이전 또는 폐지 등 회사의 업무집행은 이사회의 결의로 한다.
③ 이사는 대표이사로 하여금 다른 이사 또는 피용자의 업무에 관하여 이사회에 보고할 것을 요구할 수 있다.
④ 이사는 3월에 1회 이상 업무의 집행상황을 이사회에 보고하여야 한다.

2 이사회 결의사항

[1] 상법 규정

▶ 주식양도에 관한 이사회의 승인 : 제335조(주식의 양도성), 제335조의2(양도승인의 청구), 제335조의7(주식의 양수인에 의한 승인청구)
▶ 주식매수선택권의 부여의 취소 : 제340조의3(주식매수선택권의 부여) 제1항 제5호
▶ 자기주식 취득의 승인 : 제341조(자기주식의 취득)
▶ 정관의 규정이 없는 경우 자기주식의 처분 : 제342조(자기주식의 처분)
▶ 자기주식의 소각 : 제343조(주식의 소각)
▶ 반대주주의 주식매수청구권 : 제360조의5(반대주주의 주식매수청구권)
▶ 주주총회의 소집결정 : 제362조(소집의 결정)
▶ 주주총회의 소집 및 제출안건에 관한 사항 : 제362조(소집의 결정)
▶ 대표이사의 선임 : 제389조(대표이사) → 대표이사 해임(주주총회)
▶ 재무제표의 승인 : 제447조(재무제표의 작성)
▶ 영업보고서의 승인 제447조의2(영업보고서의 작성)
▶ 이익배당의 결정 : 제462조(이익의 배당)
▶ 중간배당의 결의 : 제462조의3(중간배당)

◆ 기타 결의사항

▶ 간이주식교환의 승인 제360조의9(간이주식교환)
▶ 소규모주식교환의 승인 제360조의10(소규모 주식교환)
▶ 지배주주 매도청구의 결의
▶ 주주제안에 관한 처리 제363조의2(주주제안권)
▶ 소수주주의 소집청구에 관한 처리 제366조(소수주주에 의한 소집청구)

- ▶ 총회에서 전자적 방법에 의한 의결권 행사
- ▶ 공동 대표이사의 결정
- ▶ 이사회 소집이사의 결정
- ▶ 이사회 의결정족수의 상향조정
- ▶ 원격통신수단회의의 허용
- ▶ 이사회의 연기, 속행
- ▶ 대표이사에 대한 다른 이사 또는 피용자의 업무에 관한 보고요구
- ▶ 이사에 대한 3월에 1회 이상 업무 집행상황의 보고요구
- ▶ 이사회내 위원회의 설치
- ▶ 주주총회의 승인을 요하는 사항의 제안
- ▶ 이사의 경업거래 승인
- ▶ 회사의 기회 및 자산의 이용 승인
- ▶ 이사 등과 회사 간 거래의 승인
- ▶ 집행임원과 대표집행임원의 선임, 해임결의
- ▶ 감사의 총회 소집청구에 대한 처리
- ▶ 신주발행사항의 결정
- ▶ 무액면주식을 발행하는 경우 자본금으로 계상할 금액의 결정
- ▶ 준비금의 자본전입
- ▶ 배당금 지급시기의 결정
- ▶ 사채발행 및 사채발행의 위임, 사채관리회사의 선임, 사채관리회사의 해임청구
- ▶ 사채관리회사의 사무승계자 선정
- ▶ 전환사채 발행사항의 결정
- ▶ 신주인수권부사채 발행사항의 결정
- ▶ 합병의 결의
- ▶ 채권자보호절차 이사회승인
- ▶ 분할, 분할합병의 결의, 승인

[2] 기타

상법의 규정이 아니더라도 회사의 주요 사안에 대한 결정을 위하여 이사는 이사회를 소집할 수 있다.

❹ 이사회 소집 및 결의절차

[1] 이사회 소집권자
이사회는 각 이사가 소집하도록 되어 있으며, 이사회 결의로 소집권이 있는 이사를 별도로 정할 수도 있다. 이사회를 소집함에는 회일을 정하고, 그 1주간전 각 이사 및 감사에게 통지서를 발송하여야 한다. (상법 제390조) 단, 감사는 이사회를 단독으로 소집할 수 없고, 소집권자에게 소집청구를 하여야 한다.

[2] 이사회 소집통지
소집권자는 회일의 1주전에 각 이사 및 감사에게 소집통지를 하여야 한다. 그러나 그 기간은 정관으로 단축할 수 있으며, 통지는 서면, 구두, 전화, 이메일 등으로 통지할 수 있다. 유의할 점은 감사에게 통지하지 않아 감사가 참석하지 않은 이사회는 무효이다. 반면, 주주총회 소집은 반드시 서면으로 하여야 한다.

[3] 이사회 결의방법 (상법 제391조)
① 이사회의 결의는 이사과반수의 출석과 출석이사의 과반수로 하여야 한다. 그러나 정관으로 그 비율을 높게 정할 수 있다.
② 정관에서 달리 정하는 경우를 제외하고 이사회는 이사의 전부 또는 일부가 직접 회의에 출석하지 아니하고 모든 이사가 음성을 동시에 송수신하는 원격통신수단에 의하여 결의에 참가하는 것을 허용할 수 있다. 이 경우 당해 이사는 이사회에 직접 출석한 것으로 본다.

[4] 감사의 출석 및 의견진술
감사는 이사회의 구성원이 아니므로 결의에 참석할 수는 없지만 이사회에 출석하여 의견을 진술할 수는 있다. 또한 회의록에 서명또는 기명 날인할 권리가 있다. 회의록에 감사의 서명 또는 기명날인이 없는 경우 회의록은 성립할 수 없다.

[5] 이사회 의사록 작성
이사회의 안건, 그 결과, 반대하는 자가 있는 경우 반대이유를 기재하고 이사 및 감사가 서명날인한 이사회의사록을 작성하여야 한다.

이사회 소집통지서

이사님의 건승과 댁내의 평안을 기원드립니다
당사는 상법 제390조 및 정관 제00조 규정에 의거하여 이사회를 아래와 같이 소집하오니 참석하여 주시기 바랍니다

- 아　　래 -

1. 일시 : 2008년 12월 9일 (월) 오전 09시 30분

2. 장소 : 서울시 구로구 구로동 235
   문의전화번호 : 02) 700-7000

3. 회의 목적사항
   임시주주총회 개최의 건
   　제1호의 안 : 이사　　　　해임 및 이사 선임의 건
   　제2호의 안 : 감사　　　　사임 및 감사 선임의 건

4. 이사회 참석시 준비물 : 신분증. 도장

　　　　　　　　　　　　　　2008년 11월 21일
　　　　　　　　　　　　　　주식회사
　　　　　　　　　　　　　　대표이사　　　　(인감날인 생략)

이사회 의사록

1. 일   시 : 20 년 월 일( ) 시
2. 장   소 : 당사 중역 소회의실(○○시 ○○구 ○○동   번지)
3. 출석이사 : 총   명 중   명

    시   분에 의장 ○○○대표가 의장석에 착석하여 상기 명의 이사 출석으로 본회의가 적법하게 성립되었음을 확인하고 개회를 선언, 의사를 진행하다.

의   안 : 제   기 재무제표 및 영업보고서 승인의 건

경영지원실장인 ○○○ 부사장이 "제○○기 재무제표 및 영업보고서 승인의 건"을 설명하고, 제○○기 주총에 따른 보통주 배당을 시가대비   %인 주당   원(액면가 대비   %)씩 배당할 것을 설명함.

이에 의장이 상기 "제○○기 재무제표 및 영업보고서 승인의 건"에 대하여 참석이사에게 승인 여부를 묻자 참석이사 전원은 이의없이 본 건을 승인함.

이상으로 20 년   월 이사회의 안건 심의를 마친 후 ○○○의장이 폐회를 선언하다. 이에 이사회는 사실을 명확히 하기 위하여 본 회의록을 작성하고 출석이사 전원이 이에 기명 날인하다.

                        20 년 월 일
                        주식회사 ○○○○
                        대표이사 :   (인)
                        이 사 :   (인)
                        이 사 :   (인)

▶ 정관의 정함 및 주주총회 또는 이사회 결의를 거쳐야 하는 주요 사안 요약

구 분	상법 조문	정관의 규정	정관	주총	이사회
주 식 의 분 할	제329조의2			●	
주식매수선택권	제340조의2	정관에 정함 → 주주총회		●	
자기주식 취득	제341조			◎	
		정관 → 이익배당 이사회 결의			○
자기주식 처분	제342조	정관 규정	○		
		정관 규정 없는 경우 → 이사회 결정			○
자기주식 소각	제343조				○
종류주식 발행	제344조	정관에서 정함	○		
총회소집 결정	제362조				○
총회의장 선임	제366조의2			◎	
영업 양도 양수	제374조			●	
이 사 선 임	제382조			◎	
이 사 해 임	제385조			●	
이 사 의 보 수	제388조	정관에서 정함	○		
		정관에서 정하지 않은 경우 → 주총		◎	
대표이사 선정	제389조				○
		정관에서 정하는 경우 → 주총		◎	
경 업 금 지	제397조				○
감 사 선 임	제409조			◎	
신주 발행 사항	제416조	정관에서 정하지 않은 경우 → 이사회			○
		정관에서 결정 → 주주총회		◎	
정 관 변 경	제433조			●	
재무제표 승인	제447조			●	
영업보고서 승인	제447조의2				○
자 본 금 감 소	제438조 ①			●	
결 손 보 전	제438조 ②			◎	
재무제표 승인특칙	제449조의2	정관에서 정하는 경우 → 이사회			○
준 비 금 의 자본금 전 입	제461조				○
		정관에서 정하는 경우 → 주총		◎	
이 익 배 당	제462조			◎	
		이사회에서 재무제표를 승인한 경우			○
주 식 배 당	제462조의2			◎	
중 간 배 당	제462조의3	정관에 정함(연1회)			○
배당 지급시기	제464조의2			◎	
사 채 의 발 행	제469조				○
전 환 사 채 의 발 행	제513조	정관에서 정하지 않은 경우 → 이사회			○
		정관에서 정함 → 주주총회		●	
신 주 인 수 권 부 사 채 발 행	제516조의2	정관에서 정하지 않은 경우 → 이사회			○
		정관에서 정함 → 주주총회		●	
해 산	제517조			●	
합 병	제522조			●	

● 주총 특별결의 : 출석한 주주의 의결권의 2/3 이상의수와 발행주식총수의 1/3 이상의 수
◎ 주총 보통결의 : 출석한 주주의 의결권의 과반수와 발행주식총수의1/4 이상의 다수

▣ 집행임원제도

[1] 개요
CEO, CFO, CIO 혹은 상무, 상무보, 이사, 전무, 상무 등 등기되지 않은 상태로 회사에 의해 권리와 의무가 위임되어 있던 고위 경영자를 등기하여 활용하는 제도라고 할 수 있다.

이러한 경영자들은 현재까지 미등기임원 기타 등등의 이름으로 불리우며, 사실상 상법상 이사의 권리와 비슷한 권한을 가지고 있으면서도 실제로는 대표이사에 종속되어 있던 것을, 기업지배구조 개선의 차원에서 집행임원으로 명칭을 자리하고 선진적으로 기업 운영을 하고자 도입한 제도이다.

[2] 집행임원제도 도입
1) 집행임원 : 이사회의 경영방침에 따라 회사의 업무집행을 전담하는 기관, 흔히 CEO(대표집행임원).CFO (재무집행임원) 등으로 불리움
2) 기업내에서 업무집행을 전담하고 있는 전문경영인에 대한 법적 지위를 부여하여 내부적으로 경영의 안정성을 확보하고 대외적으로 거래의 안전을 도모하기 위하여 집행임원제도를 도입함
3) 집행임원은 이사회에 의하여 선임되고 임기는 원칙적으로 2년 이하이며, 법인등기부에 등기하여 대외적으로 공시되어 현행 등기이사와 유사한 법적 권한과 책임을 부여받게 됨
4) 제도 도입 여부는 개별 회사가 자율적으로 선택하도록 하고 이사와 집행임원의 겸임을 허용
5) 현행 주식회사는 "이사회 + 대표이사" 체제이나, 집행임원을 도입한 회사는 대표이사를 둘 수 없고 "이사회 + 대표집행임원" 체제로 됨

4 주주총회 및 이사회의사록 공증 및 등기부 변경

❶ 개요

주식회사 설립등기 후 법인등기부상의 기재사항이 변경되는 경우에는 상법 및 기타 법률의 정하는 바에 따라 소정의 절차를 거쳐 변경등기를 필하여야 한다.

주식회사의 등기사항에 변경이 있음에도 불구하고 소정의 기간 내에 변경등기를 하지 않으면 500만원 이하의 과태료가 부과되므로 유의하여야 한다.

주주총회 또는 이사회의 안건이 상법 또는 상업등기법상 등기하여야 할 다음의 사안인 경우 주주총회의사록 또는 이사회의사록 3통(공증인. 등기신청서. 회사보관용)을 작성하여 공증한 다음 공증받은 이사회의사록을 첨부하여 그 사유발생일로부터 14일 이내에 변경등기를 하여야 한다.(위반시 500만원이하 과태료 제재)

정관을 변경하는 경우 주주총회의 특별결의를 거쳐야 하며, 절대적 기재사항이건, 임의적 기재사항이건 정관에 기재된 사항의 변경은 모두 정관변경으로 본다.

정관을 변경하는 경우로서 그 내용 중 법인등기부등본을 변경하여야 하는 다음의 사안이 있는 경우 주주총회의사록에 대하여 공증인의 공증을 받아 등기부등본 변경 신청시 첨부하여야 한다.

1. 목적
2. 상호
3. 회사가 발행할 주식의 총수
4. 액면주식을 발행하는 경우 1주의 금액
5. 발행할 주식의 총수
6. 본점의 소재지
7. 회사가 공고를 하는 방법

❷ 공증을 받아야 하는 주주총회 및 이사회의사록

법인 등기부등본의 내용을 변경하여야 하는 다음의 사안에 대하여 주주총회 또는 이사회에서 그 변경에 관한 내용을 의결한 경우 주주총회의사록 또는 이사회의사록에 대하여 공증인의 공증을 받은 다음 변경등기 신청을 하여야 한다.

■ 정관 변경 및 주주총회의사록 또는 이사회의사록 공증

[1] 본점 이전
정관변경(주주총회 특별결의) → 주주총회의사록 공증 → 등기부등본 변경등기 신청

▶ **주주총회 또는 이사회결의 및 공증**
1) 회사가 정관에 규정된 최소행정구역 내로 본점을 이전한 경우에는 정관을 변경할 필요 없이 이사회의 결의만으로 본점을 이전할 수 있다. 다만 정관상에 본점소재지가 구체적인 소재 장소까지 기재되어 있는 경우에는 주주총회의 결의에 의하여 정관을 변경하여 한다(이 경우 공증 받은 주주총회의사록을 첨부하여야 함).
2) 이사회의 의결로 본점을 이전하는 경우 이사회의사록을 작성하여야 하며 등기부등본 변경신청시에는 공증인의 인증을 받아 제출하여야 한다.

[2] 지점의 설치, 이전, 폐지
정관변경(주주총회 특별결의) → 주주총회의사록 공증 → 등기부등본 변경등기 신청

▶ **주주총회 또는 이사회결의 및 공증**
1) 회사의 정관에 지점 설치방법에 관한 별도의 규정이 없는 때에는 이사회의 결의만으로 지점을 설치할 수 있다. 다만 정관상에 지점(소재지 등)에 관한 규정이 있는 때에는 주주총회의 결의에 의하여 정관을 변경하여 지점에 관한 사항을 규정하여야 한다. (이 경우 공증 받은 주주총회의사록을 첨부하여야 함)
2) 이사회의 의결로 지점을 설치하는 경우 이사회의사록을 작성하여야 하며 등기부등본 변경 신청시에는 공증인의 인증을 받아 제출하여야 한다.

[3] 상호 변경

회사의 상호는 정관의 절대적 기재사항이다. 따라서 상호를 변경하는 경우 정관변경 절차를 거쳐야 하며, 정관의 변경은 주주총회의 특별결의가 있어야 한다. 주주총회 결의를 거쳐 상호를 변경한 경우 그 변경에 관한 내용을 등기하여야 한다.

상호의 변경으로 등기를 하는 경우 변경사항이 있는 때부터 본점소재지에서는 2주 이내, 지점소재지에서는 3주 이내에 관할 법원등기소에서 등기하여야 하며, 변경등기신청시 공증한 주주총회의사록을 첨부하여야 한다.

[4] 사업목적 변경

사업 목적은 정관의 절대적인 기재사항이다. 따라서 목적 사업을 추가 또는 삭제하는 경우 정관변경 절차를 거쳐야 하며, 정관의 변경은 주주총회의 특별결의에 의한다. 한편, 주주총회 결의를 거쳐 사업 목적을 변경한 경우 그 변경에 관한 내용을 등기하여야 한다.

사업 목적의 변경으로 등기를 하는 경우 변경사항이 있는 때부터 본점소재지에서는 2주 이내, 지점소재지에서는 3주 이내에 관할 법원등기소에서 등기하여야 하며, 변경 등기신청시 공증한 주주총회의사록을 첨부하여야 한다.

[5] 회사가 발행할 주식의 총수 및 액면주식을 발행하는 경우 1주의 금액

'회사가 발행할 주식의 총수' 및 '액면주식을 발행하는 경우 1주의 금액'은 정관의 절대적인 기재사항이다. 따라서 이를 변경하여야 하는 경우 정관변경 절차를 거쳐야 하며, 주주총회의 특별결의를 거쳐 그 변경에 관한 내용을 등기하여야 한다.

[6] 회사가 공고를 하는 방법

'회사가 공고를 하는 방법'은 정관의 절대적인 기재사항이다. 따라서 이를 변경하여야 하는 경우 정관변경 절차를 거쳐야 하며, 주주총회의 특별결의를 거쳐 그 변경에 관한 내용을 등기하여야 한다.

2 주주총회의사록 또는 이사회의사록 공증 및 법인 변경등기

정관의 변경을 요하지 아니하는 사안이나 법인 등기부등본의 변경을 요하는 다음의 변경사항 등이 발생한 경우에는 주주총회의사록 또는 이사회의사록을 공증받아 변경등기 신청시 첨부 서면으로 제출하여야 한다.

[1] 이사, 감사의 선임, 중임, 해임 (임기 3년 경과, 사망, 해임 등)
주주총회 특별결의 → 주주총회의사록 공증 → 등기부등본 변경등기 신청

▶ **이사 변경등기 신청기한**
주식회사 이사의 취임등기 기간은 그 취임의 효력이 발생한 날로부터 진행된다고 할 것이므로, 이사의 임기만료 전에 개최된 정기주주총회에서 미리 이사를 중임하기로 하는 결의가 이루어진 경우, 상법 제317조 제4항 및 제183조의 규정에 의한 등기기간은 그 취임의 효력이 발생한 날, 즉 이사의 임기만료로 퇴임함과 동시에 주주총회의 결의에 의하여 중임되어 새로이 임기를 개시하게 된 날로부터 진행된다고 할 것이다. (1998.10.08. 등기선례5-842)

[2] 대표이사 선임
이사회 결의 → 이사회의사록 공증 → 등기부등본 변경등기 신청

▶ **정관에서 주주총회에서 선정할 것으로 정한 경우**
주주총회 일반결의 → 주주총회의사록 공증 → 등기부등본 변경등기 신청

[3] 수권 자본금의 범위내에서 신주 발행
이사회 결의 → 이사회의사록 공증 → 등기부등본 변경등기 신청 수권 자본금이란

정관에서 '회사가 발행할 주식의 총수'에 '1주의 금액'의 금액을 곱한 금액을 말하며, 수권 자본금의 범위내에서 자본금을 증액하는 경우 정관으로 주주총회에서 정하기로 규정한 경우를 제외하고는 발행예정주식총수의 범위 내에서 이사회에서 결정하며, 이 경우 이사회의 결의를 거쳐 법인등기부 등본의 발행주식의 총수 및 자본금의 액을 변경하는 변경등기 신청을 하여야 한다.

[4] 준비금의 자본금 전입으로 인한 변경등기
이사회 결의 → 이사회의사록 공증 → 등기부등본 변경등기 신청

▶ 준비금의 자본금 전입
준비금의 자본금 전입이란 법인의 이익잉여금 일부를 배당 등으로의 처분을 제한하기 위하여 이익잉여금을 자본준비금(예를 들어 현금배당시 배당금액의 10분의1을 자본금의 2분의1에 달할 때까지 이익잉여금을 자본준비금 항목으로 대체하여 두어야 함)으로 대체하여 둔 것으로 준비금은 자본금으로 전환할 수 있다.

[5] 주식의 배당으로 인한 변경등기
주주총회 일반결의 → 주주총회의사록 공증 → 등기부등본 변경등기 신청

▶ 주식 배당 및 무상증자
주식배당은 이익잉여금의 일부를 주주들에게 주식으로 교부하여 자본금으로 전환하는 것을 말하며,(이익잉여금 / 자본금) 무상증자란 자본잉여금(주식발행초과금, 감자차익 등)을 자본금으로 전환하는 것을 말한다. (주식발행초과금 / 자본금)

무상증자와 주식배당을 실시하는 재원은 기업이 이익을 창출하여 자본화되어 있는 자본으로(이익 = 자본) 기업회계상 자기자본 중 자본금을 초과하는 금액을 말한다. 무상증자와 주식배당은 모두 자본금을 제외한 자본 항목을 자본금으로 전입하는 것이다. 따라서 무상증자 및 주식배당을 하더라도 자기자본에는 변화가 없다.

[6] 자본금 감소로 인한 변경등기
주주총회 특별결의 → 주주총회의사록 공증 → 등기부등본 변경등기 신청

[7] 주식매수선택권의 등기
주주총회 특별결의 → 주주총회의사록 공증 → 등기부등본 변경등기 신청

(1) 주식매수선택권의 부여방법
회사는 ①주식매수선택권의 행사가격으로 새로이 주식을 발행하여 교부하거나, ②

자기주식을 교부하거나, ③주식매수선택권의 행사가격과 시가와의 차액을 현금 또는 자기주식으로 교부하는 방법으로 주식매수선택권을 부여할 수 있다.

(2) 부여절차
1) 정관의 규정
정관에는 ①일정한 경우 주식매수선택권을 부여 할 수 있다는 뜻, ②주식매수선택권의 행사로 발행하거나 양도할 주식의 종류와 총수, ③주식매수선택권을 부여받을 자의 자격요건, ④일정한 경우 이사회의 결의로 주식매수선택권의 부여를 취소할 수 있다는 뜻을 정하여야 한다.
2) 주주총회의 특별결의
정관의 규정 이외에 주주총회에서 ①주식매수선택권을 부여받을 자의 성명, ②주식매수선택권의 부여방법 ③주식매수선택권의 행사가격 및 그 조정에 관한 사항 ④주식매수선택권의 행사기간, ⑤주식매수선택권을 부여받을 자 각각에 대하여 주식매수선택권의 행사로 발행하거나 양도할 주식의 종류 및 수 등을 정하여야 한다.

☐ 상업등기법 제69조(주식매수선택권의 등기사항) 「상법」 제340조의2제1항에 따라 이사 등에게 주식매수선택권을 부여하기로 정하였을 때에는 같은 법 제340조의3제1항 각 호의 사항을 등기하여야 한다.

[8] 주식매수선택권의 행사로 인한 변경등기

자기주식을 교부하는 경우 별도의 등기를 필요로 하지 않지만, 주식매수선택권의 행사가격으로 새로이 주식을 발행하여 교부하는 경우에는 '[3] 수권 자본금의 범위 내에서 신주 발행'에 따라 등기부등본의 변경등기를 하여야 한다.

☐ 상업등기규칙 제134조(주식매수선택권의 행사로 인한 변경등기) 주식매수선택권의 행사로 인한 변경등기를 신청하는 경우에는 다음 각 호의 정보를 제공하여야 한다.
1. 「상법」 제516조의9제1항에 따른 청구가 있음을 증명하는 정보
2. 제133조제4호 및 제5호의 정보

[9] 기타 변경 등기할 사항
▶ 신주인수권부사채에 부여된 신주인수권의 행사로 인한 변경등기

- ▶ 주식의 병합 또는 분할로 인한 변경등기
- ▶ 무액면주식에 관한 변경등기
- ▶ 명의개서대리인을 둠으로 인한 변경등기
- ▶ 전환사채 등의 등기
- ▶ 해산등기와 이사 등에 관한 등기
- ▶ 주식교환으로 인한 변경등기
- ▶ 주식이전으로 인한 설립등
- ▶ 합병으로 인한 변경등기
- ▶ 합병으로 인한 설립등기
- ▶ 분할 또는 분할합병으로 인한 설립등기
- ▶ 분할합병으로 인한 변경등기

❸ 공증을 받지 않아도 되는 주주총회 및 이사회의사록

법인의 등기부등본 변경사항이 아닌 주주총회의사록 및 이사회의사록은 별도의 공증을 받지 않아도 된다.

한편, 법인의 등기부등본 변경사항이라 하더라도 주주총회 또는 이사회의 결의가 필요하지 않는 변경사항의 경우 주주총회의사록 또는 이사회의사록을 첨부 서면으로 제출하지 아니한다.

예를 들어 대표이사 주소변경의 경우 법인 등기부등본 변경등기를 하여야 하나 변경등기 신청시 주주총회의사록 또는 이사회의사록을 첨부 서면으로 제출하지 않아도 되는 것이다.

5 자본금 총액 10억원 미만 주식회사의 상법 적용

❶ 개요

자본금 총액이 10억원 미만인 회사의 경우에도 상법의 규정을 모두 적용하도록 하는 경우 과다한 비용의 지출, 효율성 등에 문제가 있으므로 자본금 총액이 10억원 미만인 회사에 대하여 상법에서는 여러 가지 특례 규정을 두고 있으며, 그 내용을 살펴보면 다음과 같다.

[1] 이사의 인원(상법 제383조)

이사는 3명 이상이어야 한다. 다만, 자본금 총액이 10억원 미만인 회사는 1명 또는 2명으로 할 수 있다.

☐ 상법 제383조(원수, 임기) ① 이사는 3명 이상이어야 한다. 다만, 자본금 총액이 10억원 미만인 회사는 1명 또는 2명으로 할 수 있다.

[2] 감사

자본금의 총액이 10억원 미만인 회사의 경우 감사를 선임하지 아니할 수 있다.

[3] 설립시 정관의 공증인 인증 대신 기명날인 또는 서명(상법 제292조)

정관은 공증인의 인증을 받음으로써 효력이 생긴다. 다만, 자본금 총액이 10억원 미만인 회사를 제295조제1항에 따라 발기설립(發起設立)하는 경우에는 제289조제1항에 따라 각 발기인이 정관에 기명날인 또는 서명함으로써 효력이 생긴다. 유한회사도 같다.

[4] 자본금납입금의 증명(상법 제318조3항, 제425조)

자본금 총액이 10억원 미만인 회사를 제295조 제1항에 따라 발기설립하는 경우 및 증자 시 납입증명서를 은행이나 그 밖의 금융기관의 잔고증명서(발기인 대표 명의)로 대체할 수 있다.

[5] 주주총회 소집통지 간소화(상법 제363조 ④)

주주총회는 원칙적으로 출석한 주주의 결의권의 3분의 2이상의 수와 발행주식총수의 3분의 1이상의 수로써 하여야 한다. 또한 주주소집을 2주전에 해야 하는 등 절차가 까다롭다. 그러나 자본금 총액이 10억원 미만인 회사는 주주 전원의 동의가 있을 경우에는 소집절차 없이 주주총회를 개최할 수 있고, 서면에 의한 결의로써 주주총회의 결의를 갈음할 수 있다. 결의의 목적사항에 대하여 주주 전원이 서면으로 동의를 한 때에는 서면에 의한 결의가 있는 것으로 본다. 이에 해당하는 것 중 하나가 정관변경이다.

▶ 1인 주주인 경우 1인 주주총회도 적법함

[6] 정관 변경의 방법(상법 433조①, 434조)

정관의 변경은 주주총회의 결의에 의하여야 한다. 주주총회는 출석한 주주의 결의권의 3분의 2이상의 수와 발행주식총수의 3분의 1이상의 수로써 하여야 한다. 이 경우 주주소집을 2주전에 해야하는 등 절차가 까다로우나 자본금 10억 미만인 회사는 주주 전원의 동의가 있을 경우에는 소집절차 없이 주주총회를 개최할 수 있고, 서면에 의한 결의로써 주주총회의 결의를 갈음할 수 있다.

❷ 이사회 결의사항을 주주총회의 결의로 하는 경우

자본금 총액이 10억원 미만인 회사로서 이사가 1명 또는 2명인 경우 상법에서 이사회의 결의사항으로 하고 있는 내용에 대하여 **주주총회의 결의**로 대체하도록 하고 있으며, 그 내용은 다음과 같다.

[1] 주식양도에 관한 이사회의 승인

제302조(주식인수의 청약, 주식청약서의 기재사항) 제2항제5호의2
5의2. 주식의 양도에 관하여 이사회의 승인을 얻도록 정한 때에는 그 규정

제317조(설립의 등기) 제2항제3호의2
3의2. 주식의 양도에 관하여 이사회의 승인을 얻도록 정한 때에는 그 규정

제335조(주식의 양도성) 제1항 단서 및 제2항
①주식은 타인에게 양도할 수 있다. 다만, 회사는 정관으로 정하는 바에 따라 그 발행하는 주식의 양도에 관하여 이사회의 승인을 받도록 할 수 있다.
②제1항 단서의 규정에 위반하여 이사회의 승인을 얻지 아니한 주식의 양도는 회사에 대하여 효력이 없다.

제335조의2(양도승인의 청구) 제1항·제3항
①주식의 양도에 관하여 이사회의 승인을 얻어야 하는 경우에는 주식을 양도하고자 하는 주주는 회사에 대하여 양도의 상대방 및 양도하고자 하는 주식의 종류와 수를 기재한 서면으로 양도의 승인을 청구할 수 있다.
③회사가 제2항의 기간내에 주주에게 거부의 통지를 하지 아니한 때에는 주식의 양도에 관하여 이사회의 승인이 있는 것으로 본다.

제335조의3(양도상대방의 지정청구) 제1항·제2항
①주주가 양도의 상대방을 지정하여 줄 것을 청구한 경우에는 이사회는 이를 지정하고, 그 청구가 있은 날부터 2주간내에 주주 및 지정된 상대방에게 서면으로 이를 통지하여야 한다.
②제1항의 기간내에 주주에게 상대방지정의 통지를 하지 아니한 때에는 주식의 양도에 관하여 이사회의 승인이 있는 것으로 본다.

제335조의7(주식의 양수인에 의한 승인청구)제1항
①주식의 양도에 관하여 이사회의 승인을 얻어야 하는 경우에 주식을 취득한 자는 회사에 대하여 그 주식의 종류와 수를 기재한 서면으로 그 취득의 승인을 청구할 수 있다.

제356조(주권의 기재사항) 제6호의2
6의2. 주식의 양도에 관하여 이사회의 승인을 얻도록 정한 때에는 그 규정

[2] 주식매수선택권 부여의 취소
제340조의3(주식매수선택권의 부여) 제1항제5호
5. 일정한 경우 이사회결의로 주식매수선택권의 부여를 취소할 수 있다는 뜻

[3] 이사의 경업거래 승인

제397조(경업금지) 제1항·제2항

① 이사는 이사회의 승인이 없으면 자기 또는 제삼자의 계산으로 회사의 영업부류에 속한 거래를 하거나 동종영업을 목적으로 하는 다른 회사의 무한책임사원이나 이사가 되지 못한다.

② 이사가 제1항의 규정에 위반하여 거래를 한 경우에 회사는 이사회의 결의로 그 이사의 거래가 자기의 계산으로 한 것인 때에는 이를 회사의 계산으로 한 것으로 볼 수 있고 제삼자의 계산으로 한 것인 때에는 그 이사에 대하여 이로 인한 이득의 양도를 청구할 수 있다.

[4] 회사의 기회 및 자산의 이용 승인

제397조의2(회사의 기회 및 자산의 유용 금지) 제1항

① 이사는 이사회의 승인 없이 현재 또는 장래에 회사의 이익이 될 수 있는 다음 각 호의 어느 하나에 해당하는 회사의 사업기회를 자기 또는 제3자의 이익을 위하여 이용하여서는 아니 된다. 이 경우 이사회의 승인은 이사 3분의 2 이상의 수로써 하여야 한다.

1. 직무를 수행하는 과정에서 알게 되거나 회사의 정보를 이용한 사업기회
2. 회사가 수행하고 있거나 수행할 사업과 밀접한 관계가 있는 사업기회

[5] 이사와 회사의 거래 승인

제398조(이사 등과 회사 간의 거래)

다음 각 호의 어느 하나에 해당하는 자가 자기 또는 제3자의 계산으로 회사와 거래를 하기 위하여는 미리 이사회에서 해당 거래에 관한 중요사실을 밝히고 이사회의 승인을 받아야 한다. 이 경우 이사회의 승인은 이사 3분의 2 이상의 수로써 하여야 하고, 그 거래의 내용과 절차는 공정하여야 한다.

1. 이사 또는 제542조의8제2항제6호에 따른 주요주주
2. 제1호의 자의 배우자 및 직계존비속
3. 제1호의 자의 배우자의 직계존비속
4. 제1호부터 제3호까지의 자가 단독 또는 공동으로 의결권 있는 발행주식 총수의 100분의 50 이상을 가진 회사 및 그 자회사
5. 제1호부터 제3호까지의 자가 제4호의 회사와 합하여 의결권 있는 발행주식총수의 100분의 50 이상을 가진 회사

[6] 신주발행사항의 결정
제416조(발행사항의 결정) 본문
회사가 그 성립 후에 주식을 발행하는 경우에는 다음의 사항으로서 정관에 규정이 없는 것은 이사회가 결정한다. 다만, 이 법에 다른 규정이 있거나 정관으로 주주총회에서 결정하기로 정한 경우에는 그러하지 아니하다.
1. 신주의 종류와 수
2. 신주의 발행가액과 납입기일
2의2. 무액면주식의 경우에는 신주의 발행가액 중 자본금으로 계상하는 금액
3. 신주의 인수방법
4. 현물출자를 하는 자의 성명과 그 목적인 재산의 종류, 수량, 가액과 이에 대하여 부여할 주식의 종류와 수
5. 주주가 가지는 신주인수권을 양도할 수 있는 것에 관한 사항
6. 주주의 청구가 있는 때에만 신주인수권증서를 발행한다는 것과 그 청구기간

[7] 무액면주식 발행의 경우 신주발행사항으로서 자본금으로 계상할 금액
제451조(자본금)
② 회사가 무액면주식을 발행하는 경우 회사의 자본금은 주식 발행가액의 2분의 1 이상의 금액으로서 이사회(제416조 단서에서 정한 주식발행의 경우에는 주주총회를 말한다)에서 자본금으로 계상하기로 한 금액의 총액으로 한다. 이 경우 주식의 발행가액 중 자본금으로 계상하지 아니하는 금액은 자본준비금으로 계상하여야 한다.

[8] 준비금의 자본전입 결정
제461조(준비금의 자본금 전입) 제1항 본문 및 제3항
①회사는 이사회의 결의에 의하여 준비금의 전부 또는 일부를 자본금에 전입할 수 있다. 그러나 정관으로 주주총회에서 결정하기로 정한 경우에는 그러하지 아니하다.
③제1항의 이사회의 결의가 있은 때에는 회사는 일정한 날을 정하여 그 날에 주주명부에 기재된 주주가 제2항의 신주의 주주가 된다는 뜻을 그 날의 2주간전에 공고하여야 한다. 그러나 그 날이 제354조제1항의 기간 중인 때에는 그 기간의 초일의 2주간 전에 이를 공고하여야 한다.

[9] 중간배당의 결의

제462조의3(중간배당)
①년 1회의 결산기를 정한 회사는 영업년도중 1회에 한하여 이사회의 결의로 일정한 날을 정하여 그 날의 주주에 대하여 이익을 배당(이하 이 조에서 "중간배당"이라 한다)할 수 있음을 정관으로 정할 수 있다.

[10] 배당금 지급시기의 결정

제464조의2(이익배당의 지급시기)
①회사는 제464조에 따른 이익배당을 제462조제2항의 주주총회나 이사회의 결의 또는 제462조의3제1항의 결의를 한 날부터 1개월 내에 하여야 한다. 다만, 주주총회 또는 이사회에서 배당금의 지급시기를 따로 정한 경우에는 그러하지 아니하다.

[11] 사채모집의 결정

제469조(사채의 발행)
①회사는 이사회의 결의에 의하여 사채(社債)를 발행할 수 있다.

[12] 전환사채 발행사항의 결정

제513조(전환사채의 발행) 제2항 본문
①회사는 전환사채를 발행할 수 있다.
②제1항의 경우에 다음의 사항으로서 정관에 규정이 없는 것은 이사회가 이를 결정한다. 그러나 정관으로 주주총회에서 이를 결정하기로 정한 경우에는 그러하지 아니하다.
1. 전환사채의 총액
2. 전환의 조건
3. 전환으로 인하여 발행할 주식의 내용
4. 전환을 청구할 수 있는 기간
5. 주주에게 전환사채의 인수권을 준다는 뜻과 인수권의 목적인 전환사채의 액
6. 주주외의 자에게 전환사채를 발행하는 것과 이에 대하여 발행할 전환사채의 액

[13] 신주인수권부사채 발행사항의 결정

제516조의2(신주인수권부사채의 발행) 제2항 본문(준용되는 경우를 포함한다)
①회사는 신주인수권부사채를 발행할 수 있다.

②제1항의 경우에 다음의 사항으로서 정관에 규정이 없는 것은 이사회가 이를 결정한다. 그러나 정관으로 주주총회에서 이를 결정하도록 정한 경우에는 그러하지 아니하다.
1. 신주인수권부사채의 총액
2. 각 신주인수권부사채에 부여된 신주인수권의 내용
3. 신주인수권을 행사할 수 있는 기간
4. 신주인수권만을 양도할 수 있는 것에 관한 사항
5. 신주인수권을 행사하려는 자의 청구가 있는 때에는 신주인수권부사채의 상환에 갈음하여 그 발행가액으로 제516조의9제1항의 납입이 있는 것으로 본다는 뜻
6. 삭제 〈1995.12.29.〉
7. 주주에게 신주인수권부사채의 인수권을 준다는 뜻과 인수권의 목적인 신주인수권부사채의 액
8. 주주외의 자에게 신주인수권부사채를 발행하는 것과 이에 대하여 발행할 신주인수권부사채의 액

❸ 이사회 결의가 있는 때 → 주주총회 소집이 있는 때

[1] 반대주주의 주식매수청구권
제360조의5(반대주주의 주식매수청구권) ①제360조의3제1항의 규정에 의한 승인사항에 관하여 이사회의 결의가 있는 때에 그 결의에 반대하는 주주는 주주총회 전에 회사에 대하여 서면으로 그 결의에 반대하는 의사를 통지한 경우에는 그 총회의 결의일부터 20일 이내에 주식의 종류와 수를 기재한 서면으로 회사에 대하여 자기가 소유하고 있는 주식의 매수를 청구할 수 있다.

[2] 합병반대주주의 주식매수청구권
제522조의3(합병반대주주의 주식매수청구권) ①제522조제1항의 규정에 의한 결의사항에 관하여 이사회의 결의가 있는 때에 그 결의에 반대하는 주주는 주주총회전에 회사에 대하여 서면으로 그 결의에 반대하는 의사를 통지한 경우에는 그 총회의 결의일부터 20일 이내에 주식의 종류와 수를 기재한 서면으로 회사에 대하여 자기가 소유하고 있는 주식의 매수를 청구할 수 있다.

❹ 상법의 규정이 적용되지 않는 사항

자본금 총액이 10억원 미만인 회사로서 이사가 1명 또는 2명인 경우 다음의 상법 규정은 적용하지 아니한다.

[1] 이사회의 권한
제341조(자기주식의 취득) 제2항 단서
②제1항에 따라 자기주식을 취득하려는 회사는 미리 주주총회의 결의로 다음 각 호의 사항을 결정하여야 한다. 다만, 이사회의 결의로 이익배당을 할 수 있다고 정관으로 정하고 있는 경우에는 이사회의 결의로써 주주총회의 결의를 갈음할 수 있다.
1. 취득할 수 있는 주식의 종류 및 수
2. 취득가액의 총액의 한도
3. 1년을 초과하지 아니하는 범위에서 자기주식을 취득할 수 있는 기간

[2] 이사회의 소집
제390조(이사회의 소집) ①이사회는 각 이사가 소집한다. 그러나 이사회의 결의로 소집할 이사를 정한 때에는 그러하지 아니하다.
- 이하 중략 -

[3] 이사회의 결의방법
제391조(이사회의 결의방법) ①이사회의 결의는 이사과반수의 출석과 출석이사의 과반수로 하여야 한다. 그러나 정관으로 그 비율을 높게 정할 수 있다.
②정관에서 달리 정하는 경우를 제외하고 이사회는 이사의 전부 또는 일부가 직접 회의에 출석하지 아니하고 모든 이사가 음성을 동시에 송수신하는 원격통신수단에 의하여 결의에 참가하는 것을 허용할 수 있다. 이 경우 당해 이사는 이사회에 직접 출석한 것으로 본다. 〈신설 1999.12.31., 2011.4.14.〉

[4] 감사의 이사회 출석
제391조의2(감사의 이사회출석 · 의견진술권)

[5] 의사록 작성과 비치
제391조의3(이사회의 의사록) ①이사회의 의사에 관하여는 의사록을 작성하여야 한다.
②의사록에는 의사의 안건, 경과요령, 그 결과, 반대하는 자와 그 반대이유를 기재하고 출석한 이사 및 감사가 기명날인 또는 서명하여야 한다. 〈개정 1999.12.31.〉

[6] 이사회의 연기, 속행
제392조(이사회의 연기·속행) 제372조의 규정은 이사회에 관하여 이를 준용한다.

[7] 이사회의 이사 직무감독 및 대표이사의 이사회 보고의무
제393조제2항부터 제4항까지
②이사회는 이사의 직무의 집행을 감독한다.
③이사는 대표이사로 하여금 다른 이사 또는 피용자의 업무에 관하여 이사회에 보고할 것을 요구할 수 있다. 〈신설 2001.7.24.〉
④이사는 3월에 1회 이상 업무의 집행상황을 이사회에 보고하여야 한다.

[8] 이사회 결의에 찬성한 이사의 연대책임
제399조(회사에 대한 책임) 제2항
①이사가 고의 또는 과실로 법령 또는 정관에 위반한 행위를 하거나 그 임무를 게을리한 경우에는 그 이사는 회사에 대하여 연대하여 손해를 배상할 책임이 있다.
②전항의 행위가 이사회의 결의에 의한 것인 때에는 그 결의에 찬성한 이사도 전항의 책임이 있다.

[9] 집행임원과 관련된 이사회의 규정
제408조의2 ~ 제408조의7

[10] 감사의 이사회 소집청구
제412조의4 (감사의 이사회 소집 청구)

[11] 재무제표에 대한 이사회의 승인
제449조의2 (재무제표 등의 승인에 대한 특칙)

[12] 이사회의 이익배당의 결의

제462조(이익의 배당) 제2항 단서
②이익배당은 주주총회의 결의로 정한다. 다만, 제449조의2제1항에 따라 재무제표를 이사회가 승인하는 경우에는 이사회의 결의로 정한다.

[13] 합병과 관련한 이사회 업무

제526조(흡수합병의 보고총회) 제3항
제527조(신설합병의 창립총회) 제4항
제527조의2(간이합병)
제527조의3(소규모합병) 제1항

❺ 대표이사, 이사가 이사회의 기능을 담당하는 사항

자본금 총액이 10억원 미만인 회사로서 이사가 1명 또는 2명인 경우 각 이사(정관에 따라 대표이사를 정한 경우에는 그 대표이사를 말한다)가 회사를 대표하며 다음에 정하는 이사회의 기능을 담당한다.

[1] 이사회의 자기주식 소각결정

제343조(주식의 소각) 제1항 단서
①주식은 자본금 감소에 관한 규정에 따라서만 소각(消却)할 수 있다. 다만, 이사회의 결의에 의하여 회사가 보유하는 자기주식을 소각하는 경우에는 그러하지 아니하다.

[2] 전환주식의 경우 전환의 통지 및 공고

제346조(주식의 전환에 관한 종류주식) 제3항

[3] 이사회의 총회 소집 결정

제362조(소집의 결정)
총회의 소집은 본법에 다른 규정이 있는 경우외에는 이사회가 이를 결정한다.

[4] 주주제안에 관한 이사회의 처리

제363조의2(주주제안권) 제3항

[5] 소수주주의 이사회에 대한 임시주주총회의 소집 청구

제366조(소수주주에 의한 소집청구)

[6] 전자적 방법 의결권행사에 관한 이사회 결의

제368조의4(전자적 방법에 의한 의결권의 행사) 제1항
①회사는 이사회의 결의로 주주가 총회에 출석하지 아니하고 전자적 방법으로 의결권을 행사할 수 있음을 정할 수 있다.

[7] 중요자산의 처분, 대규모 차입, 지점의 설치, 이전, 폐지 등

제393조(이사회의 권한) 제1항
①중요한 자산의 처분 및 양도, 대규모 재산의 차입, 지배인의 선임 또는 해임과 지점의 설치·이전 또는 폐지 등 회사의 업무집행은 이사회의 결의로 한다.

[8] 감사의 이사회에 대한 임시총회 소집청구

제412조의3(총회의 소집청구) 제1항
①감사는 회의의 목적사항과 소집의 이유를 기재한 서면을 이사회에 제출하여 임시총회의 소집을 청구할 수 있다.

[9] 중간배당의 경우 이사회의 기준일 결정

제462조의3(중간배당)
① 년 1회의 결산기를 정한 회사는 영업년도중 1회에 한하여 이사회의 결의로 일정한 날을 정하여 그 날의 주주에 대하여 이익을 배당(이하 이 조에서 "중간배당"이라 한다)할 수 있음을 정관으로 정할 수 있다.

5　외부감사제도 및 감사인 선임

1　외부감사제도 및 외부감사대상법인

❶ 외부감사제도

외부감사제도란 기업이 작성한 재무보고서의 정당성 여부를 검증하여 이해관계자(정보이용자)들에게 재무상태에 대한 공정한 정보제공을 위한 제도로서「주식회사 등의 외부감사에 관한 법률」에 의하여 독립된 감사인이 감사를 시행하는 것을 말한다.

❷ 외부감사대상법인

외부감사대상법인은 「주식회사 등의 외부감사에 관한 법률」 및 같은 법 시행령에서 구체적으로 정하고 있으며, 기업 환경의 변화에 따라 금융위원회에서 외부감사대상법인 기준을 제정하여 시행하고 있다.

외부감사대상법인은「주식회사 등의 외부감사에 관한 법률 시행령」에서 제정하고 있으며, 비상장법인의 외부감사대상법인은 다음과 같다.

[1] 2018년 개정 규정에 의한 외부감사대상법인
1. 직전 사업연도 말의 자산총액이 500억원 이상인 회사

2. 직전 사업연도의 매출액이 500억원 이상인 회사
3. 아래 요건 충족으로 외부감사대상에서 제외되는 회사가 아닌 회사

비상장회사(상장예정법인 제외)의 경우 4개 기준(자산, 부채, 종업원 수, 매출액) 중 3개를 충족하면(소규모 회사) 외부감사 대상에서 제외된다.

자산	부채	매출액	종업원 수
120억원 미만	70억원 미만	100억원 미만	100인 미만

[2] 2020.10.23. 개정 규정에 의한 외부감사대상법인
○ 직전 사업연도말의 자산총액이 500억 이상인 회사
○ 직전 사업연도말의 매출액이 500억원 이상인 회사
○ 다음의 사항 중 2개(유한회사: 3개) 이상에 해당하는 회사
 - 직전 사업연도 말의 자산총액이 120억원 이상
 - 직전 사업연도 말의 부채총액이 70억원 이상
 - 직전 사업연도의 매출액이 100억원 이상
 - 직전 사업연도 말의 종업원이 100명 이상
 - 직전 사업연도 말의 사원이 50명 이상(유한회사 限)
○ 주권상장법인 및 해당 또는 다음 사업연도에 주권상장법인이 되려는 회사

☐ 주식회사 등의 외부감사에 관한 법률 (약칭: 외부감사법)
제4조(외부감사의 대상) ① 다음 각 호의 어느 하나에 해당하는 회사는 재무제표를 작성하여 회사로부터 독립된 외부의 감사인(재무제표 및 연결재무제표의 감사인은 동일하여야 한다. 이하 같다)에 의한 회계감사를 받아야 한다.
1. 주권상장법인
2. 해당 사업연도 또는 다음 사업연도 중에 주권상장법인이 되려는 회사
3. 그 밖에 직전 **사업연도** 말의 자산, 부채, 종업원수 또는 매출액 등 대통령령으로 정하는 기준에 해당하는 회사. 다만, 해당 회사가 유한회사인 경우에는 본문의 요건 외에 사원 수, 유한회사로 조직변경 후 기간 등을 고려하여 <u>대통령령</u>으로 정하는 기준에 해당하는 유한회사에 한정한다.

□ 주식회사 등의 외부감사에 관한 법률 시행령

제5조(외부감사의 대상) ① 법 제4조제1항제3호 본문에서 "직전 사업연도 말의 자산, 부채, 종업원 수 또는 매출액 등 대통령령으로 정하는 기준에 해당하는 회사"란 다음 각 호의 어느 하나에 해당하는 회사를 말한다. <개정 2020. 10. 13.>

1. 직전 사업연도 말의 자산총액이 500억원 이상인 회사
2. 직전 사업연도의 매출액(직전 사업연도가 12개월 미만인 경우에는 12개월로 환산하며, 1개월 미만은 1개월로 본다. 이하 같다)이 500억원 이상인 회사
3. 다음 각 목의 사항 중 2개 이상에 해당하는 회사
  가. 직전 사업연도 말의 자산총액이 120억원 이상
  나. 직전 사업연도 말의 부채총액이 70억원 이상
  다. 직전 사업연도의 매출액이 100억원 이상
  라. 직전 사업연도 말의 종업원(「근로기준법」 제2조제1항제1호에 따른 근로자를 말하며, 다음의 어느 하나에 해당하는 사람은 제외한다. 이하 같다)이 100명 이상
    1) 「소득세법 시행령」 제20조제1항 각 호의 어느 하나에 해당하는 사람
    2) 「파견근로자보호 등에 관한 법률」 제2조제5호에 따른 파견근로자

부 칙 <대통령령 제31113호, 2020. 10. 13.>
제1조(시행일) 이 영은 공포한 날부터 시행한다.

❸ 연도별 외부감사 대상법인

[1] 2019년 회계연도(12월말 비상장법인)

2019년 회계연도의 경우 개정 규정을 적용하며, 비상장 회사(상장예정법인 제외)의 경우 4개 기준(자산, 부채, 종업원 수, 매출액) 중 3개를 충족하면(소규모 회사) 외부감사 대상에서 제외된다.

▶ 개정 규정에 의한 외부감사대상법인

아래 4개 기준(자산, 부채, 종업원 수, 매출액) 중 3개를 충족하면(소규모 회사) 외부감사 대상에서 제외됨

자산	부채	매출액	종업원 수
120억원 미만	70억원 미만	100억원 미만	100인 미만

[2] 2020년, 2021년 회계연도(12월말 비상장법인)

① 2020년 회계연도 기준으로 아래 4개 기준(자산, 부채, 종업원 수, 매출액) 중 **2개 이상**을 충족하면 외부감사 대상에 해당한다.

자산	부채	매출액	종업원 수
120억원 이상	70억원 이상	100억원 이상	100인 이상

② 주식회사로서 직전 사업연도의 자산 또는 부채총액 등의 규모가 외부감사대상 법인에 해당하는 경우 사업연도 개시 후 45일**(외부감사 첫해는 4개월 이내)** 이내에 외부감사인을 선임하여야 한다.

❹ 외부감사인 선임규정 및 평가기준

감사인 선임권한이 경영진에서 감사로 이관되고, '감사인 선임시 준수사항 및 감사인 후보 평가기준'의 문서화 등이 새롭게 도입하였으며, 선임규정 및 평가기준 대상법인에 대하여 법령에서 별도로 정한 내용이 없으므로 외부감사대상법인은 모두 해당 규정을 준수하여야 한다.

다만, 감사인 선임시 준수사항 및 감사인 후보 평가기준에 대한 법정서식은 현재 없으므로 아래 내용을 참고하여 작성하면 될 것이다.

▶ **감사인 선임시 준수사항 및 감사인 후보 평가기준에 포함할 사항**
1. 감사시간·감사인력·감사보수 및 감사계획의 적정성
2. 감사인의 독립성 및 전문성
3. 직전 사업연도에 해당 회사에 대하여 감사업무를 한 감사인의 의견진술 내용 및 다음 각 목의 사항. 다만, 직전 사업연도에 회계감사를 받지 아니한 경우에는 제외한다.
   가. 전기감사인이 감사인 선임 시 합의한 감사시간·감사인력·감사보수·감사계획 등을 충실하게 이행하였는지에 대한 평가 결과

나. 전기감사인이 감사업무와 관련하여 회사에 회계처리기준 해석, 자산 가치평가 등에 대한 자문을 외부기관에 할 것을 요구한 경우 요구 내용에 대한 감사·감사위원회와 전기감사인 간의 협의 내용, 자문 결과 및 그 활용 내용

다. 해당 사업연도의 감사·감사위원회와 전기감사인 간의 대면 회의 개최횟수, 참석자 인적사항, 주요 발언 내용 등

라. 그 밖에 감사인 선정의 객관성 및 신뢰성을 확보하기 위하여 필요한 기준으로서 금융위원회가 정하는 사항

❺ 감사인을 선임하지 않은 경우 제재 조치

증권선물위원회(금감원)는 외부감사인을 직권으로 지정하고 있으며, 동 감사인과 감사계약을 체결하지 않는 회사는 검찰에 고발당하게 된다.

▶ 미선임회사 2014년 67사, 2015년 38사, 2016년 96사에 대해 감사인 지정

❻ 감사의견

공인회계사가 기업의 재무제표를 감사한 후 그 내용이 회계기준에 의하여 정당하게 작성된 것에 대하여 의견을 표명하며, 이를 감사의견이라고 한다. 감사의견은 적정의견, 한정의견, 부적정의견, 의견거절 등으로 표명한다.

[1] 적정의견
감사인이 회계감사기준에 의거해 감사를 한 결과 해당 기업의 재무제표가 기업회계기준에 따라 적정하게 작성되어 신뢰할 수 있다는 뜻이다.

[2] 한정의견
감사를 실시한 결과 기업회계 준칙에 따르지 않은 몇가지 사항이 있지만 해당 사항이 재무제표에 그다지 큰 영향을 미치지 않는다고 판단한 경우에 제시하는 의견이다.

[3] 부적정의견
기업회계 기준에 위배되는 사항이 재무제표에 중대한 영향을 미쳐 기업 경영상태가 전체적으로 왜곡됐다고 판단된 경우 감사인이 표명하는 의견이다.

[4] 의견거절
감사인이 감사보고서를 만드는데 필요한 증거를 얻지 못해 재무제표 전체에 대한 의견표명이 불가능한 경우 또는 감사인이 독립적인 감사업무를 수행할 수 없는 경우에 의견거절이란 감사의견을 제시한다.

◆ 감사의견 결과
'적정의견'은 재무제표가 기업회계 기준을 준수해 작성됐다는 것을 의미하는 것으로 그 자체가 건전한 회사라는 것을 나타내지는 않는다.
반면에 '한정의견' 이하의 경우 정상적인 회계처리를 하면 부실이 늘어날 가능성이 크기 때문에 이들 회사는 문제가 있다고 볼 수도 있으며, 한정의견, 부적정의견, 의견거절을 통틀어 '비적정의견'이라고 한다.

2. 비상장법인 감사인 선임 및 보고

❶ 감사 승인

감사인 선임시 감사의 사전 승인을 받아야 한다.

❷ 사업연도 개시 후 45일 이내 외부감사인 선임

주식회사로서 직전 사업연도의 자산 또는 부채총액 등의 규모가 외부감사대상법인에 해당하는 경우 사업연도 개시 후 45일 이내에 외부감사인을 선임하여야 한다.

■ 외부감사 첫해는 4개월 이내 선임 보고

▶ **외부감사인 선정 및 감사보수의 결정**
1. 회사는 자유수임의 원칙에 의거 원하는 감사인(회계법인 및 감사반)을 선정할 수 있음
2. 감사인 리스드는 한국공인회계사 홈페이지(www.klcpa.or.kr)의 "한국공인회계사회-감사인.세무대리인소개"에서 확인 가능하며, 회계법인의 사업보고서는 금융감독원 회계포탈 홈페이지 "회계감리-회계법인사업보고서"에서 확인 가능
3. 감사보수는 원칙적으로 감사서비스 시장에서 기업 특성에 따른 감사투입시간, 감사리스크와 감사인 특성 등을 고려하여 기업과 감사인간 협의에 의해 결정
4. 계약기간은 1년으로 한다.

❸ 정기총회 보고

정기총회 이후 감사인이 선임된 경우 → 서면통지, 회사 인터넷 홈페이지 공고 등의 방법으로 보고

❹ 금융감독원 보고

금융감독원내 증권선물위원회(금융감독원 회계제도실)에 다음에 정하는 바에 따라 보고하여야 한다.

[1] 감사계약 체결 후 2주일 이내 감사계약서 등 관련 서류 금감원
회사는 감사인과 감사계약 체결후 2주일 이내 감사계약서 등 관련 서류를 금감원에 제출 (감사인은 감사계약체결보고서 제출)

[2] 보고방법
감사인선임보고시스템(filer.fss.or.kr)에 의한 전자보고 또는 등기우편 발송

<유의사항> 초도감사인 경우 선임보고에 앞서 "DART고유번호"(금융위 부여 회사코드) 발급 필요 : 외부감사인 선임보고시스템(filer.fss.or.kr) → 고유번호 발급 신청 → 하루 정도 후 신청결과 조회
비상장법인이 당기에 전기감사인을 다시 선임한 경우에는 선임보고 생략

[3] 제출서류
○ 공문
○ 외부감사계약서 사본
○ 감사인선임위원회 의사록 사본 또는 감사의 승인서 원본
○ 법인등기부등본
○ 감사인 교체사유서 및 전기감사인 의견진술내용 (감사인이 변경된 경우 제출)
○ 전기감사인의 감사인 변경동의서
- 전기 감사의견이 적정의견이 아니며 당기에 감사인을 변경한 경우 제출

♣ 상세내용 : 금융감독원 회계포탈 참조

2

자본관리 · 이익배당
주식이동 · 주식평가

주주명부, 주권 관리 및 주식 종류

1 주주명부 및 주권

❶ 개요

주주란 주식회사에 자금을 출자한 자를 말하며, 기업은 상법의 규정에 의하여 출자자인 주주명부를 작성하여 보관하여야 한다.

법인 설립시 출자자인 주주명부를 작성하여야 하며, 법인 설립 신고시 관할세무서에 '주주등의 명세서'를 제출하여야 한다.

주주명부는 등기를 요하거나 정관에 기재하는 사항이 아니므로 별도로 관리 및 보관하여야 하며, 주주 변동, 자본금 증자 등이 있는 경우 수정 작성하여야 한다.

❷ 주주명부 기재사항 및 작성

[1] 주주명부 기재사항 (상법 제352조)
주식을 발행한 때에는 주주명부에 다음의 사항을 기재하여야 한다.
1. 주주의 성명과 주소
2. 각 주주가 가진 주식의 종류와 그 수
3. 각 주주가 가진 주식의 주권을 발행한 때에는 그 주권의 번호

4. 각 주식의 취득년월일

주 주 명 부

성명 (법인명)	주민등록번호 (사업자등록번호)	주식종류	주권번호	지분율	대주주 관 계	전화번호	비고
주소		주식수	주 당 액면가액	금 액	취득연월일	휴대전화	
홍길동	640206-1******	보통주	*****		본인		
서울 강남 서초 ***		10,000	500	5,000,000	2017.05.10		
계							

[2] 전환주식 기재사항 (상법 제347조)

전환주식을 발행한 때에는 상법 제347조에 기재한 사항도 주주명부에 기재하여야 한다.

☐ 상법 제347조(전환주식발행의 절차) 제346조의 경우에는 주식청약서 또는 신주인수권증서에 다음의 사항을 적어야 한다. 〈개정 1984. 4. 10., 2011. 4. 14.〉
1. 주식을 다른 종류의 주식으로 전환할 수 있다는 뜻
2. 전환의 조건
3. 전환으로 인하여 발행할 주식의 내용
4. 전환청구기간 또는 전환의 기간

[3] 전자주주명부 (상법 제352조의2)

① 회사는 정관으로 정하는 바에 따라 전자문서로 주주명부(전자주주명부)를 작성할 수 있다.
② 전자주주명부에는 주주명부 기재사항 외에 전자우편주소를 적어야 한다.

[4] 주주명부의 폐쇄, 기준일 (상법 제354조)

① 회사는 의결권을 행사하거나 배당을 받을 자 기타 주주 또는 질권자로서 권리를 행사할 자를 정하기 위하여 일정한 기간을 정하여 주주명부의 기재변경을 정지하거나 일정한 날에 주주명부에 기재된 주주 또는 질권자를 그 권리를 행사할 주주 또는 질권자로 볼 수 있다.
② 제1항의 기간은 3월을 초과하지 못한다.
③ 제1항의 날은 주주 또는 질권자로서 권리를 행사할 날에 앞선 3월내의 날로 정하여야 한다.
④ 회사가 제1항의 기간 또는 날을 정한 때에는 그 기간 또는 날의 2주간전에 이를 공고하여야 한다. 그러나 정관으로 그 기간 또는 날을 지정한 때에는 그러하지 아니하다.

[5] 주주명부의 효력 (상법 제337조)

주식의 이전은 취득자의 성명과 주소를 주주명부에 기재하지 아니하면 회사에 대항하지 못한다.

[6] 주주명부의 열람 및 등사 (상법 제396조 제2항)

주주 또는 회사의 채권자는 영업시간 이내 언제든지 주주명부의 열람 또는 등사가 가능하다.

[7] 주주명부 등의 비치 (상법 제396조)

이사는 회사의 정관, 주주총회의 의사록을 본점과 지점에, **주주명부**, 사채원부를 본점에 비치하여야 한다. 이 경우 명의개서대리인을 둔 때에는 주주명부나 사채원부 또는 그 복본을 명의개서대리인의 영업소에 비치할 수 있다.

❸ 주식

[1] 개요
① 주식은 주식회사에 출자를 한 주주에게 그 출자에 대한 증표로 발생하는 증권을 말하며, 주권이라고도 한다. 주권은 주주의 회사에 대한 법률관계를 나타내는 유가증권으로서 회사는 신주의 납입기일 후 지체 없이 주권을 발행하여야 한다.
② 액면주식의 금액은 균일하여야 하며, 액면주식 1주의 금액은 100원 이상으로 하여야 한다.

[2] 주권의 기재사항 (상법 제356조)
주권에는 다음의 사항과 번호를 기재하고 대표이사가 기명날인 또는 서명하여야 한다.
1. 회사의 상호
2. 회사의 성립년월일
3. 회사가 발행할 주식의 총수
4. 액면주식을 발행하는 경우 1주의 금액
5. 회사의 성립후 발행된 주식에 관하여는 그 발행 연월일
6. 종류주식이 있는 경우에는 그 주식의 종류와 내용
7. 주식의 양도에 관하여 이사회의 승인을 얻도록 정한 때에는 그 규정

[3] 주권의 전자등록 (상법 제356조의2)
회사는 주권을 발행하는 대신 정관으로 정하는 바에 따라 전자등록기관(유가증권 등의 전자등록 업무를 취급하는 것으로 지정된 기관)의 전자등록부에 주식을 등록할 수 있다.

[4] 주권의 불소지 (상법 제358조의2)
①주주는 정관에 다른 정함이 있는 경우를 제외하고는 그 주식에 대하여 주권의 소지를 하지 아니하겠다는 뜻을 회사에 신고할 수 있다.
②제1항의 신고가 있는 때에는 회사는 지체없이 주권을 발행하지 아니한다는 뜻을 주주명부와 그 복본에 기재하고, 그 사실을 주주에게 통지하여야 한다. 이 경우 회사는 그 주권을 발행할 수 없다.

② 주식 종류

❶ 개요

주식은 보통주와 종류주식으로 구분하며, 그 내용은 다음과 같다.

[1] 보통주
보통주는 주주로서의 모든 권한을 부여받는 주식으로 일반적인 경우 보통주에 해당한다.

[2] 종류주식
종류주식이란 일부 권한에 대해 제한을 두는 주식을 의미하며, 종류주식에는 우선주, 후배주 등이 있다.

□ 상법 제344조(종류주식) ① 회사는 이익의 배당, 잔여재산의 분배, 주주총회에서의 의결권의 행사, 상환 및 전환 등에 관하여 내용이 다른 종류의 주식(이하 "종류주식"이라 한다)을 발행할 수 있다.
② 제1항의 경우에는 정관으로 각 종류주식의 내용과 수를 정하여야 한다.
③ 회사가 종류주식을 발행하는 때에는 정관에 다른 정함이 없는 경우에도 주식의 종류에 따라 신주의 인수, 주식의 병합·분할·소각 또는 회사의 합병·분할로 인한 주

❷ 주식 종류

[1] 보통주
보통주란 배당을 먼저 받을 수 있는 등의 특별한 권리를 부여받지 않은 일반 주식을 말한다. 보통주를 갖는 주주는 배당을 받을 권리 및 주주총회에 참석하여 결의를 할 수 있는 의결권이 부여된다는 점이 가장 큰 특징이다.

[2] 우선주

우선주는 보통주보다 배당우선권을 갖되, 의결권을 갖지 못하는 주식으로서 우선주의 종류로는 일정 기간 후 현금으로 상환을 하도록 한 상환주식, 일정기간 후 보통주로 전환하도록 약정이 된 전환주식 등이 있다.

우선주는 배당우선의 내용이 있는 우선주에 대해서만 인정하고 상환가액, 상환기간, 상환방법 등을 정관에 기재하여야 하되, 실제 발행은 이사회의 결의에 의하여 할 수 있다. 상환의 결정은 회사측에 의하여 일방적으로 이루어질 수도 있고 주주의 청구에 의하여 이루어질 수도 있다.

우선주의 경우 투자자의 입장에서 보통주보다 높은 배당을 받을 수 있는 장점이 있지만, 기업이 이익을 내는 것을 전제로 하기 때문에 채권보다 변제순위가 뒤떨어지고 담보도 없어 기업이 파산한 경우 투자금을 돌려받기 어렵다.

상환우선주는 발행할 때에 그 상환이 예정되어 있다는 점에서 경제적으로 사채와 유사한 성격이 있는 주식이라고 할 수 있다. 그러나 이익이 있는 경우에만 그 상환이 가능하므로 사채와 다르다.

상법상 회사가 우선주를 상환할 때는 반드시 이익이 있어야 한다. 또한 상환우선주를 발행하는 기업에서는 정관의 규정에 따라 이를 상환하기 위하여 매년 이익의 일부를 상환기금(감채기금)으로 적립해야 한다.

▶ 상환우선주와 전환우선주 비교

구 분	상환우선주	전환우선주
성 격	회사채와 유사함	주식과 유사함
소 각	만기시 소각	만기시 보통주로 전환
배 당	보통주보다 우선 배당	보통주보다 우선 배당

우선주는 남은 이익의 배당에 대한 참가여부에 따라 참가적 우선주와 비참가적 우선주로, 배당의 누적여부에 따라 누적적 우선주와 비누적적 우선주로 구분한다

[3] 후배주

배당이나 남은 재산의 분배 등의 이익분배의 참가순위가 보통주보다 후위인 주식을 말한다. 즉, 보통주 다음에 배당 받을 권리를 가진 주식으로 후배주는 열위주 또는 후취주라고도 하는데, 주로 회사의 대주주나 발기인, 경영자 등이 소유한다

[4] 혼합주

이익배당은 보통주에 우선하고 남은재산분배에 있어서는 열등한 지위에 있는 주식을 말한다.

[5] 상환주식 (상법 제345조)

회사가 자금이 필요한 경우 발행하였으나 일정 기간이 지난 후 해당 주식을 회수하여 소각하려는 경우에 발행하는 주식을 말한다.

[6] 전환주식

회사가 권리내용이 다른 여러 종류주식을 발행하는 경우 다른 종류주식으로 전환할 수 있는 권리, 즉 전환권이 인정되는 주식을 말한다. 회사가 전환주식을 발행하는 경우, 전환의 조건, 전환의 청구기간, 전환으로 인하여 발행할 주식의 수와 내용을 정해야 하며(상법 제346조제1항), 주식청약서 또는 신주인수권증서에도 그 내용을 적어야 한다.(상법 제347조)

자본금 증자 또는 감자 및 세무상 유의할 사항

1 자본금 증자

자본금 증자란 법인의 자본금을 증액하는 것으로 주주의 출자(금전 등이 법인에 새로 유입됨)에 의한 유상증자와 자본의 형태만 변경(자본잉여금, 이익잉여금 등을 자본금 항목으로 변경하는 것으로 새로운 자산이 법인에 유입되는 것은 아님)하는 무상증자로 구분된다.

❶ 유상 증자

1 개요

유상 증자란 회사가 자본금을 증액하기 위하여 출자자로부터 금전 등을 받고, 그에 대한 대가로 법인의 주식을 교부하는 것을 말한다. 즉, 신주을 발행하여 자금을 조달하는 것을 말한다.

법인의 정관에는 발행 예정 주식총수만을 기재해 놓고, 자본총액은 기재하지 않기 때문에 자본금을 증액하고자 하는 경우 정관변경 없이 이사회의 결의로 신주를 발행하여 자본금을 증액할 수 있다. 단, 이사가 1인인 회사는 언제나 주주총회에서 결정하여야 한다(상법 제383조 제4항).

② 유상증자 방식

[1] 주주배정 증자방식
주주에게 그가 가진 주식수에 따라서 신주를 배정하기 위해 신주인수 청약을 할 기회를 부여하는 방식

▶ 공고 및 청약최고
상법에 규정된 정식절차에 따라 신문에 배정일을 2주간 공고하고, 또 2주간 청약최고하여야 한다.

> **상법**
>
> 제418조(신주인수권의 내용 및 배정일의 지정·공고) ①주주는 그가 가진 주식 수에 따라서 신주의 배정을 받을 권리가 있다. 〈개정 2001.7.24.〉
> ②회사는 제1항의 규정에 불구하고 정관에 정하는 바에 따라 주주 외의 자에게 신주를 배정할 수 있다. 다만, 이 경우에는 신기술의 도입, 재무구조의 개선 등 회사의 경영상 목적을 달성하기 위하여 필요한 경우에 한한다. 〈신설 2001.7.24.〉
> ③회사는 일정한 날을 정하여 그 날에 주주명부에 기재된 주주가 제1항의 권리를 가진다는 뜻과 신주인수권을 양도할 수 있을 경우에는 그 뜻을 그 날의 2주간전에 공고하여야 한다. 그러나 그 날이 제354조제1항의 기간 중인 때에는 그 기간의 초일의 2주간전에 이를 공고하여야 한다. 〈신설 1984.4.10.〉
> ④ 제2항에 따라 주주 외의 자에게 신주를 배정하는 경우 회사는 제416조제1호, 제2호, 제2호의2, 제3호 및 제4호에서 정하는 사항을 그 납입기일의 2주 전까지 주주에게 통지하거나 공고하여야 한다. 〈신설 2011.4.14.〉
>
> 제419조(신주인수권자에 대한 최고) ①회사는 신주의 인수권을 가진 자에 대하여 그 인수권을 가지는 주식의 종류 및 수와 일정한 기일까지 주식인수의 청약을 하지 아니하면 그 권리를 잃는다는 뜻을 통지하여야 한다. 이 경우 제416조제5호 및 제6호에 규정한 사항의 정함이 있는 때에는 그 내용도 통지하여야 한다.
> ②제1항의 통지는 제1항의 기일의 2주간전에 이를 하여야 한다.
> ③제1항의 통지에도 불구하고 그 기일까지 주식인수의 청약을 하지 아니한 때에는 신주의 인수권을 가진 자는 그 권리를 잃는다. 〈개정 2014.5.20.〉

제420조(주식청약서) 이사는 주식청약서를 작성하여 다음의 사항을 적어야 한다.
〈개정 1984.4.10., 2011.4.14.〉
1. 제289조제1항제2호 내지 제4호에 게기한 사항
2. 제302조제2항제7호ㆍ제9호 및 제10호에 게기한 사항
3. 제416조제1호 내지 제4호에 게기한 사항
4. 제417조에 따른 주식을 발행한 경우에는 그 발행조건과 미상각액(未償却額)
5. 주주에 대한 신주인수권의 제한에 관한 사항 또는 특정한 제삼자에게 이를 부여할 것을 정한 때에는 그 사항
6. 주식발행의 결의연월일

제420조의2(신주인수권증서의 발행) ①제416조제5호에 규정한 사항을 정한 경우에 회사는 동조제6호의 정함이 있는 때에는 그 정함에 따라, 그 정함이 없는 때에는 제419조제1항의 기일의 2주간전에 신주인수권증서를 발행하여야 한다.
②신주인수권증서에는 다음 사항과 번호를 기재하고 이사가 기명날인 또는 서명하여야 한다. 〈개정 1995.12.29.〉
1. 신주인수권증서라는 뜻의 표시
2. 제420조에 규정한 사항
3. 신주인수권의 목적인 주식의 종류와 수
4. 일정기일까지 주식의 청약을 하지 아니할 때에는 그 권리를 잃는다는 뜻

제420조의3(신주인수권의 양도) ①신주인수권의 양도는 신주인수권증서의 교부에 의하여서만 이를 행한다.
②제336조제2항 및 수표법 제21조의 규정은 신주인수권증서에 관하여 이를 준용한다.

제420조의4(신주인수권의 전자등록) 회사는 신주인수권증서를 발행하는 대신 정관으로 정하는 바에 따라 전자등록기관의 전자등록부에 신주인수권을 등록할 수 있다. 이 경우 제356조의2제2항부터 제4항까지의 규정을 준용한다.

▶ 실권주 처리

기존 주주가 그 인수를 포기한 실권주는 주로 이사회 결의를 통해 기존 주주, 제3자 또는 일반인에게 공모하는 방법으로 처리가 가능하나 신주발행을 위한 이사회

결의에서 실권주 처리방법을 정하여야 하고, 실권주 발생시 별도의 이사회결의를 거쳐야 실권주를 일반 공모 또는 제3자 배정 방법에 의해 처리할 수 있다.

[2] 기간 단축 방식
(1) 주주전원의 동의가 있는 경우 신문공고(배정일 공고)를 생략하여 이 기간을 단축할 수가 있으며, 실무상 주주전원의 동의가 가능한 비상장법인의 경우에 이 방법을 많이 이용하되, 주주 전원의 동의서 및 기간단축 동의서, 신주인수포기서를 작성하여 두어야 한다.
(가) 기간 단축 동의서 : 주주전원의 동의를 확인하기 위하여 증자등기 신청시 기간단축동의서를 첨부하여야 현재 주주 전원이 날인하여야 한다.
(나) 신주인수포기서 : 증자에 참여하지 않는 주주가 있거나 지분비율에 따라 할당된 신주중 일부만 인수하고 일부는 포기하는 주주가 있는 경우에는 신주인수포기서를 받아 두어야 한다.

(2) 주주전원의 동의로 기간 단축방식에 의하여 자본금 증자를 하는 경우 이사회의 결의로 다음의 방법으로 자유롭게 신주를 배정을 할 수 있다.
1. 신주를 기존주주들에게 그 지분비율대로 배정한 방법
2. 기존주주의 지분비율과 다르게 배정하는 방법
3. 기존주주는 배제하고 신주전부를 제3자에게 배정하는 방법

[3] 정관에 따른 제3자 배정방식의 증자
정관에 제3자에게 신주인수권을 부여하는 규정을 두는 경우 그 규정에 따라 이사회 결의로 유상증자를 할 수 있다. 이 경우 기존주주들은 배제되므로, 신문공고나 청약통지가 따로 필요하지 않다.

3 유상증자 절차

[1] 이사회의 신주발행 결정 (또는 주총결의)
(1) 신주의 종류와 수
발행예정주식총수 중 미발행주식의 범위내에서 발행할 주식의 수를 결정하여야 하며, 회사가 수종의 주식을 발행할 것으로 정한 때에는 그 종류도 결정하여야 한다.

(2) 신주의 발행가액
주식의 발행가액은 권면액(액면가액) 이상으로 발행하는 것이 원칙이며, 1주의 가격은 100원 이상으로 하여야 한다. 또한 1회에 발행하는 주식의 발행가액은 균일하게 정하여야 한다.

(3) 납입 기일
납입기일은 주식인수인이 주금의 납입 또는 현물출자의 이행을 하여야 할 기일로서(상법 제421조) 그 날까지 주금의 납입 또는 현물출자의 이행을 한 주식인수인은 그 이튿날에 주주가 되고 이를 이행하지 아니한 주식인수인은 그 권리를 잃는다.

(4) 신주의 인수방법 (구주 배정 또는 제3자 배정)
신주인수권의 구체적 내용과 인수절차, 주식청약서의 작성, 주식에 대한 납입, 현물출자에 대한 검사절차 등을 정하여야 한다.

(5) 현물출자에 관한 사항
현물출자를 하는 자의 성명과 그 목적인 재산의 종류, 수량, 가액과 이에 대하여 부여할 주식의 종류와 수를 정하여야 한다.

(6) 주주가 가지는 신주인수권을 양도할 수 있는 것에 관한 사항
신주인수권이란 회사성립후에 발행하는 신주의 배정을 우선적으로 받을 권리로서 정관의 규정이 없는 경우 신주의 발행을 결정하는 이사회 또는 주주총회에서 이를 정하여야 한다.

(7) 주주의 청구가 있는 때에만 신주인수권증서를 발행한다는 것과 그 청구기간
신주인수권이 양도는 신주인수권증서의 교부에 의하여 행하여지므로 회사가 신수인수권을 양도할 수 있는 것으로 정한 때에는 반드시 신주인수권증서를 발행하여야 한다. 주주의 청구기간은 회사의 사무처리의 편의에 따라 결정할 것이나 그 기간의 만료일은 청약기일전이어야 한다.

▶ **자본금 10억원 미만으로 이사가 2인인 경우**
1. 증자에 관한 이사회결의는 주주총회결의로 한다. [상법 제383조(원수, 임기)]
2. 소규모회사는 주총 소집절차도 간소화되어 소집절차 없이 주총을 개최할 수 있고, 서면으로 주총결의를 갈음할 수도 있다.(주주전원의 동의요)

▶ **구주주 배정방식에 의한 자본금 증자 절차**
1. 이사회결의(단, 이사가 1인인 회사는 주주총회결의)
2. 기준일공고(기준일15일전)

3. 실권예고부최고(청약일 15일전)
4. 청약
5. 납입
6. 등기신청(납입일 익일)

▶ **주주배정 증자방식**

주주배정 증자방식은 기존의 주주에게만 신주인수권을 부여하는 방법을 말하며, 기존 주주는 그가 가진 주식의 수에 따라서 신주의 배정을 받을 권리를 가진다.

신주배정기준일 공고를 이사회결의일에 앞서 미리 하고, 주주전원의 동의로 실권예고부최고 기간을 단축하면 3~4일 이내에 등기완료가 가능하다.

[2] 주주 모집

이사회 또는 주주총회에서 신주발행에 대하여 결정한 후 주주 모집을 하여야 하며, 신주배정일 공고 및 실권예고부 최고를 하여야 한다.

[3] 신주배정일 공고 (2주간)

정관에 다른 규정이 없는 한 주주는 그가 가진 주식의 수에 따라서 신주의 배정을 받을 권리가 있으므로(상법 제418조 제1항) 회사는 주식양수인의 신주인수권을 보호하기 위하여 일정한 날. 즉 배정일을 정하여 그 날에 주주명부에 기재된 주주가 신주인수권을 가진다는 뜻과 신주인수권을 양도할 수 있는 것으로 정한 때에는 그 뜻을 배정일의 2주간전에 공고하여야 한다.

[4] 실권예고부 최고

회사는 신주인수권을 가진 자에 대하여 그 인수권을 가지는 주식의 종류 및 수와 일정한 기일까지 주식인수의 청약을 하지 않으면 그 권리를 잃는다는 뜻을 그 기일의 2주간전에 통지하여야 하며, 신주인수권을 양도 할 수 있는 것으로 정한 때에는 그 뜻과 주주의 청구에 의하여 신주인수권증서를 발행할 것으로 정한 때에는 그 내용도 통지하여야 한다.

[5] 주식 청약

주식인수의 청약을 하고자 하는 자는 주식청약서 또는 신주인수권증서에 인수할 주식의 종류 및 수와 주소를 기재하고 기명날인하거나 서명하여야 한다(상법 제425조, 제420조의4 제1항,제302조).

주식의 청약은 반드시 주식청약서 또는 신주인수권증서에 의하여야 하며 이 서면에 의하지 아니한 청약 또는 이 서면이 법률에서 정한 요건을 구비하지 못한 경우의 청약에 의한 신주의 발행은 무효소송의 원인이 된다(상법 제427조). 다만, 현물출자를 하는 자는 주식청약서에 의하여 신주를 인수할 필요가 없다.

[6] 주주의 배정

신주의 청약이 있는 때에는 회사를 대표하는 이사는 배정을 하여야 한다. 신주인수권자의 청약에 대하여는 반드시 신주를 배정하여야 하나 그 외 자에 대하여는 자유롭게 결정한다.

[7] 현물의 검사(현물 출자시)

현물출자를 하는 자가 있는 때에는 회사를 대표하는 이사는 이에 관한 조사를 하기 위하여 법원에 검사인의 선임을 청구하거나 공인된 감정인으로 하여금 감정하게 하여야 한다.

[8] 출자의 이행

신주인수인들로부터 주금이 입금되면, 주금납입은행에 주금납입을 하여야 한다.
1. 은행계좌(회사 계좌가 아님)인 유가증권청약증거금계좌에 주금 총액 납입
2. 은행에서 주금납입보관증명서를 발급받음

▶ **주금납입시 필요서류**
o 법인등기부등본 1부, 법인인감증명서 1부, 법인도장
o 정관 사본 1부 및 사업자등록증 사본
o 대표이사 신분증 및 주주신분증
o 주금납입의뢰서, 이사회의사록(또는 주총의사록) 등
o 주주명부(증자전, 증자후)

[9] 신주발행의 효력발생
납입기일 다음날로부터 주주가 된다.

[10] 유상증자 등기 신청
회사가 신주를 발행하면 그 납입 기일의 다음날부터 신주발행의 효력이 발생하므로 이날을 신주발행으로 인한 변경등기의 원인일자 및 등기기간 기산일로 하여 본점소재지에서는 2주간 내에 대표이사가 등기를 신청하여야 한다.

▶ 자본금 증자 등기시 필요서류
o 정관 및 공증받은 이사회의사록 또는 주주총회의사록
o 주식의 인수를 증명하는 서면
o 주식청약서
o 주금납입보관증명서 또는 잔고증명서
  신주발행 결과 자본금총액이 10억 미만인 회사에 대하여는 '잔고증명서'로 대체할 수 있다. (개정 상업등기법 제82조 제5호 후단)
o 등록면허세영수필확인서
o 위임장(대리인이 신청할 경우)
o 제3자 배정의 경우 주주에게 통지 또는 공고하였음을 증명하는 서면

[11] 납입주금 출금
유상증자의 등기가 완료된 후 납입한 주금을 출금할 수 있으며, 출금시 다음의 서류를 주금 납입은행에 제출하면, 회사의 통장으로 이체하여 준다.

o 법인등기부등본(유상증자 후의 등본) 1통
o 법인인감도장

❷ 무상증자

1 개요

① 무상증자란 법인기업의 준비금 또는 이익잉여금 등을 자본금으로 전입하면서 기존주주들에게 무상으로 신주를 발행(교부)하는 것을 말한다. 무상증자는 자금조달을 목적으로 하지 않고, 자본구성을 시정하거나 사내유보의 적정화 등을 위해 실시되는 것으로서 회사의 총자산에는 변동이 없이 재무제표상 항목간의 변경을 통하여 새로운 주식을 발행하는 형식적 증자로 실질적인 재산은 증가하지 않는다.

② 주식배당은 주주총회의 결의에 의하여 이익의 배당을 새로이 발행하는 주식으로써 할 수 있다. 그러나 주식에 의한 배당은 이익배당총액의 2분의 1에 상당하는 금액을 초과하지 못한다.

③ 무상증자를 하는 경우 그 증가액을 액면가로 나눈 수의 신주를 발행하여 기존주주에게 무상으로 교부한다.

▶ **이익잉여금의 무상증자**
이익잉여금은 바로 무상증자의 재원으로 사용할 수 없다. 따라서 이익잉여금으로 무상증자를 하고자 하는 경우 정기주주총회에서 이익잉여금을 이익준비금으로 처분하여 이익준비금으로 전환한 후 무상증자를 하여야 한다. 한편, 자본금의 1/2을 초과하는 이익준비금은 임의적립금으로 보아 무상증자의 재원으로 사용할 수 없다.

2 무상증자 절차

[1] 이사회 또는 주주총회 결의

원칙적으로 이사회의 결의에 의하여 준비금 등의 전부 또는 일부를 자본에 전입할 수 있지만, 정관으로 주주총회에서 결정하기로 정한 경우에는 주주총회의 결의로 할 수 있다. (상법 제461조)

[2] 배정일 지정 및 공고

(1) 이사회 결의에 의한 경우
배정기준일을 정하여 그 날에 주주명부에 기재된 주주가 신주(무상주)의 주주가 된다는 취지를 배정기준일의 2주간 전에 공고하여야 하며(상법 제461조), 배정기준일이 준비금 등의 자본전입(무상증자) 효력발생 시기이다.

(2) 주주총회 결의에 의한 경우
주주총회 결의로 무상증자를 하는 경우 배정일을 정하여 따로 공고를 할 필요가 없으며, 그 효력 발생시기는 주주총회 결의일이다.

[3] 자본전입 효력
무상증자를 하는 경우 자본 구성 항목의 변경(법정준비금 → 자본금)일 뿐으로 실질적인 자본 증가가 있는 것은 아니다.

[4] 통지·공고
자본전입(무상증자) 효력이 발생하면 이사는 지체없이 기명주주 및 등록질권자에게 주주가 받은 주식의 종류와 수를 통지하여야 한다(상법 제461조)

3 무상증자 등기

무상증자의 효력이 발생하면 2주간내에 발행주식총수와 그 종류 및 각각의 수, 자본의 총액을 변경하는 등기를 신청하여야 하며, 등기는 2~3일 가량이 소요된다.

[1] 이사회 결의로 무상증자시 등기 준비서류
o 법인등기부등본 1부, 법인인감증명서 1부, 법인인감도장
o 무상증자 전, 후 주주명부 각 2부 (총 4부)
o 이사(대표이사인 이사 제외) 과반수의 인감증명서1통, 인감도장
o 신문공고문 원본 1부
o 사업자등록증 사본 1부

[2] 정관에 따라 주주총회로 무상증자시 등기 준비서류

o 법인등기부등본 1부
o 법인인감도장
o 무상증자 전, 후 주주명부 각 2부(총 4부)
o 발행주식총수의 1/4이상 소유 주주의 인감도장, 인감증명서1부
o 정관사본 1부
o 준비금 증명서면 1부
o 사업자등록증 사본 1부

상법

제461조(준비금의 자본금 전입) ①회사는 이사회의 결의에 의하여 준비금의 전부 또는 일부를 자본금에 전입할 수 있다. 그러나 정관으로 주주총회에서 결정하기로 정한 경우에는 그러하지 아니하다. 〈개정 2011.4.14.〉
②제1항의 경우에는 주주에 대하여 그가 가진 주식의 수에 따라 주식을 발행하여야 한다. 이 경우 1주에 미달하는 단수에 대하여는 제443조제1항의 규정을 준용한다.
③제1항의 이사회의 결의가 있은 때에는 회사는 일정한 날을 정하여 그 날에 주주명부에 기재된 주주가 제2항의 신주의 주주가 된다는 뜻을 그 날의 2주간전에 공고하여야 한다. 그러나 그 날이 제354조제1항의 기간 중인 때에는 그 기간의 초일의 2주간전에 이를 공고하여야 한다.
④제1항 단서의 경우에 주주는 주주총회의 결의가 있은 때로부터 제2항의 신주의 주주가 된다.
⑤제3항 또는 제4항의 규정에 의하여 신주의 주주가 된 때에는 이사는 지체없이 신주를 받은 주주와 주주명부에 기재된 질권자에 대하여 그 주주가 받은 주식의 종류와 수를 통지하여야 한다. 〈개정 2014.5.20.〉
⑥제350조제3항 후단의 규정은 제1항의 경우에 이를 준용한다.

2 자본금 증자시 유의하여야 할 사항

❶ 불균등증자시 증여세 과세

1 개요

기업이 재무구조 개선 등의 사유로 자본금을 증자하는 경우 증자전 기존 주주의 지분비율대로 주식을 배정(기존 주주에게 신주인수권 부여 → 균등 증자)하여 자본금을 증자하여야 한다.

자본금을 증자하면서 기존 주주의 지분비율대로 주식을 배정하지 아니하고, 특정 주주에게 지분비율을 초과하여 배정하는 경우(불균등증자라 한다.)로서 주식 발행가액이 주식의 실질가치보다 낮은 경우 이익의 증여로 인한 증여세 문제가 발생한다.

예를 들어 자본금 증자시 발행하는 주식의 실질가치기 2억원임에도 1억원에 발행함에 있어 특정 주주가 지분비율을 초과하여 인수하는 경우 지분비율대로 주식을 배정받을 수 있는 권리를 포기한 주주로부터 받은 주식(실권주라 한다.)으로 특정 주주가 얻게 되는 이익에 대하여 증여세를 부담하여야 하는 문제가 있으며, 또한 새로운 주주가 주식을 인수하는 경우 주식을 실질가치보다 낮은 금액으로 인수함으로서 얻게 되는 이익은 증여로 보게 되는 것이다. 따라서 자본금을 증자하면서 기존 주주의 지분비율대로 균등하게 배정하지 않는 경우 반드시 주식의 시가를 계상하여 증여세 과세 여부를 충분히 검토하여야 한다.

◆ 서면4팀-1384, 2005.08.05.
법인이 자본을 증가시키기 위하여 신주를 발행함에 있어 각 주주의 지분비율대로 균등하게 신주를 인수함으로써 특정주주가 얻은 이익이 없는 경우에는 「상속세 및 증여세법」 제39조의 규정에 의한 증여세 과세문제는 발생하지 아니함

♣ 비상장법인의 주식 시가 → 비상장주식의 주식평가 편 참고

2 주식의 저가 발행 및 증여세

1 저가발행한 경우로서 실권주를 배정한 경우

[1] 증여이익

법인이 자본을 증가시키기 위하여 새로운 주식을 발행함에 따라 신주를 **시가보다 낮은 가액으로 발행**하는 경우 다음의 어느 하나에 해당하는 이익을 얻은 경우 그 이익에 상당하는 금액을 이익을 얻은 자의 증여재산가액으로 한다. (상증법 제39조)

① 해당 법인의 주주가 신주를 배정받을 수 있는 권리의 전부 또는 일부를 포기한 경우로서 그 포기한 신주(실권주)를 배정(주권상장법인이 유가증권의 모집방법으로 배정하는 경우는 제외)하는 경우에는 그 실권주를 배정받은 자가 실권주를 배정받음으로써 얻은 이익
② 해당 법인의 주주가 아닌 자가 해당 법인으로부터 신주를 직접 배정받거나, 해당 법인의 주주가 그 소유주식 수에 비례하여 균등한 조건으로 배정받을 수 있는 수를 초과하여 신주를 직접 배정받음으로써 얻은 이익

[2] 증여이익의 계산 [(① - ②) × ③]

① 다음 산식에 의하여 계산한 1주당 가액. 다만, 주권상장법인 등의 경우로서 증자후의 1주당 평가가액이 다음 산식에 의하여 계산한 1주당 가액보다 적은 경우에는 당해 가액

[(증자전의 1주당 평가가액 × 증자전의 발행주식총수)+(신주 1주당 인수가액 ×증자에 의하여 증가한 주식수)] ÷ (증자전의 발행주식총수+증자에 의하여 증가한 주식수)

② 신주 1주당 인수가액

③ 배정받은 실권주수 또는 신주수(균등한 조건에 의하여 배정받을 신주수를 초과하여 배정받은 자의 경우에는 그 초과부분의 신주수)

[예제] 신주 배정 권리를 포기한 자의 실권주를 배정받은 자의 증여가액 계산

자본금   100,000,000원 (10,000주 × 액면가액 10,000원)

주주(갑) 70,000,000원 (7,000주)

주주(을) 20,000,000원 (2,000주)

주주(병) 10,000,000원 (1,000주)

자본금 증자전 1주당 주식시가 50,000원

20×5년 10월 자본금 증자

150,000,000원 (10,000주 × 발행가액 15,000원)

현금등   150,000,000 / 자본금   100,000,000
                        주식발행초과금   50,000,000

주주(갑)이 실권주 전부를 인수하여 10,000주를 주당 15,000원에 인수함

주주	관계	주식수	액면가액	출자금액	신주 배정 받을 권리	증 자 주식수	증자이후 주 식 수	지분율
갑	본인	7,000	10,000	70,000,000	7,000	10,000	17,000	85&
을	동생	2,000	10,000	20,000,000	2,000	실권주	2,000	10%
병	타인	1,000	10,000	10,000,000	1,000	실권주	1,000	5%
합계		10,000		100,000,000	10,000	10,000	20,000	100%

[사례] 저가발행의 경우 증여재산가액

'갑'의 증여가액

(증자후 1주당 평가가액 - 1주당 인수가액) × 배정받은 실권주

(32,500원 - 15,000원) × 3,000주 = 52,500,000원

증자후 1주당 평가가액 = [(증자전 1주당 평가가액 × 증자전 발행주식총수) + (신주 1주당 인수가액 × 증자주식수)] ÷ (증자전 발행주식총수+증자주식수)

(50,000원 × 10,000주) + (15,000원 × 10,000주)/(10,000주 + 10,000주)

▶ **증자에 따른 이익의 증여시에는 증여재산가액으로 계상한 금액이 증여금액임**

증자에 따른 이익의 증여시에는 증여재산가액으로 계상한 금액이 증여금액이 되는 것으로 신주를 배정받을 권리를 포기한 자와의 관계가 타인인 경우에도 상증법 시행령 제29조에 의하여 계상한 금액을 증여재산으로 한다.

증자에 따른 이익의 증여시에는 주식의 저가 또는 고가 양도시 차감하는 금액 [MIN(3억원, 시가의 30%)]은 적용하지 아니한다.

◆ 제도46014-10604, 2001.04.17
법인의 증자시 '주주가 아닌 자'가 신주를 직접 배정받음으로써 이익을 얻은 경우, 신주를 배정받은 자와 배정받지 않은 자의 '특수관계'여부에 관계없이 증여세 과세됨

◆ 조심2008중1960, 2008.11.20.
신주를 시가보다 낮은 가액으로 발행하는 경우로서 법인의 주주가 아닌 자가 당해 법인으로부터 신주를 직접 배정받음으로써 얻은 이익은 증여세가 과세됨

② 저가발행한 경우로서 실권주를 배정받지 아니한 경우

해당 법인의 주주가 신주를 배정받을 수 있는 권리의 전부 또는 일부를 포기한 경우로서 실권주를 배정하지 아니하는 경우에는 그 신주 인수를 포기한 자의 특수관계인이 신주를 인수함으로써 얻은 이익에 대하여도 증여세가 과세되며, 증여이익은 다음과 같다. [상증법 시행령 제29조]

아래 ①항의 규정에 의하여 계산한 가액에서 신주 1주당 인수가액을 차감한 가액이 ①항의 규정에 의하여 계산한 가액의 100분의 30 이상이거나 ㄱ 가액에 ③항이 규정에 의한 실권주수를 곱하여 계산한 가액이 3억원 이상인 경우의 당해 금액

① 다음 산식에 의하여 계산한 1주당 가액. 다만, 주권상장법인등의 경우로서 증자 후의 1주당 평가가액이 다음 산식에 의하여 계산한 1주당 가액보다 적은 경우에는 당해 가액

$$[(\text{증자전의 1주당 평가가액} \times \text{증자전의 발행주식총수}) + (\text{신주 1주당 인수가액} \times \text{증자전의 지분비율대로 균등하게 증자하는 경우의 증가주식수})] \div (\text{증자전의 발행주식총수} + \text{증자전의 지분비율대로 균등하게 증자하는 경우의 증가주식수})$$

② 신주 1주당 인수가액

③
$$\text{실권주 총수} \times \text{증자후 신주인수자의 지분비율} \times \frac{\text{신주인수자의 특수관계인의 실권주수}}{\text{실권주 총수}}$$

3 주식의 고가 발행 및 증여세

1 주주가 포기한 실권주를 배정한 경우

[1] 증여이익
해당 법인의 주주가 신주를 배정받을 수 있는 권리의 전부 또는 일부를 포기한 경우로서 실권주를 배정하는 경우에는 그 실권주를 배정받은 자가 그 실권주를 인수함으로써 그의 특수관계인에 해당하는 신주 인수 포기자가 얻은 이익

[2] 증여이익의 계산 [① - ② × ③]

① 신주 1주당 인수가액

② 다음 산식에 의하여 계산한 1주당 가액. 다만, 주권상장법인등의 경우로서 증자 후의 1주당 평가가액이 다음 산식에 의하여 계산한 1주당 가액보다 큰 경우에는 당해 가액

$$[(\text{증자전의 1주당 평가가액} \times \text{증자전의 발행주식총수}) + (\text{신주 1주당 인수가액} \times \text{증자에 의하여 증가한 주식수})] \div (\text{증자전의 발행주식총수} + \text{증자에 의하여 증가한 주식수})$$

③

$$\text{신주인수를 포기한 주주의 실권주수} \times \frac{\text{신주인수를 포기한 주주의 특수관계인이 인수한 실권주수}}{\text{실권주 총수}}$$

2 주주가 포기한 실권주를 배정하지 않은 경우

[1] 증여이익
해당 법인의 주주가 신주를 배정받을 수 있는 권리의 전부 또는 일부를 포기한 경우로서 실권주를 배정하지 아니하는 경우에는 그 신주를 인수함으로써 그의 특수관계인에 해당하는 신주 인수 포기자가 얻은 이익

[2] 증여이익의 계산

다음 산식에 의하여 계산한 금액(그 금액이 3억원 이상인 경우 또는 신주 1주당 인수가액에서 ①의 [2] ②의 가액을 차감한 금액이 ①의 [2] ②의 가액의 100분의 30 이상인 경우에 한한다)

$$
(제3호\ 가목의\ 가액 - 제3호\ 나목의\ 가액) \times 신주인수를\ 포기한\ 주주의\ 실권주수 \times \frac{신주인수를\ 포기한\ 주주의\ 특수관계인이\ 인수한\ 신주수}{증자전의\ 지분비율대로\ 균등하게\ 증자하는\ 경우의\ 증자주식총수}
$$

* 제3호 가목의 가액이란 신주 1주당 인수가액을 말한다.
* 제3호 나목의 가액

$$
[(증자전의\ 1주당\ 평가가액 \times 증자전의\ 발행주식총수) + (신주\ 1주당\ 인수가액 \times 증자에\ 의하여\ 증가한\ 주식수)] \div (증자전의\ 발행주식총수 + 증자에\ 의하여\ 증가한\ 주식수)
$$

③ 주주가 아닌 자가 신주를 배정받은 경우 등

[1] 증여이익

해당 법인의 주주가 아닌 자가 해당 법인으로부터 신주를 직접 배정받거나, 해당 법인의 주주가 그 소유주식 수에 비례하여 균등한 조건으로 배정받을 수 있는 수를 초과하여 신주를 직접 배정받아 인수함으로써 그의 특수관계인이 얻은 이익

[2] 증여이익의 계산

$$
(제3호\ 가목의\ 가액 - 제3호\ 나목의\ 가액) \times 신주를\ 배정받지\ 아니하거나\ 균등한\ 조건에\ 의하여\ 배정받을\ 신주수에\ 미달되게\ 신주를\ 배정받은\ 주주의\ 배정받지\ 아니하거나\ 그\ 미달되게\ 배정받은\ 부분의\ 신주수 \times \frac{신주를\ 배정받지\ 아니하거나\ 미달되게\ 배정받은\ 주주의\ 특수관계인이\ 인수한\ 신주수}{주주가\ 아닌\ 자에게\ 배정된\ 신주\ 및\ 당해\ 법인의\ 주주가\ 균등한\ 조건에\ 의하여\ 배정받을\ 신주수를\ 초과하여\ 인수한\ 신주의\ 총수}
$$

* 제3호 가목의 가액이란 신주 1주당 인수가액을 말한다.
* 제3호 나목의 가액

$$
[(증자전의\ 1주당\ 평가가액 \times 증자전의\ 발행주식총수) + (신주\ 1주당\ 인수가액 \times 증자에\ 의하여\ 증가한\ 주식수)] \div (증자전의\ 발행주식총수 + 증자에\ 의하여\ 증가한\ 주식수)
$$

❷ 자본금 증자와 관련한 세무실무

1 주식등변동상황명세서 제출

사업연도 중에 증자 등에 따라 주주 등·지분비율·보유주식액면총액 및 보유출자총액 등이 변동되는 때에는 주식등변동상황명세서를 작성하여 법인세 신고서에 첨부하여 제출하여야 한다.

2 과점주주가 되는 경우 취득세 신고 및 납부

과점주주가 아니었던 자가 과점주주가 될 경우 그 법인이 소유한 부동산, 차량, 건설기계, 골프회원권 등 취득세 과세대상 물건에 대하여 과점주주가 다시 취득한 것으로 보아 과세표준에 과점주주 비율을 곱한 금액을 취득세로 신고 및 납부하여야 한다. 과점주주란 주주 1인과 그와 특수관계인이 보유하는 주식 총수가 발행주식총수의 100분의 50을 초과하는 자를 말한다. <주식양도양수 편 참고>

3 무상증자시 배당소득세 원천징수

[1] 개요

이익잉여금을 자본금으로 전입하는 것은 기업의 이익을 주주들에게 현금배당하는 것이 아니지만, 주주총회의 결의에 의하여 기존의 주주에게 주식을 추가로 배정하는 것으로 주주의 입장에서는 주식 추가 배정금액만큼 현실적인 이익을 얻게 된다. 따라서 소득세법에서 주주가 얻게 되는 이익에 대하여 배당소득세를 징수 및 납부하도록 규정하고 있다.

[2] 의제배당

의제배당이란 법인의 잉여금의 전부 또는 일부를 자본 또는 출자의 금액에 전입함으로써 취득하는 주식 또는 출자의 가액을 말하며, 의제배당금액은 해당 주주, 사원, 그 밖의 출자자에게 배당한 것으로 본다. 다만, 자본준비금 및「자산재평가법」에 따른 재평가적립금을 자본에 전입하는 경우는 제외한다.

[3] 의제배당 원천징수시기

법인의 잉여금의 전부 또는 일부를 자본에 전입함으로써 취득하는 주식의 가액으로서 의제배당에 해당하는 경우 동 배당소득에 대한 원천징수시기는 「자본에의 전입을 결정한 날(다만 이사회의 결의에 의하는 경우에는 상법 제461조 제3항의 규정에 의하여 정한 날)」이며, 여기서 「자본에의 전입을 결정한 날」이라 함은 "주주총회에서 자본에 전입할 것을 결의한 날"을 말하며, 「상법 제461조 제3항의 규정에 의하여 정한 날」이라 함은 "신주배정기준일"을 말한다.

[4] 의제배당에 대한 배당소득세 및 지방소득세 원천징수

의제배당금액(액면가액)에 대하여 배당소득세 14%와 지방소득세(배당소득세의 10%)를 주주들로부터 원천징수하여 납부하여야 하되, 법인에 대하여는 원천징수하지 아니한다. 한편, 배당소득을 지급하는 법인은 이익잉여금을 자본에의 전입을 결정한 날을 배당시기로 보아 그 지급일이 속하는 과세기간의 다음 연도 2월 말일까지 지급명세서를 제출하여야 한다. 단, 법인에게 지급되는 의제배당에 대하여는 원천징수의무는 없으나 지급명세서는 제출하여야 한다.

❸ 자본금 증자 회계처리

▶ **자본금 증사내용 상부 반영**

자본금 증자는 일상적인 거래가 아님으로 하여 세무회계사무소에서 장부기장을 할 때 누락하여 낭패를 겪는 일이 종종 발생하므로 주의를 하여야 한다.

[1] 액면발행

① 《자본금 증자》 자본금을 증자하기로 하고 주주로부터 증자금액 1억원이 회사의 보통예금에 입금되다.

보통예금	100,000,000	/	주식청약증거금	100,000,000

• 주식청약증거금 : 자본금 납입시까지의 임시계정으로 가수금으로 처리하기도 한다.

② 《자본 전입》 자본금을 등기완료하다.

주식청약증거금	100,000,000	/	자본금	100,000,000

③ 《자본금 증자비용 지급》 법무사사무소에서 자본금 증자에 소요된 등록세, 교육세, 인지세 500,000원 공증수수료 300,000원, 법무사 수수료 440,000원(부가세 포함)을 청구하여 보통예금에서 인출하여 지급하다.

신주발행비	1,200,000	/ 보통예금	1,240,000
부가세대급금	40,000		

- 자본금 증자시 소요되는 주식발행비용은 주식할인발행차금에 해당하는 것으로 주식발행초과금에서 차감하여야 한다. 다만, 액면발행의 경우 실무에서는 비용항목인 '지급수수료'로 처리하기도 하며, 이 경우 지급수수료는 세무조정에서 손금불산입하여야 한다. [법인세법 제20조]

☐ 법인세법 제20조(자본거래 등으로 인한 손비의 손금불산입) 다음 각 호의 금액은 내국법인의 각 사업연도의 소득금액을 계산할 때 손금에 산입하지 아니한다.
2. 주식할인발행차금:「상법」제417조에 따라 액면미달의 가액으로 신주를 발행하는 경우 그 미달하는 금액과 신주발행비의 합계액

[개정] 유상증자 관련비용의 매입세액 공제 여부
[부가, 기준-2021-법령해석부가-0112] (2021.06.23)
사업자가 과세사업 확장, 설비투자 목적으로 유상증자를 하면서 관련 법률자문 및 컨설팅 자문용역을 제공받고 수수료를 지급한 경우로서 해당 자문용역이 자기의 과세사업과 직접 관련된 경우 수수료에 대한 매입세액은 공제할 수 있는 것임

<종전> 홈택스 등에서 아래 예규를 제시하여 매입세액 불공제로 상담함
법규부가2010-394, 2011.02.12

[2] 할증발행

① 《주금납입》 (주)한일물산은 액면가 500원의 주식을 2,000원에 할증발행하기로 하다. 100,000주에 대한 납입금 1억원이 주주로부터 보통예금에 입금되다.

보통예금	200,000,000	/ 주식청약증거금	200,000,000

- 주식청약증거금 : 자본금 납입시까지의 임시계정으로 가수금으로 처리하기도 한다.

② 《자본금 등기완료》 법정자본금 등기를 완료하다.

주식청약증거금	200,000,000	/ 자본금	50,000,000
		주식발행초과금	150,000,000

- 주식발행초과금 : 자본잉여금에 해당한다.

3 가수금의 출자전환

❶ 개요

기업이 회사 자금이 부족하여 대표이사로부터 개인 자금을 빌린 경우 회사 입장에서는 부채(가수금)가 되며, 대표이사 입장에서는 회사경영실적에 따라 회수여부가 결정되는 불확실한 채권이라고 할 수 있다.

가수금이 증가하는 경우 기업은 부채 증가로 인하여 부채비율이 증가하게 되어 재무구조가 악화됨으로서 은행권 대출이 어려워져 정부정책자금 등의 지원을 제한받게 된다. 이러한 상황에서 재무구조를 개선하기 위한 가장 확실한 방법은 자본금을 증자하는 것이다.

자본금을 증자하기 위해서는 주주가 금전을 출자하는 것이 원칙이나 2011년 상법개정(상법개정전에는 가수금을 출자전환하기 위해서는 법원이 선임한 감정인의 조사를 받고, 법원의 승인을 받는 등의 행정적인 절차를 얻어야 하였음)으로 2012년 4월 이후 감정인이 조사나 법원의 승인이 없어도 대표이사 등이 기업으로부터 받을 돈인 가수금을 자본금으로 출자전환할 수 있으며, 가수금의 자본금으로의 출자전환절차 및 세무상 유의할 사항은 다음과 같다.

▶ [구] 상법 내용
제334조 삭제 <2011.4.14.>
[구법] 제334조 (주주의 회사에 대한 상계금지) 주주는 납입에 관하여 상계로써 회사에 대항하지 못한다.

▶ 현행 상법 내용
제422조(현물출자의 검사) ①현물출자를 하는 자가 있는 경우에는 이사는 제416조제4호의 사항을 조사하게 하기 위하여 검사인의 선임을 법원에 청구하여야 한다. 이 경우 공인된 감정인의 감정으로 검사인의 조사에 갈음할 수 있다.

② 다음 각 호의 어느 하나에 해당할 경우에는 제1항을 적용하지 아니한다.
1. 제416조제4호의 현물출자의 목적인 재산의 가액이 자본금의 5분의 1을 초과하지 아니하고 대통령령으로 정한 금액을 초과하지 아니하는 경우

제14조(현물출자 검사의 면제) ① 법 제422조제2항제1호에서 "대통령령으로 정한 금액"이란 5천만원을 말한다.

2. 제416조제4호의 현물출자의 목적인 재산이 거래소의 시세 있는 유가증권인 경우 제416조 본문에 따라 결정된 가격이 대통령령으로 정한 방법으로 산정된 시세를 초과하지 아니하는 경우

② 법 제422조제2항제2호에서 "대통령령으로 정한 방법으로 산정된 시세"란 다음 각 호의 금액 중 낮은 금액을 말한다.
1. 법 제416조에 따른 이사회 또는 주주총회의 결의가 있은 날(이하 이 조에서 "결의일"이라 한다)부터 소급하여 1개월간의 거래소에서의 평균 종가, 결의일부터 소급하여 1주일간의 거래소에서의 평균 종가 및 결의일 직전 거래일의 거래소에서의 종가를 산술평균하여 산정한 금액
2. 결의일 직전 거래일의 거래소에서의 종가
③ 제2항은 현물출자의 목적인 재산에 그 사용, 수익, 담보제공, 소유권 이전 등에 대한 물권적 또는 채권적 제한이나 부담이 설정된 경우에는 적용하지 아니한다.

3. 변제기가 돌아온 회사에 대한 금전채권을 출자의 목적으로 하는 경우로서 그 가액이 회사장부에 적혀 있는 가액을 초과하지 아니하는 경우

4. 그 밖에 제1호부터 제3호까지의 규정에 준하는 경우로서 대통령령으로 정하는 경우

③법원은 검사인의 조사보고서 또는 감정인 감정결과를 심사하여 제1항의 사항을 부당하다고 인정한 때에는 이를 변경하여 이사와 현물출자를 한 자에게 통고할 수 있다.

④전항의 변경에 불복하는 현물출자를 한 자는 그 주식의 인수를 취소할 수 있다.

⑤법원의 통고가 있은 후 2주내에 주식의 인수를 취소한 현물출자를 한 자가 없는 때에는 제1항의 사항은 통고에 따라 변경된 것으로 본다.

❷ 가수금 출자전환 등기절차

1 신주발행사항 결정

주식의 주주배정은 주주전원의 동의가 있어야 하므로 이사회 내지 주주총회 결의로 발행주식의 종류 및 신주배정방법 등을 결정한다(상법 416조).

▶ **이사회에서 현물출자에 관한 사항 결정**
1. 현물출자를 하는 자의 성명
2. 현물출자의 목적인 재산 그 가액
3. 현물 출자자에 대하여 부여할 주식의 종류와 수

2 인수대금 납입절차

상기 절차에서 신주를 배정받은 대표이사는 신주인수대금 납입기일에 회사에 대한 채권과 상계한다는 의사표시 및 이에 대한 회사의 동의를 받아야 하며,(상법 421조). 회사의 동의절차를 소명하기 위해 상계계약서를 첨부하여야 한다.
그리고 자본금 등기시 가수금 존부를 확인하기 위해 등기예규상 금전대차계약서 및 재무상태표 등을 서면으로 요구하므로 금전대차계약서 및 세무대리인의 부채 존부에 대한 실사확인서 등을 소명자료로 제출한다.

3 등기절차

가수금만을 출자전환하는 경우에는 별도의 주금보관증명서 내지 잔액증명서는 첨부할 필요가 없으며, 이사회 의사록을 공증받아 납입기일 익일부터 2주내에 등기 신청하면 된다.

❸ 가수금 출자전환의 세무상 문제

1 개요

가수금을 자본금으로 출자전환하는 경우 가장 중요한 문제는 주식의 발행가액과 주식의 시가(상증법에 의한 평가금액)가 일치하여야 한하는 점이다.

가수금의 현물출자시 주식의 발행가액이란 특별한 사정이 없는 한 가수금과 상계하는 금액이며, 시가란 주식의 시장가치를 말한다. 다만, 대부분의 비상장법인 주식은 계속적인 거래를 하는 것이 아니므로 시가를 산정할 수 없다. 따라서 상증법에 의한 보충적 평가방법으로 1주당 가치를 계상하여 가수금을 자본금으로 전환하여야 할 것이다.

그럼에도 불구하고, 다수의 비상장기업이 다음과 같은 방법으로 주식을 양도양수하거나 자본금을 증자하고 있으며, 이 경우 주식변동에 대한 국세청의 과세자료 해명요구가 있을시 심각한 세금문제가 발생할 수 있으므로 다음의 내용을 숙지하여 세무리스크를 사전에 예방하여야 할 것이다.

▶ **주식이동 또는 자본금 증자시 세무상 문제가 되는 경우**
1. 액면가액으로 주주간에 주식을 양도양수하는 경우
2. 주주간에 임의의 가격을 책정하여 주식을 양도양수하는 경우
3. 가수금의 현물출자시 시가에 의하지 아니한 경우

2 비상장법인 주식의 시가

비상장주식의 경우 시가를 알 수 없으므로 상증법의 규정에 의한 보충적 평가방법으로 1주당 주식가액을 계상하여야 하며, 1주당 주식가액의 계상방법은 비상장법인의 주식평가편을 참고한다.

3 시가가 아닌 금액으로 출자전환한 경우 세무상 문제 등

1 법인세 분야

자본금 증자시 발행가액이 액면가액보다 높은 경우 그 차액은 주식발행초과금으로 자본화(자본잉여금)된다. 단, 주식의 시가(200)가 액면가액(100)보다 높고, 발행가액(400)보다 낮은 경우 시가에서 액면가액을 차감한 금액은 주식발행초과금으로 발행가액과 시가와의 차액은 채무면제익(익금산입, 채무면제익으로 이월결손금 보전에 충당하는 경우 익금불산입)으로 처리하여야 한다.

▶ **주식발행초과금 및 채무면제이익**
주식발행초과금은 자본거래로서 손익에는 영향을 미치지 않는 것이나 채무면제이익은 손익거래로서 영업외수익 항목에 해당하며, 가수금(400)을 자본금으로 전입함에 있어 시가(200)에 해당하는 금액은 자본화되나 시가를 초과하는 금액(200)은 법인이 부채(가수금)를 면제받은 것으로 보는 것이므로 영업외수익 항목인 채무면제이익으로 처리하는 것이다.

▶ **채무면제이익의 결손금보전 및 익금불산입**
채무면제이익은 법인의 익금에 해당함으로서 채무면제이익에 상당하는 금액에 대하여 법인세를 추가적으로 부담하여야 한다. (법인의 소득증가 → 법인세)
다만, 채무면제이익으로 결손금에 보전한 경우 익금에 산입하지 아니한다. (법인의 소득증가 → 결손금과 상계 → 증가한 소득 없음)

☐ 법인세법 집행기준 17-0-3【채무의 출자전환에 따른 주식발행액면초과액】
채무의 출자전환으로 주식 등을 발행하는 경우 주식발행액면초과액은 다음의 금액을 말한다.
○ 액면가액 < 주식 등의 시가 < 발행가액

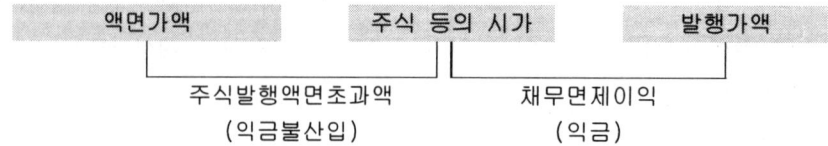

○ 주식 등의 시가 < 액면가액 < 발행가액

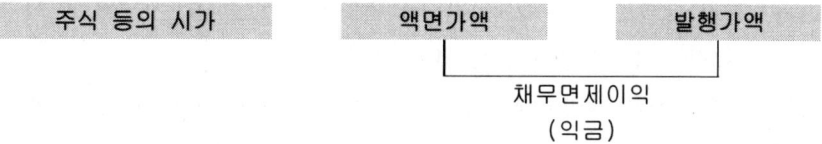

◆ 법인-916, 2010.10.06

내국법인이 채무의 출자전환으로 발행하는 주식의 시가가 액면가액에 미달하는 경우에는 액면가액을 초과하여 발행된 금액을 채무면제이익으로 보아 익금에 산입하는 것이므로 액면가액과 시가와의 차액은 익금에 산입하지 않음

[사례1] 액면가액 100 < 주식시가 200 < 발행가액(가수금) 400
가수금   400 → 발행가액 400

가수금	400	/	자본금	100
			주식발행초과금	100
			채무면제이익	200

[사례2] 주식시가 50 < 액면가액 100 < 발행가액(가수금) 400

가수금	400	/	자본금	100
			채무면제이익	300

[사례3] 주식시가 400 = 액면가액 400 = 발행가액 400

가수금	400	/	자본금	400

[사례4] 액면가액 200 < 발행가액 400 < 시가 800

가수금	400	/	자본금	200
			주식발행초과금	200

□ **법인세법 제17조 【자본거래로 인한 수익의 익금불산입】**
① 다음 각 호의 금액은 내국법인의 각 사업연도의 소득금액을 계산할 때 익금에 산입(算入)하지 아니한다. 〈개정 2015. 12. 15., 2018. 12. 24.〉
1. 주식발행액면초과액: 액면금액 이상으로 주식을 발행한 경우 그 액면금액을 초과한 금액(무액면주식의 경우에는 발행가액 중 자본금으로 계상한 금액을 초과하는 금액을 말한다). 다만, 채무의 출자전환으로 주식등을 발행하는 경우에는 그 주식등의 제52조 제2항에 따른 시가를 초과하여 발행된 금액은 제외한다.

□ **법인세법 집행기준 18-18-2 【채무면제이익 등의 이월결손금 보전에의 충당방법】**
① 내국법인이 채무면제이익 등을 다음의 방법으로 처리했을 때 이월결손금 보전에 충당한 것으로 본다.
1. 이월결손금과 직접 상계하는 방법
2. 해당 사업연도 결산 주주총회 결의에 의하여 이월결손금을 보전하고 이익잉여금(결손금)처리계산서에 계상하는 방법
3. 기업회계기준에 따라 영업외수익으로 계상하고 자본금과 적립금조정명세서(규칙 별지 제50호 서식)에 동 금액을 이월결손금의 보전에 충당한다는 뜻을 표시하고 세무조정으로 익금불산입하는 방법

[사례1]

가수금	100	/	채무면제이익	100

<세무조정>
익금불산입(결손보전)
채무면제이익   100 (기타)

[사례2]

가수금	100	/	채무면제이익	100
채무면제이익	100		이월결손금	100

2 증여세 분야

법인의 가수금을 출자전환함으로 인하여 현물출자후의 주식 시가가 신주의 발행가액(가수금)보다 높은 경우 현물출자자는 이익을 얻게 될 것이다. 예를 들어 대표이사의 가수금이 4억원이나 출자전환한 주식의 환산시가가 10억원인 경우 대표이사는 법인에 대한 채권 4억원을 포기하는 대가로 환산시가 10억원에 상당하는 주식을 교부받음으로서 이익이 발생할 것이다. 따라서 상증법에서는 이러한 이익에 대하여 증여로 보아 증여세를 과세할 수 있도록 규정하고 있다.

이 경우 상증법 제39조의 3(현물출자에 따른 증여이익) 규정이 적용되어 증여세를 부담하여야 하는 문제가 발생할 수 있으며, 이러한 문제에 대하여 자세히 살펴보기로 한다.

[1] 증여세 과세대상

시가와 대가(발행가액)의 차액이 30% 이상이거나 증여이익이 3억원 이상인 경우에 한하여 증여세를 과세한다. (상증령 제29조의3 제3항)

[2] 증여이익의 계산

[① - ②] × 인수주식수
① 현물출자 후 1주당 가액 = [(출자전 1주당가액 × 출자전 발행주식)] + [(신주 1주당인수가액 × 출자로 증가주식수)] ÷ [출자전 주식수 + 출자로 증가한 주식수].
② 신주1주당 인수가액

[사례] 가수금의 출자전환시 주식을 시가 보다 낮은 가액을 발행한 경우

주식수   100,000주, 주당 액면가액   10,000원
1주당 시가   80,000원
갑(대표이사)   50,000주
을(타인)   30,000주
병(타인)   20,000주
가수금출자전환 (가수금 400,000,000원)
증자한 주식수 20,000주, 주당 발행가액 20,000원, 액면가액 10,000원

<회계처리>

가수금	400,000,000	/	자본금	200,000,000
			주식발행초과금	200,000,000

증여이익 = 1,000,000,000원
[①—②] × 인수주식수(20,000주)
① 현물출자 후 1주당 가액 : 70,000원
② 신주 1주당 발행가액(인수가액) : 20,000원

▶ **현물출자후 1주당 가액**

[(출자전 1주당가액 × 출자전 발행주식) + (신주 1주당인수가액 × 출자로 증가한 주식수)] ÷ [출자전 주식수 + 출자로 증가한 주식수]
[(80,000원 × 100,000주) + (20,000원 × 20,000주)] / (100,000주 + 20,000주)

□ 상속세 및 증여세법 제39조의3(현물출자에 따른 이익의 증여) ① 현물출자(現物出資)에 의하여 다음 각 호의 어느 하나에 해당하는 이익을 얻은 경우에는 현물출자 납입일을 증여일로 하여 그 이익에 상당하는 금액을 그 이익을 얻은 자의 증여재산가액으로 한다. 〈개정 2011.12.31., 2015.12.15.〉
1. 주식등을 시가보다 낮은 가액으로 인수함으로써 현물출자자가 얻은 이익
2. 주식등을 시가보다 높은 가액으로 인수함으로써 현물출자자의 특수관계인에 해당하는 주주등이 얻은 이익

▲ 상속세 및 증여세법 시행령 제29조의 3 【현물출자에 따른 이익의 계산방법 등】
제29조의3(현물출자에 따른 이익의 계산방법 등) ①법 제39조의3제1항에 따른 이익은 다음 각 호의 어느 하나에 따라 계산한 금액으로 한다. 다만, 현물출자 전·후의 주식 1주당 가액이 모두 영 이하인 경우에는 이익이 없는 것으로 본다. <개정 2012. 2. 2., 2013. 2. 15., 2013. 6. 11., 2016. 2. 5., 2022. 2. 15.>
1. 법 제39조의3제1항제1호에 따른 이익: 제29조제2항제1호가목을 준용하여 계산한 가액에서 같은 호 나목 가액을 차감한 가액에 현물출자자가 배정(「자본시장과 금융투자업에 관한 법률」에 따른 주권상장법인이 같은 법 제165조의6제1항제3호에 따른 방식으로 배정하는 경우는 제외한다)받은 신주수를 곱하여 계산한 금액. 이 경우 제29조제2항제1호가목 중 "증자"는 각각 이를 "현물출자"로 본다.

2. 법 제39조의3제1항제2호에 따른 이익: 제29조제2항제3호가목의 가액에서 같은 호 나목을 준용하여 계산한 가액을 차감한 가액에 현물출자자가 인수(「자본시장과 금융투자업에 관한 법률」에 따른 주권상장법인이 같은 법 제165조의6제1항제3호에 따른 방식으로 배정받은 주식을 제외한다)한 신주수와 현물출자 외의 주주등(현물출자 전에 현물출자자의 특수관계인인 경우에 한정한다)의 지분비율을 각각 곱하여 계산한 금액. 이 경우 제29조제2항제3호나목 중 "증자"는 각각 이를 "현물출자"로 본다.

4 가수금의 출자 전환시 기타 유의사항 등

[1] 주식변동상황명세서 제출
사업연도 중에 증자 등에 따라 주주 등·지분비율·보유주식액면총액 및 보유출자총액 등이 변동되는 때에는 주식등변동상황명세서를 작성하여 법인세 신고서에 첨부하여 제출하여야 한다.

[2] 출자전환으로 과점주주가 되는 경우 취득세 납부
가수금의 출자전환으로 과점주주가 되는 경우 지방세법의 규정에 의하여 취득세 과세대상 물건에 대하여 취득세를 납부하여야 하므로 출자전환 전 취득세 과세대상 여부를 검토하여야 한다.

[3] 1인 주주의 경우 가수금 출자전환
가수금을 자본금으로 전환하면서 신주를 액면가액으로 발행하고 이를 1인 주주가 전부 인수하는 경우에는 증여문제나 부당행위계산의 부인 규정은 적용되지 않는다.

4 자본금 감자

❶ 유상 감자 및 무상 감자

1 유상 감자

[1] 개요

유상감자란 주주에게 투자금 반환을 목적으로 자본금을 감소시키면서 주주에게 주식대금을 반환하는 것을 말한다. 유상감자는 발행한 주식수를 감소하는 방법으로 자본 감소를 하며, 주식수를 감소하는 방법으로는 주식병합과 주식소각이 있다.

[2] 유상 감자 절차

(1) 주주총회 소집 통지

자본금 감소의 경우 주주총회의 특별결의가 필요하므로 주주에게 소집통지를 하여야 하며, 이 경우 감자에 관한 내용을 기재하여야 한다.

(2) 주주총회 특별결의(감자 결정)

주주총회 특별결의로 감자를 결의한다. 다만, 결손 보전을 위한 자본금 감소의 경우에는 보통결의에 의하여 자본금을 감자할 수 있다.

(3) 신문공고·통지

결의일로부터 2주간 내에 회사의 채권자들에 대하여 자본감소에 이의가 있으면 1개월 이상의 기간을 정하여 기간내에 제출할 것을 공고하여야 하고, 회사에서 알고 있는 채권자에게는 개별 최고를 하여야 한다.

(4) 감자의 효력발생 시기

원칙적으로 공고기간이 만료한 때에 감자 효력이 발생한다. 단, 채권자가 이의를 제기한 경우 그 채권자에 대하여 변제, 상당한 담보의 제공 등 채권자보호절차가 종료한 때에야 비로소 효력이 발생하게 된다.

> **상법**
>
> 제438조(자본금 감소의 결의) ① 자본금의 감소에는 제434조에 따른 결의가 있어야 한다.
> 제434조(정관변경의 특별결의) 제433조제1항의 결의는 출석한 주주의 의결권의 3분의 2 이상의 수와 발행주식총수의 3분의 1 이상의 수로써 하여야 한다.
> ② 제1항에도 불구하고 결손의 보전(補塡)을 위한 자본금의 감소는 제368조제1항의 결의에 의한다.
> 제368조(총회의 결의방법과 의결권의 행사) ①총회의 결의는 이 법 또는 정관에 다른 정함이 있는 경우를 제외하고는 출석한 주주의 의결권의 과반수와 발행주식총수의 4분의 1 이상의 수로써 하여야 한다.
> 제439조(자본금 감소의 방법, 절차) ① 자본금 감소의 결의에서는 그 감소의 방법을 정하여야 한다.
> ② 자본금 감소의 경우에는 제232조를 준용한다. 다만, 결손의 보전을 위하여 자본금을 감소하는 경우에는 그러하지 아니하다.
> ③ 사채권자가 이의를 제기하려면 사채권자집회의 결의가 있어야 한다. 이 경우에는 법원은 이해관계인의 청구에 의하여 사채권자를 위하여 이의 제기 기간을 연장할 수 있다.

2 무상 감자

무상 감자란 감자를 하더라도 주주에게 출자금을 반환하지 않는 방식의 감자를 말하며, 통상 결손 결손보전의 목적으로 실시한다. 즉, 무상 감자는 누적 적자 등으로 기업의 자본이 잠식된 경우 재무구조를 개선하여 위하여 무상 감자를 한다.

❷ 자본금 감자 등기 등

[1] 자본금 감자 등기

감자를 하게 되면, 발행주식총수와 자본금에 변동이 발생하므로 2주간 내에 자본 감소의 변경등기를 하여야 한다.

[2] 주식등변동상황명세서 제출 및 장부 정리

사업연도 중에 감자 등에 따라 주주 등·지분비율·보유주식액면총액 및 보유출자총액 등이 변동되는 때에는 주식등변동상황명세서를 작성하여 법인세 신고서에 첨부하여 제출하여야 하며, 자본금 감자에 대한 장부기장을 누락하지 않도록 한다.

❸ 감자에 따른 의제배당

[1] 의제배당이란?

주식의 소각, 자본의 감소, 사원의 퇴사, 탈퇴 또는 출자의 감소로 인하여 주주·사원 또는 출자자가 취득하는 금전 기타 재산가액의 합계액이 주주 등이 당해 주식 또는 출자지분을 취득하기 위하여 소요된 금액을 초과하는 경우 그 초과금액은 주식을 소각하는 법인 등으로부터 이익을 배당받은 것으로 보아 배당소득으로 본다. (법인세법 제16조 제1항 제1호)

[2] 의제배당금액 계산 (① - ②)

① 주식의 소각 등으로 인하여 주주 등이 취득하는 금전 기타 재산가액의 합계액
② 소각된 주식을 취득하기 위하여 소요된 금액

[3] 배당 또는 분배의제의 시기

주주총회 또는 이사회에서 주식 소각, 자본 또는 출자의 감소를 결의한 날로 한다. 따라서 원천징수시기는 주식소각, 자본의 감소 또는 자본에의 전입을 결정한 날로 한다. 예를 들어 임시주주총회 결의일 (20×5.05.15.)에 주식소각 등을 결정하였다면, 결의일이 원천징수시기가 되는 것이므로 6월 10일까지 배당소득세 및 지방소득세를 신고 및 납부하여야 한다.

[4] 의제배당에 대한 배당소득세 징수 및 납부

자본금 감자시 주주에게 반환하는 금액에서 소각된 주식을 취득하기 위하여 소요된 금액을 차감한 금액을 배당소득으로 보아 그 금액의 14%를 배당소득세로 배당소득세의 10%를 지방소득세로 징수하여 신고 및 납부하여야 한다.

❹ 자본금 감자 회계처리

[1] 유상 감자 회계처리
[예제] 액면금액 5,000원 주식 100,000주, 발행 주식 중 5,000주를 매입소각할 것을 주주총회에서 결의하고 매입 소각함 (주당 매입가격 7,000원)

(1) 주식 매입

자기주식	35,000,000	/	현금	35,000,000

(2) 자기주식 소각

자본금	25,000,000	/	자기주식	35,000,000
감자차손	10,000,000			

- 감자차손이 발생한 경우로서 감자차익이 있는 경우 차감하여야 한다. 단, 주식발행초과금에서 차감할 수는 없다. 이는 주식발행초과금은 결손보전이나 자본전입 목적으로만 사용할 수 있기 때문이다.

▶ 배당 처분
주식의 소각, 자본의 감소로 인하여 주주가 취득하는 금전의 합계액이 주주 등이 당해 주식을 취득하기 위하여 소요된 금액을 초과하는 경우 그 초과금액은 주식을 소각하는 법인 등으로부터 이익을 배당받은 것으로 보아 배당소득으로 본다.

[2] 무상 감자 회계처리
[예제] 액면금액 5,000원 주식 100,000주 발행 주식 중 5,000주를 무상 소각할 것을 주주총회에서 결의하고 무상 소각함

(1) 주식 소각

자본금	25,000,000	/	감자차익(자본이익)	25,000,000

(2) 감자차익으로 결손보전

감자차익	25,000,000	/	결손금	25,000,000

 법인의 이익 배당 및 배당 관련 세무실무

1 법인의 주주에 대한 이익배당

❶ 이익 배당 및 배당절차

1 개요

[1] 법인의 이익 발생과 순자산 증가

법인기업의 주주는 배당을 받을 목적으로 출자를 한다. 따라서 주주는 출자한 기업에서 이익이 발생하는 경우 배당을 받을 권리를 가지게 된다. 이익이란 수익에서 비용을 차감한 것을 말하며, 이익이 발생하면, 이익이 발생한 만큼 기업의 순자산이 증가하게 된다.

예를 들어 회사의 사업연도 초 순자산총액(자산 - 부채)이 20억원이고, 1년간 사업을 하여 3억원의 이익이 발생하였다면, 회계연도 말 순자산총액은 23억원으로 3억원의 순자산이 증가하게 되는 것이다.

[2] 법인 주주에 대한 이익배당

배당이란 기업의 사업활동으로 증가한 자산을 주주총회의 결의를 거쳐 주주들에게 분배하는 것으로 배당처분을 하는 경우 주주에게 현금등을 지급하게 되므로 자산이 감소(유출)되고, 자본(이익잉여금)이 감소하게 된다.

2 이익배당 절차

▶ 12월 말 법인의 배당금 지급 일정

NO	일자 및 기간	
[1]	20×2.12.31.	정관에 의한 배당기준일
[2]	20×3.01.01. ~ 20×3.01.07.	정관에 의한 주주명부 폐쇄
[3]	20×3.02.16.	주주총회 6주전까지 결산, 이사회 개최(재무재표 및 영업보고서 승인) 및 재무제표를 감사에게 제출
[4]	20×3.03.16.	감사가 이사에게 감사보고서 제출
[5]	20×3.03.16.	정기주주총회 개최를 위한 이사회 소집
[6]	20×3.03.16.	정기주주총회 소집통보서 발송
[7]	20×3.03.31.	정기주주총회
[8]	20×3.04.01.	재무상태표 공고
[9]	20×3.04.30.	배당금 지급통보 및 배당금 지급(제464조의2)

[1] 배당기준일

배당 기준일이란 기업에서 배당을 할 때 배당금을 지급할 주주들을 결정하기 위해 기준으로 삼는 날을 말한다. 12월말 법인의 경우 배당기준일은 12월 31일로 한다.

■ 정관 제40조 (이익배당) 이익의 배당은 금전과 주식으로 할 수 있으며 매 결산기 말 현재의 주주명부에 기재된 주주 또는 등록된 질권자에게 지급한다.

[2] 주주명부 폐쇄

주주명부 폐쇄는 정기 또는 임시주주총회에서 의결권을 행사할 주주를 확정하기 위한 것으로 폐쇄기간(폐쇄기간은 정관으로 정함) 중 주식 양도 등으로 주주가 변경되었을 때도 새로운 주주의 성명과 주소 등을 주주명부에 기재할 수 없다.

□ 상법 제354조(주주명부의 폐쇄, 기준일) ①회사는 의결권을 행사하거나 배당을 받을 자 기타 주주 또는 질권자로서 권리를 행사할 자를 정하기 위하여 일정한 기간을 정하여 주주명부의 기재변경을 정지하거나 일정한 날에 주주명부에 기재된 주주 또는 질권자를 그 권리를 행사할 주주 또는 질권자로 볼 수 있다. <개정 1984. 4. 10.>
②제1항의 기간은 3월을 초과하지 못한다. <개정 1984. 4. 10.>

■ (예시) 법인 정관 제12조 (주주명부의 폐쇄 및 기준일)
① 회사는 매년 1월1일부터 1월 7일까지 권리에 관한 주주명부의 기재 변경을 정지한다.

[3] 이사는 감사에게 재무제표등을 제출하여야 함 (상법 제447조의3)
이사는 정기총회회일의 6주간전에 재무제표등을 감사에게 제출하여야 한다.

[4] 감사가 이사에게 감사보고서 제출 (상법 제447조의4)
감사는 재무제표등의 서류를 받은 날부터 4주 내에 감사보고서를 이사에게 제출하여야 한다.

[5] 정기주주총회 개최를 위한 이사회 소집
주주총회를 소집할 때에는 주주총회일의 2주 전에 각 주주에게 서면으로 통지를 발송하거나 각 주주의 동의를 받아 전자문서로 통지를 발송하여야 한다.
다만, 자본금 총액이 10억원 미만인 회사는 주주 전원의 동의가 있을 경우에는 소집절차 없이 주주총회를 개최할 수 있고, 서면에 의한 결의로써 주주총회의 결의를 갈음할 수 있다.

[6] 정기주주총회 소집통보서 발송(상법 제363조)
1) 주주총회를 소집할 때에는 **주주총회일의 2주 전에** 각 주주에게 서면으로 통지를 발송하거나 각 주주의 동의를 받아 전자문서로 통지를 발송하여야 한다.
단, 자본금 총액이 10억원 미만인 회사가 주주총회를 소집하는 경우에는 주주총회일의 10일 전에 각 주주에게 서면으로 통지를 발송하거나 각 주주의 동의를 받아 전자문서로 통지를 발송할 수 있다.
2) **자본금 총액이 10억원 미만인 회사는 주주 전원의 동의가 있을 경우에는 소집절차 없이 주주총회를 개최할 수 있고, 서면에 의한 결의로써 주주총회의 결의를 갈음할 수 있다.** 결의의 목적사항에 대하여 주주 전원이 서면으로 동의를 한 때에는 서면에 의한 결의가 있는 것으로 본다.

[7] 이익배당에 대한 주주총회 결의 (상법 제462조)
이익배당은 주주총회의 결의로 정하지만, 재무제표를 이사회가 승인하는 경우에 이사회의 결의로 정할 수 있다.

▶ 배당가능이익 (상법 제462조)

회사는 재무상태표의 순자산액으로부터 다음의 금액을 공제한 금액을 한도로 하여 이익배당을 할 수 있다.

1. 자본금의 액
2. 그 결산기까지 적립된 자본준비금과 이익준비금의 합계액
3. 그 결산기에 적립하여야 할 이익준비금의 액

▶ 배당률 결정 및 지급

이익배당은 주주평등의 원칙에 의하여 소유 주식수에 비례하여 지급하여야 한다.

[8] 재무상태표 공고(상법 제449조)

재무상태표는 일간신문에 하여야 하나 회사의 홈페이지에 공고를 할 수 있으며, 공고기간은 3개월 이상으로 하여야 한다. 재무상태표를 공고하지 아니하는 경우 500만원 이하의 과태료가 부과될 수 있다.

□ 상법 제289조(정관의 작성, 절대적 기재사항)
③ 회사의 공고는 관보 또는 시사에 관한 사항을 게재하는 일간신문에 하여야 한다. 다만, 회사는 그 공고를 정관으로 정하는 바에 따라 전자적 방법으로 할 수 있다.
④ 회사는 제3항에 따라 전자적 방법으로 공고할 경우 대통령령으로 정하는 기간까지 계속 공고하고, 재무제표를 전자적 방법으로 공고할 경우에는 제450조에서 정한 기간까지 계속 공고하여야 한다. 다만, 공고기간 이후에도 누구나 그 내용을 열람할 수 있도록 하여야 한다. <신설 2009. 5. 28.>
⑤ 회사가 전자적 방법으로 공고를 할 경우에는 게시 기간과 게시 내용에 대하여 증명하여야 한다. <신설 2009. 5. 28.>
⑥ 회사의 전자적 방법으로 하는 공고에 관하여 필요한 사항은 대통령령으로 정한다.

제6조(전자적 방법을 통한 회사의 공고) ① 법 제289조제3항 단서에 따라 회사가 전자적 방법으로 공고하려는 경우에는 회사의 인터넷 홈페이지에 게재하는 방법으로 하여야 한다.

② 법 제289조제3항 단서에 따라 회사가 정관에서 전자적 방법으로 공고할 것을 정한 경우에는 회사의 인터넷 홈페이지 주소를 등기하여야 한다.
③ 법 제289조제3항 단서에 따라 회사가 전자적 방법으로 공고하려는 경우에는 그 정보를 회사의 인터넷 홈페이지 초기화면에서 쉽게 찾을 수 있도록 하는 등 이용자의 편의를 위한 조치를 하여야 한다.
④ 법 제289조제3항 단서에 따라 회사가 정관에서 전자적 방법으로 공고할 것을 정한 경우라도 전산장애 또는 그 밖의 부득이한 사유로 전자적 방법으로 공고할 수 없는 경우에는 법 제289조제3항 본문에 따라 미리 정관에서 정하여 둔 관보 또는 시사에 관한 사항을 게재하는 일간신문에 공고하여야 한다.
⑤ 법 제289조제4항 본문에서 "대통령령으로 정하는 기간"이란 다음 각 호에서 정하는 날까지의 기간(이하 이 조에서 "공고기간"이라 한다)을 말한다.
1. 법에서 특정한 날부터 일정한 기간 전에 공고하도록 한 경우: 그 특정한 날
2. 법에서 공고에서 정하는 기간 내에 이의를 제출하거나 일정한 행위를 할 수 있도록 한 경우: 그 기간이 지난 날
3. 제1호와 제2호 외의 경우: 해당 공고를 한 날부터 3개월이 지난 날

□ 상법 제635조(과태료에 처할 행위) ① 회사의 발기인, 설립위원, 업무집행사원, 업무집행자, 이사, 집행임원, 감사, 감사위원회 위원, 외국회사의 대표자, 검사인, 제298조제3항·제299조의2·제310조제3항 또는 제313조제2항의 공증인, 제299조의2·제310조제3항 또는 제422조제1항의 감정인, 지배인, 청산인, 명의개서대리인, 사채모집을 위탁받은 회사와 그 사무승계자 또는 제386조제2항·제407조제1항·제415조·제542조제2항 또는 제567조의 직무대행자가 다음 각 호의 어느 하나에 해당하는 행위를 한 경우에는 **500만원 이하의 과태료를** 부과한다. 다만, 그 행위에 대하여 형(刑)을 과(科)할 때에는 그러하지 아니하다. <개정 2011. 4. 14.>
1. 이 편(編)에서 정한 등기를 게을리한 경우
2. 이 편에서 정한 공고 또는 통지를 게을리하거나 부정(不正)한 공고 또는 통지를 한 경우

[9] 배당금 지급 (상법 제464조의2)
회사는 이익배당을 주주총회나 이사회 결의를 한 날부터 1개월 내에 하여야 한다 다만, 주주총회 또는 이사회에서 배당금의 지급시기를 따로 정한 경우에는 그러하지 아니하다.

❷ 중간배당 및 배당절차

1 개요

배당은 결산을 확정한 후 연1회의 이익배당을 하는 것이 원칙이지만, **정관에 정함이 있는 경우**에는 이사회의 결의에 의하여 영업연도 중 1회에 한하여 일정한 날을 정하여 그 날의 주주에게 금전에 의한 중간배당을 실시할 수 있다.

중간배당은 금전에 의한 배당이므로 주식배당은 하지 못하며, 결산배당과 동일하게 결산시점에서 중간배당에 상당하는 이익준비금을 적립하여야 하며 원칙적으로 중간배당은 중간배당을 실시하는 회계연도의 직전 회계연도말 배당가능이익이므로 직전 회계연도말에 이월결손금이 있는 경우에는 중간배당을 할 수 없으며, 당해 회계연도에 결손이 발생하여 배당가능이익이 발생하지 않을 우려가 있는 경우에는 중간배당을 하지 못한다.

□ 상법 제462조의3(중간배당) ① 년 1회의 결산기를 정한 회사는 영업년도중 1회에 한하여 이사회의 결의로 일정한 날을 정하여 그 날의 주주에 대하여 이익을 배당(이하 이 조에서 "중간배당"이라 한다)할 수 있음을 정관으로 정할 수 있다. <개정 2011.4.14.>
② 중간배당은 직전 결산기의 대차대조표상의 순자산액에서 다음 각호의 금액을 공제한 액을 한도로 한다. <개정 2001.7.24., 2011.4.14.>
1. 직전 결산기의 자본금의 액
2. 직전 결산기까지 적립된 자본준비금과 이익준비금의 합계액
3. 직전 결산기의 정기총회에서 이익으로 배당하거나 또는 지급하기로 정한 금액
4. 중간배당에 따라 당해 결산기에 적립하여야 할 이익준비금

2 배당 절차

[1] 이사회 결의

배당은 이사회의 결의를 요한다(상법 제462의 3 ①). 이사회 결의로 배당이 확정되고 추후 주주총회의 추인을 요하지 아니하며, 그 자체로서 완결된 잉여금의 처분행위이다. 단, 상법에서 이사회 결의시기에 관하여 따로 규정한 바는 없다.

[2] 배당 기준일
중간배당의 기준일은 정관으로 정한다.

▶ 배당기준일의 주주에게 배당
배당을 받을 자는 정관이 정한 일정한 날(기준일)에 속한 주주이다.

▶ 기준일 2주전 주주명부 폐쇄(기준일)를 위한 이사회결의 및 신고
기준일로부터 2주간 전에 주주명부 폐쇄(기준일)를 위한 이사회 결의 및 공시(신고)한다.

[3] 금전 배당
1) 정기배당은 주식배당이 가능하나 배당의 경우는 금전배당으로만 하여야 한다.
2) 배당은 금전으로 하여야 하므로 배당할 금액의 10분의 1을 이익준비금으로 적립하여야 한다.

▶ 이익준비금 전입
중간배당의 경우에도 결산배당과 마찬가지로 현금배당액의 10분의 1이상을 이익준비금으로 적립을 하여야 하며, 이익잉여금의 이익준비금으로의 전입은 회계기말에 대체처리한다. (미처분이익잉여금 / 이익준비금)

[4] 상법이 정한 재원의 범위 내에서 배당
배당은 직전 결산기의 대차대조표상의 순재산액에서 직전결산기의 자본액, 법정준비금, 직전 결산기의 정기총회에서 이익으로 배당하거나 또는 지급하기로 정한 금액, 배당에 따라 적립하여야 할 이익준비금을 공제한 잔액을 한도로 한다.

▶ 중간배당 한도액
직전결산기의 대차대조표상의 순재산액 - [직전결산기의 자본액 +직전결산기까지의 적립된 법정준비금 + 직전 결산기의 정기총회에서 이익으로 배당하거나 또는 지급하기로 정한 금액 + 배당에 따라 적립하여야 할 이익준비금]

[5] 배당금 지급
재무제표의 승인 또는 배당에 관한 이사회 결의로 일정한 날(기준일)을 정하여 배당하기로 한 날로부터 1월 이내에 배당금을 지급하여야 한다.

3 중간배당에 대한 배당소득세 원천징수 및 납부

① 중간배당을 하는 경우 정기배당과 마찬가지로 배당소득세 및 지방소득세를 원천징수하여 신고 및 납부하여야 한다.
② 법인에게 중간배당을 하는 경우 배당소득세 등을 원천징수하지 아니한다. 다만, 배당금 지급에 대한 지급명세서는 제출하여야 한다.

❸ 이익잉여금 처분

[1] 미처분이익잉여금 처분
미처분이익잉여금은 주주총회의 의결로 이익잉여금을 처분하며, 일반적으로 다음과 같은 내용으로 처분한다.

① 미처분이익잉여금 ~ 당기순이익은 미처분이익잉여금으로 대체하며, 이익의 처분 후 이익잉여금으로 대체된다.

② 현금배당 ~ 이익잉여금 중 일부를 주주들에게 출자금액에 비례하여 현금으로 배당하는 것을 말하며, 배당결의 후 배당금 지급전까지 미지급배당금이란 명칭으로 재무제표에 공시되며, 현금배당시 미지급배당금과 상계처리한다.

③ 이익준비금 ~ 상법에서는 주식회사가 현금배당을 할 경우 그 배당액의 10분의 1이상을 이익준비금으로 적립하도록 규정하고 있다. 왜냐하면, 법인에서 발생한 이익금을 모두 배당하게 되면, 기업의 재무구조를 악화시킬 수 있기 때문에 일정 금액의 처분을 제한하는 것이다.

④ 이월이익잉여금 ~ 이익잉여금 중 처분하지 않은 금액은 그대로 차기 이후로 이월되며, 이를 이월이익잉여금이라고 한다.

[2] 미지급배당금

회사는 사업활동 결과 발생한 이익을 임의대로 처분하는 것이 아니라 이사회의 결의 또는 주주총회의 결정으로 이익을 처분한다. 그러나 주주총회는 통상 당해 사업연도의 다음해 3월에 개최한다. 따라서 당해 회계연도의 이익발생에 관한 처분사항을 이익잉여금처분계산서에 반영할 수 없게 됨에 따라 기업의 재무정보이용자들은 재무제표를 통하여 회사의 이익 처분에 관한 중요한 정보를 알 수 없게 된다.

한편, 이사회에서는 주주총회 전 이익잉여금의 처분계획을 의결할 수 있고, 이사회에서 의결한 처분계획은 대부분 주주총회에서 수용하게 되므로 이사회의 의결사항을 재무제표에 공시하게 되면, 정보이용자들은 당기순이익의 처분에 관한 정보를 제공받을 수 있을 것이다. 따라서 당기순이익에 대한 이사회의 결의사항을 반영한 재무제표를 작성할 수 있으며, 이 경우 나중에 지급할 배당금을 미지급배당금으로 한다. 즉, 미지급배당금이란 주주들에게 지급할 배당금에 대하여 회계기말에 부채로 계상한 금액을 말한다.

[3] 배당기준일

배당기준일이란 배당을 받을 권리가 있는 주주를 확정짓는 날이다. 따라서 배당기준일에 주주명부에 기록된 자에 한하여 배당금이 지급되며, 배당기준일 이후에 취득한 주식이 주주는 권리락(權利落)된 상태로 배당을 받을 수 없다. 배당기준일은 통상 회계연도말이며, 배당기준일에는 별도의 회계처리를 하지 않는다.

❹ 이익잉여금처분계산서

이익잉여금처분계산서란 기업이 당해 사업연도 영업활동 결과 발생한 이익(손익계산서의 당기순이익)과 전년도까지 매 년 장부상 발생한 이익을 처분하지 아니하여 이월되어 온 전기이월이익잉여금을 합한 금액을 당기에 어떻게 처분하였는가를 나타내는 계산서이다.

▣ 배당금 지급 회계처리 사례

① 《미지급배당금 계상》 결산결과 당기순이익 3억원이 발생하였으며, 전기에 이월되어 온 잉여금 10억원이 있다. 회계기말에 이사회에서 당기에 처분할 수 있는 잉여금(미처분이익잉여금) 13억원을 아래와 같이 처분하기로 결의하다.
  ○ 주주에 대한 배당   100,000,000원
  ○ 이익준비금   10,000,000원
  ○ 차기이월   1,190,000,000원

| 이월이익잉여금 | 1,000,000,000 / | 미처분이익잉여금 | 1,300,000,000 |
| 당기순이익 | 300,000,000 | | |

* 이월이익잉여금 및 당기순이익을 미처분이익잉여금으로 대체한 다음 처분한다.

미처분이익잉여금	1,300,000,000 /	미지급배당금	100,000,000
		이익준비금	10,000,000
		이월이익잉여금	1,190,000,000

* 미지급배당금 : 주주에 대하여 현금배당할 금액으로 기말 현재 미지급한 부채계정이다.

② 《배당금지급 및 배당소득세 원천징수》 3월 10일 주주에 대한 배당금 1억원을 지급하기 위하여 배당소득세 14,000,000원(2017년 배당소득세율 : 14%) 및 지방소득세 1,400,000원을 공제한 84,600,000원을 보통예금에서 인출하여 주주에게 지급하다.

| 미지급배당금 | 100,000,000 / | 보통예금 | 84,600,000 |
| | | 예수금 | 15,400,000 |

③ 《배당소득세 및 지방소득세 납부》 배당금 지급일의 다음달 10일 배당소득세 14,000,000원 및 지방소득세 1,400,000원을 보통예금에서 인출하여 납부하다.

| 예수금 | 15,400,000 / | 보통예금 | 15,400,000 |

참 고 배당 결의 이전 및 이후의 재무상태표 변동

▶ 아래 표는 배당이 자본에 미치는 영향을 이해하기 쉽도록 하기 위하여 작성한 것으로 실제 재무제표는 다음과 같이 작성되는 것이 아니다.

과 목	배당 결의 전	배당 결의일	배당금 지급 후
[자 산 총 계]	3,800,000,000	3,800,000,000	3,700,000,000
[유 동 부 채]	1,000,000,000	1,100,000,000	1,000,000,000
미지급배당금		100,000,000	
[비 유 동 부 채]	1,000,000,000	1,000,000,000	1,000,000,000
[자 본]	1,800,000,000	1,700,000,000	1,700,000,000
자 본 금	500,000,000	500,000,000	500,000,000
이 익 준 비 금		10,000,000	10,000,000
이 익 잉 여 금	1,300,000,000	1,190,000,000	1,190,000,000
미처분이익잉여금	1,300,000,000		
이월이익잉여금		1,190,000,000	1,190,000,000
(당 기 순 이 익)			
300,000,000			
[부채와자본총계]	3,800,000,000	3,800,000,000	3,700,000,000

이익잉여금처분계산서

제□기 20×4년 01월 01일부터　　제□기 20×3년 01월 01일부터
　　　　20×4년 12월 31일까지　　　　　　20×3년 12월 31일까지
　처분예정일 : 20×5년 3월 10일　　처분확정일 : 20×4년 3월 10일

업체명 : (주)한국페인트　　　　　　　　　　　　　　　　　　(단위 원)

과 목	제 (당)기		제 (전)기	
	금	액	금	액
I 미처분이익잉여금		1,300,000,000		
1.전기이월이익잉여금	1,000,000,000			
2.전기오류수정이익				
3.전기오류수정손실				
4.당 기 순 이 익	300,000,000			
II 임의적립금등의이입액				
합　　　　계		1,300,000,000		
III 이익잉여금처분액				
1.이 익 준 비 금	10,000,000			
2.배 당 금	100,000,000			
IV 차기이월미처분이익잉여금		1,190,000,000		1,000,000,000

> 현금배당을 하는 경우 기업의 순자산이 유출되고 자본(잉여금)이 감소하는 결과가 되어 부채비율이 증가하므로 기업의 재무상태에는 나쁜 영향을 초래한다.
> 배당 전 부채비율 : 111.11% (부채 20억원 ÷ 자본 18억원)
> 배당 후 부채비율 : 117.65% (부채 20억원 ÷ 자본 17억원)

■ 회계기말에 이익처분 결의를 하지 않는 경우의 이익처분

회계기말에 별도의 이익처분에 대한 결의를 하지 않는 경우 당기순이익 등은 재무상태표에 미처분이익잉여금으로 표시하며, 이후 배당처분시 미처분이익잉여금은 이월이익잉여금으로 대체 처리한다.

① 《이익잉여금 처분》 결산결과 당기순이익 2천만원이 발생하였다. 20×5년 3월 15일 주주총회에서 당기에 처분할 수 있는 잉여금(미처분이익잉여금) 2천만원을 아래와 같이 처분하기로 결의하다.
• 현금배당 10,000,000원 • 이익준비금 1,000,000원 • 차기이월 9,000,000원

미처분이익잉여금	20,000,000 /	미지급배당금	10,000,000
		이익준비금	1,000,000
		이월이익잉여금	9,000,000

② 《배당금 지급》 3월 31일 주주에 대한 배당금을 보통예금에서 인출하여 지급하면서 배당금 10,000,000원에 대한 배당소득세(배당금액의 14%) 1,400,000원 및 지방소득세(배당소득세의 10%) 140,000원을 차감한 8,460,000원을 지급하다.

미지급배당금	10,000,000 /	보통예금	8,460,000
		예수금	1,540,000

③ 《배당소득세 및 지방소득세 납부》 배당금 지급일의 다음달 10일 배당소득세 및 지방소득세를 보통예금에서 인출하여 납부하다.

예수금	1,540,000 /	보통예금	1,540,000

2 배당과 관련한 세무실무

❶ 배당소득세 원천징수

1 개요

법인이 주주에게 배당금을 지급하는 경우 그 지급액의 100분의 14를 배당소득세로 배당소득세의 10%를 지방소득세로 징수하여 징수일의 다음달 10일까지 관할 세무서에 신고 및 납부를 하여야 한다.

단, 법인에게 배당금을 지급하는 경우는 배당소득세를 원천징수하지 않는다. 다만, 배당금 지급에 대한 지급명세서는 다음해 2월 말일까지 제출하여야 한다.

[핵심 실무] 법인이 다른 법인에게 배당금을 지급하는 경우 원천징수이행상황신고서 작성
○ 귀속연월 : 당해 법인의 잉여금처분결의일
○ 지급연월 : 배당금 지급일

◆ 원천징수이행상황신고서 작성
법인 내·외국법인원천 A80 : 인원 및 총지급액 기재
원천징수이행상황신고서 부표 C76 비과세 소득 등 : 인원 및 총지급액 기재

◇ 귀속연월이 다른 소득을 같은 월에 함께 지급하여 소득세 등을 원천징수하는 경우 원천징수이행상황신고서를 귀속연월별로 각각 별지로 작성하여 제출하여야 함

▶ 배당소득 지급시기 의제
배당소득은 원천징수의무자가 배당소득을 지급하는 때를 지급시기로 한다. 다만, 배당소득을 실제 지급하지는 않았으나 세법의 규정에 의하여 일정한 시점에 배당소득을 지급한 것으로 간주하여 배당소득세를 원천징수하는 것을 배당소득 지급시기 의제라 하며, 다음의 시기에 배당소득을 지급한 것으로 의제한다.

1. 법인이 이익 또는 잉여금의 처분에 따른 배당 또는 분배금을 그 처분을 결정한 날부터 3개월이 되는 날까지 지급하지 아니한 경우에는 그 3개월이 되는 날에 그 배당소득을 지급한 것으로 보아 소득세를 원천징수한다. 다만, 11월 1일부터 12월 31일까지의 사이에 결정된 처분에 따라 다음 연도 2월 말일까지 배당소득을 지급하지 아니한 경우에는 그 처분을 결정한 날이 속하는 사업연도의 다음 연도 2월 말일에 그 배당소득을 지급한 것으로 본다.
2. 소득처분에 의한 배당소득의 지급시기 : 소득금액변동통지서를 받은 날
3. 법인소득을 신고함에 있어서 법인세법 시행령 제106조의 규정에 의하여 처분되는 배당소득(소령 131 ②) : 당해 법인의 법인세 과세표준 및 세액의 신고기일

2 이익잉여금을 자본금으로 전입하는 경우의 세무적인 문제

이익잉여금을 자본금으로 전입하는 것을 무상증자라고 하며, 무상증자는 기업의 이익을 주주들에게 현금배당을 하는 것이 아니라 주주총회의 결의에 의하여 기존의 주주에게 주식을 추가로 배정하는 것으로 주주의 입장에서는 주식 추가배정금액만큼 이익을 얻게 되는 것이다. 따라서 이와 같은 배당을 의제배당이라고 하며, 소득세법 제17조 제1항 제3호의 규정에 의한 의제배당에 해당되어 배당소득세(주식배당금액의 14%) 및 지방소득세(배당소득세의 10%)를 납부하여야 한다.

주식배당은 주주총회의 결의에 의하여 이익의 배당을 새로이 발행하는 주식으로 할 수 있다. 그러나 주식에 의한 배당은 이익배당총액의 2분의 1에 상당하는 금액을 초과하지 못한다.

무상증자는 법정준비금 (이익준비금, 자본준비금)으로 증자하는 것을 원칙으로 한다. 다만, 예외적으로 임의적립금을 주주총회의 결의에 의하여 이를 이익준비금으로 항목 변경을 통해 무상증자의 재원으로 활용이 가능하다.

3 배당권리 포기

① 법인이 이익이나 잉여금을 배당 또는 분배하는 경우로서 최대주주등이 지급받을 배당등의 금액의 전부 또는 일부를 포기하거나 본인이 보유한 주식등에 비례하여 균등하지 아니한 조건으로 배당등을 받음에 따라 그 최대주주등의 특수관계인

이 본인이 보유한 주식등에 비하여 높은 금액의 배당등을 받은 경우에는 법인이 배당등을 한 날을 증여일로 하여 그 최대주주등의 특수관계인이 본인이 보유한 주식등에 비례하여 균등하지 아니한 조건으로 배당등을 받은 금액을 그 최대주주등의 특수관계인의 증여재산가액으로 한다. 또한, 일부주주가 배당포기하는 경우 및 중간배당을 하는 경우에도 동 규정이 적용될 것으로 판단된다.

② 상속세 및 증여세법 제41조2 규정은 최대주주 등의 특수관계인에게 적용하는 것으로서, 만약 최대주주 등과 특수관계가 성립되지 아니한다면 동 규정을 적용하지 않는 것으로 판단된다.

③ 한편, 정기 주주총회의 결의에 의하여 이익배당으로 확정된 경우에는 그 후 각 주주가 배당받기를 포기하더라도 동 금액에 대하여 소득세법 제142조의 규정에 따라 원천징수를 하여야 하며, 또한 각 주주가 포기한 금액은 법인의 채무면제이익으로 익금에 산입하여야 한다. (법인22601-1846, 1989.05.24.)

▶ 초과 배당

초과배당금액에 대하여 증여세와 소득세를 비교하기 위하여 2016.03.21에 상속세 및 증여세법 시행규칙 제10조의3을 신설하여 초과배당금액에 대한 세율을 확정하였다.

[개정 세법] 초과배당 증여이익에 대한 과세체계 개선
법인의 최대주주가 배당을 포기하여 그 특수관계인에게 초과배당이 지급되는 경우 초과배당금액에 대한 소득세와 증여세를 비교하여 큰 금액을 과세하던 방식을 변경하여 소득세와 증여세를 함께 부과하되, 증여이익에서 소득세 상당액을 차감하도록 함.
<적용시기> '21.1.1. 이후 증여받는 분부터 적용

■ [개정 법령] 상속세 및 증여세법
제41조의2(초과배당에 따른 이익의 증여) -요약-
① 법인이 이익이나 잉여금을 배당 또는 분배하는 경우로서 그 법인의 대통령령으로 정하는 최대주주 또는 최대출자자가 본인이 지급받을 배당등의 금액의 전부 또는 일부를 포기하거나 본인이 보유한 주식등에 비례하여 균등하지 아니한 조건으로 배당등을 받음에 따라 그 최대주주등의 특수관계인이 본인이 보유한 주식등에 비하여 높은 금액의 배당등을 받은 경우에는 제4조의2제3항에도 불구하고 법인이 배당 또는 분배한 금액을

지급한 날을 증여일로 하여 그 최대주주등의 특수관계인이 본인이 보유한 주식등에 비례하여 균등하지 아니한 조건으로 배당등을 받은 금액에서 해당 초과배당금액에 대한 소득세 상당액을 공제한 금액을 그 최대주주등의 특수관계인의 증여재산가액으로 한다. <개정 2018. 12. 31., 2020. 12. 22., 2021. 12. 21.>

② 제1항에 따라 초과배당금액에 대하여 증여세를 부과받은 자는 해당 초과배당금액에 대한 소득세를 납부할 때(납부할 세액이 없는 경우를 포함한다) 대통령령으로 정하는 바에 따라 제2호의 증여세액에서 제1호의 증여세액을 뺀 금액을 관할 세무서장에게 납부하여야 한다. 다만, 제1호의 증여세액이 제2호의 증여세액을 초과하는 경우에는 그 초과되는 금액을 환급받을 수 있다. <개정 2020. 12. 22.>

1. 제1항에 따른 증여재산가액을 기준으로 계산한 증여세액
2. 초과배당금액에 대한 실제 소득세액을 반영한 증여재산가액(이하 이 조에서 "정산증여재산가액"이라 한다)을 기준으로 계산한 증여세액

[개정세법] 초과배당 증여이익에 대한 과세 강화(상증법 §41의2, 상증령 §31의2)

종 전	개 정
□ 초과배당 증여이익 과세 ㅇ 증여자 : 배당을 포기한 최대주주 ㅇ 수증자 : 최대주주와 특수관계인 주주 ㅇ 증여이익(초과배당) : 최대주주와 특수관계인 주주가 자신의 지분율을 초과하여 받은 배당금 ㅇ 과세방식 : ❶「초과배당에 대한 소득세」와 ❷「초과배당에 대한 증여세」중 큰 금액	□ 초과배당 증여이익에 대한 과세 강화 ㅇ (좌 동) ㅇ 초과배당 증여이익에 대해 소득세·증여세 모두 과세 ① 초과배당에 대해 소득세 과세 ② (초과배당 - 소득세)에 대해 증여세 과세

<적용시기> '21.1.1. 이후 증여받는 분부터 적용

4 배당소득세 원천징수영수증 발급 및 제출

① 국내에서 배당소득을 지급하는 원천징수의무자는 이를 지급하는 때에 그 배당소득 기타 필요한 사항을 기재한 원천징수영수증을 배당소득을 지급받는 자에게 발급하여야 한다.

② 원천징수의무자는 지급명세서를 그 지급일이 속하는 연도의 다음연도 2월 말일까지 관할세무서에 제출하여야 한다.

③ 법인에게 배당금을 지급하는 경우는 배당소득세를 원천징수하지 않지만, 배당금 지급에 대한 지급명세서는 다음해 2월 말일까지 제출하여야 한다.

❷ 배당소득 분리과세 및 종합과세

1 분리과세

분리과세란 일용근로소득 또는 특정 소득(이자소득, 배당소득, 기타소득, 연금소득) 중 일정 금액 미만인 경우 종합소득에 합산하지 않아도 되는 소득을 말한다. 예를 들어 소액의 배당금을 받는 경우 종합소득세 신고를 하도록 법률이 정한다면, 납세자는 불편하고 세무당국은 납세관리를 위하여 많은 행정력이 필요하게 될 것이므로 연간 금융소득(이자소득 + 배당소득)이 2천만원 이하인 경우 그 지급을 하는 자가 소득세를 징수함으로써 납세의무를 종결하도록 하는 것이다. 따라서 이자 및 배당소득의 연간 합계액이 2,000만원 이하인 경우 종합소득에 합산하지 않는다.

2 종합과세

[1] 배당소득 종합과세

금융기관에서 지급받는 이자소득 및 법인의 배당소득에 대한 세율은 14%인데 최고 45%의 세율을 적용받는 다른 소득자와 과세형평에 문제가 있으므로 소득세법에서 금융소득이 2천만원을 초과하는 경우 종합소득세 신고를 하도록 규정하고 있다.

[2] 종합과세되는 배당소득의 배당세액공제

개인사업자는 사업소득에 대하여 종합소득세가 과세되어 납세가 종결되나 법인 사업자는 법인에서 발생한 소득에 대하여 법인세가 과세되고 법인세가 과세된 소득을 출자자인 주주등에게 배당하는 경우 다시 배당소득이 과세됨으로서 이중과세문제가 발생한다. 따라서 이중과세를 경감하기 위하여 주주단계의 소득세에서 일정한 세액을 차감하여 공제하여 주는 것을 배당세액공제라 한다.

[3] 배당소득금액 가산 및 배당소득세액공제(소득세법 제17조 제3항)

① 종합소득을 계산함에 있어 종합과세되는 배당소득이 있는 경우 당해연도의 총수입금액에 배당소득의 100분의 11에 상당하는 금액을 가산한 금액으로 한다. 다만, 배당소득중 배당세액공제가 배제되는 의제배당은 제외한다.

② 거주자의 종합소득금액에 배당소득의 100분의 11에 상당하는 금액(Gross-Up)이 합산되어 있는 경우 당해연도의 총수입금액에 가산한 금액(Gross- Up)에 상당하는 금액을 종합소득산출세액에서 공제한다.

③ 금융소득금액은 배당소득에 대한 귀속 법인세를 가산하고, 종합소득공제와 결손금을 공제하기 전의 금액이다.

▶ 배당세액공제액 (①과 ② 중 적은 금액)
① Gross - up 금액
② 산출세액 - 원천징수세율 방법의 산출세액

[세법 개정(안)] 배당소득 이중과세 조정을 위한 배당가산율 조정(소득법 §17)
(현행) 배당가산액 = 배당소득 × 11%
(개정) 배당가산액 = 배당소득 × 10%*
- 현행 법인세 최저세율(9%)을 기준으로 가산율 산정
<적용시기> '24.1.1. 이후 지급받는 소득 분부터 적용

[4] 금융소득금액이 2천만원을 초과하는 경우 산출세액의 계산특례

종합과세되는 금액이 2천만원을 초과하는 경우에는 종합과세로 인하여 기본세율이 적용되는 금융소득금액(금융소득금액 중 2천만원을 초과하는 금융소득금액)에 대한 산출세액이 최소한 분리과세시 납부하는 원천징수세액 이상이 되도록 하기 위하여 다음과 같이 산출세액을 계산한다.

▶ 종합소득산출세액 = ①과 ② 중 큰 금액
① 일반산출세액 = (종합소득과세표준 - 2,000만원) × 기본세율 + 2,000만원 × 14%
② 비교산출세액 = (종합소득과세표준 - 금융소득금액) × 기본세율 + 금융소득 × 원천징수세율

사 례 배당소득이 2천만원 초과시 그로스업 및 배당세액공제[2023년 귀속분]

- 근로소득금액   50,000,000원
  근로소득금액 = 근로소득 - 근로소득공제
- 사업소득금액   100,000,000원
  [총수입금액 500,000,000원 - 필요경비 400,000,000원]
- 이자소득   10,000,000원
- 배당소득   200,000,000원(국내 비상장법인의 배당소득)
  배당소득가산액 20,900,000원(210,000,000원 - 10,000,000원 - 10,000,000원) × 11%
- 배당소득합계   220,900,000원
  [배당소득 200,000,000원 + 배당가산액 20,900,000원]
- 종합소득금액   380,900,000원
- 소득공제   30,000,000원(가정)
- 과세표준   350,900,000원
- 비교산출세액   109,142,000원
- 배당세액공제   20,900,000원 [MIN : 20,900,000원, 52,642,000원]
* 52,642,000원 = 109,142,000원 - 56,500,000원
  (산출세액에서 배당소득 그로스업 금액을 배당세액공제)

◨ **비교산출세액(109,142,000원) = ①과 ② 중 큰 금액**
① 종합과세 산출세액 = (종합소득과세표준 350,900,000원 - 20,000,000원) × 기본세율 + 2,000만원 × 14% = **109,142,000원**
② 분리과세 산출세액 = [종합소득과세표준 - 금융소득금액] × 기본세율 + [금융소득 × 원천세율(14%)] = 27,100,000원 + 29,400,000원 = **56,500,000원**
(350,900,000원 - 230,900,000원) × 기본세율 + (210,000,000원) × 원천세율(14%)

♣ 상세 내용 [국세청 홈페이지] → 국세정책/제도 → 통합자료실 → 국세청발간책자 → 분야별 해설책자 → 소득세 → **금융소득종합과세 해설**

4 비상장법인의 자기주식 취득 관련한 세무 문제

1 자기 주식 취득 목적 및 취득 유형

❶ 개요

주식회사는 주주로부터 금전 등을 자본으로 출자받고, 그에 대한 증표로 주식을 발행하여 주며, 주주는 출자에 대한 대가로 배당을 받을 권리를 가지며, 기업의 중요한 의사결정에 대한 의결권을 행사할 수 있게 된다.

법인의 주주는 당해 법인에 자본을 출자한 자이고, 법인은 주주가 출자한 금전등을 운용하여 사업목적(이윤 추구 등)을 달성하는 것이므로 원칙적으로 법인이 당해 법인의 주주가 될 수 없다.

왜냐하면, 법인이 자신의 자본금인 자기의 주식을 취득하는 경우 회사의 자본 기초가 부실화되어 회사와 주주 및 채권자의 이익을 침해하고, 대표이사 등에 의한 불공정한 회사지배를 초래하는 등 여러 가지 폐해가 발생할 수 있기 때문이다. 따라서 2011.4.14. 개정 전 상법에서는 자기 자본의 부실화를 예방하고자 자기주식의 취득을 원칙적으로 금지하고, 부득이한 사유가 있는 경우에 한하여 예외적으로 자기주식의 취득을 허용하였다. 단, 상장회사에 대하여는 1994년부터 증권거래법에 의하여 배당가능이익으로 자기주식을 취득할 수 있었다.(구 증권거래법 제189의 2)

한편, 회사의 자기주식 취득은 본질적으로 주주에 대한 이익배당과 유사하고, 자기주식을 모든 주주로부터 지분비율에 따라 균등하게 취득하는 경우 주주평등의 원칙에 위반하는 문제가 발생하지 않으며, 배당가능이익으로 재원을 한정하여 자기주식을 취득하는 경우 회사채권자의 이익을 해하지 않는다는 점 등을 이유로 2011. 4. 14. 개정된 상법은 자본시장법과 같이 배당가능이익의 범위 내에서 자기주식을 취득할 수 있도록 하였다. 이에 따라 비상장회사도 배당가능이익으로 자기주식을 취득하는 것이 허용되었다.

❷ 자기주식 취득 목적

1 상장법인

상장법인의 경우에는 여러 가지 목적으로 자기주식을 취득할 실익이 존재한다. 예를 들면 다음과 같다.

[1] 주가가 저(低)평가되어 있는 경우
시장에서 형성된 주가가 회사가 자체 평가한 주가보다 저가인 경우 자사주를 매입한 후 나중에 주가가 상승하면 매도하여 이익을 남길 수 있다.

[2] 지배주주의 경영권 안정
자사주는 의결권이 제한된다. 따라서 자사주를 매입하면 의결권 수가 줄어들어, 상대적으로 기존 최대 주주의 지배력이 커지는 효과가 있으며, 또한 경영권이 위협받을 때 자사주를 우호적인 주주에게 매각할 수도 있다.

[3] 주식매수선택권의 행사에 대한 자기주식의 교부
주식매수선택권(스톡옵션)을 부여받은 임직원 등이 이를 행사하는 경우 회사는 미리 보유한 자기주식을 예정된 가격에 양도하여야 하며, 이를 위해 회사는 발행주식 총수의 100분의 10을 초과하지 않는 범위 내에서 자기주식을 취득할 수 있다. (상법 제340조의2)

[4] 임직원에 대한 상여금·공로금·장려금 등의 자기주식 지급

자사주를 매입하여 임직원에 대한 상여금 등으로 지급함으로서 임직원의 회사에 대한 근로의욕을 높여 기업의 이익증대를 도모할 수 있다.

[5] 장기안정주주 확보를 위한 우리사주조합에 대한 자기주식의 배분

자사주를 매입하여 우리사주조합에 자기주식을 배분함으로서 장기 안정주주의 확보를 도모할 수 있다.

[6] 자본금 감소

자본금을 감소하고자 하는 경우 주주로부터 주식을 매입하여 소각하는 절차를 거치게 되므로 자기주식을 취득하게 된다.

2 비상장법인

비상장법인의 경우 주식의 시가가 형성되어 있지 않고 주식매매가 자유롭게 이루어지지 않아 자본금 감소이외에는 자기주식을 취득하여야 하는 목적이 분명하지 않은 경우는 많다. 즉, 주식의 시가가 형성되어 있지 않고, 거래가 자유롭지 않은 주식을 매매 목적으로 취득하는 경우가 실무적으로 발생할 일은 별로 없을 것이다. 다만, 매매 목적으로 자기주식을 취득하여야 하는 경우 여러 가지 복잡한 세무상 문제가 발생할 수 있으므로 자기주식의 취득과 관련한 문제를 충분히 검토하여야 한다.

❸ 자기주식 취득 유형 및 절차

1 매매 목적의 자기 주식 취득

자기주식을 매매 목적으로 취득하는 경우 반드시 상법의 규정에 의하여 취득 및 매각을 하여야 하며, 배당가능이익으로 자기주식을 취득하는 경우와 특정목적에 의한 자기주식의 취득으로 구분한다.

[1] 주주총회의 결의

자기주식을 취득하려는 회사는 미리 주주총회의 결의로 다음 각 호의 사항을 결정하여야 한다. 다만, 이사회의 결의로 이익배당을 할 수 있다고 정관으로 정하고 있는 경우에는 이사회의 결의로써 주주총회의 결의를 갈음할 수 있다.
1. 취득할 수 있는 주식의 종류 및 수
2. 취득가액의 총액의 한도
3. 1년을 초과하지 아니하는 범위에서 자기주식을 취득할 수 있는 기간

[2] 배당가능이익으로 자기주식 취득

배당가능이익으로 자기주식을 취득하는 경우에는 주주평등의 원칙에 따라 자기의 명의와 계산으로 자기의 주식을 취득하여야 한다.

[3] 균등취득

주주평등의 원칙에 따라 자기주식을 취득하여야 한다. 거래소에서 시세가 있는 주식의 경우에는 거래소에서 취득하는 방법으로 취득하여야 하고, 거래소에서 시세가 없는 주식의 경우에는 각 주주가 가진 주식 수에 따라 균등한 조건으로 취득하는 방법에 따라 취득하여야 한다.

2 자본금 감소를 위한 자기주식 취득

[1] 종전 상법 규정

자본금 감소를 위하여 주식을 소각하는 경우 회사가 주주로부터 주식을 취득하여 소각의 효력이 발생할 때까지 보관하여야 하는데 이 과정에서 자기주식을 취득한 것과 같은 형태를 갖게 되므로 이를 허용하기 위하여 구 상법 제341조제1호에서 자기주식의 취득을 규정하고 있었다.

[2] 현행 상법규정

개정 상법 제343조에서 자본금 감소시 자기주식의 소각에 대하여 별도로 규정을 하고 있다.

□ **제343조(주식의 소각)** ① 주식은 자본금 감소에 관한 규정에 따라서만 소각(消却)할 수 있다. 다만, 이사회의 결의에 의하여 회사가 보유하는 자기주식을 소각하는 경우에는 그러하지 아니하다.
② 자본금감소에 관한 규정에 따라 주식을 소각하는 경우에는 제440조 및 제441조를 준용한다. [전문개정 2011.4.14.]

3 특정 목적에 의한 자기주식 취득

회사는 다음의 어느 하나에 해당하는 경우에는 배당가능이익이 없더라도 자기의 주식을 취득할 수 있다. (상법 제341조의2)

[1] 회사의 합병 또는 다른 회사의 영업전부의 양수로 인한 경우
흡수합병의 경우 소멸회사의 재산 중에 존속회사의 주식이 포함되어 있는 때나 영업양도의 경우 양도목적인 영업재산 중에 양수회사의 주식이 포함되어 있는 때에는 존속회사 또는 양수회사가 자기주식을 취득하게 된다.

[2] 회사의 권리를 실행함에 있어 그 목적을 달성하기 위하여 필요한 경우
회사가 채권을 실행할 때 회사의 채무자에게 자기주식 이외에는 다른 재산이 없어 그 주식을 대물변제로 받는 것이 전형적인 예이다.

[3] 단주(端株)의 처리를 위하여 필요한 경우
주주가 회사로부터 원시취득한 주식에 단주가 있을 경우 이를 환가하여 주주에게 대금으로 지급하기 위해서는 회사가 단주를 취득하여야 한다. 그러나 자본감소, 합병, 준비금의 자본전입, 주식배당 등과 같이 단주의 처리방법이 법정되어 있는 경우에는 그에 따라야 하므로 회사가 단주를 취득할 수 없다.

[4] 주주가 주식매수청구권을 행사한 경우
주주가 주식매수청구권을 행사하는 경우에는 회사가 자기주식을 취득할 의무가 발생하므로 자기주식을 취득할 수 있다.

2 비상장법인의 자기주식 거래와 조세 문제

❶ 개요

1 당해 법인이 주식을 매매 목적으로 매입하는 경우

자기주식 거래가 매매 목적인 경우 주식의 매도인은 주식의 양도차익에 대하여 양도소득세(중소기업 10%, 중소기업의 대주주 및 중소기업이 아닌 법인 20%)를 부담하여야 한다. 예를 들어 주식을 취득한 당해 법인이 취득한 주식을 자본금 감자가 아닌 양도 목적으로 취득하는 경우 양도자는 양도소득세 및 증권거래세(양도금액의 0.43% → 2023년 이후 0.35%)를 신고 및 납부하여야 한다.

2 당해 법인이 자본금 감자 목적으로 주식을 매입하는 경우

자본금 감자를 위하여 주식을 소각할 목적으로 법인이 당해 법인의 주식을 매입하는 경우 주주는 양도소득세 및 증권거래세 과세대상에 해당하지 않는다. 단, 자본금 감자를 위하여 법인이 주주로부터 주식을 매입함에 있어 주주가 소각된 주식에 대하여 이익을 얻은 경우 의제배당으로 보아 배당소득세가 과세된다.

예를 들어 주주가 주식을 1억원에 매입한 후 2억원에 주식을 발행한 법인에게 매도하는 경우 주주는 1억원의 이익을 얻게 되며, 이 이익은 주식 가치의 상승으로 얻게 되는 이익으로 세법에서는 배당으로 의제하여 과세하는 것이다. 즉, 시가를 계상하여 주식을 취득하고, 이후 시가로 주식을 매도함에 있어 시가 상승분은 이익 등에 의하여 증가한 것으로서 법인이 경영활동 결과 창출한 이익에 대하여 주주에게 배당을 하지 않거나 창출된 이익보다 적은 금액을 배당함으로서 주식의 가치가 증가한 것이므로 세법에서는 주식 매도로 얻은 이익을 매도시점에 배당처분을 한 것으로 의제하여 배당소득세를 징수 및 납부하도록 한 것이다.

▶ **자기주식을 매매 목적으로 취득하였으나 차후 소각하는 경우**

당초 이사회에서 자기주식의 취득을 매매 목적으로 결의하였다 하더라도 나중에 자기주식을 소각하는 경우 소각 목적으로 취득한 것으로 보아야 하며, 이 경우 배당소득(의제배당)으로 과세된다.

예를 들어 주주가 취득가액 1천만원인 주식을 1억원에 양도하고, 매매 목적의 형식을 취하고 있다하더라도 당해 법인이 주식을 인수한 후 자본금을 감자하는 경우에는 의제배당으로 보는 것이므로 당해 법인은 배당소득세를 원천징수하여 신고 및 납부하여야 한다. 그리고 배당소득을 얻은 주주의 경우 당해 연도 금융소득이 2천만원 이하인 경우에는 분리과세로 납세의무가 종결되나 2천만원을 초과하는 경우 종합소득에 합산하여 신고 및 납부를 하여야 한다.

3 매매 목적과 감자 목적 구분 기준

주식의 매매가 법인의 주식소각이나 자본감소의 절차의 일환으로 이루어진 것인 경우에는 의제배당에 해당하고, 그 매매가 단순한 주식매매인 경우에는 양도소득에 해당한다. 이 경우 주식의 매도가 자산거래인 주식의 양도에 해당하는가 또는 자본거래인 주식의 소각 내지 자본의 환급에 해당하는가는 그 사안에 따른 해석의 문제로서 그 거래의 내용과 당사자의 의사를 기초로 하여 판단하여야 할 것이지만, 실질과세의 원칙상 당해 계약서의 내용이나 형식과 아울러 당사자의 의사와 계약체결의 경위, 대금의 결정방법, 거래의 경과 등 거래의 전체과정을 실질적으로 파악하여 판단하여야 한다.

실무에서 문제가 되는 것은 회사가 자기주식을 취득하여 일정기간 보유한 후에 자본감소절차를 이행하거나 주식을 소각하는 경우에 그 주식의 양도로 인한 소득이 양도소득인지 의제배당인지의 여부이다.

이에 관하여 조세심판원은 의제배당에 해당한다는 견해를 취하고 있고(조심2012중3513, 2012.11.26.), 법원은 의제배당으로 본 사례도 있고 양도소득으로 본 사례도 있으나 대체적으로 의제배당으로 보고 있다.

- 의제배당으로 본 판결 : 대법원2001두6227, 2002.12.26. 판결,
  대법원2008두19628, 2010.10.28. 판결, 대법원2012두14507, 2012.10.11. 판결
- 양도소득으로 본 판결 : 대법원2013두1843, 2013.5.24. 판결

따라서 주주가 당해 법인에게 주식을 매각하는 경우 그 사안에 사실 판단할 문제가 있으므로 일률적 기준을 적용할 수는 없으며, 쟁점이 될 경우 과세관청은 세금을 더 징수하는 방향으로 과세를 하게 되므로 판단이 어려운 경우 의제배당으로 처리를 하여야 세무리스크를 예방할 수 있을 것이다.

◆ 서면1팀-177, 2005.02.03
법인이 자기주식을 매입하는 경우 당해 법인에게 주식을 양도하는 주주의 소득이 양도소득에 해당하는지 배당소득에 해당하는지 여부는 그 거래의 실질내용에 따라 판단하는 것으로서, 그 매매가 단순한 주식매매인 경우에는 양도소득에 해당하는 것이나, 주식소각이나 자본감소 절차의 일환인 경우에는 배당소득(의제배당)에 해당하는 것임.

▶ **의제배당**

의제배당이란 피투자회사의 주주총회 또는 사원총회의 배당결의를 통하여 수령하는 배당은 아니지만 법인의 감자, 해산, 합병, 분할 또는 잉여금의 자본전입 등을 통하여 주주에게 귀속되는 이익배당 등과 유사한 성질의 경제적 이익이 있는 경우 세법에서는 이를 배당금으로 의제하여 법인세 또는 소득세를 과세한다.

즉, 주식의 소각, 자본의 감소, 또는 출자의 감소로 인하여 주주.사원 또는 출자자가 취득하는 금전 기타 재산가액의 합계액이 주주 등이 당해 주식 또는 출자지분을 취득하기 위하여 소요된 금액을 초과하는 경우 그 초과금액은 주식을 소각하는 법인 등으로부터 이익을 배당받은 것으로 보아 배당소득세가 과세된다.

▣ 의제배당 금액의 계산

| 주식의 소각 등으로 인하여 주주 등이 취득하는 금전 기타 재산가액의 합계액 | − | 소각된 주식을 취득하기 위하여 소요된 금액 |

❷ 자기주식 취득의 세무상 문제

1 자기주식을 장기 보유하는 경우

당해 법인이 취득한 자기주식을 당초 목적에 맞지 않게 장기 보유하는 경우 과세당국에서는 자기주식 취득 목적이 특정 주주에게 자금을 대여하기 위함이었다고 해석하여 자기주식 취득 자체를 무효 처분할 가능성이 매우 높다.

즉, 비상장법인이 자기 주식을 정당하게 취득하여 단기에 제3자에게 매매를 하는 경우라면, 세무상 특별한 문제는 발생하지 않은 것이나 장기간 보유하는 경우 법인의 자금을 주주에게 보유 기간 동안 무상으로 대여한 것으로 볼 수 있으므로 국세청은 비상장법인이 자기주식을 취득한 경우 사후관리 대상으로 분류하여 집중적인 관리를 하게 된다.

개정 상법에서 비상장법인의 자기주식 취득을 배당가능이익의 범위내에서 주주총회 등의 결의만으로 그 취득을 허용하였다하더라도 비상장법인은 자기 주식 취득의 정당한 사유가 명확하지 않는 경우 자기 주식을 취득하지 않는 것이 세무리스크를 예방할 수 있으므로 자기주식 취득을 통한 세금절세 방안은 강구하지 않는 것이 좋을 것으로 판단이 된다.

2 당해 법인의 주주가 출자지분의 반환을 청구하는 경우

주주간의 의견 갈등 등으로 주주가 출자지분의 반환을 청구하는 경우 이를 해결하기 위하여 취득하는 자기주식 거래는 특정 목적에 의한 자기주식 취득에 해당하지 아니하며, 당해 주주총회 특별 결의는 무효에 해당한다. 따라서 세법은 상법상 무효에 해당하는 자기주식 거래를 업무무관가지급금으로 판단한다. 결국 상법상 자기주식 취득이 허용되었지만, 특정인에 대한 자금 지원 목적인 자기주식 취득은 무효가 된다. 따라서 이와 같은 경우 자기주식 취득 시 소각 목적으로 하여 법인이 배당소득세를 원천징수(의제배당에 해당하는 경우)하거나 개인 간 주식양도양수 방식으로 주식을 인수하는 것이 세무리스크를 예방할 수 있을 것이다.

3 가지급금을 줄이기 위하여 자기주식을 취득한 경우 문제

비상장법인의 경우 주주인 대표이사의 가지급금을 줄이기 위한 방법으로 법인의 주주가 가지고 있는 주식을 법인 자금으로 매입하여 가지급금을 줄인 경우 과세당국에서는 이를 인정하지 아니하므로 특별히 유의하여야 할 것이다.

즉, 내국법인이 주주에게 우회적으로 자금을 지원할 목적이 없이, 개정상법에 따라 주주로부터 자기주식을 취득하면서 지급한 금액은 인정이자 계산 대상 가지급금에 해당되지 아니하는 것이나, 이에 해당하는지는 사실판단할 사항이라는 것이 국세청의 유권해석으로서 과세 당국의 판단에 따라 자기 주식매입자금을 가지급금으로 볼 수 있는 것이므로 이와 같은 방식의 자기주식 취득은 하지 않아야 할 것이다.

◆ 서면법규-168 (2014.2.25.)
내국법인이 주주에게 우회적으로 자금을 지원할 목적이 없이,「상법」(2011.4.14. 법률 제10600호로 개정된 것) 제341조에 따라 주주로부터 자기주식을 취득하면서 지급한 금액은 인정이자 계산 대상 가지급금에 해당되지 아니하는 것이며,
귀 서면질의의 경우가 이에 해당하는지는「상법」규정 위반 여부, 자기주식의 취득 목적, 취득 후 주주에게 재매각하는지 등 거래 내용의 제반 사항을 종합적으로 고려하여 사실판단하시기 바람

◆ 법인, 법인세과-389 , 2012.06.15
자기주식 취득행위가「상법」에 위반되어 무효에 해당하는 경우 그 취득대금을 정당한 사유 없이 회수하지 않거나 회수를 지연한 때에는 업무무관가지급금에 해당함

□ 상법 제341조(자기주식의 취득)
① 회사는 다음의 방법에 따라 자기의 명의와 계산으로 자기의 주식을 취득할 수 있다. 다만, 그 취득가액의 총액은 직전 결산기의 대차대조표상의 순자산액에서 제462조제1항 각 호의 금액을 뺀 금액을 초과하지 못한다.
1. 거래소에서 시세(時勢)가 있는 주식의 경우에는 거래소에서 취득하는 방법
2. 제345조제1항의 주식의 상환에 관한 종류주식의 경우 외에 각 주주가 가진 주식 수에 따라 균등한 조건으로 취득하는 것으로서 대통령령으로 정하는 방법

② 제1항에 따라 자기주식을 취득하려는 회사는 미리 주주총회의 결의로 다음 각 호의 사항을 결정하여야 한다. 다만, 이사회의 결의로 이익배당을 할 수 있다고 정관으로 정하고 있는 경우에는 이사회의 결의로써 주주총회의 결의를 갈음할 수 있다.
1. 취득할 수 있는 주식의 종류 및 수
2. 취득가액의 총액의 한도
3. 1년을 초과하지 아니하는 범위에서 자기주식을 취득할 수 있는 기간
③ 회사는 해당 영업연도의 결산기에 대차대조표상의 순자산액이 제462조제1항 각 호의 금액의 합계액에 미치지 못할 우려가 있는 경우에는 제1항에 따른 주식의 취득을 하여서는 아니 된다.
④ 해당 영업연도의 결산기에 대차대조표상의 순자산액이 제462조제1항 각 호의 금액의 합계액에 미치지 못함에도 불구하고 회사가 제1항에 따라 주식을 취득한 경우 이사는 회사에 대하여 연대하여 그 미치지 못한 금액을 배상할 책임이 있다. 다만, 이사가 제3항의 우려가 없다고 판단하는 때에 주의를 게을리하지 아니하였음을 증명한 경우에는 그러하지 아니하다

▲ 제9조(자기주식 취득 방법의 종류 등) ① 법 제341조제1항제2호에서 "대통령령으로 정하는 방법"이란 다음 각 호의 어느 하나에 해당하는 방법을 말한다.
1. 회사가 모든 주주에게 자기주식 취득의 통지 또는 공고를 하여 주식을 취득하는 방법
2. 「자본시장과 금융투자업에 관한 법률」 제133조부터 제146조까지의 규정에 따른 공개매수의 방법
② 자기주식을 취득한 회사는 지체 없이 취득 내용을 적은 자기주식 취득내역서를 본점에 6개월간 갖추어 두어야 한다. 이 경우 주주와 회사채권자는 영업시간 내에 언제든지 자기주식 취득내역서를 열람할 수 있으며, 회사가 정한 비용을 지급하고 그 서류의 등본이나 사본의 교부를 청구할 수 있다.

제10조(자기주식 취득의 방법) 회사가 제9조제1호에 따라 자기주식을 취득하는 경우에는 다음 각 호의 기준에 따라야 한다.
1. 법 제341조제2항에 따른 결정을 한 회사가 자기주식을 취득하려는 경우에는 이사회의 결의로써 다음 각 목의 사항을 정할 것. 이 경우 주식 취득의 조건은 이사회가 결의할 때마다 균등하게 정하여야 한다.
   가. 자기주식 취득의 목적
   나. 취득할 주식의 종류 및 수

다. 주식 1주를 취득하는 대가로 교부할 금전이나 그 밖의 재산(해당 회사의 주식은 제외한다. 이하 이 조에서 "금전등"이라 한다)의 내용 및 그 산정 방법
　　라. 주식 취득의 대가로 교부할 금전등의 총액
　　마. 20일 이상 60일 내의 범위에서 주식양도를 신청할 수 있는 기간(이하 이 조에서 "양도신청기간"이라 한다)
　　바. 양도신청기간이 끝나는 날부터 1개월의 범위에서 양도의 대가로 금전등을 교부하는 시기와 그 밖에 주식 취득의 조건
2. 회사는 양도신청기간이 시작하는 날의 2주 전까지 각 주주에게 회사의 재무 현황, 자기주식 보유 현황 및 제1호 각 목의 사항을 서면으로 또는 각 주주의 동의를 받아 전자문서로 통지할 것. 다만, 회사가 무기명식의 주권을 발행한 경우에는 양도신청기간이 시작하는 날의 3주 전에 공고하여야 한다.
3. 회사에 주식을 양도하려는 주주는 양도신청기간이 끝나는 날까지 양도하려는 주식의 종류와 수를 적은 서면으로 주식양도를 신청할 것
4. 주주가 제3호에 따라 회사에 대하여 주식 양도를 신청한 경우 회사와 그 주주 사이의 주식 취득을 위한 계약 성립의 시기는 양도신청기간이 끝나는 날로 정하고, 주주가 신청한 주식의 총수가 제1호나목의 취득할 주식의 총수를 초과하는 경우 계약 성립의 범위는 취득할 주식의 총수를 신청한 주식의 총수로 나눈 수에 제3호에 따라 주주가 신청한 주식의 수를 곱한 수(이 경우 끝수는 버린다)로 정할 것

◆ 법인, 조심-2016-서-1700 , 2016.07.07 , 기각
청구법인이 특정주주(대표이사)만 선택하여 그 주식을 취득한 것이 되어 「상법」을 위배하였다고 볼 수 있는 점, 청구법인의 쟁점주식 취득은 대표이사가 상속에 대비하기 위하여 자기주식으로 취득하도록 한 것으로 보이는 점 등에 비추어 처분청이 쟁점주식 취득대금을 업무무관가지급금으로 보아 과세한 처분은 잘못이 없음

4 비상장법인 자기주식 취득시 세무리스크 예방을 위한 조건

[1] 시가(시가가 없는 경우 상증법의 보충적 평가방법)로 취득을 하여야 한다.

자기주식을 취득하는 경우 주식을 시가로 평가(비상장주식 평가 편 참조)하여 주주의 지분율대로 균등하게 취득하여야 한다.

[2] 지분율에 의하여 균등취득을 하여야 한다.

법인이 자기 주식을 취득할 시 주주 지분비율대로 인수를 하여야 하며, 불균등하게 인수하는 경우 그로 인하여 이익을 얻는 자에게 증여세 등이 과세된다.

5 시가보다 높거나 낮은 금액으로 매입하는 경우 세무상 문제

1 시가보다 높은 가격으로 매입하는 경우

[1] 개인주주로부터 고가매입하는 경우

법인이 법인의 특수관계자(법인의 주주인 임직원, 지분율 1% 이상인 주주)로부터 주식을 시가보다 높은 가격으로 인수하는 경우 법인은 익금산입하고, 주주인 경우에는 배당처분을 하여야 하고, 주주인 임직원인 경우에는 상여로 처분하여야 한다.

법인이 특수관계인인 개인으로부터 자기주식을 시가보다 높은 가액으로 매입하여 법인의 조세를 부당하게 감소시킨 것으로 인정되는 경우(시가와 거래가액의 차액이 3억원 이상이거나 시가의 100분의 5에 상당하는 금액 이상인 경우에 한하여 적용)에는 부당행위계산의 부인 규정이 적용된다.

[2] 법인주주로부터 고가매입하는 경우

법인이 자기주식을 법인주주로부터 시가보다 높은 가액으로 매입한 경우 과세관청은 자기주식을 매입한 법인에 대하여 부당행위계산 부인 규정에 따라 시가로 매입한 것으로 보아 당해 법인의 소득금액을 계산한다. 이 경우 시가와 매입가액과의 차액을 익금에 산입하고 그 귀속자가 법인이므로 기타사외유출로 처분한다

2 시가보다 낮은 가격으로 매입하는 경우

[1] 개인주주로부터 저가매입하는 경우

법인이 법인의 특수관계자(법인의 임직원, 지분율 1% 이상인 주주)로부터 주식을 시가보다 낮은 가격으로 인수하는 경우 법인에게 주식을 양도하는 자는 양도소득세가 과세될 수 있으며, 법인의 특정 주주에게는 증여세가 과세될 수 있다.

이 경우 거주자의 양도소득금액을 계산함에 있어서는 그 양도가액을 시가에 의하여 계산한다(소득세법 시행령 167조 4항). 다만, **시가와 거래가액의 차액이 3억원 이상이거나 시가의 100분의 5에 상당하는 금액 이상인 경우에 한한다.**

한편, 법인이 자본감소목적이 아닌 매매 목적 등으로 자기주식을 취득하는 경우로서 특수관계인 개인으로부터 유가증권을 시가보다 낮은 가액으로 매입하는 경우 시가와 그 매입가액의 차액에 상당하는 금액은 각 사업연도 소득금액 계산상 익금에 산입하여야 한다. (법인세법 제15조 제2항 제1호) 다만, 시가와 거래가액의 차액이 3억원 이상이거나 시가의 100분의 5에 상당하는 금액 이상인 경우에 한한다.(법인세법 시행령 제88조 ③)

[2] 법인주주로부터 저가매입하는 경우

법인이 특수관계인에게 시가보다 낮은 가격으로 자산을 양도한 때는 조세의 부담을 부당하게 감소시킨 것으로 보며,(법령 제88조 ① 3) 이 경우 그 자산을 저가로 양도한 법인에 대하여 부당행위계산부인규정을 적용하여 시가에 의하여 당해 법인의 소득금액을 계산한다. 다만, 시가와 거래가액의 차액이 3억원 이상이거나 시가의 100분의 5에 상당하는 금액 이상인 경우에 한한다.(법령 제88조 ③)

6 자본금 감자를 위하여 자기주식을 취득하는 경우 세무상 문제

[1] 지분비율에 의하지 아니하고 불균등감자를 하는 경우

법인이 자본감자시 주주의 지분 비율에 의하지 아니하고 일부 주주의 주식만을 소각함으로써 법인주주가 그와 특수관계에 있는 대주주에게 이익을 분여한 경우에는 부당행위계산의 부인에 해당하는 것이며, 주주간 특수관계인에 해당하지 아니하는 때에는 부당행위계산의 부인 규정이 적용되지 않는다.

[2] 상법 절차에 의하지 아니하고 주식을 무상소각하는 경우

법인이 상법상 적법한 감자절차에 의거 주식의 무상소각에 따른 이익이 발생한 경우에는 감자차익으로 보아 익금불산입하는 것이나 상법 등에 의하지 아니하고 자본감소를 위하여 주주로부터 자기주식을 무상으로 증여받은 때에는 그 정상가액을 자산수증이익으로 본다.

❸ 주식을 당해 법인에 매도하는 경우 세무신고 등

1 매매 목적인 경우

1 자기주식을 취득한 법인

법인세신고시 '주식등변동상황명세서'를 제출하여야 한다.

2 주식을 매각한 주주

[1] 양도소득세 신고·납부
양도소득세 및 증권거래세를 신고 및 납부하여야 한다.

[2] 증권거래세 신고 및 납부
주식을 당해 법인에 양도하는 주주는 증권거래세를 신고 및 납부하여야 한다. 단, 증권거래세는 주권 또는 지분의 계약상 또는 법률상의 원인에 의하여 유상으로 소유권이 이전되는 것을 과세대상으로 하는 것으로 자본 감자로 인하여 주주의 소유주식을 회사에 반납하는 경우에는 주권 등의 양도에 해당하지 아니하는 것이므로 증권거래세 과세대상이 아니다.

2 감자 목적인 경우

1 원천징수의무자

[1] 배당소득세 징수·납부 및 지급명세서 제출
주식의 소각, 자본의 감소로 인하여 주주가 취득하는 금전 기타 재산가액의 합계액이 주주 등이 당해 주식을 취득하기 위하여 소요된 금액을 초과하는 경우 그 초과금액은 주식을 소각하는 법인 등으로부터 이익을 배당받은 것으로 보아 배당소득으로 본다. 이 경우 의제배당으로 보아 그 지급시기에 배당소득세를 원천징수하여

다음 달 10일까지 신고 및 납부를 하여야 하며, 배당소득지급명세서를 제출하여야 한다.

[2] 주식등변동상황명세서 제출
주주가 당해 법인에 주식을 양도한 경우 당해 법인은 양도일이 속하는 과세기간의 법인세 신고시 주식등변동상황명세서를 제출하여야 한다.

② 해당 법인에 주식을 양도한 주주

의제배당을 합한 금융소득이 2천만원을 초과하는 경우 종합소득에 합산하여 종합소득세를 신고 및 납부하여야 한다.

▶ 양도소득으로 기 과세된 후 의제배당으로 확인되는 경우 과세문제
주주가 주식을 양도하고 그 양도로 인한 소득을 양도소득으로 보아 양도소득세 신고·납부를 하거나 과세관청이 주식양도소득에 대하여 양도소득세 부과를 한 후에 의제배당에 해당하는 것으로 확인된 경우 과세관청은 양도소득세 부과처분을 취소하고 의제배당에 대한 종합소득세를 부과하게 될 것이다.

주식의 양도로 인한 소득에 대하여 배당소득세를 부과한다는 것은 그 소득에 대하여는 양도소득세를 부과할 수 없다는 것을 의미하는 것이므로 배당소득세를 부과하기 위해서는 먼저 양도소득세 부과처분을 취소하여야 할 것이다. 그렇지 않으면 동일소득에 대하여 배당소득세와 양도소득세를 이중으로 과세하는 것이 된다.

◆ 서면4팀-2344, 2005.11.28.
법인이 주주로부터 주식을 매입하여 소각하는 경우 그에 따라 발생하는 주주의 소득이 주식의 양도로 인한 양도소득에 해당하는지, 자본의 환급으로 인한 배당소득(의제배당)에 해당하는지 여부는 그 거래의 실질내용에 따라 판단하는 것임. 그 매매의 경위와 목적, 계약체결과 대금결제의 방법 등에 비추어 그 매매가 법인의 주식소각이나 자본감소의 절차의 일환으로 이루어진 것인 경우에는 의제배당에 해당하는 것이며, 그 매매가 단순한 주식매매인 경우에는 양도소득에 해당하는 것임.

3 자기주식 관련 회계처리

❶ 매매목적인 경우

1 자기주식 취득

주식의 발행기업이 매입 등을 통하여 취득하는 자기주식은 취득원가를 자기주식의 과목으로 하여 자본조정으로 회계처리한다.

자기주식	100,000,000	/	현금및현금성자산	100,000,000

2 자기주식 처분

자기주식을 처분하는 경우 처분금액이 장부금액보다 크다면 그 차액을 자기주식처분이익으로 하여 자본잉여금으로 회계처리한다. 처분금액이 장부금액보다 작다면 그 차액을 자기주식처분이익의 범위내에서 상계처리하고, 미상계된 잔액이 있는 경우에는 자본조정의 자기주식처분손실로 회계처리한다. 이익잉여금(결손금) 처분(처리)으로 상각되지 않은 자기주식처분손실은 향후 발생하는 자기주식처분이익과 우선적으로 상계한다.

① 자기주식의 처분금액이 장부금액보다 큰 경우

현금및현금성자산	120,000,000	/ 자기주식	100,000,000
		자기주식처분이익	20,000,000

<세무조정> 익금산입 자기주식처분이익 20,000,000원(기타)

② 자기주식의 처분금액이 장부금액보다 적은 경우

보통예금	80,000,000	/ 자기주식	100,000,000
자기주식처분손실	20,000,000		

<세무조정> 손금산입 자기주식처분손실 20,000,000원(기타)

□ 법인세법 기본통칙 15-11…7【자기주식 처분손익의 처리】
① 자기주식을 취득하여 소각함으로써 생긴 손익은 각 사업연도 소득계산상 익금 또는 손금에 산입하지 아니하는 것이나, 매각함으로써 생긴 매각차손익은 익금 또는 손금으로 한다. 다만, 고가매입 또는 저가양도액은 그러하지 아니한다.
② 제1항 본문을 적용할 때에 자기주식의 취득가액은 해당 주식의 취득목적에 따라 매각목적 자기주식과 소각목적 자기주식으로 구분하여 영 제75조를 적용한다.

❷ 소각목적인 경우

발행기업이 자기주식을 소각하는 경우에는 감자의 회계처리(일반기준 15.11)와 동일하게 회계처리한다(일반기준 15.10).

기업이 이미 발행한 주식을 유상으로 재취득하여 소각하는 경우에 주식의 취득원가가 액면금액보다 작다면 그 차액을 감자차익으로 하여 자본잉여금으로 회계처리한다. 취득원가가 액면금액보다 크다면 그 차액을 감자차익의 범위내에서 상계처리하고, 미상계된 잔액이 있는 경우에는 자본조정의 감자차손으로 회계처리한다. 이 이익잉여금(결손금) 처분(처리)으로 상각되지 않은 감자차손은 향후 발생하는 감자차익과 우선적으로 상계한다.

1 자기주식 취득

주식의 발행기업이 매입 등을 통하여 취득하는 자기주식은 취득원가를 자기주식의 과목으로 하여 자본조정으로 회계처리한다.

자기주식	100,000,000 /	현금및현금성자산	100,000,000

▶ 자본 항목의 구분표시
1. 자본금
2. 자본잉여금 : 주식발행초과금, 감자차익, 자기주식처분이익
3. 자본조정 : 주식할인발행차금, 감자차손, 자기주식, 자기주식처분손실

4. 기타포괄손익누계액 : 매도가능증권평가손익, 해외사업환산대(손)
5. 이익잉여금 : 미처분이익잉여금, 처분후 이월이익잉여금

2 자기주식 처분

① 감소된 자본금액이 자기주식의 장부금액보다 적은 경우

자본금	50,000,000 / 자기주식		100,000,000
감자차손	50,000,000		

1. 감자차손은 감자차익의 범위 내에서 상계처리하고, 미상계잔액은 이후 발생하는 감자차익과 우선적으로 상계한다.
2. 감자차손은 세무상 손금에 해당하지 아니하므로 별도의 세무조정사항은 없다.

② 감소된 자본금액이 자기주식의 장부금액보다 큰 경우

자본금	200,000,000 / 자기주식		100,000,000
		감자차익	100,000,000

감자차익은 세무상 익금에 해당하지 아니하므로 별도의 세무조정사항은 없다.

■ 일반기업회계기준 제15장 자본
주식의 소각
실질적 감자 또는 유상감자

15.11 기업이 이미 발행한 주식을 유상으로 재취득하여 소각하는 경우에 주식의 취득원가가 액면금액보다 작다면 그 차액을 감자차익으로 하여 자본잉여금으로 회계처리한다. 취득원가가 액면금액보다 크다면 그 차액을 감자차익의 범위내에서 상계처리하고, 미상계된 잔액이 있는 경우에는 자본조정의 감자차손으로 회계처리한다. 이익잉여금(결손금) 처분(처리)으로 상각되지 않은 감자차손은 향후 발생하는 감자차익과 우선적으로 상계한다.

15.12 주식을 이익으로 소각하는 경우에는 소각하는 주식의 취득원가에 해당하는 이익잉여금을 감소시킨다.

❸ 자기주식과 관련한 일반기업회계기준

1 상환우선주 상환

상법의 규정에 의해 발행된 상환우선주의 상환과 관련하여 상환주식은 이를 취득한 때에 자기주식으로 처리하고, 상환절차를 완료한 때 이익잉여금의 감소로 회계처리한다. (문단 15.11)
① 자기주식 취득시

| 자기주식 | ××× / 현금 및 현금성자산 | ××× |

② 상환절차 완료시
1. 이익잉여금으로 상환할 경우

| 상환주식상환액 | ××× / 자기주식 | ××× |

2. 별도적립금으로 상환할 경우

  상환주식상환적립금   ××× / 자기주식   ×××

| 상환주식상환적립금 | ××× / 자기주식 | ××× |

2 주석 공시

자본거래 등과 관련된 다음의 사항은 주석으로 기재한다. (15.24)
(1) 기업이 발행할 주식의 총수, 1주의 금액 및 발행한 주식의 수와 당해 회계연도 중에 증자, 감자, 주식배당 또는 기타의 사유로 자본금이 변동한 경우에는 그 내용
(2) 발행주식 중 상호주식 등 법령에 의하여 의결권이 제한되어 있는 경우 그 내용
(3) 자기주식의 취득경위 및 향후처리계획
(4) 신주청약증거금에 대한 신주의 발행주식수, 주금납입기일 및 자본잉여금으로 적립될 금액
(5) 주식을 이익으로 소각하는 경우 자본금이 발행주식의 액면총액과 일치하지 아니하는 사유

 # 주식 양도양수와 관련한 유의사항 및 세무신고등

1 주식양도양수(비상장법인)

주식양도양수란 주주의 구성원을 변경하는 것을 말하는 것으로 아래의 절차를 거쳐 주식을 양도·양수한다. 단, 주식의 이동에 대하여는 별도의 등기 또는 등록을 요하지 않는다.

❶ 주식양도양수 계약서 작성

주식양도양수의 경우 주주간에 주식양수도 계약서를 작성한다. 취득가액과 양도가액이 동일한 경우에는 증권거래세만 납부하면 되나 비상장법인의 주식으로서 취득가액 이상으로 양도시 양도차익에 대하여 양도소득세를 납부하여야 한다.

❷ 증권거래세 신고 및 납부

주식양도일이 속하는 **반기의 말일부터 2개월 이내**에 '증권거래세과세표준신고서'를 양도인의 주소지 관할세무서에 제출하여야 하며, **양도가액의 0.35%**를 증권거래세로 납부하여야 한다.

[개정 세법] 증권거래세 인하(증권령 §5)

종 전	개 정
□ '23년부터 세율 인하 ○ (코스피) '22년 0.08% → '23년 0% ○ (코스닥) '22년 0.23% → '23년 0.15% ※ 코넥스, 기타(비상장, 장외거래 등) 현행 유지	□ 코스피·코스닥 세율 인하시기 조정 ○ (코스피) '22년 0.08% →'23년 0.05% → '25년 0% ○ (코스닥) '22년 0.23% → '23년 0.20% → '25년 0.15% ※ (좌 동)

	'22년	'23년~
코스피	0.08%	0%
코스닥	0.23%	0.15%

※ 농어촌특별세(코스피분)는 0.15%

	'22년	'23~'24년	'25년~
코스피	0.08%	0.05%	0%
코스닥	0.23%	0.20%	0.15%

※ (좌 동)

<적용시기> '23.1.1. 이후 양도하는 분부터 적용

❸ 주식 양도에 대한 양도소득세 신고 및 납부

[1] 개요
비상장법인의 주식 양도에 따른 **양도차익**이 발생한 경우 양도일이 속하는 반기의 말일부터 2월 이내에 양도인의 주소지 관할세무서에 양도소득세를 신고·납부하여야 하며, 양도소득세의 10%를 지방소득세로 납부하여야 한다. 단, 건물, 부동산에 관한 권리의 가액의 합계액이 80% 이상인 부동산 과다 보유 법인의 주식양도에 대하여는 기타자산으로 과세한다.

[2] 양도소득세 세율 [소득세법 제104조 ① 11]
① 중소기업 주식(대주주가 아닌 경우) : 10%
② 중소기업의 대주주 : 20%(과세표준 3억원 초과분 25%)

③ 중소기업이 아닌 경우 : 20%(과세표준 3억원 초과분 25%)
④ 일반법인(중소기업이 아닌 법인)의 주식으로 1년 미만 보유 주식 : 30%

[세법 개정] 2018년 이후 대주주 주식 양도소득세율
○ 과세표준 3억원 이하분 20% ○ 과세표준 3억원 초과분 25%

[개정 세법] 비상장법인 주식 양도시 20%의 세율이 적용되는 대주주
주식등의 양도일이 속하는 사업연도의 직전사업연도 종료일 현재 주주 1인 및 특수관계자가 소유하고 있는 해당 법인의 주식등의 시가총액이 다음의 연도별 구분에 따른 금액 이상 또는 지분율 이상인 경우의 해당 주주 1인 및 특수관계자가 주식을 양도하는 경우 양도소득세율은 20%가 적용된다.

▶ 대주주의 범위 [소득령 제167조의8]
★ 2024년 이전 종전 법령 적용 → 금융투자소득세 시행시기 2025년 1월 1일
2017년 1월 1일 이후 : 지분율 4% 이상 또는 시가 총액 25억원 이상
2018년 4월 1일 이후 : 지분율 4% 이상 또는 시가 총액 15억원 이상
2020년 4월 1일 이후 : 지분율 4% 또는 시가 총액 10억원 이상
2021년 4월 1일 이후 : 지분율 4% 또는 시가 총액 10억원 이상(개정 전 3억원)

◆ 양도, 서면인터넷방문상담4팀-686 , 2004.05.18.
주식의 양도일이 속하는 사업연도의 직전사업연도 종료일 현재 당해 법인의 주식지분율이 대주주 지분율에 미달하더라도 당해 사업연도 중 주식취득으로 대주주 지분율 이상 보유하게 되는 경우 그 취득일 이후부터 당해 사업연도 종료일까지 대주주로 봄

■ 주식 양도소득세 부과대상 대주주 범위 (소득령§157·167의8)
□ 대주주 지분비율 및 종목별 보유액 요건
○ '20.4.1. ~ '24.12.31.

구 분	지분율	종목별 보유액
코스피	1% 이상	10억원 이상
코스닥	2% 이상	
코넥스·비상장	4% 이상	

[개정 세법] 국내상장주식 양도소득세 대주주 과세기준 규정(소득령 §157, §167의8)

종 전	개 정
□ 상장주식 '대주주' 과세기준	□ 기타주주 합산과세 정비
ㅇ (판정) 종목별 일정 지분율 또는 일정 보유금액 이상 - (지분율) 코스피 1%, 코스닥 2%, 코넥스 4% 이상 - (보유금액) 10억원 이상 		지분율	보유금액
---	---	---
코스피	1%	10억원
코스닥	2%	
코넥스	4%			ㅇ (좌 동)
ㅇ 기타주주 합산 범위	ㅇ 최대주주가 아닌 경우 본인보유 주식만 계산
❶ 최대주주인 경우 - 6촌혈족 - 4촌인척 - 배우자 - 친생자로서 친양자 입양된자 및 그 배우자와 직계비속 - 경영지배관계 있는 법인	❶ 친족 등 범위 조정 - 4촌혈족 - 3촌인척 - (좌 동) - 혼외출생자의 생부·생모
< 추 가 > ❷ 최대주주가 아닌 경우 - 직계존비속, 배우자, 경영지배관계 주식 합산	< 삭 제 > ※ 비상장주식 대주주 판정시 친족 범위만 상장주식과 동일하게 변경

<적용시기> '23.1.1. 이후 양도하는 분부터 적용

▶ **주식을 양도한 경우 일반적인 양도소득세 산정방법**
(1) 양도가액 - 취득가액 - 필요경비(증권거래세 등) = 양도차익
(2) 양도차익 = 양도소득금액
(3) 양도소득금액 - 양도소득기본공제(2,500,000원) = 과세표준
(4) 과세표준 × 세율 = 산출세액

[3] 예정신고 및 확정신고
① 주식의 양도일이 속하는 **반기의 말일부터 2월 이내**에 신고·납부하여야 한다.
② 예정신고기간에 신고를 하지 않았거나 예정신고를 잘못한 경우에 신고하며, 주식등의 양도일이 속하는 연도의 다음연도 5월말까지 신고한다.

▶ **양도소득세 신고시 첨부할 서류**
① 양도소득과세표준신고 및 자진납부계산서
② 주식양도소득금액 계산명세서
③ 양도시 및 취득시의 실지매매계약서 사본 등

[4] 법인이 보유주식을 양도하는 경우
법인이 보유주식을 양도하는 경우 발생하는 양도차익은 법인의 소득에 추가되어 법인세를 납부하는 것으로 법인은 양도소득세 신고납부의무가 없다.

❹ 주식등변동상황명세서등 제출

① 사업연도 중에 주식등의 변동사항이 있는 법인(조합법인등 제외)은 법인세 신고기한내에 '주식등변동상황명세서' 및 '주식·출자지분양도명세서'를 납세지 관할 세무서장에게 제출하여야 한다.

② 주식변동상황명세서를 제출하여야 할 내국법인이 주식변동상황명세서를 제출하지 아니하거나 변동상황을 누락하여 제출한 경우와 제출한 변동상황명세서가 불분명한 경우에 해당하는 경우 미제출·누락제출 및 불분명하게 제출한 주식등의 액면금액 또는 출자가액의 100분의1에 상당하는 금액 (산출세액이 없는 경우에도 가산세는 징수한다.)을 가산세로 징수한다.

▶ 제출한 명세서가 불분명한 경우
1) 제출된 변동상황명세서에 필요적 기재사항의 전부 또는 일부를 기재하지 아니하였거나 잘못 기재하여 주식등의 변동상황을 확인할 수 없는 경우
2) 제출된 변동상황명세서의 <u>필요적 기재사항</u>이 주식등의 실제소유자에 대한 사항과 다르게 기재되어 주식등의 변동사항을 확인할 수 없는 경우

▶ 필요적 기재사항
1) 주주등의 성명 또는 법인명, 주민등록번호·사업자등록번호 또는 고유번호
2) 주주등별 주식등의 보유현황
3) 사업연도 중의 주식등의 변동사유

◆ 감심2005-92, 2005.09.01.
주식 등 변동상황명세서(갑)표만 제출하고 (을)표를 제출하지 않은 경우 가산세를 부과할 수 없음

❺ 신설법인의 주주등의 명세서 제출

[1] 주주등의 명세서 제출의무
법인을 새로 설립한 경우 그 설립등기일부터 2개월 이내에 법인 설립신고를 하여야 하며, 이 경우 주주등의 명세서를 첨부하여 납세지 관할 세무서장에게 신고하여야 한다.

[2] 주주등의 명세서 미제출 가산세
주주등의 명세서를 제출하여야 함에도 이를 제출하지 않은 경우 등 다음 각 호의 어느 하나에 해당하는 경우에는 해당 주주등이 보유한 주식등의 액면금액 또는 출자가액의 1천분의 5를 가산세로 설립일이 속하는 사업연도의 법인세액에 더하여 납부하여야 한다. [법인세법 제75조의2 ①]

1. 명세서를 제출하지 아니한 경우
2. 명세서에 주주등의 명세의 전부 또는 일부를 누락하여 제출한 경우
3. 제출한 명세서가 불분명한 경우에 해당하는 경우

2 주식 이동시 반드시 검토할 사항

❶ 과점주주의 국세 제2차 납세의무

법인(증권시장에 상장한 법인 제외)의 재산으로 그 법인에 부과되거나 그 법인이 납부할 국세·가산금과 체납처분비에 충당하여도 부족한 경우에는 그 국세의 납세의무 성립일 현재 다음 각 호의 어느 하나에 해당하는 자는 그 부족한 금액에 대하여 제2차 납세의무를 지며, 제2차 납세의무자란 납세자가 납세의무를 이행할 수 없는 경우에 납세자를 갈음하여 납세의무를 지는 자를 말한다.

다만, 제2호에 따른 과점주주의 경우에는 그 부족한 금액을 그 법인의 발행주식 총수(의결권이 없는 주식은 제외) 또는 출자총액으로 나눈 금액에 해당 과점주주가 실질적으로 권리를 행사하는 주식 수 출자액을 곱하여 산출한 금액을 한도로 한다.

1. 무한책임사원
2. 주주 또는 유한책임사원 1명과 그의 특수관계인 중 다음에 정하는 자로서 그들의 소유주식 합계 또는 출자액 합계가 해당 법인의 발행주식 총수 또는 출자총액의 100분의 50을 초과하면서 그에 관한 권리를 실질적으로 행사하는 자들
• 친족관계
• 경제적 연관관계
• 경영지배관계 중 국세기본법 시행령 제1조의2제3항제1호가목 및 같은 항 제2호 가목 및 나목의 관계. 이 경우 같은 조 제4항을 적용할 때 같은 항 제1호가목 및 제2호나목 중 "100분의 30"은 "100분의 50"으로 본다.

□ 국세기본법 시행령 제20조(출자자의 제2차 납세의무의 특수관계인의 범위)
② 법 제39조제2호에서 "특수관계인 중 대통령령으로 정하는 자"란 해당 주주 또는 법 제39조제2호 각 목의 어느 하나에 해당하는 사원과 제18조의2 각 호의 어느 하나에 해당하는 관계에 있는 자를 말한다. <개정 2013. 8. 27., 2021. 2. 17.>

제18조의2(짜고 한 거짓 계약으로 추정되는 계약의 특수관계인의 범위) 법 제35조제6항 각 호 외의 부분 후단에서 "특수관계인 중 대통령령으로 정하는 자"란 해당 납세자와 다음 각 호의 어느 하나에 해당하는 관계에 있는 자를 말한다. <개정 2020. 2. 11.>
1. 친족관계
2. 경제적 연관관계
3. 경영지배관계 중 제1조의2제3항제1호가목 및 같은 항 제2호 가목 및 나목의 관계. 이 경우 같은 조 제4항을 적용할 때 같은 항 제1호가목 및 제2호나목 중 "100분의 30"은 "100분의 50"으로 본다.

□ 특수한 관계에 있는 사람의 범위 [국세기본법 제2조 및 시행령 제1조의2]
20. "특수관계인"이란 본인과 다음 각 목의 어느 하나에 해당하는 관계에 있는 자를 말한다. 이 경우 이 법 및 세법을 적용할 때 <u>본인도 그 특수관계인의 특수관계인으로 본다</u>.

가. 혈족·인척 등 <u>대통령령으로 정하는 친족관계</u>
① 법 제2조제20호가목에서 "혈족·인척 등 대통령령으로 정하는 친족관계"란 다음 각 호의 어느 하나에 해당하는 관계(친족관계)를 말한다. <개정 2023. 2. 28.>
1. 4촌 이내의 혈족
2. 3촌 이내의 인척
3. 배우자(사실상의 혼인관계에 있는 자를 포함한다)

[개정 세법] 세법상 특수관계인으로서 친족범위 합리화(국기령 §1의2①)
□ 세법상 특수관계인 중 친족의 범위
ㅇ 6촌 이내의 혈족 → (개정) ㅇ 4촌 이내의 혈족
ㅇ 4촌 이내의 인척 → (개정) ㅇ 3촌 이내의 인척
<적용시기> '23.3.1. 이후 시행

나. 임원·사용인 등 <u>대통령령으로 정하는 경제적 연관관계</u>
② 법 제2조제20호나목에서 "임원·사용인 등 대통령령으로 정하는 <u>경제적 연관관계</u>"란 다음 각 호의 어느 하나에 해당하는 관계(이하 "경제적 연관관계"라 한다)를 말한다.
1. 임원과 그 밖의 사용인
2. 본인의 금전이나 그 밖의 재산으로 생계를 유지하는 자
3. 제1호 및 제2호의 자와 생계를 함께하는 친족

다. 주주·출자자 등 대통령령으로 정하는 경영지배관계
③ 법 제2조제20호다목에서 "주주·출자자 등 대통령령으로 정하는 경영지배관계"란 다음 각 호의 구분에 따른 관계(이하 "경영지배관계"라 한다)를 말한다. -요약-
1. 본인이 개인인 경우
가. 본인이 직접 또는 그와 친족관계 또는 경제적 연관관계에 있는 자를 통하여 법인의 경영에 대하여 지배적인 영향력을 행사하고 있는 경우 그 법인
나. 본인이 직접 또는 그와 친족관계, 경제적 연관관계 또는 가목의 관계에 있는 자를 통하여 법인의 경영에 대하여 지배적인 영향력을 행사하고 있는 경우 그 법인

2. 본인이 법인인 경우
가. 개인 또는 법인이 직접 또는 그와 친족관계 또는 경제적 연관관계에 있는 자를 통하여 본인인 법인의 경영에 대하여 지배적인 영향력을 행사하고 있는 경우 그 개인 또는 법인
나. 본인이 직접 또는 그와 경제적 연관관계 또는 가목의 관계에 있는 자를 통하여 어느 법인의 경영에 대하여 지배적인 영향력을 행사하고 있는 경우 그 법인
다. 본인이 직접 또는 그와 경제적 연관관계, 가목 또는 나목의 관계에 있는 자를 통하여 어느 법인의 경영에 대하여 지배적인 영향력을 행사하고 있는 그 법인

④ 제3항제1호 각 목, 같은 항 제2호가목부터 다목까지의 규정을 적용할 때 다음 각 호의 구분에 따른 요건에 해당하는 경우 해당 법인의 경영에 대하여 <u>지배적인 영향력</u>을 행사하고 있는 것으로 본다.

1. 영리법인인 경우
가. 법인의 발행주식총수 또는 출자총액의 <u>100분의 30 이상</u>을 출자한 경우
나. 임원의 임면권의 행사, 사업방침의 결정 등 법인의 경영에 대하여 사실상 영향력을 행사하고 있다고 인정되는 경우
2. 비영리법인인 경우
가. 법인의 이사의 과반수를 차지하는 경우
나. 법인의 출연재산의 100분의 30 이상을 출연하고 그 중 1인이 설립자인 경우

□ 국세기본법 기본통칙 39-20…2 【사용인·기타 고용관계에 있는 자의 범위】
법인의 특정주주 1인과 사용인·기타 고용관계에 있지 않고 단순히 당해 법인의 사용인·기타 고용관계에 있는 주주는 그 특정주주 1인과는 영 제20조 제9호의 사용인·기타 고용관계에 있는 자에 해당하지 아니한다. (2004. 2. 19. 개정)

❷ 과점주주의 취득세 납세의무 등

🔳 과점주주의 취득세 납세의무

① 과점주주란 **주주 1인과 그와 특수관계인**이 보유하는 주식 총수가 발행주식 총수의 100분의 50을 초과하는 자를 말한다.

② 과점주주가 아니었던 자가 과점주주가 될 경우 그 법인이 소유한 부동산, 차량, 건설기계, 골프회원권 등 취득세 과세대상 물건에 대하여 과점주주가 다시 취득한 것으로 보아 과세표준에 과점주주 비율을 곱한 금액을 취득세로 신고 및 납부하여야 한다.

③ 과점주주는 취득세 대상 자산을 취득한 때에 취득세를 납부하는 것이 아니라 과점주주가 된 때에 납부하는 것으로 설립시점부터 과점주주인 경우에는 취득세를 중과하지 아니하나 설립 당시 과점주주인 자가 이후 **지분이 증가한 경우**에는 증가한 지분에 대하여 취득세를 납부할 의무가 발생한다.

예를 들어 특정 주주와 그와 친족 기타 특수관계에 있는 자가 해당 **법인의 발행주식 총수 또는 출자총액의 100분의 50 이상을 출자하고 있는 경우** 법인의 경영에 대하여 지배적인 영향력을 행사하고 있는 경우로 보아 특정주주 집단과 당해 법인은 특수관계자에 해당하며, 법인의 임원 및 사용인이 아닌 주주가 과점주주 집단에게 주식을 양도함으로써 과점주주 집단의 지분이 증가하는 경우 증가한 지분율에 대하여 취득세를 신고 및 납부한다.

③ 과점주주이었던 자가 지분의 양도등(증자 포함)으로 인해 과점주주에서 제외되었으나 지분 취득등으로 다시 과점주주가 된 경우로서 그 이전 과점주주 비율보다 지분율이 증가된 경우 이미 과점주주가 된 주주가 당해 법인의 주식 또는 지분을 취득함으로써 당해 법인의 주식 또는 지분의 총액에 대한 과점주주가 가진 주식 또는 지분 비율이 증가된 경우 그 증가된 분을 취득으로 보아 취득세를 부과한다.

▶ 과점주주 지분 변동에 대한 취득세 과세 대상 여부

구 분	과점주주 지분 변동	취득세 과세 여부
당초 과점주주		취득세 과세대상 아님
과점주주(×) → 과점주주(○)	51%	과점주주 지분율에 취득세 과세
과점주주(○) → 과점주주(○)	55% → 70%	15% 지분에 대하여 취득세 과세
과점주주(○) → 과점주주(○)	80 → 55%	취득세 과세대상 아님

□ 특수한 관계에 있는 사람의 범위 [지방세기본법 제2조 및 시행령 제1조의2]

34. "특수관계인"이란 본인과 다음 각 목의 어느 하나에 해당하는 관계에 있는 자를 말한다. 이 경우 이 법 및 지방세관계법을 적용할 때 본인도 그 특수관계인의 특수관계인으로 본다.

가. 혈족·인척 등 대통령령으로 정하는 친족관계 -요약-

제2조(특수관계인의 범위) ① 「지방세기본법」 제2조제1항제34호가목에서 "혈족·인척 등 대통령령으로 정하는 친족관계"란 다음 각 호의 어느 하나에 해당하는 관계를 말한다.

1. 6촌 이내의 혈족
2. 4촌 이내의 인척
3. 배우자(사실상의 혼인관계에 있는 사람을 포함한다)
4. 친생자로서 다른 사람에게 친양자로 입양된 사람 및 그 배우자·직계비속

나. 임원·사용인 등 대통령령으로 정하는 경제적 연관관계

② 법 제2조제1항제34호나목에서 "임원·사용인 등 대통령령으로 정하는 경제적 연관관계"란 다음 각 호의 어느 하나에 해당하는 관계를 말한다.

1. 임원과 그 밖의 사용인
2. 본인의 금전이나 그 밖의 재산으로 생계를 유지하는 사람
3. 제1호 또는 제2호의 사람과 생계를 함께하는 친족

다. 주주·출자자 등 대통령령으로 정하는 경영지배관계

③ 법 제2조제1항제34호다목에서 "주주·출자자 등 대통령령으로 정하는 경영지배관계"란 다음 각 호의 구분에 따른 관계를 말한다.

1. 본인이 개인인 경우: 본인이 직접 또는 그와 친족관계 또는 경제적 연관관계에 있는 자를 통하여 법인의 경영에 대하여 지배적인 영향력을 행사하고 있는 경우 그 법인

2. 본인이 법인인 경우
가. 개인 또는 법인이 직접 또는 그와 친족관계 또는 경제적 연관관계에 있는 자를 통하여 본인인 법인의 경영에 대하여 지배적인 영향력을 행사하고 있는 경우 그 개인 또는 법인
나. 본인이 직접 또는 그와 경제적 연관관계 또는 가목의 관계에 있는 자를 통하여 어느 법인의 경영에 대하여 지배적인 영향력을 행사하고 있는 경우 그 법인

④ 제3항을 적용할 때 다음 각 호의 구분에 따른 요건에 해당하는 경우 해당 법인의 경영에 대하여 지배적인 영향력을 행사하고 있는 것으로 본다.
1. 영리법인인 경우
가. 법인의 발행주식 총수 또는 출자총액의 <u>100분의 50</u> 이상을 출자한 경우
나. 임원의 임면권의 행사, 사업방침의 결정 등 법인의 경영에 대하여 사실상 영향력을 행사하고 있다고 인정되는 경우

▶ **과점주주의 취득세 과세표준**

법인이 취득세 과세대상인 부동산, 선박, 광업권, 어업권, 차량, 기계장비, 입목, 항공기, 골프회원권, 콘도미니엄회원권, 종합체육시설이용회원권, 승마회원권등을 보유하고 있는 상태에서 특정 주주와 그와 특수관계자에 해당하는 집단이 과점주주가 된 경우 과점주주가 법인의 자산을 지배하는 것으로 보아 해당 물건을 취득한 것으로 간주하는 간주취득이며,

취득세는 법인의 장부가액[취득일(과점주주 성립일)현재 과세대상물건의 총가액 중에서 감가상각누계액을 제외한 가액]에 취득세율(2%)을 곱한 금액에 과점주주 지분을 곱한 금액으로 계산하며, 간주 취득세로 납부하는 금액은 과점주주가 부담하여야 하며, 법인이 부담하는 경우 손금산입할 수 없으며, 해당 과점주주에 대한 상여로 처분을 하여야 한다.

■ 과세표준 = 부동산 등 취득세 과세대상자산의 총가액 × (과점주주가 취득한 주식의 수 또는 과점주주 집단의 증가한 주식의 수 /주식총수)

◆ 과점주주에 대한 중과세 대상물건의 중과세 적용 (세정-1185, 2007. 4. 12.)
본점사업용 부동산 등 중과세물건이 있는 법인의 주주가 개인 또는 법인인 경우에는 과

세요건 성립 당시에 본점사업용 부동산이 있다 하더라도 주식발행법인과 과점주주는 별개의 권리의무자이므로 과점주주에 대한 취득세를 과세함에 있어 대도시내 본점 또는 주사무소의 사업용 부동산에 대하여는 중과세를 할 수 없는 것임.

▶ 취득세 신고 납부 등

과점주주는 해당 주식을 취득한 날부터 60일 이내에 관계증빙서류를 구비하여 취득물건의 소재지를 관할하는 시장·군수·구청장에게 신고 및 납부하여야 한다.

◈ 법인의 과점주주가 납부한 취득세가 양도자산의 필요경비 여부
(양도, 기획재정부 재산세제과-1036 , 2010.10.28.)
주식의 양도에 따른 양도차익을 계산함에 있어서 「지방세법」제105조 제6항에 따라 해당 법인의 과점주주가 신고 · 납부한 취득세는 「소득세법」 제97조에 따른 양도자산의 필요경비에 포함되는 것임.

■ KGAAP 금융감독원 [2008-015]
주식취득시 과점주주가 되어 납부하는 취득세 등의 회계처리
▶ 갑설 : 주식취득 부대비용으로 보아 당해 주식의 취득원가에 포함
▶ 을설 : 주식 취득시 과점주주가 되는 예외적인 경우만 취득세를 납부하므로 취득원가가 아닌 당기비용임
[회신] 갑설이 타당함

2 과점주주 집단 내부에서의 주식 이동

과점주주 중 특정 주주 1인의 주식 또는 지분의 증가를 기준으로 판단하는 것이 아니라 일단의 과점주주 전체가 소유한 총주식 또는 지분비율의 증가를 기준으로 판단하여야 한다. 따라서 과점주주 사이에 주식 또는 지분이 이전되거나 기존의 과점주주와 친족 기타 특수관계에 있으나 당해 법인의 주주가 아니었던 자가 기존의 과점주주로부터 그 주식 또는 지분의 일부를 이전받아 새로이 과점주주에 포함되었다고 하더라도 일단의 과점주주 전체가 보유한 총주식 또는 지분의 비율에 변동이 없는 한 간주취득세의 과세대상이 될 수 없다. (대법원2012두12495, 2013.7.25. 판결)

3 지방세기본법의 특수관계자

❶ 개요

법인(주식을 한국증권거래소에 상장한 법인은 제외)의 주식 또는 지분을 취득함으로써 과점주주가 된 때, 그 과점주주는 당해 법인이 소유하고 있는 부동산 등 취득세 과세대상을 해당 지분비율만큼 취득한 것으로 본다. 다만, 법인설립시에 발행하는 주식 또는 지분을 취득함으로써 과점주주가 된 경우 또는 과점주주에 대한 취득세 납세의무성립일 현재 지방세법 또는 다른 법령에 의하여 취득세가 비과세·감면되는 부분에 대하여는 그러하지 아니한다.

법인의 과점주주가 아닌 주주 또는 유한책임사원이 다른 주주 또는 유한책임사원의 주식 또는 지분을 취득하여 최초로 과점주주가 된 경우, 최초로 과점주주가 된 날 현재 당해 과점주주가 소유하고 있는 법인의 주식 또는 지분을 모두 취득한 것으로 본다.

이미 과점주주가 된 주주 또는 유한책임사원이 당해 법인의 주식 또는 지분을 취득함으로서 당해 법인의 주식 또는 지분의 총액에 대한 과점 주주가 가진 주식 또는 지분의 비율이 증가된 경우, 그 증가된 부분을 취득한 것으로 보고, 증가된 후의 주식 또는 지분의 비중이 그 증가된 날을 기준으로 그 이전 5년 이내에 당해 과점주주가 가지고 있던 주식 또는 지분의 최고비율보다 증가되지 아니한 경우에는 간주 취득세 신고납부대상에 해당하지 아니한다.

❷ 지방세법상 과점주주 개념 및 특수관계자

[1] 과점주주란?

과점주주라 함은 주주 또는 유한책임사원 1인과 그의 특수관계인이 소유하는 주식 또는 출자액의 합계액이 해당 법인의 발행주식총수 또는 출자총액의 100분의 50을 초과하면서 그에 관한 권리를 실질적으로 행사하는 자를 말한다. 따라서 과점주주라 하더라도 실질적으로 그 권리를 행사하지 아니하면 취득세 납세의무가 없다.

[2] 간주 취득세 대상 법인
과점주주가 취득세 납세의무를 부담하기 위해서는 대상법인이 비상장법인이어야 한다. 이 경우 비상장법인이란 주식을 한국증권거래소에 상장한 법인 이외의 법인을 말한다.

▶ **코스닥등록법인의 과점주주 간주 취득세 감면**
□ 지방세특례제한법 제57조의2(기업합병·분할 등에 대한 감면)
⑤ 다음 각 호의 어느 하나에 해당하는 경우에는 「지방세법」 제7조제5항에 따라 과점주주가 해당 법인의 부동산등(같은 조 제1항에 따른 부동산등을 말한다)을 취득한 것으로 보아 부과하는 취득세를 2024년 12월 31일까지 면제한다.
<개정 2019. 11. 26., 2020. 12. 29., 2021. 8. 17., 2021. 12. 28.>
8. 「자본시장과 금융투자업에 관한 법률」에 따른 증권시장으로서 대통령령으로 정하는 증권시장에 상장한 법인의 주식을 취득한 경우

□ 지방세특례제한법 시행령 제28조의2(법인 합병의 범위 등) ④ 법 제57조의2제5항 제8호에서 "대통령령으로 정하는 증권시장"이란 대통령령 제24697호 자본시장과 금융투자업에 관한 법률 시행령 일부개정령 부칙 제8조에 따른 코스닥시장을 말한다.
<개정 2015. 12. 31.>

[3] 지방세기본법의 특수관계인
특수관계인이라 함은 다음의 하나에 해당하는 자를 말한다. 이 경우 과점주주를 판단할 때 본인도 그 특수관계인의 특수관계인으로 본다.

(1) 친족·인척관계에 있는 특수관계인
혈족·인척 등의 친족관계라 함은 6촌 이내의 혈족, 4촌 이내의 인척, 배우자, 사실상의 혼인관계에 있는 배우자, 친생자로서 다른 사람에게 친양자로 입양된 자 및 그 배우자·직계비속을 말한다. 6촌 이내의 혈족이면 부계혈족이나 모계혈족을 구분하지 아니하고 모두 특수관계인에 해당한다.

(2) 임원·사용인 등 경제적 연관관계에 있는 자
1. 임원과 그 밖의 사용인,
2. 본인의 금전이나 그 밖의 재산으로 생계를 유지하는 자,
3. 제1호 및 제2호의 사람과 생계를 함께하는 친족

▶ **법인의 단순한 임직원 상호관계는 특수관계인에 해당하지 않음**

법인의 특정주주의 1인과 임원·기타 고용관계에 있지 않고, 단순히 해당 법인의 사용인·임원인 주주는 그 특정주주 1인과는 특수관계에 있는 자에 해당하지 아니한다. 예를 들어 갑법인의 사장·상무·부장·차장·직원 등의 임직원은 서로 친족관계가 아니면 특수관계인이 될 수 없다.

□ 지방세기본법 기본통칙 47…24-2【사용인 또는 그 밖에 고용관계에 있는 자의 범위】
법인의 특정주주 1인과 사용인 그 밖에 고용관계에 있지 않고 단순히 당해 법인의 「사용인 그 밖에 고용관계에 있는 주주」는 그 특정주주 1인과는 「지방세기본법 시행령」 제24조 제9호의 「사용인 또는 그 밖에 고용관계에 있는 자」에 해당하지 아니한다.
(2011. 7. 1. 제정)

▶ **임직원이 특수관계에 해당하게 되는 경우**

'갑'법인 및 '갑'법인의 임원, 사용인, 기타 고용관계에 있는 자가 '을'이라는 비상장법인에 출자를 하고, 임직원들도 '을'법인에 출자한 때에는 특수관계가 성립하게 된다.

□ 부산광역시 본청 세정담당관-22621 (2009.12.17)
1. 사실관계

주주	갑법인지분율(%)	을법인 지분율(%)	비 고(주주관계)
A	49.28	47.00	갑법인 및 을법인의 현 대표이사
B	15.16	-	갑법인의 임원
C	22.79	16.50	갑법인의 전직 대표이사
D	4.18	10.00	을법인의 직원
E	8.59	-	퇴직임원 및 퇴직직원
갑법인	-	24.50	

2.질의사항

갑 법인의 주주 "A"를 기준으로 과점주주의 범위

3. 답변내용

1) 지방세법 제22조 제2호 본문에서 "과점주주는 주주 또는 유한책임사원 1인과 그와 대통령령이 정하는 친족 기타 특수관계에 있는 자들의 소유주식의 합계 또는 출자액의 합계가 당해 법인의 발행주식총수 또는 출자총액의 100분의 50을 초과하는 자들을 말한다"라고 규정하고, 같은법 시행령 제6조 제1항에서 법 제22조 제2호에서 "대통령령이 정하는 친족 기타 특수관계에 있는 자"라 함은 다음 각호의 1에 해당하는 자를 말한다고 하면서, 제9호에서 "사용인 기타 고용관계에 있는 자"로 규정하고 있습니다.

2) 한편, 지방세 해석운용 매뉴얼 22…6-2에서 "법인의 특정주주 1인과 사용인·기타 고용관계에 있지 않고 단순히 당해 법인의 사용인·기타 고용관계에 있는 주주는 그 특정주주 1인과는 영 제6조 제9호의 사용인·기타 고용관계에 있는 자에 해당하지 아니한다"라고 규정하고 있습니다.

3) 따라서 귀문의 경우, "갑"법인에 있어 주주 겸 대표이사 A를 기준으로 주주 B·C·D·E는 인척·사용인·기타 고용인 관계에 있지 않고 단순히 "갑"법인의 사용인 ·기타 고용관계에 있다면 과점주주가 성립될 수 없다고 판단됩니다.

(3) 주주 · 출자자등 경영지배관계에 있는 특수관계인

경영지배관계"란 다음 각 호의 구분에 따른 관계를 말한다.

1. 본인이 개인인 경우: 본인이 직접 또는 그와 친족관계 또는 경제적 연관관계에 있는 자를 통하여 법인의 경영에 대하여 지배적인 영향력을 행사하고 있는 경우 그 법인

2. 본인이 법인인 경우
가. 개인 또는 법인이 직접 또는 그와 친족관계 또는 경제적 연관관계에 있는 자를 통하여 본인인 법인의 경영에 대하여 지배적인 영향력을 행사하고 있는 경우 그 개인 또는 법인
나. 본인이 직접 또는 그와 경제적 연관관계 또는 가목의 관계에 있는 자를 통하여 어느 법인의 경영에 대하여 지배적인 영향력을 행사하고 있는 경우 그 법인

주주·출자자등 경영지배관계에 있는 특수관계인을 적용할 때 다음 각 호의 구분에 따른 요건에 해당하는 경우 해당 법인의 경영에 대하여 **지배적인 영향력**을 행사하고 있는 것으로 본다.

1. 영리법인인 경우
가. 법인의 발행주식 총수 또는 출자총액의 100분의 50 이상을 출자한 경우
나. 임원의 임면권의 행사, 사업방침의 결정 등 법인의 경영에 대하여 사실상 영향력을 행사하고 있다고 인정되는 경우
2. 비영리법인인 경우
가. 법인의 이사의 과반수를 차지하는 경우
나. 법인의 출연재산(설립을 위한 출연재산만 해당한다)의 100분의 30 이상을 출연하고 그 중 1인이 설립자인 경우

❸ 간주 취득세 과세표준

[1] 부동산등의 총가액

부동산등의 총가액이란 법인의 장부가액(과점주주가 성립되는 시점의 각 계정별 잔존가액)을 말하며, 법인이 장부상 계상한 감가상각충당금을 차감한 금액으로 한다.

◆ 세정13430-999, 2000.08.14.
과점주주에 대한 취득세 과세표준액은 과점주주성립일 현재 과세대상물건의 총가액 중에서 감가상각충당액을 제외한 가액을 말함으로 과점주주성립일까지 감가상각을 하지 않고 있다면 감가상각충당금을 제할 수 없으므로 과점주주성립일 현재 과세대상물건 총액이 과세표준액이 됨

[2] 간주 취득세 계산방법

과점주주 취득세 신고시 납세의무성립일 현재 취득세 범위에 해당되는 법인의 장부가액(과점주주가 성립되는 시점의 각 계정별 잔존가액)을 법인의 주식 또는 출자의 총수로 나눈 가액에 과점주주가 취득한 주식 또는 출자의 수를 곱한 금액을 과세표준액으로 한다.

◆ 경남세정-783, 2011.01.19.

(구)지방세법 제105조 제6항에서 법인의 주식 또는 지분을 취득함으로써 과점주주가 된 때에는 그 과점주주는 당해 법인의 부동산 등을 취득한 것으로 규정하고 있고, 과점주주는 과점주주가 된 때 법인의 부동산을 취득한 것으로 간주하여 취득세 납세의무가 성립하는 것이며, 과점주주 취득세 신고시 납세의무성립일 현재 구)지방세법 제104조에서 취득세 범위에 해당되는 법인의 장부가액(과점주주가 성립되는 시점의 각 계정별 잔존가액)을 법인의 주식 또는 출자의 총수로 나눈 가액에 과점주주가 취득한 주식 또는 출자의 수를 곱한 금액을 과세표준액으로 신고납부하여야 할 것으로 사료되나, 이에 해당하는지 여부 등은 과세권자(시장·군수)가 사실관계를 확인하여 이에 해당여부를 결정하여야 할 것임.

[3] 법인이 부동산 등을 취득할 당시 납부한 등록세 및 취득세가 과점주주에 대한 취득세납세의무성립일 현재 자산원가에 포함되어 있는 경우 과점주주의 취득세과세표준 산출시 이를 제외하여야 하는지 여부

지방세법 제111조 제4항의 규정에서 과점주주에 대한 취득세과세표준은 주식취득 당시의 그 법인의 "자산총액"을 기준으로 산정하여야 하고, 이 경우 과세표준을 당해 법인의 결산서 기타 장부 등에 의한 "과세대상 자산총액"을 기초로 산출하는 경우에는 취득의제 당시의 과세대상물건의 장부가액을 기준으로 과세표준을 산출하여야 할 것이므로(대법원83누103, 1983.12.13), 당해 법인이 과점주주가 된 당시 이미 등록세 및 취득세가 취득세과세대상물건의 취득가액인 "자산총액"에 포함되어 법인장부에 계상되어 있는 경우라면 과점주주의 취득세과세표준에 포함되는 것임. (행정자치부세정담당관-519;2003.07.18)

❹ 간주 취득세와 관련한 사례

[1] 명의신탁 해지의 경우 간주 취득세 의무는 없음

명의신탁해지로 인해 주주가 당해 법인의 과점주주가 되는 경우라면, '주식을 제3자에게 명의신탁하였다가 신탁을 해지하고 신탁자 명의로 원상회복하는 과정에서 형식상 새로운 과점주주가 된 경우에는 간주취득 납세의무가 없다.

◆ 서울세제-7751, 2014.06.11

명의신탁해지로 인해 주주 甲이 A법인의 과점주주가 되는 경우라면, '주식을 제3자에게 명의신탁하였다가 신탁을 해지하고 신탁자 명의로 원상회복하는 과정에서 형식상 새로운 과점주주가 된 경우에는 간주취득 납세의무가 없다고 할 것임.

[2] 법인의 자기 주식 취득으로 인한 간주 취득세 과세 여부

주주가 주식발행법인의 주식을 취득하여 과점주주의 주식소유비율이 증가되는 것이 아니라 주식발행 법인이 자기주식을 취득함으로서 기존의 과점주주에 대한 주식소유비율이 증가하는 경우에는 과점 주주에 대한 취득세납세의무가 없음.
(행정자치부세정13407-58;2003.01.22.)

[3] 과점주주간에 주식을 양수도하는 경우 간주 취득세 과세 여부

지방세법 제22조 제2호의 규정에 의한 과점주주(지방세법 시행령 제6조의 규정에 의한 친족, 특수관계인)로서 당해 과점주주간에 주식을 양도 양수하는 경우에는 과점주주의 주식소유비율이 증가하지 아니하는 친족, 특수관계인간의 내부이동에 해당되므로 취득세납세의무가 없는 것인바, 이 경우 비상장법인의 과점주주들과 각각 특수관계에 해당하는 자가 기존의 과점주주로부터 주식을 새로이 취득하는 경우와 당해 주식취득 후 다시 기존의 과점주주로부터 48%의 주식을 취득하는 경우라면 과점주주의 주식소유비율이 증가하지 아니하여 취득세납세의무가 발생하지 않음.
(행정자치부세정담당관-413;2003.07.09)

[4] 취득시 취득세를 면제받은 경우 과점주주의 취득세납세의무 여부

지방세법 제105조 제6항의 규정에 의거 법인의 주식 또는 지분을 취득함으로써 과점주주가 된 때에는 그 과점주주는 당해 법인의 부동산, 차량, 기계장비, 입목, 항공기, 선박, 광업권, 어업권, 골프회원권, 콘도미니엄회원권 또는 종합체육시설이용회원권을 취득한 것으로 보나 법인설립시에 발행하는 주식 또는 지분을 취득함으로써 과점주주가 된 경우 또는 과점주주에 대한 취득세 납세의무성립일 현재 이 법 및 기타 법령에 의하여 취득세가 비과세, 감면되는 부분에 대하여는 그러하지 아니하도록 규정하고 있으므로, 이 경우 비상장법인의 과점주주가 당해 비상장법인에 부동산을 현물출자하고 현물출자의 대가로 지분을 받아 과점주주비율이 증가된 경우로서, 당해 비상장법인은 부동산을 취득시에 취득세를 면제받은 경우라도 비상장법인의 취득세납세의무와 과점주주 취득세납세의무는 별개의 것이므로 당해 과점주주 비율증가분에 대하여는 과점주주 취득세를 납부하여야 함
(행정자치부세정담당관-767;2003.08.08)

[5] 지방세감면조례규정에 의하여 감면을 받은 경우 과점주주의 취득세납세의무에 영향을 미치는지 여부

지방세법 제105조 제6항 단서 소정의 "취득세가 비과세 또는 감면되는 부분"이라 함은 과점주주의 간주취득이 지방세법 또는 기타 법령의 규정에 의한 비과세 또는 감면요건에 해당하는 경우라 할 것이므로, 당해 법인이 부동산을 취득하면서 취득세를 면제받았다고 하여 바로 과점주주로 된 자의 취득세납세의무가 면제되는 것은 아니라 할 것(대법원99두6897, 2001.1.30. 참조)인바, 지방세감면조례규정에 의하여 임대주택에 대한 감면을 받았다고 하더라도 과점주주의 취득세납세의무에 영향을 주는 것은 아님(행정자치부세정담당관-519;2003.07.18)

[6] 과점주주 사이에 지분이 이동되거나 기존의 과점주주와 특수관계이지만 주주가 아닌 자가 과점주주로부터 지분을 이전받은 경우에도 과점주주에 대한 취득세를 과세 여부

종전에 지방세 당국은 과점주주 사이에서 지분을 이전한 경우에는 과점주주 전체의 지분이 변동이 없으므로 취득세 과세대상이 아니나, 과점주주와 특수관계이지만 과점주주가 아닌 자가 과점주주로부터 지분을 취득한 경우에는 새롭게 과점주주가 된 것이므로 취득세를 과세한다고 해석하였다.

그러나 대법원은 간주 취득세 과세대상인 과점주주에 해당하는지 여부는 과점주주 중 특정 주주 1인의 주식 또는 지분의 증가를 기준으로 판단하는 것이 아니라 과점주주 전체가 소유한 총주식 또는 지분비율의 증가를 기준으로 판단하므로 과점주주 사이에 주식 또는 지분이 이전되거나 기존의 과점주주와 친족 기타 특수관계에 있으나 주주가 아니었던 자가 기존의 과점주주로부터 주식 또는 지분의 일부를 이전받아 새로이 과점주주에 포함되었다고 하더라도 일단의 과점주주 전체가 보유한 총 주식 또는 지분의 비율에 변동이 없는 한 간주취득세의 과세대상이 될 수 없고 기존의 과점주주로부터 그 소유주식 또는 지분 전부를 이전받았다고 하더라도 달리 볼 것은 아니라고 판결하였다(대법원2002두1144, 2004.2.27., 대법원2007두10297, 2007.8.23.).

[7] 특정 주주와 친인척관계가 없는 법인 임원의 과점주주 해당 여부

[질의] 1. 지분율이 다음과 같을 때 대표는 몇 %의 과점주주입니까? 100% 또는 80%?
2. C(임원)이 10%의 주식을 A(대표)에게 양도하는 경우 간주 취득세에 해당하는 지요?
A(대표) 45%, B(대표의 조카) 35%, C(임원) 10%, D(임원) 10%

[답변] 1. 단순히 임직원 또는 단순한 주주관계 만으로 특수관계에 해당하지는 아니하는 것으로서 귀 질의의 경우 A(대표)와 B(대표의 조카)는 특수관계자에 해당되는 것이나 C(임원) 및 D(임원)는 특수관계자에 해당하지 않는 것입니다.
2. 설립시 과점주주 집단의 지분율이 80%이었으나 그 후에 10%를 추가한 경우에는 10%에 대한 과점주주 간주취득세 납세의무가 있는 것입니다.

[8] 출자지분 증가에 따른 간주 취득세 납부여부

[질의] 1. 갑법인이 을법인에 출자하여 설립 및 지분율 70%, 이후 추가출자하여 지분이 10% 증가된 경우 과점주주 여부 및 취득세 납부계산은?
2. 갑법인이 을법인에 100% 출자하여 설립하는 경우 간주취득세 납세의무?

[답변] 과점주주 간주취득세의 경우 법인설립시의 과점주주 지분은 제외하는 것으로 규정되어 있습니다. 설립시 70%이었으나 그 후에 10%를 추가한 경우에는 10%에 대한 과점주주 간주취득세 납세의무가 있는 것입니다. 즉 취득세는 10% 지분 취득당시의 취득세 과세대상 물건의 장부가액 × 10% × 세율(2%)로 산정됩니다.
단, 설립시 100%이었다면, 설립시 과점주주 간주취득세 납세의무는 없습니다.

[9] 사전에 행정안전부에 과점주주 해당 여부를 질의하여 답변을 받았음에도 과세한 사례

☐ 조심 2013지0257, 2013. 4. 26.
[제   목] 과점주주 취득세 부과처분의 적법 여부
[결정요지] 청구인과 그 특수관계인은 이 건 법인의 발행주식 340,000주 중 245,348주(지분율 74.74%)를 소유한 상태에서 96,652주(지분율 28.26%)를 추가로 취득하여 100% 과점주주가 된 사실이 제출된 자료에 의하여 확인되는 이상 그 증가분(28.26%)에 대하여 취득세 납세의무가 성립되는 것임.
[주   문] 심판청구를 기각한다.

❺ 상증법의 특정주주 및 임직원간 특수관계자 여부

지방세기본법에 의한 경우 특정주주가 당해 법인의 지분을 30%(지방세기본법의 경우 50%) 이상 가지고 있다하더라도 당해 법인의 특정주주와 임직원은 특수관계자에 해당하지 아니하나 상증법에 의한 경우에는 특정주주가 당해 법인의 지분을 30% 이상 가지고 있는 경우 특정주주와 임직원은 특수관계자에 해당한다.

◆ 재산-116, 2012.03.22
【제목】
최대주주의 자녀와 그 최대주주가 발생주식총수의 100분의 30이상을 출자하고 있는 법인의 임원은 상증법상 특수관계인에 해당함(2012.1.1. 이후 특수관계인의 범위를 명확화함)
【질의】
(사실관계)
ㅇ 비상장 A법인의 임원이었던 자가 퇴사하면서 소유하고 있던 A법인 주식 지분 10%를 법인의 대표자 겸 대주주인 자의 자녀 甲(A법인의 주주가 아님)에게 액면가액에 양도하고자 함.
ㅇ 甲의 부모가 보유하는 A법인의 주식지분은 75%로서 A법인의 최대주주에 해당하며, A법인의 임원은 대표자 등과 친인척 관계가 전혀 없음.
(질의내용)
ㅇ 고저가 양도양수와 관련하여 해당법인의 임원과 30%이상 출자하여 지배하는 주주의 아들(주식을 보유하고 있지 않음)간에 특수관계가 성립하는지 여부
【회신】
귀 질의의 경우, A법인의 주주가 아닌 甲과 「상속세 및 증여세법 시행령」 제12조의2 제1항 제1호부터 제5호까지의 관계에 있는 특수관계인이 발행주식총수의 100분의 30 이상을 출자하고 있는 A법인의 임원은 甲과 같은 조 제1항 제2호의 특수관계인에 해당하는 것임.

[개정 세법] 특수관계인에 해당하는 임원범위 합리화 (상증령 제2의2 ②)
(종전) 5년
(개정) 3년. 다만 공시대상기업집단 소속 기업의 퇴직임원은 5년
〈적용시기〉 2019년 영 시행일 이후 상속이 개시되거나 증여받는 분부터 적용

 # 비상장주식 평가 및 평가방법

1 비상장주식 평가

❶ 개요

법인의 주식을 양도양수하거나 증여하는 경우 또는 자본금 증자시 주식의 거래가액 등을 시가보다 일정비율 이상 낮거나 높은 가격으로 책정하여 거래하는 경우 증여세 및 양도소득세 문제가 발생한다.

상장법인의 주식은 유가증권 시장 및 코스닥 시장에서 거래가 되기 때문에 주식의 시가를 알 수 있으므로 시가를 기준으로 양도양수하거나 증여를 하면 될 것이나 문제는 비상장법인의 주식이다. 비상장법인의 주식은 거래소 등에서 거래가 되지 않아 주식의 시가를 알 수가 없으므로 차선책으로 「상속세및증여세법」에서는 그 평가방법에 대한 기준을 정하여 두고 있으며, 이를 보충적 평가방법이라 한다.

▶ 비상장법인 주식 평가를 하여야 하는 경우
1. 개인주주가 주식을 양도하는 경우 시가 산정
2. 법인의 특수관계자가 보유한 주식을 법인이 취득하는 경우
3. 법인이 자기 주식을 취득하는 경우
4. 법인이 유상증자나 유상감자시 기존주주의 지분비율에 의하지 아니하고, 차등증자 또는 감자하는 경우 주식발행가액 책정
5. 법인이 보유한 다른 회사 비상장주식을 법인의 특수관계자에게 매각하고자 하는 경우 주식매각금액의 결정

❷ 상증법에 의한 비상장법인 주식 평가

비상장법인의 주주가 주식을 양도하는 경우 양도가액은 시가로 하여야 한다. 단, 비상장법인의 주식은 대부분 시가를 잘 알 수 없으므로 매매사례가액 등 시가가 없는 경우 보충적 평가(상속세및증여세법 제63조 제1항 및 같은법 시행령 제54조)에 따른 가액을 시가로 하되, **특수관계자가 아닌 자와의 거래인 경우 소득세법 시행령 제165조 제4항의 규정에 의한 평가가액**으로 한다.

▶ 비상장주식의 소득세법상 기준시가 및 상증법의 평가방법 비교

구 분	소득세법상 기준시가	상증법의 보충적 평가방법
순손익가치	직전 사업연도의 순손익액	평가기준일 직전 3년간 순손익액의 가중평균액
순자산가치	직전 사업연도 종료일 현재 장부가액(토지는 기준시가)	평가기준일 현재 상증법에 의하여 평가한 가액과 장부가액 중 큰 금액(평가기준일 현재로 가결산을 하여야 함)

◆ 비상장주식 양도시 적용되는 시가
(법인, 서면인터넷방문상담2팀-719 , 2006.05.02.)
내국법인이 보유한 비상장주식을 특수관계자에게 양도하는 경우 법인세법 제52조에 규정한 부당행위계산 부인 규정을 적용함에 있어 시가란 당해 거래와 유사한 상황에서 당해 법인이 특수관계자 외의 불특정다수인과 계속적으로 거래한 가격 또는 특수관계자가 아닌 제3자간에 일반적으로 거래된 가격이 있는 경우 그 가격에 의하며 시가가 불분명한 경우 상속세 및 증여세법 제63조를 준용하여 평가한 가액에 의하는 것임.

□ 소득세법 시행령 제165조(토지·건물외의 자산의 기준시가 산정) -요약-
⑧법 제99조제1항제6호에서 "대통령령으로 정하는 방법에 따라 평가한 가액"이란 다음 각 호에 따라 평가한 가액을 말한다. <개정 2022. 2. 15., 2023. 2. 28.>
1. 법 제94조제1항제4호나목부터 라목까지의 규정에 따른 주식등
 제150조의22에 따라 평가한 가액. 이 경우 다음 각 목의 주식등이 제150조의22제1항제2호 각 목 외의 부분의 주식등에 해당하는 경우에는 다음 각 목에서 정하는 가액으로 한다.
　가. 법 제94조제1항제4호다목에 따른 주식등: 제150조의22제1항제2호가목에서 정

하는 바에 따라 평가(다만, 순손익가치와 순자산가치의 비율은 각각 2와 3으로 한다)한 가액

　　나. 법 제94조제1항제4호라목에 따른 주식등: 제150조의22제1항제2호가목2)의 계산식에 따라 평가한 가액

2. 법 제94조제1항제4호 가목의 규정에 의한 영업권

「상속세 및 증여세법 시행령」 제59조제2항의 규정을 준용하여 평가한 가액

3. 법 제94조제1항제4호나목에 따른 시설물이용권(주식등은 제외한다)

「지방세법」에 따라 고시한 시가표준액. 다만, 취득 또는 양도 당시의 시가표준액을 확인할 수 없는 경우에는 기획재정부령으로 정하는 방법에 따라 계산한 가액

□ 상속세및증여세법 제63조(유가증권 등의 평가)
① 유가증권 등의 평가는 다음 각 호의 어느 하나에서 정하는 방법으로 한다.
<개정 2013.5.28., 2016.12.20.> -요약-
1. 주식등의 평가
가. 상장주식은 평가기준일(평가기준일이 공휴일 등인 경우 그 전일을 기준으로 한다) 이전·이후 각 2개월 동안 공표된 매일의 거래소 최종 시세가액의 평균액(평균액을 계산할 때 평가기준일 이전·이후 각 2개월 동안에 증자·합병 등의 사유가 발생하여 그 평균액으로 하는 것이 부적당한 경우에는 평가기준일 이전·이후 각 2개월의 기간 중 대통령령으로 정하는 바에 따라 계산한 기간의 평균액으로 한다). 다만, 제38조에 따라 합병으로 인한 이익을 계산할 때 합병(분할합병을 포함한다)으로 소멸하거나 흡수되는 법인 또는 신설되거나 존속하는 법인이 보유한 상장주식의 시가는 평가기준일 현재의 거래소 최종 시세가액으로 한다.

나. 가목 외의 주식등은 해당 법인의 자산 및 수익 등을 고려하여 대통령령으로 정하는 방법으로 평가한다.

□ 상속세 및 증여세법 시행령 제54조(비상장주식등의 평가) -요약-
① 비상장주식등은 1주당 다음의 계산식에 따라 평가한 가액(이하 "순손익가치"라 한다)과 1주당 순자산가치를 각각 3과 2의 비율[부동산과다보유법인(「소득세법」제94조제1항제4호다목에 해당하는 법인을 말한다)의 경우에는 1주당 순손익가치와 순자산가치의 비율을 각각 2와 3으로 한다]로 가중평균한 가액으로 한다. 다만, 그 가중평균한 가

액이 1주당 순자산가치에 100분의 80을 곱한 금액 보다 낮은 경우에는 1주당 순자산가치에 100분의 80을 곱한 금액을 비상장주식등의 가액으로 한다.
<개정 2015. 2. 3., 2016. 2. 5., 2017. 2. 7., 2021. 1. 5.>

1주당 가액 = 1주당 최근 3년간의 순손익액의 가중평균액 ÷ 3년 만기 회사채의 유통수익률을 감안하여 기획재정부령으로 정하는 이자율

②제1항의 규정에 의한 1주당 순자산가치는 다음의 산식에 의하여 평가한 가액으로 한다. <개정 1999. 12. 31., 2003. 12. 30.>
1주당 가액 = 당해법인의 순자산가액 ÷ 발행주식총수(이하 "순자산가치"라 한다)

□ 상속세및증여세법 집행기준 63-56-1【1주당 최근 3년간의 순손익액의 계산방법】
1주당 최근 3년간의 순손익액의 가중평균액은 원칙적으로 다음과 같이 계산하고 그 가액이 0원 이하인 경우에는 0원으로 한다. 이 경우 사업년도가 1년 미만일 경우 1년으로 환산한 가액으로 계산한다.

○ 1주당 순손익가치 = $\dfrac{\text{1주당 최근 3년간 순손익액의 가중평균액}}{\text{순손익가치환원율(10\%)}}$

○ 1주당 최근 3년간 순손익액의 가중평균액 = $\dfrac{A \times 3 + B \times 2 + C \times 1}{6}$

A: 평가기준일 이전 1년이 되는 사업년도의 1주당 순손익액
B: 평가기준일 이전 2년이 되는 사업년도의 1주당 순손익액
C: 평가기준일 이전 3년이 되는 사업년도의 1주당 순손익액

○ 각사업연도의 1주당 순손익액 = $\dfrac{\text{각사업연도 순손익액}}{\text{각 사업연도종료일 현재의 발행주식총수}}$

❸ 1주당 순손익가치 계산

1 개요

1주당 순손익가치는 최근 3년간의 순손익액의 가중평균액을 순손익가치환원율로 나눈 금액으로 계산한다.

평가기준일이 회계연도의 말일인 경우 당해 회계연도를 포함하나 말일 이전인 경우 그 이전 사업연도로 한다.

<사례> 20×7. 12. 01 주식을 양도하는 경우 적용할 기준일자
평가기준일(20×6.12.1) 이전 1년, 2년 및 3년이 속하는 사업연도의 1주당 순손익액을 기준으로 하여 계산하는 것으로 평가기준일이 20×7년 12월인 경우 직전 3년은 20×6, 20×5, 20×4년이 된다.
(1) 평가기준일 20×7년 12월 31일인 경우 평가기준연도
20×7년, 20×6년, 20×5년 회계연도
(2) 평가기준일 20×7년 12월 30일 이전인 경우 평가기준연도
20×6년, 20×5년, 20×4년 회계연도

☐ 서면4팀-1991, 2006.6.27.
「상속세 및 증여세법 시행령」 제56조 제1항 제1호의 규정에 의하여 비상장법인의 "1주당 최근 3년간 순손익액의 가중평균액"은 평가기준일 이전 1년, 2년 및 3년이 되는 날이 속하는 사업연도의 1주당 순손익액을 기준으로 하여 계산하는 것임

2 각 사업연도 순손익액 계산

각 사업연도의 순손익액이란 법인세 과세표준 및 세액조정계산서의 ⑩ 각 사업연도 소득금액(⑭+⑮-⑯)에서 다음의 항목을 차가감한 금액으로 한다.

[1] 각 사업연도 소득금액에 가산할 항목
세무조정에서 익금불산입 또는 손금산입을 하였다하더라도 실제 법인의 자산이 증

가한 다음의 조정사항 및 전기 이전 기부금 한도초과액 중 당기에 손금 산입한 금액 등은 각 사업연도 소득금액에 가산하여야 한다. (상증법 시행령 제56조④1)

가산할 항목	비 고
· 국세 및 지방세 과오납 환급금이자	자산 유입
· 수입배당금 익금불산입금액	자산 유입
· 자산의 평가차익으로 세무조정에서 익금불산입한 금액	자산 증가
· 기부금한도초과액의 이월공제액의 손금산입액	

[2] 각 사업연도 소득금액에 차감할 항목

세무조정에서 손금불산입을 하였다하더라도 실제 법인의 자산이 감소한 다음의 조정사항 등은 각 사업연도 소득금액에서 차감하여야 한다.

차감할 항목	비 고
· 벌금, 과료, 과태료, 가산금, 가산세, 체납처분비	자산 유출
· 손금으로 인정되지 않는 공과금	자산 유출
· 업무와 관련없는 지출	자산 유출
· 각 세법상 징수불이행 납부세액	자산 유출
· 기부금 한도초과액, 비지정기부금 손금불산입액	자산 유출
· 접대비 한도초과액	자산 유출
· 지급이자 손금불산입액	자산 유출
· 과다경비 등의 손금불산입액	자산 유출
· 법인세총결정세액(농어촌특별세 · 지방소득세 포함)	자산 유출
· 외국납부세액 또는 손금불산입한 외국법인세액	
· 당해연도 감가상각비 시인부족액을 손금산입한 금액	

◆ 각 사업연도소득에서 차감하는 법인세 총결정세액 (서면4팀 -684, 2007.02.22.)
1. 각 사업연도소득에서 차감하는 법인세액은 각 사업연도 소득에 대하여 납부하였거나 납부하여야 할 법인세 총결정세액을 말하는 것으로 법인세 산출세액 합계액에서 공제감면세액을 차감하고 가산세액을 가산한 금액에 의하는 것임.
2. 「상속세 및 증여세법 시행령」 제56조 제3항 제2호 나목 규정의 "각 세법에서 규정하는 징수불이행으로 납부하였거나 납부할 세액"이라 함은 「법인세법」 제21조 제1호의 규정에 의한 "각 세법에 규정하는 의무 불이행으로 인하여 납부하였거나 납부하여야 할

세액(가산세포함)"으로 각 사업연도소득금액 계산상 손금에 산입하지 아니한 금액을 말하며, 이 경우 의무불이행에는 같은법 시행령 제21조의 규정에 의하여 간접국세의 징수불이행·납부불이행과 기타의 의무불이행의 경우를 포함하는 것임.

◆ 법인세 경정 등으로 순손익액이 변동이 있는 경우(재삼46014-2163, 1998.11.09.)
상속재산인 비상장주식을 평가할 때 최근 3년간 순손익액은 관련 규정에 의하는 것이며, 법인세 경정 등으로 최근 3년간 순손익액에 변동이 생긴 때에는 그 변동된 내용에 따라 비상장주식을 평가하는 것임

[3] 세무상 유보금액
상증법에 의하여 평가한 자산의 경우 세무상 유보금액은 반영하지 아니한다.

◆ 상증법의 규정에 의하여 평가하는 자산과 관련된 유보금액은 순자산가액에 별도로 가감하지 아니함 (재산-1116, 2009.6.5.)
「상속세 및 증여세법 시행령」 제55조 제1항의 규정에 의하여 비상장법인의 순자산가액을 계산할 때에 당해 법인의 자산가액은 같은 법 제60조 내지 제66조의 규정에 의한 평가액에 의하는 것이며, 당해 법인의 자산을 같은 법 제60조 제3항 및 제66조의 규정에 의하여 평가한 가액이 장부가액보다 적은 경우에는 장부가액으로 하되, 장부가액보다 적은 정당한 사유가 있는 경우에는 그러하지 아니하는 것임. 이 경우 장부가액은 기업회계기준 등에 의해 작성된 대차대조표상 장부가액에 의하는 것이며, 자본금과 적립금조정명세서(을)상의 유보금액 중 「상속세 및 증여세법」의 규정에 의하여 평가하는 자산과 관련된 유보금액은 순자산가액에 별도로 가감하지 아니하는 것임.

▶ 각 사업연도 소득금액 계산시 퇴직급여충당금 유보금액 차감하지 않음
비상장주식을 보충적으로 평가하는 경우 "최근 3년간의 순손익액"은 각 사업연도 소득을 기준으로 산정하는 것으로 이 경우 퇴직급여충당금 유보금액을 차감하지 않는 것임 (재산-13, 2012.01.13.)

[4] 각 사업연도소득은 이월결손금을 공제하기 전의 소득을 말함
각 사업연도 소득은 「법인세법」 제14조의 규정에 의한 소득으로 이월결손금을 공제하기 전의 소득을 말한다. 다만, 이월결손금으로 인하여 법인세로 납부할 세액이 적어진 경우 해당 세액을 계산하여 각사업연도 소득금액에서 차감한다.

사례 이월결손금이 있는 경우 차감할 법인세비용 등

<예제>
1. 이월결손금을 공제한 이후 법인세등 납부세액 7,700,000원

각 사업연도 소득금액	300,000,000원
이월결손금	200,000,000원
과세표준	100,000,000원
산출세액	10,000,000원
공제감면세액(중소기업특별세액 감면)	3,000,000원
법인세납부세액	7,000,000원
지방소득세 납부세액	700,000원

2. 이월결손금 공제하지 아니한 경우 법인세 납부세액

각 사업연도 소득금액	300,000,000원
과세표준	300,000,000원
산출세액	40,000,000원
공제감면세액	12,000,000원
법인세납부세액	28,000,000원
지방소득세 납부세액	2,800,000원

<풀이> 상증법상 소득금액은 이월결손금 공제전 금액인 300,000,000원이며, 이월결손금을 공제하지 아니한 경우 부담할 법인세등은 30,800,000원이므로 이 금액을 각사업연도 소득금액에서 차감한다.

[5] 각 사업연도 1주당 순손익액이 0원 이하인 경우

각사업연도 1주당 순손익액이 0원 이하인 경우에는 0원 이하 가액을 그대로 적용한다.

▶ 3년 연속 결손 법인의 1주당 주식 평가

연속 결손인 비상장법인의 발행주식을 보충적 방법으로 평가하는 경우 「상속세 및 증여세법 시행령」 제54조 제4항 제3호의 규정에 의하여 순자산 가치로만 평가한 금액이 음수인 경우 "0"원으로 평가한다.

3 각 사업연도의 주식수

각 사업연도의 주식수는 각 사업연도 종료일 현재의 발행주식총수에 따른다.

4 최근 3년간 순손익액의 가중평균액 및 순손익가치환원율

[1] 최근 3년간의 순손익액의 가중평균액
[① + ② + ③] ÷ 6
① 평가기준일 이전 1년이 되는 사업년도의 1주당 순손익액 × 3
② 평가기준일 이전 2년이 되는 사업년도의 1주당 순손익액 × 2
③ 평가기준일 이전 3년이 되는 사업년도의 1주당 순손익액 × 1

[2] 순손익가치환원율

순손익가치환원율은 일명 자본환원율이라고도 하는 것으로 이는 이익을 10%로 나누어 현재시점의 자기자본이 얼마인지를 환산하여 주식가치에 반영하고자 하는 것이다. 순손익가치환원율은 금융기관이 보증한 3년 만기 회사채의 유통수익률을 감안하여 기획재정부장관이 정하여 고시하도록 하고 있다. 현재 적용되고 있는 순손익가치환원율은 10%이다. [상증령 §54 ①, 상증법 시행규칙 제17조]

[3] 1주당 순손익 가치 계산 사례

[사례1] 발행 주식수 100,000주, 자본금 500,000,000원, 순자산가액 12억원
상증법에 의한 조정 후 각 사업연도 손익 및 1주당 순손익액

구분	20×5년	20×4년	20×3년
각 사업연도소득금액	40,000,000	△30,000,000	△10,000,000
조정금액 (가산, 차감)	10,000,000	20,000,000	
상증법에 의한 순손익액	50,000,000	△10,000,000	△10,000,000
1주당 순손익액	500	△100	△100

1) 1주당 최근 3년간의 순손익액의 가중평균액 : 200원
[500원 × 3 + -100원 × 2 + -100원 × 1] ÷ 6
2) 1주당 순손익가치 : 200원 ÷ 0.1 = 2,000원

3) 1주당 순자산가치 : 12억원 ÷ 100,000주 = 12,000원

평가일 현재 상증법에 의한 순자산 : 12억원

4) 1주당 평가액 : 9,600원 [MAX(9,600원 6,000원)]

[1주당 순손익가치(2,000원) × 3] + [1주당 순자산가치(12,000원) × 2] ÷ 5

▶ 비상장주식은 1주당 순손익가치와 1주당 순자산가치를 각각 3과 2의 비율로 가중평균한 가액으로 한다.

◎ 그 가중평균한 가액이 1주당 순자산가치에 100분의 80을 곱한 금액 보다 낮은 경우에는 1주당 순자산가치에 100분의 80을 곱한 금액을 비상장주식등의 가액으로 한다.

[사례2] 발행 주식수 100,000주, 자본금 500,000,000원

상증법에 의한 조정 후 각 사업연도 손익 및 1주당 순손익액

구분	20×5년	20×4년	20×3년
각 사업연도소득금액	40,000,000	△110,000,000	△10,000,000
조정금액 (가산, 차감)	10,000,000	10,000,000	
상증법에 의한 순손익액	50,000,000	△100,000,000	△10,000,000
1주당 순손익액	500	△1,000	△100

1) 1주당 최근 3년간의 순손익액의 가중평균액 : △600원

[500원 × 3 + -1,000원 × 2 + -100원 × 1] ÷ 6

2) 1주당 순손익가치 : 없음 (결손 등으로 인하여 1주당 최근 3년간 순손익액의 가중평균액이 부수인 경우 순익액은 '0'원으로 한다.)

3) 1주당 순자산가치 : 12억원 ÷ 100,000주 = 12,000원

평가일 현재 상증법에 의한 순자산 : 12억원

4) 1주당 평가액 : 9,600원 [MAX(9,600원. 4,800원)]

[1주당 순손익가치(0) × 3] + [1주당 순자산가치(12,000원) × 2] ÷ 5

<유의할 내용> 1주당 순손익가치가 없는 경우 순자산가치로만 평가를 하되, 가중평균하여 1주당평가액을 계상한다.

▶ 그 가중평균한 가액이 1주당 순자산가치에 100분의 80을 곱한 금액 보다 낮은 경우에는 1주당 순자산가치에 100분의 80을 곱한 금액을 비상장주식등의 가액으로 한다.

5 평가기준일 이전 3년이내 유상증자 또는 유상감자가 있은 경우

[1] 유상증자 가산조정
① 평가기준일이 속하는 사업연도 전 3년 이내에 해당법인이 유상증자하거나 유상감자한 경우 당해 사업연도와 그 이전 사업연도의 순손익액은 다음 A를 더하고 B를 뺀 가액으로 한다.
A. 유상증자한 주식 1주당 납입액 × 유상증자 주식수 × 순손익가치 환원율(10%)
B. 유상감자시 지급한 1주당 금액 × 유상감자 주식수 × 순손익가치 환원율(10%)

② 평가기준일이 속하는 사업연도 전 3년 이내에 증자 또는 감자를 한 사실이 있는 경우에는 다음과 같이 증자 또는 감자 전의 각 사업연도종료일의 발행주식총수는 다음과 같이 환산한다.

가. 환산주식수(증자의 경우)

$$\text{환산주식수} = \text{증자 전 각 사업연도말 주식수} \times \frac{\text{증자 직전 사업연도말 주식수} + \text{증자 주식수}}{\text{증자 직전 사업연도말 주식수}}$$

나. 환산주식수(감자의 경우)

$$\text{환산주식수} = \text{감자 전 각 사업연도말 주식수} \times \frac{\text{감자 직전 사업연도말 주식수} - \text{감자 주식수}}{\text{감자 직전 사업연도말 주식수}}$$

[2] 유상 증자 가산조정 사례
순손익액을 계산할 때 평가기준일이 속하는 사업연도 전 3년 이내에 해당 법인의 자본을 증가시키기 위하여 유상증자한 경우 유상증자를 한 사업연도와 그 이전 사업연도의 순손익액은 해당 사업연도의 차가감 후 소득금액에 다음 금액을 더한다. 이 경우 유상증자를 한 사업연도의 순손익액은 사업연도 개시일부터 유상증자 또는 유상감자를 한 날까지의 기간에 대하여 월할로 계산하며, 1개월 미만은 1개월로 하여 계산한다.

유상증자한 주식 1주당 납입금액 × 유상증자 주식수 × 순손익가치 환원율(10%)
6,000원 × 20,000주 × 4/12 × 10% = 4,000,000원
30,000주 = 10,000주 × [10,000주 + 20,000주] ÷ 10,000주
평가기준일 : 20×6.10.31.

구 분		20×3년	20×4년	20×5년
(1)	사업연도	20×3.01.01. 20×3.12.31.	20×4.01.01. 20×4.12.31.	20×5.01.01. 20×5.12.31.
(2)	기말 주식수	10,000주	30,000주	30,000주
(3)	유상 증자수		20,000주	
(4)	증자일자		20×4.4.30	
(5)	1주당 발행가액	5,000원	6,000원	
(6)	1주당 액면가액	5,000원	5,000원	
(7)	차가감후 각 사업연도소득	10,000,000	30,000,000	50,000,000
(8)	유상 증자 가산조정(20×4년)	12,000,000	4,000,000	
(9)	조정후 소득금액	22,000,000	34,000,000	50,000,000
(10)	환산 전 주식수	10,000주	30,000주	30,000주
(11)	증자분 환산 후 주식수	30,000주	30,000주	30,000주
(12)	1주당 순손익	733.3원	1,133.3원	1,666.7원

▶ **상환우선주의 경우에도 주식총수에 포함하는 것임**

비상장법인의 1주당 순손익가치 및 순자산가치를 계산할 때 발행주식총수에는 상환우선주도 포함하는 것임 (서면4팀-1894, 2004.11.23.)

❹ 1주당 순자산가치

1 개요

1주당 순자산가치란 평가기준일 현재 상증법에 의하여 평가한 자산에서 부채를 차감한 순자산가액을 발행주식수로 나눈 금액으로 계산한다.

2 순자산가치 평가기준일

순자산가액의 산정은 평가기준일 현재 시점으로 평가하는 것으로 평가기준일 현재의 기업회계기준에 의하여 가결산된 평가대상법인의 재무상태표상의 장부가액을 기초로 하여 평가하여야 한다. 따라서 평가기준일이 사업연도 말일과 일치하지 않는 경우 평가기준일 현재를 기준으로 기업회계기준에 의하여 가결산하여 재무제표를 작성한 다음 상증법에 의한 순자산가치를 산정하여야 한다.

예를 들어 평가기준일이 2016년 10월 31일인 경우로서 평가대상법인이 12월말 결산법인인 경우 평가기준일 현재 시점으로 가결산하여 자산 및 부채를 평가하여야 하는 것이며, 평가기준일이 2016년 12월 31일인 경우 2016년 사업연도 결산 재무제표를 기준으로 순자산가치를 산정하여야 하는 것이다.

[1] 순자산가액 등의 평가방법
1주당 가액 = 당해 법인의 순자산가액 ÷ 발행주식총수

[2] 순자산가액
순자산가액은 상증법상의 가액으로 재무제표의 순자산가액에 자산, 부채를 조정한 금액으로 하며, 자산 및 부채 평가편을 참고한다.

▶ 순자산가액 계산(1 ± 2 + 3)
1. 재무상태표상 순자산가액
2. 상증법에 의한 자산부채 조정금액 가감
3. 영업권 평가액

3 자산평가 원칙(시가에 의함)

자산의 가치는 실질가치(시가)를 원칙으로 하되, 실질가치가 불분명하거나 알 수 없는 경우 상증법에 의한 보충적 평가방법에 의하여 평가하는 것으로 일반적인 기준은 다음과 같다. [상증법 제60조, 상증법 시행령 제49조]

① 상속세나 증여세가 부과되는 재산의 가액은 상속개시일 또는 증여일(평가기준일) 현재의 시가(時價)에 따른다.

② 제1항에 따른 시가는 불특정 다수인 사이에 자유롭게 거래가 이루어지는 경우에 통상적으로 성립된다고 인정되는 가액으로 하고 수용가격·공매가격 및 감정가격 등 상증법 시행령 제49조에 정하는 바에 따라 시가로 인정되는 것을 포함한다.

③ 제1항을 적용할 때 시가를 산정하기 어려운 경우에는 해당 재산의 종류, 규모, 거래 상황 등을 고려하여 상증법 제61조부터 제65조까지에 규정된 방법으로 평가한 가액을 시가로 본다.

④ 제1항을 적용할 때 상속재산의 가액에 가산하는 증여재산의 가액은 증여일 현재의 시가에 따른다.

◆ 비상장법인의 순손익가치를 평가할 때 순손익액이 "0"이하인 경우
(서일46014-11475, 2002.11.07.)
비상장법인의 순손익가치를 평가할 때 상속세및증여세법시행령 제56조 제1항 제1호의 산식에 의하여 계산한 "1주당 최근 3년간의 순손익액의 가중평균액"이 "0"이하인 경우에 "0"으로 하는 것임

◆ 비상장법인 주식의 보충적평가시 순자산가액이 부수인 경우
(서면인터넷방문상담4팀-881, 2008.04.02.)
평가기준일이 속하는 사업연도전 3년내의 사업연도부터 계속하여 결손인 법인은 순자산가치로만 평가하는 것이며, 이 경우 순자산가치가 부수인 경우 그 평가액은 영(0)으로 하는 것임

◆ 1주당 순손익가치와 순자산가치가 모두 부수인 경우
(재산-591, 2009.10.30.)
비상장주식을 「상속세 및 증여세법」 제63조 제1항 제1호 다목 및 같은 법 시행령 제54조 규정에 의하여 평가하는 경우로서 1주당 순손익가치와 순자산가치가 모두 부수인 경우에는 그 평가액은 영(0)으로 하는 것임.

2 주식 평가와 관련하여 유의할 사항

❶ 주식 평가액의 할증

1 할증 평가

최대주주 또는 최대출자자 및 그와 특수관계인에 해당하는 주주 또는 출자자의 주식등(평가기준일이 속하는 사업연도 전 3년 이내의 사업연도부터 계속하여 결손금이 있는 법인의 주식등 특정한 주식등은 제외한다)에 대해서는 상증법에 의하여 평가한 가액의 100분의 20을 가산한다. (상증법 제63조 ③)

[개정 세법] 최대주주 보유주식 할증평가 제도 개선(상증법 §63, 상증령 §52의2)

종 전	개 정
□ 지분율 및 기업규모에 따라 할증률 차등적용	□ 기업규모에 따라 차등적용, 지분율에 따른 차등 미적용
<table><tr><th>지분율</th><th>일반기업</th><th>중소기업</th></tr><tr><td>50% 이하</td><td>20%</td><td>10%</td></tr><tr><td>50% 초과</td><td>30%</td><td>15%</td></tr></table>	<table><tr><th>구 분</th><th>일반기업</th><th>중소기업</th></tr><tr><td>할증률</td><td>20%</td><td>0%</td></tr></table>
◆ 중소기업은 2020년말까지 할증적용 배제 (조특법 제101조)	◆ 조특법 상 중소기업 할증배제 특례 삭제(상증법에 반영)

<적용시기> 2020.1.1. 이후 상속이 개시되거나 증여받는 분부터 적용

▶ **최대주주 (상증법 제19조 ②)**
최대주주(또는 최대출자자)란 주주등 1인과 그의 특수관계인의 보유주식등을 합하여 그 보유주식등의 합계가 가장 많은 경우의 해당 주주등 1인과 그의 특수관계인 모두를 말한다.

▶ **평가기준일부터 1년 이내 지분율이 변동된 경우**

최대주주등이 보유하는 주식등의 지분을 계산함에 있어서는 평가기준일부터 소급하여 1년 이내에 양도하거나 증여한 주식등을 최대주주등이 보유하는 주식등에 합산하여 이를 계산한다.

2 할증 평가를 하지 않아도 되는 경우

□ 상속세 및 증여세법 시행령 제53조 제8항 -요약-
⑧법 제63조제3항 전단에서 "대통령령으로 정하는 중소기업, 대통령령으로 정하는 중견기업 및 평가기준일이 속하는 사업연도 전 3년 이내의 사업연도부터 계속하여 「법인세법」 제14조제2항에 따른 결손금이 있는 법인의 주식등 등 대통령령으로 정하는 주식등"이란 다음 각 호의 어느 하나에 해당하는 경우의 그 주식등을 말한다.
<개정 2020. 2. 11., 2021. 2. 17., 2023. 2. 28.>
1. 평가기준일이 속하는 사업연도 전 3년 이내의 사업연도부터 계속하여 결손금이 있는 경우
2. 평가기준일 전후 6개월(증여재산의 경우에는 평가기준일 전 6개월부터 평가기준일 후 3개월로 한다) 이내의 기간중 최대주주등이 보유하는 주식등이 전부 매각된 경우
3. 제28조, 제29조, 제29조의2, 제29조의3 및 제30조에 따른 이익을 계산하는 경우
4. 평가대상인 주식등을 발행한 법인이 다른 법인이 발행한 주식등을 보유함으로써 그 다른 법인의 최대주주등에 해당하는 경우로서 그 다른 법인의 주식등을 평가하는 경우
5. 평가기준일부터 소급하여 3년 이내에 사업을 개시한 법인으로서 사업개시일이 속하는 사업연도부터 평가기준일이 속하는 사업연도의 직전사업연도까지 각 사업연도의 기업회계기준에 의한 영업이익이 모두 영 이하인 경우
6. 상속세과세표준신고기한 또는 증여세과세표준신고기한 이내에 평가대상 주식등을 발행한 법인의 청산이 확정된 경우
7. 최대주주등이 보유하고 있는 주식등을 최대주주등외의 자가 법 제47조제2항에서 규정하고 있는 기간 이내에 상속 또는 증여받은 경우로서 상속 또는 증여로 인하여 최대주주등에 해당되지 아니하는 경우
8. 주식등의 실제소유자와 명의자가 다른 경우로서 법 제45조의2에 따라 해당 주식등을 명의자가 실제소유자로부터 증여받은 것으로 보는 경우
9. 제6항에 따른 중소기업 또는 제7항에 따른 중견기업이 발행한 주식등

❷ 부동산 과다 보유법인의 평가액

부동산과다보유법인의 경우에는 1주당 순손익가치와 순자산가치의 비율을 각각 2와 3으로 한다. (상증법 제54조 단서)

▶ **부동산과다보유법인 (소득세법 시행령 제158조제1항제1호)**
해당 법인의 자산총액 중 다음의 자산가액과 아래 계산식에 따라 계산한 해당 법인이 보유한 다른 법인의 주식가액의 합계액이 차지하는 비율이 100분의 50 이상인 법인
1. 토지 또는 건물(건물에 부속된 시설물과 구축물을 포함한다)
2. 부동산을 취득할 수 있는 권리
3. 지상권
4. 전세권과 등기된 부동산임차권

$$\text{해당 법인이 보유한 다른 법인의 주식가액} \times \frac{\text{다른 법인의 법 제94조제1항제1호 및 제2호의 자산가액}}{\text{다른 법인의 총 자산가액}}$$

❸ 각 사업연도 소득금액이 변동된 경우

세무조사 등으로 법인의 각 사업연도 소득금액이 변동된 경우 변동된 소득금액을 기준으로 각 사업연도 소득금액을 계산하여야 하며, 법인세로 추징된 세금 및 가산세는 각 사업연도 소득금액에서 차감한다.

◆ 서면4팀 -684, 2007.02.22
「상속세 및 증여세법 시행령」 제56조 제3항 제2호 가목의 규정에 의하여 각 사업연도 소득에서 차감하는 법인세액은 각 사업연도 소득에 대하여 납부하였거나 납부하여야 할 법인세 총결정세액을 말하는 것으로 법인세 산출세액 합계액에서 공제감면세액을 차감하고 가산세액을 가산한 금액에 의하는 것임

❹ 사업개시일부터 3년 미만인 경우

① 평가기준일이 속하는 사업연도 전 3년 이내의 사업연도부터 계속하여 결손금이 있는 경우 순자산 가치로만 1주당 가액을 계산한다.

♣ 상속세 및 증여세법 제63조 및 동법 시행령 제53조 참조

② 비상장주식을 시가에 해당하는 가액이 없어 상속세및증여세법 시행령 제54조에 의하여 보충적인 방법으로 평가할 때, 평가대상법인이 개인사업자에서 법인으로 전환한 경우로서 법인전환 후 사업개시일(법인전환 법인이 처음으로 재화 또는 용역의 공급을 개시한 때를 말하는 것임)로부터 평가기준일까지의 기간이 3년 미만인 경우에는 순자산가치로만 1주당 가액을 계산한다.

◆ 재산-873, 2009.11.27.
1. 시가를 산정하기 어려운 비상장법인의 주식을 「상속세 및 증여세법」 제63조 제1항 제1호 다목 및 같은법 시행령 제54조의 규정에 의하여 평가할 때에 당해 법인이 사업개시후 3년 미만인 법인에 해당하는 경우에는 같은 조 제4항 제2호의 규정에 의하여 순자산가치로만 평가하는 것임. 이 경우 "사업개시후 3년 미만의 법인"은 당해 법인의 사업개시일부터 평가기준일까지 역에 의하여 계산한 기간이 3년 미만인 법인을 말하는 것이며, 개인사업자가 법인으로 전환한 경우의 사업개시일은 법인전환후 처음으로 재화 또는 용역의 공급을 개시한 때를 말하는 것임.
2. 「상속세 및 증여세법 시행령」 제55조의 규정에 의하여 비상장법인의 순자산가액은 평가기준일(상속개시일 및 증여일) 현재 당해 법인의 자산을 각 자산별로 같은 법 제60조 내지 제66조의 규정에 의하여 평가한 가액의 합계액에서 부채를 차감한 가액에 의하는 것임.

❺ 추정 이익의 계상

해당 법인이 일시우발적 사건으로 다음 각 호의 요건을 모두 갖춘 경우에는 해당 법인의 최근 3년간의 순손익액이 비정상적으로 증가하는 등의 사유로 불합리한 경우

에는 신용평가전문기관, 회계법인 또는 세무법인 중 둘 이상의 신용평가전문기관이 정하는 기준에 따라 산출한 1주당 추정이익의 평균가액으로 할 수 있으며, 그 가액이 0원 이하인 경우에는 0원으로 한다. [상증법 시행령 제56조 ②]

1. 일시적이고 우발적인 사건으로 해당 법인의 최근 3년간 순손익액이 증가하는 등 기획재정부령으로 정하는 경우에 해당할 것
2. 법 제67조 및 제68조에 따른 상속세 과세표준 신고기한 및 증여세 과세표준 신고기한까지 1주당 추정이익의 평균가액을 신고할 것
3. 1주당 추정이익의 산정기준일과 평가서작성일이 해당 과세표준 신고기한 이내일 것
4. 1주당 추정이익의 산정기준일과 상속개시일 또는 증여일이 같은 연도에 속할 것

▶ **법인의 최근 3년간의 순손익액이 비정상적으로 증가하는 등의 사유**

1. 기업회계기준의 자산수증이익, 채무면제이익, 보험차익 및 재해손실의 합계액에 대한 최근 3년간 가중평균액이 법인세 차감전 손익에서 자산수증이익등을 뺀 금액에 대한 최근 3년간 가중평균액의 50퍼센트를 초과하는 경우
2. 평가기준일전 3년이 되는 날이 속하는 사업연도 개시일부터 평가기준일까지의 기간 중 합병 또는 분할을 하였거나 주요 업종이 바뀐 경우
3. 법 제38조의 규정에 이한 증여받은 이익을 산정하기 위하여 합병당사법인의 주식가액을 산정하는 경우
4. 최근 3개 사업연도중 1년 이상 휴업한 사실이 있는 경우
5. 기업회계기준상 유가증권·유형자산의 처분손익과 자산수증이익등의 합계액에 대한 최근 3년간 가중평균액이 법인세 차감전 손익에 대한 최근 3년간 가중평균액의 50퍼센트를 초과하는 경우
6. 주요 업종(당해 법인이 영위하는 사업중 직접 사용하는 유형고정자산의 가액이 가장 큰 업종을 말한다)에 있어서 정상적인 매출발생기간이 3년 미만인 경우

3 상증법에 의한 자산 및 부채 종류별 평가

❶ 유동자산

1 금융상품, 매출채권, 선급비용

[1] 금융상품
예금·저금·적금 등의 평가는 평가기준일 현재 예입총액과 같은 날 현재 이미 지난 미수이자 상당액을 합친 금액에서 원천징수세액 상당 금액을 뺀 가액으로 한다.

[2] 매출채권
평가기준일의 매출채권 잔액으로 하되, 대손충당금은 매출채권에서 차감하지 아니한다. [서일46014-10359, 2001.10.26.]

[3] 선급비용
선급비용 중 평가기준일 현재 비용으로 확정된 것은 자산에서 차감한다.

♣ 평가기준일 현재 경과된 선급비용 → 순자산감소

2 유가증권

1 주식 및 출자지분의 평가

[1] 주권상장법인의 주식 및 출자지분
평가기준일 이전·이후 각 2개월 동안 공표된 매일의 거래소 최종 시세가액(거래실적 유무를 따지지 아니한다)의 평균액으로 하되, 상장법인의 주식이 주식 종목별로 이익과 손실이 발생한 경우 통산하여 평가한다.

[2] 비상장법인의 주식 및 출자지분

① 다른 비상장주식을 발행한 법인의 발행주식총수등의 100분의 10을 초과하여 주식 및 출자지분을 소유하고 있는 경우에는 피투자한 비상장법인의 주식을 상증법에 의한 평가금액으로 계산하여 장부에 반영하여야 한다.

② 다른 비상장주식을 발행한 법인의 발행주식총수등의 100분의 10 이하의 주식 및 출자지분을 소유하고 있는 경우에는 그 다른 비상장주식의 평가는 취득가액에 의할 수 있다. 다만, 시가가 있으면 시가를 우선하여 적용한다.

[개정 세법] 2016.2. 이후 평가대상 비상장법인(B) 발행주식총수 등에서 그 비상장법인(B)이 보유하는 자기주식을 제외하여 보유비율을 계산한다.

② 국채·공채 등 그 밖의 유가증권

[1] 타인으로부터 매입한 국채 등

매입가액에 평가기준일까지의 미수이자상당액을 가산한 금액으로 한다. 다만, 국채 등의 발행기관 및 발행회사로부터 액면가액으로 직접 매입한 것은 제외한다.

[2] 거래소에서 거래되는 국채 등

주권상장법인의 주식을 평가방법을 준용하되, 평가한 가액과 평가기준일 이전 최근일의 최종 시세가액 중 큰 가액으로 한다.

[3] 간접투자증권(펀드 등)

집합투자증권의 평가는 평가기준일 현재의 거래소의 기준가격으로 하거나 집합투자업자 또는 투자회사가 같은 법에 따라 산정·공고한 기준가격으로 한다.

③ 재고자산

상품·제품·반제품·재공품·원재료 기타 이에 준하는 동산 및 소유권의 대상이 되는 동산의 평가는 그것을 처분할 때에 취득할 수 있다고 예상되는 가액. 다만, 그 가액이 확인되지 아니하는 경우에는 장부가액으로 한다.

❷ 비유동자산(유형자산)

▮ 토지, 건물, 주택 등

1 토지

개별공시지가에 의하여 평가한다. 개별공시지가는 평가기준일 현재 고시되어 있는 것을 적용한다. 단, 평가기준연도의 개별공시지가가 없는 경우 직전연도의 공시지가에 의한다.

필지별로 평가를 하되, 장부가액이 공시지가보다 큰 경우 장부가액으로 하며, 공시지가가 장부가액보다 큰 경우 공시지가를 적용한다. 따라서 특정 필지의 공시지가가 장부가액보다 적은 경우 다른 필지와 통산하지 아니하고, 장부가액으로 계산한다.

▶ **개별공시지가 조회**
부동산공시가격 알리미(국토해양부) www.kreic.org/realtyprice

▶ **개별공시지가가 없는 토지의 가액**
납세지 관할세무서장이 인근 유사 토지의 개별공시지가를 고려하여 특정한 방법으로 평가한 금액으로 하고, 지가가 급등하는 지역으로서 특정한 지역의 토지 가액은 배율방법으로 평가한 가액으로 한다.

2 건물 등

[1] 건물
건물의 신축가격, 구조, 용도, 위치, 신축연도 등을 고려하여 매년 1회 이상 국세청장이 산정·고시하는 가액

▶ **건물에 대한 기준시가 고시**
국세청홈페이지 → 알림소식 → 고시공고 → 고시 (검색) 기준시가

[2] 오피스텔 및 상업용 건물

오피스텔 및 상업용 건물(이들에 딸린 토지를 포함한다)에 대해서는 건물의 종류, 규모, 거래 상황, 위치 등을 고려하여 매년 1회 이상 국세청장이 토지와 건물에 대하여 일괄하여 산정·고시한 가액

▶ **오피스텔 및 상업용 건물에 대한 기준시가 고시**

국세청홈페이지 → 알림소식 → 고시공고 → 고시 (검색) 기준시가

[3] 주택

「부동산 가격공시 및 감정평가에 관한 법률」에 따른 개별주택가격 및 공동주택가격 (국세청장이 결정·고시한 공동주택가격이 있는 때에는 그 가격으로 한다.)

▶ **토지 및 건물 등을 임대한 경우 평가금액 산정 특례**

사실상 임대차계약이 체결되거나 임차권이 등기된 재산의 경우에는 다음의 방법으로 평가한 가액과 개별공시지가 또는 국세청기준시가로 평가한 가액 중 큰 금액을 그 재산의 가액으로 한다.

[(1년간의 임대료 ÷ 기획재정부령으로 정하는 율(12%)] + 임대보증금

[예제] 임대료 기준으로 토지 및 건물 평가금액 산정

구 분	순장부가액	기준시가	기준시가비율	환산가액	임대현황
토지	5억원	8억원	80%	9억6천만원	임대보증금 2억원
건물	2억원	2억원	20%	2억4천만원	월세 1천만원
합계	7억원	10억원	100%	12억원	

* 임대료 기준 토지 및 건물 평가금액 12억원
- 1년간 임대료(1억2천만원) ÷ 0.12 + 2억원

◾ 감가상각 자산의 평가

[1] 감가상각자산의 내용연수는 기준내용 연수를 적용하여야 함

감가상각비는 신고한 상각방법에 의하여 계산한 취득일부터 평가기준일까지의 감가상각비 상당액이며, 내용연수는 기준내용연수를 적용하여야 한다. 따라서 기업이 기업회계기준 등에 의하여 감가상각비로 계상한 금액이 세무상 감가상각비 보다

많은 경우 차액에 해당하는 금액은 해당 자산에 가산하여야 한다. 반대로 감가상각을 한 경우로서 세법상 금액보다 적은 경우 세법상 감가상각비를 기준으로 감가상각누계액을 계상하여 해당 자산에서 차감한다.

[사례] 기업이 계상한 감가상각비가 법인세법의 규정에 의한 기준내용연수로 계상한 감가상각비 보다 많은 경우
<예제> 기계장치 취득가액 5억원, 감가상각누계액 3억원, 장부가액 2억원
법인세법의 기준내용연수에 의한 감가상각누계액 2억원
<풀이> 기준내용연수에 의하여 계상한 감가상각누계액을 초과하여 계상한 금액인 1억원을 기계장치의 평가금액에 가산한다.

◆ 서면4팀-1928, 2005.10.20.
취득가액에서 차감하는 감가상각비는 법인이 납세지 관할세무서장에게 신고한 상각방법에 의하여 계산한 취득일부터 평가기준일까지의 감가상각비 상당액을 말하는 것이며, 감가상각자산의 내용연수는 「법인세법 시행령」제28조 제1항 제2호의 규정에 의한 기준내용연수를 적용하는 것임

[2] 감가상각자산에 대하여 감가상각비를 계상하지 않은 경우
기업회계기준에 따라 감가상각을 하지 아니하므로 인하여 계상되지 아니한 감가상각비상당액 또는 이익잉여금처분계산서상의 전기오류수정손실을 추가적으로 차감하지는 아니함. [서면4팀 -228, 2005.2.7.]

2 취득세 과세대상이 되는 그 밖에 시설물과 구축물

그 밖의 시설물 및 구축물에 대하여 그것을 다시 건축하거나 다시 취득할 경우에 소요되는 가액(재취득가액등)에서 그것의 설치일부터 평가기준일까지의 감가상각비 상당액을 뺀 금액으로 한다. 단, 재취득가액등을 산정하기 어려운 경우에는 「지방세법 시행령」 제4조제1항에 따른 가액을 해당 시설물 및 구축물의 가액(「지방세법 시행령」 제6조 각 호에 규정된 특수부대설비에 대하여 「지방세법 시행령」 제4조제1항에 따라 해당 시설물 및 구축물과 별도로 평가한 가액이 있는 경우에는 이를 가산한 가액을 말한다)으로 할 수 있다.

3 차량운반구, 기계장치, 선박

선박, 항공기, 차량, 기계장비 및 입목은 다시 취득할 수 있다고 예상되는 가액으로 한다. 다만, 그 가액이 확인되지 아니하는 경우에는 장부가액(취득가액에서 감가상각비를 뺀 가액) 및 「지방세법 시행령」 제4조제1항의 시가표준액에 따른 가액을 순차로 적용한 가액으로 한다.

4 서화, 골동품, 그 밖의 유형재산

[1] 서화, 골동품
판매용이 아닌 서화·골동품 등 예술적 가치가 있는 유형재산의 평가는 다음 각목의 구분에 의한 전문분야별로 2인이상의 전문가가 감정한 가액의 평균액. 다만, 그 가액이 국세청장이 위촉한 3인이상의 전문가로 구성된 감정평가심의회에서 감정한 감정가액에 미달하는 경우에는 그 감정가액에 의한다.

가. 서화·전적
나. 도자기·토기·철물
다. 목공예·민속장신구
라. 선사유물
마. 석공예
바. 기타 골동품
사. 가목부터 바목까지에 해당하지 아니하는 미술품

[2] 소유권대상 동물 및 따로 평가방법을 규정하지 아니한 기타 유형재산
그것을 처분할 때에 취득할 수 있다고 예상되는 가액. 다만, 그 가액이 확인되지 아니하는 경우에는 장부가액으로 한다.

❸ 비유동자산(무형자산)

무체재산권의 가액은 다음 각 호에 따른 금액 중 큰 금액으로 한다.(상증법 제64조)
1. 재산의 취득가액에서 취득한 날부터 평가기준일까지의 「법인세법」상의 감가상각비를 뺀 금액
2. 장래의 경제적 이익 등을 고려하여 일정한 방법으로 평가한 금액

1 영업권

① 매입한 무체재산권으로서 그 성질상 영업권에 포함시켜 평가되는 무체재산권의 경우에는 이를 별도로 평가하지 아니하되, 당해 무체재산권의 평가액이 환산한 가액보다 큰 경우에는 당해 가액을 영업권의 평가액으로 한다.

② 다음 산식에 의하여 계산한 초과이익 금액을 평가기준일 이후의 영업권지속연수(원칙 5년) 기간 동안 이익의 합계액을 현재 가치로 환산한 가액으로 한다.

매 년의 초과이익금액 = 최근 3년간의 순손익액의 가중평균액의 100분의 50에 상당하는 가액 - (평가기준일 현재의 자기자본 × 10%)

□ 상속세 및 증여세법 시행령 제59조(무체재산권의 평가)
② 영업권의 평가는 다음 산식에 의하여 계산한 초과이익금액을 평가기준일 이후의 영업권지속연수(원칙적으로 5년으로 한다)를 고려하여 기획재정부령으로 정하는 방법에 따라 환산한 가액에 의한다. 다만, 매입한 무체재산권으로서 그 성질상 영업권에 포함시켜 평가되는 무체재산권의 경우에는 이를 별도로 평가하지 않되, 해당 무체재산권의 평가액이 환산한 가액보다 큰 경우에는 해당 가액을 영업권의 평가액으로 한다.
<개정 2020. 2. 11., 2021. 1. 5.>

[최근 3년간(3년에 미달하는 경우에는 해당 연수로 하고, 제55조제3항제2호 각 목에 모두 해당하는 경우에는 개인사업자로서 사업을 영위한 기간을 포함한다)의 순손익액의 가중평균액의 100분의 50에 상당하는 가액-(평가기준일 현재의 자기자본 × 1년만기정기예금이자율을 고려하여 기획재정부령으로 정하는 율)]

제19조(무체재산권등의 평가) ①영 제59조제2항 산식에서 "기획재정부령이 정하는 율"이라 함은 100분의 10을 말한다. <개정 2008. 4. 30.>

▶ 매 년의 초과이익금액 합계액의 현재가치
이자율 10%, 5년연금 현가율 : 3.7907

> **사례** 영업권 평가
>
> <예제>
> 20×3년 순손익액   20,000,000원
> 20×4년 순손익액   △10,000,000원
> 20×5년 순손익액   50,000,000원
> 평가기준일 현재 자기자본   100,000,000원(자산 2억원 - 부채 1억원)
> <풀이> 영업권으로 계상할 금액 : 9,476,750원
> * 최근 3년간의 순손익액의 가중평균액 25,000,000원
> * (50,000,000원 × 3 + △10,000,000원 × 2 + 20,000,000원 × 1) ÷ 6
> * 가중평균액(25,000,000원) × 50/100 - 자기자본의 10%(10,000,000원)
> * 초과이익금액 2,500,000원
> * 5년의 연금 현재가치 : 2,500,000원 × 3.7907

2 특허권·실용신안권·상표권·디자인권 및 저작권 등

① 특허권·실용신안권·상표권·디자인권 및 저작권등의 가액은 다음의 산식에 의하여 환산한 금액의 합계액으로 한다.

$$\frac{각 연도의 수입금액}{(1+\frac{10}{100})^n} \quad n : 평가기준일부터의 경과연수$$

▷ 평가기준일부터의 최종 경과연수는 당해 권리의 존속기간에서 평가기준일 전일까지 경과된 연수를 차감하여 계산한다. 이 경우 평가기준일부터의 최종 경과연수가 20년을 초과하는 때에는 20년으로 한다.

② 각 연도의 수입금액이 확정되지 아니한 것은 평가기준일전 3년간의 각 연도 수입금액의 합계액을 다음에 정하는 바에 따라 평균한 금액을 각 연도의 수입금액으로 할 수 있다.

특허권·실용신안권·상표권·디자인권 및 저작권 등의 권리에 의한 각 연도의 수입금액이 확정되지 아니한 경우에는 평가기준일전 최근 3년간(3년에 미달하는 경우에는 그 미달하는 연수로 한다.)의 각 연도의 수입금액의 합계액을 평균한 금액을 각 연도의 수입금액으로 하되, 최근 3년간 수입금액이 없거나 저작권(저작인접권을 포함한다)으로서 평가기준일 현재 장래에 받을 각 연도의 수입금액이 하락할 것이 명백한 경우에는 세무서장등이 2이상의 공신력있는 감정평가법인 또는 전문가의 감정가액 및 해당 권리의 성질 기타 제반사정을 감안하여 적정한 가액으로 평가할 수 있다.

3 개발비

무형자산으로 계상된 개발비는 자산에서 차감한다.

4 기타의 무형자산

[1] 부동산을 취득할 수 있는 권리 및 특정시설물을 이용할 수 있는 권리

① 부동산을 취득할 수 있는 권리(건물이 완성되는 때에 그 건물과 이에 부수되는 토지를 취득할 수 있는 권리를 포함한다) 및 특정시설물을 이용할 수 있는 권리의 가액은 평가기준일까지 납입한 금액과 평가기준일 현재의 프레미엄에 상당하는 금액을 합한 금액으로 한다. 다만, 해당 권리에 대하여 「지방세법」에 따라 고시한 시가표준액이 있는 경우에는 해당 가액으로 한다.

② 특정시설물을 이용할 수 있는 권리라 함은 특정시설물이용권·회원권 기타 명칭 여하를 불문하고 당해 시설물을 배타적으로 이용하거나 일반이용자에 비하여 유리한 조건으로 이용할 수 있도록 약정한 단체의 일원이 된 자에게 부여되는 권리를 말한다.

❹ 부채

1 유동부채

[1] 가수금
실제 지급할 채무가 있는 경우에는 부채에 포함한다.

[2] 대손충당금
상증법에서는 대손충당금을 부채로 인정하지 않으므로 부채에서 제거하여야 한다.

2 비유동부채

[1] 장기 매입채무
상환기간이 5년을 초과하는 경우 현재 가치로 할인한다.

[2] 퇴직급여충당부채
평가기준일 현재 재직하는 임직원 전원이 일시에 퇴직할 경우 회사가 퇴직금으로 지급할 지급의무가 있기 때문에 퇴식금주계액은 부채에 가산하여 자산에서 차감하는 것이나 퇴직급여추계액은 충당금 설정과 관계없이 실제 퇴직금으로 지급할 추계액을 계상하여 부채에 가산하여야 하므로 퇴직급여충당부채는 제외한다.

■ 부채에 가산하여야 하는 것 [상증법 시행규칙 제17조의 2]

① 평가기준일까지 발생된 소득에 대한 법인세액, 법인세액의 감면액 또는 과세표준에 부과되는 농어촌특별세액 및 지방소득세액
② 평가기준일 현재 이익의 처분으로 확정된 배당금·상여금 및 기타 지급의무가 확정된 금액
③ 평가기준일 현재 재직하는 임원 또는 사용인 전원이 퇴직할 경우에 퇴직급여로 지급되어야 할 금액의 추계액
④ 충당금 중 평가기준일 현재 비용으로 확정된 것

기타 자산 평가시 유의할 사항

1 장부가액이 상증법 평가금액보다 높은 경우 장부가액으로 함

비상장법인의 순자산가액을 계산할 때에 당해 법인의 자산가액은 상속세및증여세법 제60조 내지 제66조의 규정에 의한 평가액에 의하는 것이며, 당해 법인의 자산을 상증법 규정에 의하여 평가한 가액이 장부가액보다 적은 경우에는 장부가액으로 하되, 장부가액 보다 적은 정당한 사유가 있는 경우에는 그러하지 아니한다. 이 경우 장부가액은 기업회계기준 등에 의해 작성된 대차대조표상 장부가액에 의하는 것이며, 자본금과 적립금조정명세서(을)상의 유보금액 중 상속세및증여세법의 규정에 의하여 평가하는 자산과 관련된 유보금액은 순자산가액에 별도로 가감하지 아니한다. (재산-842, 2010.11.10.)

2 국고보조금

국고보조금을 자산에서 차감하는 형식으로 회계처리한 경우 해당 국고보조금은 제거한다.

□ 서면4팀-3315, 2007.11.16
「상속세 및 증여세법 시행령」제54조 제2항의 규정에 의한 순자산가액은 평가기준일 현재 당해 법인의 자산을「상속세 및 증여세법」제60조 내지 제66조의 규정에 의하여 평가한 가액에서 부채를 차감한 가액으로 하는 것으로, 법인이 회수하는 조건으로 수령한 정부출연금이 있는 경우로서 그 회수사유가 발생하지 아니한 때에는 당해 정부출연금상당액은 자산가액에서 차감하지 아니하는 것임.

3 대손상각

평가기준일 현재 실제 대손이 발생한 경우에는 세법상 기준과 관계없이 매출채권에서 차감한다.

4 자기주식

소각목적인 경우에는 자산에서 제외하고, 총발행주식수에서도 제외한다.

5 이연법인세 자산 및 이연법인세 부채

기업회계기준에서는 이연법인세 자산을 자산으로, 이연법인세 부채는 부채로 계상하도록 하고 있으나, 상증법에서는 자산 또는 부채로 인정하지 아니하므로 해당법인의 자산가액 또는 부채가액에서 차감하여 처리한다.

6 유보금액

① 자본금과 적립금조정명세서(을)표 상의 유보금액은 법인세법에 의한 세무조정 결과 순자산의 증가 또는 감소를 나타내는 금액이므로 주식평가를 위한 순자산가액 계산시 가감하여야 한다. 다만, 법인의 기장내용과는 별도로 상속세및증여세법 제60조부터 제66조까지의 규정에 따라 평가하는 자산의 경우 새로운 평가액으로 적용되기 때문에 법인세법상의 유보금액은 제외하여야 한다.

② 상증법에 의하여 평가한 사산의 가액에 포함된 유보금액과 부채로 보지 아니하는 제준비금 및 제충당금에 대한 유보금액은 제외한다. 예를 들어 국고보조금 관련 유보금액과 일시상각충당금 유보금액은 감안하지 아니하며, 전직원이 일시퇴직할 경우 지급할 퇴직금 추계액은 충당금 설정과 관계없이 부채에 가산하므로 관련 유보소득(퇴직보험예치금)은 부채에 가감할 필요가 없는 것이다.

◆ 서면 4팀 - 1852, 2004.11.16.
장부가액은 기업회계기준 등에 의해 작성된 대차대조표상 장부가액에 의하는 것이며, 자본금과 적립금조정명세서(을)상의 유보금액 중 상속세및증여세법의 규정에 의하여 평가하는 자산과 관련된 유보금액은 순자산가액에 별도로 가감하지 아니하는 것임.

◆ 비상장주식 평가방법 (상증, 서면인터넷방문상담4팀-1418 , 2004.09.13.)
1. 상속세및증여세법시행령 제55조 제1항의 규정에 의하여 비상장법인의 순자산가액은

평가기준일 현재 당해 법인의 자산을 같은법 제60조 내지 제66조의 규정에 의하여 평가한 가액의 합계액에서 부채를 차감한 가액에 의하는 것이며,

2. 자본금과 적립금조정명세서(을)상의 유보금액은 순자산가액에 가감하는 것이나, 같은 법의 규정에 의하여 평가하는 자산과 관련된 유보금액은 순자산가액에 별도로 가감하지 아니하는 것입니다.

3. 비상장법인의 순자산가액을 계산할 때, 같은법시행령 제55조 제1항 후단의 규정에 의하여 당해 법인의 자산을 같은법 제60조 제3항 및 제66조의 규정에 의하여 평가한 가액이 장부가액보다 적은 경우에는 장부가액보다 적은 정당한 사유가 있는 경우를 제외하고는 장부가액으로 평가하는 것이며, 이 경우 장부가액은 취득가액에서 취득일부터 평가기준일까지의 감가상각비상당액을 차감한 가액을 말하는 것입니다.

4. 같은법시행령 제54조의 규정에 의하여 비상장주식을 평가하는 경우 "최근 3년간의 순손익액"은 법인세법 제14조의 규정에 의한 각 사업연도소득에서 상속세및증여세법시행령 제56조 제3항 각호에 규정된 금액을 차가감하는 것이므로,

5. 수익 인식기준을 변경하거나 감가상각비 시인부족액을 추가적으로 차감하여 소득금액을 계산하지 아니하는 것입니다.

7 저당권 등이 설정된 재산의 평가

다음 각 호의 어느 하나에 해당하는 재산은 시가에 의한 평가에도 불구하고 그 재산이 담보하는 채권액 등을 일정한 기준으로 정하는 바에 따라 평가한 가액과 시가에 따라 평가한 가액 중 큰 금액을 그 재산의 가액으로 한다.

1. 저당권, 「동산·채권 등의 담보에 관한 법률」에 따른 담보권 또는 질권이 설정된 재산
2. 양도담보재산
3. 전세권이 등기된 재산(임대보증금을 받고 임대한 재산을 포함한다)

◆ 재산-520, 2010.07.15.
「상속세 및 증여세법」 제66조의 규정에 의하여 근저당권 등이 설정된 재산은 평가기준일 현재 당해 재산이 담보하는 채권액과 같은 법 제60조의 규정에 의한 평가가액 중 큰 금액으로 평가하는 것임.

 ## 주식 또는 자산의 저가양도에 대한 세무적 문제 및 부당행위 계산부인

1 부당행위계산부인

❶ 개요

부당행위계산부인이란 법인의 행위 또는 소득금액계산이 특수관계자와의 거래로 인하여 그 법인의 소득에 대한 조세부담을 부당히 감소시킨 것으로 인정되는 경우 그 법인의 행위 또는 소득금액 계산에 관계없이 세법의 규정에 의하여 그 법인의 각 사업연도의 소득금액을 계산하는 것을 말한다.

내국법인의 행위 또는 소득금액의 계산이 특수관계에 있는 자와의 거래로 인하여 그 법인의 소득에 대한 조세의 부담을 부당히 감소시킨 것으로 인정되는 경우에는 그 법인의 행위 또는 소득금액의 계산에 관계없이 그 법인의 각 사업연도의 소득금액을 계산할 수 있다.

조세의 부담을 부당히 감소시킨 것으로 인정하는 경우를 적용함에 있어 시가란 건전한 사회통념 및 상관행과 특수관계자가 아닌 자간의 정상적인 거래에서 적용되거나 적용 될 것으로 판단되는 가격(요율·이자율·임대료 및 교환비율 기타 이에 준하는 것을 포함하며, '시가'라 한다)을 기준으로 한다.

▶ **부당행위계산부인의 적용 요건**
① 특수관계에 있는 자와의 거래일 것

② 그 거래로 인하여 그 법인의 소득에 대한 조세의 부담을 부당히 감소시킨 것으로 인정되는 경우

□ **법인세법기본통칙 52-88…2 【조세의 부담을 부당하게 감소시킨 것으로 인정되는 경우의 예시】**
'조세의 부담을 부당하게 감소시킨 것으로 인정되는 경우'에는 법에서 규정하는 것을 제외하고, 다음 각호의 1에 해당되는 경우를 포함하는 것으로 한다.
1. 특수관계자로부터 영업권을 적정대가를 초과하여 취득한 때 <개정 2001.11.01>
2. 주주 등이 부담하여야 할 성질의 것을 법인이 부담한 때 <개정 2001.11.01>
3. 주주 또는 출자자인 비영리법인에게 주식비율에 따라 기부금을 지급한 때
4. 사업연도기간 중에 가결산에 의하여 중간배당금 등의 명목으로 주주 등에게 금전을 지급한 때(「상법」 제462조의 3의 규정에 의한 중간배당의 경우를 제외한다)
5. 대표자의 친족에게 무상으로 금전을 대여한 때(이 경우에는 대표자에게 대여한 것으로 본다) <개정 2003.05.10>
6. 연임된 임원에게 퇴직금을 지급한 때

□ **특수관계자의 범위 [법인세법 시행령 제2조 제5항]**
⑧ 법 제2조제12호에서 "경제적 연관관계 또는 경영지배관계 등 대통령령으로 정하는 관계에 있는 자"란 다음 각 호의 어느 하나에 해당하는 관계에 있는 자를 말한다.
<신설 2019. 2. 12., 2023. 2. 28.>
1. 임원(제40조제1항에 따른 임원을 말한다. 이하 이 항, 제10조, 제19조, 제38조 및 제39조에서 같다)의 임면권의 행사, 사업방침의 결정 등 해당 법인의 경영에 대해 사실상 영향력을 행사하고 있다고 인정되는 자(「상법」 제401조의2제1항에 따라 이사로 보는 자를 포함한다)와 그 친족(「국세기본법 시행령」 제1조의2제1항에 따른 자를 말한다. 이하 같다)
2. 제50조제2항에 따른 소액주주등이 아닌 주주 또는 출자자(이하 "비소액주주등"이라 한다)와 그 친족
3. 다음 각 목의 어느 하나에 해당하는 자 및 이들과 생계를 함께하는 친족
   가. 법인의 임원·직원 또는 비소액주주등의 직원(비소액주주등이 영리법인인 경우에는 그 임원을, 비영리법인인 경우에는 그 이사 및 설립자를 말한다)
   나. 법인 또는 비소액주주등의 금전이나 그 밖의 자산에 의해 생계를 유지하는 자

4. 해당 법인이 직접 또는 그와 제1호부터 제3호까지의 관계에 있는 자를 통해 어느 법인의 경영에 대해 「국세기본법 시행령」 제1조의2제4항에 따른 지배적인 영향력을 행사하고 있는 경우 그 법인

5. 해당 법인이 직접 또는 그와 제1호부터 제4호까지의 관계에 있는 자를 통해 어느 법인의 경영에 대해 「국세기본법 시행령」 제1조의2제4항에 따른 지배적인 영향력을 행사하고 있는 경우 그 법인

6. 해당 법인에 100분의 30 이상을 출자하고 있는 법인에 100분의 30 이상을 출자하고 있는 법인이나 개인

7. 해당 법인이 「독점규제 및 공정거래에 관한 법률」에 따른 기업집단에 속하는 법인인 경우에는 그 기업집단에 소속된 다른 계열회사 및 그 계열회사의 임원

□ 부당행위계산의 유형 등 [법인세법 시행령 제88조]

제88조(부당행위계산의 유형 등) ①법 제52조제1항에서 "조세의 부담을 부당하게 감소시킨 것으로 인정되는 경우"란 다음 각 호의 어느 하나에 해당하는 경우를 말한다. <개정 2019. 2. 12., 2020. 2. 11., 2021. 2. 17.>

1. 자산을 시가보다 높은 가액으로 매입 또는 현물출자받았거나 그 자산을 과대상각한 경우
2. 무수익 자산을 매입 또는 현물출자받았거나 그 자산에 대한 비용을 부담한 경우
3. 자산을 무상 또는 시가보다 낮은 가액으로 양도 또는 현물출자한 경우. 다만, 제19조제19호의2 각 목 외의 부분에 해당하는 주식매수선택권등의 행사 또는 지급에 따라 주식을 양도하는 경우는 제외한다.
3의2. 특수관계인인 법인 간 합병(분할합병을 포함한다)·분할에 있어서 불공정한 비율로 합병·분할하여 합병·분할에 따른 양도손익을 감소시킨 경우. 다만, 「자본시장과 금융투자업에 관한 법률」 제165조의4에 따라 합병(분할합병을 포함한다)·분할하는 경우는 제외한다.
4. 불량자산을 차환하거나 불량채권을 양수한 경우
5. 출연금을 대신 부담한 경우
6. 금전, 그 밖의 자산 또는 용역을 무상 또는 시가보다 낮은 이율·요율이나 임대료로 대부하거나 제공한 경우. 다만, 다음 각 목의 어느 하나에 해당하는 경우는 제외한다.
　가. 제19조제19호의2 각 목 외의 부분에 해당하는 주식매수선택권등의 행사 또는 지급에 따라 금전을 제공하는 경우

나. 주주등이나 출연자가 아닌 임원(소액주주등인 임원을 포함한다) 및 직원에게 사택(기획재정부령으로 정하는 임차사택을 포함한다)을 제공하는 경우
　　다. 법 제76조의8에 따른 연결납세방식을 적용받는 연결법인 간에 연결법인세액의 변동이 없는 등 기획재정부령으로 정하는 요건을 갖추어 용역을 제공하는 경우
7. 금전, 그 밖의 자산 또는 용역을 시가보다 높은 이율·요율이나 임차료로 차용하거나 제공받은 경우. 다만, 법 제76조의8에 따른 연결납세방식을 적용받는 연결법인 간에 연결법인세액의 변동이 없는 등 기획재정부령으로 정하는 요건을 갖추어 용역을 제공받은 경우는 제외한다.
7의2. 기획재정부령으로 정하는 파생상품에 근거한 권리를 행사하지 아니하거나 그 행사기간을 조정하는 등의 방법으로 이익을 분여하는 경우
8. 다음 각 목의 어느 하나에 해당하는 자본거래로 인하여 주주등(소액주주등은 제외한다. 이하 이 조에서 같다)인 법인이 특수관계인인 다른 주주등에게 이익을 분여한 경우
　　가. 특수관계인인 법인간의 합병(분할합병을 포함한다)에 있어서 주식등을 시가보다 높거나 낮게 평가하여 불공정한 비율로 합병한 경우. 다만, 「자본시장과 금융투자업에 관한 법률」 제165조의4에 따라 합병(분할합병을 포함한다)하는 경우는 제외한다.
　　나. 법인의 자본(출자액을 포함한다)을 증가시키는 거래에 있어서 신주(전환사채·신주인수권부사채 또는 교환사채 등을 포함한다. 이하 이 목에서 같다)를 배정·인수받을 수 있는 권리의 전부 또는 일부를 포기(그 포기한 신주가 「자본시장과 금융투자업에 관한 법률」 제9조제7항에 따른 모집방법으로 배정되는 경우를 제외한다)하거나 신주를 시가보다 높은 가액으로 인수하는 경우
　　다. 법인의 감자에 있어서 주주등의 소유주식등의 비율에 의하지 아니하고 일부 주주등의 주식등을 소각하는 경우
8의2. 제8호 외의 경우로서 증자·감자, 합병(분할합병을 포함한다)·분할, 「상속세 및 증여세법」 제40조제1항에 따른 전환사채등에 의한 주식의 전환·인수·교환 등 자본거래를 통해 법인의 이익을 분여하였다고 인정되는 경우. 다만, 제19조제19호의2 각 목 외의 부분에 해당하는 주식매수선택권등 중 주식매수선택권의 행사에 따라 주식을 발행하는 경우는 제외한다.
9. 그 밖에 제1호부터 제3호까지, 제3호의2, 제4호부터 제7호까지, 제7호의2, 제8호 및 제8호의2에 준하는 행위 또는 계산 및 그 외에 법인의 이익을 분여하였다고 인정되는 경우

❷ 부당행위계산부인 사례

[1] 법인의 자금을 법인의 특수관계자인 대표이사 등이 무상으로 사용함

업무무관 가지급금에 대하여 당좌대출이자율을 적용하여 법인의 익금에 산입하고, 해당 금액을 대표이사에 대한 상여로 처분하여야 하며, **차입금에 대한 지급이자가 있는 경우 지급이자에 차입금에서 가지급금상당액을 곱한 금액을 손금불산입하여야 한다.**

[2] 특수관계인에게 제품을 저가 판매한 것은 부당행위계산부인 대상임

◈ 조심2012전4141, 2012.12.12, 기각

1. 처분개요

가. 청구법인은 ○○도 ○○군 ○○읍 ○○리 374-3에서 통증완화를 위한 의약품 주입기인 아큐퓨져(Accufuser) 등 의료용기기 제조업을 주업으로 하는 법인으로서, 2009.7.1. 청구법인 대표이사 이○규의 직계비속 이○석, 이○지, 이○슬이 86.5%의 지분을 보유하는 주식회사 A를 신설하고 주식회사 A에게 제품을 공급하기로 하는 계약을 체결한 후 2009사업연도에 2,916,657,274원, 2010사업연도에 5,037,729,731원 상당의 제품을 매출(이하 "쟁점거래"라 한다)하고, 쟁점거래에 따른 매출액을 수입금액으로 계상하여 2009사업연도 및 2010사업연도 법인세의 과세표준과 세액을 신고·납부하였다

나. ○○세무서장은 2012.3.5.~2012.4.5. 기간동안 청구법인에 대한 세무조사를 실시하여, 쟁점거래가 특수관계인에 대한 부당행위계산의 부인대상에 해당한다고 보아 과세자료를 처분청에 통보하였고, 이에 처분청은 쟁점거래를 제품의 저가 판매로 보아 「법인세법」제52조의 부당행위계산의 부인 규정을 적용하여 시가와의 차액 2009사업연도 424,000,000원, 2010사업연도 733,000,000원을 각 익금산입하여 2012.6.15. 청구법인에게 2009사업연도 법인세 157,764,340원, 2010사업연도 법인세 219,321,950원을 각 경정·고지하였다.

다. 청구법인은 이에 불복하여 2012.9.11. 심판청구를 제기하였다.

[3] 법인이 특수관계자로부터 재고자산, 유형자산 등을 시가보다 고가 매입

법인의 소득을 감소시키고, 매입자는 부당한 이익을 얻을 수 있게 된다. 예를 들어 시가보다 고가로 매입한 경우 매출자에게 증여세가 부과될 수 있다.

[4] 법인의 자산을 특수관계자에게 무상으로 사용수익하게 하는 경우

법인의 자산을 특수관계자에게 무상으로 사용수익하게 하는 경우 법인의 소득을 감소시키고, 무상사용자는 부당한 이익을 얻을 수 있게 된다.

[5] 차등배당 결의에 대한 부당행위계산 부인

① 법인이 이익배당금을 지급함에 있어 관련법령 및 정관의 규정에 따라 각 주주들이 소유하고 있는 주식의 수에 따라 배당금을 지급하지 않은 경우로서 균등한 조건에 의하여 지급받을 배당금을 초과하는 금액은 증여세 과세대상인 증여에 해당한다. 다만, 법인이 현금배당을 지급함에 있어 각 주주들이 소유하고 있는 주식의 수에 따라 배당금을 지급하지 않은 경우로서 균등한 조건에 의하여 지급받을 배당금을 초과하는 금액을 소득세법상 배당소득으로 보아 소득세가 과세되는 경우에는 상속세 및 증여세법 제2조 제2항에 따라 증여세를 과세하지 않는다.

② 증여세 부과하는 방법은 초과배당금액에 따른 증여세 산출세액에 기납부한 소득세 상당액을 차감한 금액을 납부하여야 한다(상증법 41조의2 ②).
증여세 부과대상 산출세액 = 증여세산출세액 - 초과배당금액에 대한 소득세 상당액

[6] 특수관계법인과의 거래를 통한 이익의 증여 의제[상증법 제45조의3]

지배주주와 특수관계에 있는 법인이 수혜법인에게 일감을 몰아준 경우 그 수혜법인의 지배주주 등에게 증여세 과세

(과세 이익) 특수관계법인과의 거래에서 발생한 영업이익 중 지배주주 지분상당액 수혜법인의 세후영업이익 × [특수관계법인 거래비율 - 정상거래비율(30%) ×1/2]× (지배주주 지분율 - 3%)

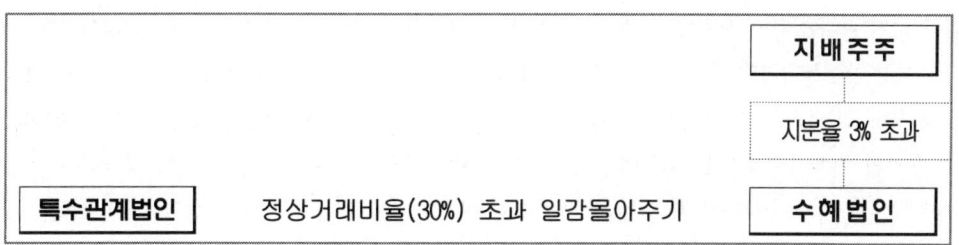

[중소기업] 지배주주 지분율: 5% 초과, 특수관계법인 거래비율: 50% 초과

[7] 특수관계자에게 부동산을 저가 임대한 경우 부당행위계산부인

법인이 특수관계자에게 부동산을 무상 또는 저가로 임대한 경우에는 시가와의 차액을 익금산입하고, 해당 특수관계자에게 상여 등으로 소득처분을 하여야 하며, 특수관계가 없는 자에게 부동산을 정상가액(시가의 30% 내외)보다 낮은 가액으로 임대한 경우에는 그 차액을 익금산입하고, 접대비 또는 기부금으로 손금산입한다.

실무 사례 | 부동산 저가 임대 부당행위계산부인

예 제 <시가를 알 수 없는 경우> 법인세법 시행령 제89조 제4항

(주)대우산업은 대표이사인 대주주 김길동에게 법인소유 건물을 다음의 조건으로 임대하고 있다. 이 거래에 대한 부당행위계산부인에 의한 세무조정 및 소득처분

① 임대기간 : 2023. 1.1 ~ 2023.12.31
② 건물시가 : 20억원
③ 임대보증금 : 2억원
④ 월임대료 : 500,000원(연 6,000,000원)

풀 이 | 법인세 분야

① 임대료 시가 : (20억원 × 50/100 - 2억원) × 정기예금이자율(2023년 2.9%)
② 저가 임대료 : 17,200,000원 = 23,200,000원 - 6,000,000원
③ 세무조정 : <익금산입> 임대료 17,200,000원 (상여)

* 유형 또는 무형의 자산을 제공하거나 제공받는 경우에는 당해 자산시가의 100분의 50에 상당하는 금액에서 그 자산의 제공과 관련하여 받은 전세금 또는 보증금을 차감한 금액에 정기예금이자율을 곱하여 산출한 금액을 익금산입하고, 상여처분하여야 한다.

풀 이 | 부가가치세 분야

부동산 임대용역에 대해 부당하게 낮은 대가를 받거나 대가를 받지 아니하는 경우에는 자기가 공급한 용역(임대용역)의 시가를 과세표준으로 하여 부가가치세를 계상하여 신고 및 납부하여야 한다. "시가"란 부가가치세법 시행령 제62조에 의하는 것으로서 특수관계에 없는 자와 해당 거래와 유사한 상황에서 계속적으로 거래한 가격 또는 제3자간에 일반적으로 거래된 가격을 말한다. 단, 유사한 거래가격이 없는 경우에는 당해 자산 시가(기준시가)의 100분의 50에 상당하는 금액에서 그 자산의 제공과 관련하여 받은 전세금 또는 보증금을 차감한 금액에 정기예금이자율을 곱하여 산출한 금액을 적용하면 될 것이다.

2 특수관계자인 개인에게 저가 양도

❶ 증여세 분야

특수관계인간 주식양도양수시에도 비상장주식을 시가보다 저가 또는 고가로 양도하였다하여 무조건 증여세가 과세되는 것은 아니며, 증여세 과세대상 요건 등은 다음과 같다.

[1] 증여세 과세대상이 되는 저가 양도
다음의 하나에 해당하는 경우 증여세 과세대상에 해당한다.
1. 대가에서 그 시가를 차감한 가액이 시가의 100분의 30이상 차이가 있는 경우
2. 그 차액이 3억원 이상인 경우의 그 대가

[사례1] 증여세 과세대상 아님
대가 3억원 시가 4억원 (대가 3억원 - 시가 4억원)
1억원/4억원 = 25%

[사례2] 증여세 과세대상
대가 3억원 시가 5억원 (대가 3억원 - 시가 5억원)
2억원/5억원 = 40%
대가와 시가와의 차액 - Min [시가 × 30%, 3억원]
증여금액(5천만원) = 2억원 - Min [5억원 × 30%, 3억원]
= 2억원 - 1.5억원 = 5천만원

[사례3] 증여세 과세대상
대가 5억원 시가 3억원 (대가 5억원 - 시가 3억원)
2억원/3억원 = 66.67%
대가와 시가와의 차액 - Min [시가 × 30%, 3억원]
증여금액 = 2억원 - Min [3억원 × 30%, 3억원] = 2억원 - 9천만원 = 1.1억원

▶ 상속세 및 증여세 세율 [상증법 제26조, 제56조]

과세표준	세 율
1억원 이하	과세표준의 100분의 10
1억원 초과 5억원 이하	1천만원 + (1억원을 초과하는 금액의 100분의 20)
5억원 초과 10억원 이하	9천만원 + (5억원을 초과하는 금액의 100분의 30)
10억원 초과 30억원 이하	2억4천만원 + (10억원을 초과하는 금액의 100분의 40)
30억원 초과	10억4천만원 + (30억원을 초과하는 금액의 100분의 50)

[2] 증여세 과세대상자

저가양수의 경우 양수자가 수증자로서 증여세를 납부하여야 한다.

[3] 상증법상 특수관계인

특수관계인이란 양도자 또는 양수자와 상증법 시행령 제12조의2제1항 각 호의 어느 하나에 해당하는 관계에 있는 자를 말한다.

□ 상증법 시행령 제2조의2(특수관계인의 범위) -요약-

제2조의2(특수관계인의 범위) ① 법 제2조제10호에서 "본인과 친족관계, 경제적 연관관계 또는 경영지배관계 등 대통령령으로 정하는 관계에 있는 자"란 본인과 다음 각 호의 어느 하나에 해당하는 관계에 있는 자를 말한다. <개정 2021. 12. 28., 2023. 2. 28.>
1. 「국세기본법 시행령」 제1조의2제1항제1호부터 제5호까지의 어느 하나에 해당하는 자(친족) 및 직계비속의 배우자의 2촌 이내의 혈족과 그 배우자
2. 사용인(출자에 의하여 지배하고 있는 법인의 사용인을 포함한다. 이하 같다)이나 사용인 외의 자로서 본인의 재산으로 생계를 유지하는 자
3. 다음 각 목의 어느 하나에 해당하는 자
  가. 본인이 개인인 경우: 본인이 직접 또는 본인과 제1호에 해당하는 관계에 있는 자가 임원에 대한 임면권의 행사 및 사업방침의 결정 등을 통하여 그 경영에 관하여 사실상의 영향력을 행사하고 있는 기획재정부령으로 정하는 기업집단의 소속 기업[해당 기업의 임원과 퇴직 후 3년(해당 기업이 공시대상기업집단에 소속된 경우는 5년)이 지나지 않은 사람(이하 "퇴직임원"이라 한다)을 포함한다]
  나. 본인이 법인인 경우: 본인이 속한 기획재정부령으로 정하는 기업집단의 소속 기업(해당 기업의 임원과 퇴직임원을 포함한다)과 해당 기업의 임원에 대한 임면권의 행

사 및 사업방침의 결정 등을 통하여 그 경영에 관하여 사실상의 영향력을 행사하고 있는 자 및 그와 제1호에 해당하는 관계에 있는 자

4. 본인, 제1호부터 제3호까지의 자 또는 본인과 제1호부터 제3호까지의 자가 공동으로 재산을 출연하여 설립하거나 이사의 과반수를 차지하는 비영리법인

5. 제3호에 해당하는 기업의 임원 또는 퇴직임원이 이사장인 비영리법인

6. 본인, 제1호부터 제5호까지의 자 또는 본인과 제1호부터 제5호까지의 자가 공동으로 발행주식총수 또는 출자총액의 100분의 30 이상을 출자하고 있는 법인

7. 본인, 제1호부터 제6호까지의 자 또는 본인과 제1호부터 제6호까지의 자가 공동으로 발행주식총수등의 100분의 50 이상을 출자하고 있는 법인

8. 본인, 제1호부터 제7호까지의 자 또는 본인과 제1호부터 제7호까지의 자가 공동으로 재산을 출연하여 설립하거나 이사의 과반수를 차지하는 비영리법인

[개정 세법] 특수관계인에 해당하는 임원범위 합리화 (상증령 § 2의2 ① 3)
〈종전〉 5년 → 〈개정〉 3년, 다만 공시대상기업집단 소속 기업의 퇴직임원은 5년
〈적용시기〉 2019.2.12. 이후 상속이 개시되거나 증여받는 분부터 적용

[4] 주식 양도 이후 재산가치가 일정 기준 이상 증가한 경우 증여세 과세

상증법 제42조의 3 제1항에서 규정한 재산가치 증가사유로 인하여 주식가치가 상승하여 일정한 기준이상의 이익을 얻은 경우에는 재산가치 증가에 따른 이익에 대하여 증여세가 과세될 수 있다.

□ 상증법 제42조의3(재산 취득 후 재산가치 증가에 따른 이익의 증여) -요약-
① 직업, 연령, 소득 및 재산상태로 보아 자력(自力)으로 해당 행위를 할 수 없다고 인정되는 자가 다음 각 호의 사유로 재산을 취득하고 그 재산을 취득한 날부터 5년 이내에 개발사업의 시행, 형질변경, 공유물(共有物) 분할, 사업의 인가·허가 등 <u>대통령령으로 정하는 사유</u>("재산가치증가사유)로 인하여 이익을 얻은 경우에는 그 이익에 상당하는 금액을 그 이익을 얻은 자의 증여재산가액으로 한다. 다만, 그 이익에 상당하는 금액이 <u>대통령령으로 정하는 기준금액</u> 미만인 경우는 제외한다.
1. 특수관계인으로부터 재산을 증여받은 경우
2. 특수관계인으로부터 기업의 경영 등에 관하여 공표되지 아니한 내부 정보를 제공받아 그 정보와 관련된 재산을 유상으로 취득한 경우

3. 특수관계인으로부터 차입한 자금 또는 특수관계인의 재산을 담보로 차입한 자금으로 재산을 취득한 경우

□ 상속세 및 증여세법 시행령 제32조의3(재산 취득 후 재산가치 증가에 따른 이익의 계산방법 등) -요약-
① 법 제42조의3제1항 각 호 외의 부분 본문에서 "대통령령으로 정하는 사유"란 다음 각 호의 어느 하나에 해당하는 사유를 말한다.
1. 개발사업의 시행, 형질변경, 공유물(共有物) 분할, 지하수개발·이용권 등의 인가·허가 및 그 밖에 사업의 인가·허가
2. 비상장주식의「자본시장과 금융투자업에 관한 법률」제283조에 따라 설립된 한국금융투자협회에의 등록
3. 그 밖에 제1호 및 제2호의 사유와 유사한 것으로서 재산가치를 증가시키는 사유

② 법 제42조의3제1항 각 호 외의 부분 단서에서 "대통령령으로 정하는 기준금액"이란 다음 각 호의 금액 중 적은 금액을 말한다.
1. 제3항제2호부터 제4호까지의 규정에 따른 금액의 합계액의 100분의 30에 상당하는 가액
2. 3억원

② 제1항에 따른 이익은 재산가치증가사유 발생일 현재의 해당 재산가액, 취득가액(증여받은 재산의 경우에는 증여세 과세가액을 말한다), 통상적인 가치상승분, 재산취득자의 가치상승 기여분 등을 고려하여 대통령령으로 정하는 바에 따라 계산한 금액으로 한다. 이 경우 그 재산가치증가사유 발생일 전에 그 재산을 양도한 경우에는 그 양도한 날을 재산가치증가사유 발생일로 본다.

③ 법 제42조의3제2항 전단에서 "대통령령으로 정하는 바에 따라 계산한 금액"이란 제1호의 가액에서 제2호부터 제4호까지의 규정에 따른 가액을 뺀 것을 말한다.
<개정 2017. 2. 7., 2021. 1. 5.>
1. 해당 재산가액: 재산가치증가사유가 발생한 날 현재의 가액(법 제4장에 따라 평가한 가액을 말한다. 다만, 해당 가액에 재산가치증가사유에 따른 증가분이 반영되지 아니한 것으로 인정되는 경우에는 개별공시지가·개별주택가격 또는 공동주택가격이 없는 경우로 보아 제50조제1항 또는 제4항에 따라 평가한 가액을 말한다)
2. 해당 재산의 취득가액: 실제 취득하기 위하여 지급한 금액

3. 통상적인 가치 상승분: 제31조의3제5항에 따른 기업가치의 실질적인 증가로 인한 이익과 연평균지가상승률·연평균주택가격상승률 및 전국소비자물가상승률 등을 고려하여 해당 재산의 보유기간 중 정상적인 가치상승분에 상당하다고 인정되는 금액
4. 가치상승기여분: 개발사업의 시행, 형질변경, 사업의 인가·허가 등에 따른 자본적지출액 등 해당 재산가치를 증가시키기 위하여 지출한 금액

[5] 시가보다 낮은 가격으로 양도한 경우 세무상 문제

상속세및증여세법상 시가가 0원인 비상장주식을 액면가액으로 특수관계자에게 양도한 경우에는 고가로 양도한 것에 해당하므로 상속세및증여세법 제35조에 의하여 그 대가와 시가와의 차액을 특수관계자의 증여재산가액으로 하여 특수관계자에게 증여세를 과세하는 것으로 판단된다.

❷ 양도소득세 분야

양도자와 양수자가 특수관계인에 해당하는 경우로서 해당 거래가액이 시가보다 낮은 가격(기준금액 이하의 양도)으로 자산을 양도한 때에는 시가를 양도가액으로 하여 양도소득세를 계산하여야 한다.

[1] 양도소득세 과세대상이 되는 저가 양도
다음의 하나에 해당하는 경우 양도소득세 과세대상이 된다.
1. 시가와 거래가액의 차액이 3억원 이상
2. 시가와 거래가액의 차액이 시가의 100분의 5에 상당하는 금액 이상인 경우

[2] 양도소득세 과세대상자
주식 등 양도소득세 과세대상 물건을 양도한 자

[3] 비상장주식의 저가양도시 특수관계자의 범위
양도소득세 부당행위계산부인을 적용함에 있어 특수관계자의 범위는 국세기본법 시행령 제1조의2 제1항, 제2항, 제3항 제1호의 따른 특수관계자를 말한다.

❸ 비상장주식 저가양도시 세무리스크 및 결정 사례

1 개인이 특수관계자인 개인에게 주식을 저가 양도한 경우

[1] 비상장주식을 특수관계자에게 시가보다 낮은 액면가액으로 양도한 경우

1. 신고 내용
권○○○ 및 박○○○은 2001.4.20. ○○○ 주식회사 주식 12,000주(권○○○ 8,000주, 박○○○ 4,000주이며, 이하 쟁점주식 이라 한다)에 대하여 60,000천원(1주당가액이 액면가액 5,000원이며, 권○○○ 40,000천원, 박○○○ 20,000천원임)을 매매가액으로 하여 청구인 최○○○에게 양도하고 이에 대한 양도소득세를 신고하였다.

2. 처분 개요
처분청은 권○○○ 및 박○○○이 쟁점주식을 특수관계자에게 저가양도하였다 하여
권○○○ 및 박○○○에게 2001년 귀속 양도소득세 13,416,470원, 6,502,170원을 각 결정고지하였고,
청구인 최○○○에게는 2001.4.20. 증여분 증여세 9,111,230원을 결정고지하였다.

<주문> 심판청구 기각 (국심2005서4356 , 2006.01.24 , 기각)

[해설]
▶ **양도자 → 시가와 거래가액의 차액에 대하여 양도소득세 부과**
양도차익 = 양도차액 - 신고한 양도가액

◇ 소득세법에 의한 부당행위계산부인 조건 : 1 또는 2
1. 시가와 거래가액의 차액이 3억원 이상인 경우
2. 시가와 거래가액의 차액이 시가의 100분의 5에 상당하는 금액 이상인 경우

▶ **양수자 → 증여세 부과**
증여금액 : 대가와 시가와의 차액 - Min [시가 × 30%, 3억원]

◇ 상증법에 의한 부당행위계산부인조건 : 1 또는 2
1. 대가에서 그 시가를 차감한 가액이 시가의 100분의 30이상 차이가 있는 경우
2. 그 차액이 3억원 이상인 경우의 그 대가

[2] 비상장주식을 특수관계자에게 시가보다 낮은 거래가액으로 양도한 경우

◆ 국심2007서1457 , 2007.12.12 , 기각

1. 신고 내용

청구인은 그와 이종사촌관계에 있는 노OO에게 2002.11.8. 주식회사 OO(이하 "청구외 법인"이라 한다)의 비상장주식 4,500주(이하 "쟁점주식"이라 한다)를 1주당 12,000원에 양도하였다 하여, 2003.5.31. 양도가액 54,000,000원, 취득가액 45,000,000원으로 하여 양도소득세 확정신고를 하였다.

2. 처분 개요

OO국세청장은 쟁점주식의 양도는 특수관계자간 거래로서 소득세법 제101조 규정에 해당하는 부당행위로 보고 쟁점주식의 양도가액을 상속세 및 증여세법 제63조 및 동법 시행령 제54조 규정의 보충적 평가방법에 따라 산정한 1,412,775천원(1주당 313,959원)으로 평가하여 과세할 것을 처분청에 통보하였다.

이에 따라 처분청은 2007.1.17. 청구인에게 2002년 귀속 양도소득세 238,465,010원을 결정·고지하였다.

<주문> 심판청구 기각

[3] 대주주에게 비상장주식을 양도하면서 양도가액을 할증하지 않은 경우

◆ 국심2006광1280 , 2006.06.30 , 기각

(1) 신고 내용

청구인은 OOO 주식회사의 주주로, 2002.10.25 OOO 주식회사가 발행한 비상장주식 60,000주중 특수관계자인 고일수 (청구인의 백부)에게 30,000주(이하 "쟁점주식"이라 한다)를 양도한 후 쟁점주식의 취득가액은 1주당 28,000원, 양도가액은 1주당 32,000원으로 하여 양도소득세 신고를 하였다.

(2) 처분 개요

처분청은 청구인이 쟁점주식을 특수관계자에게 시가보다 저가로 양도하였다 하여 부당행위계산부인하고, 청구인이 쟁점주식을 발행한 법인의 최대주주 등에 해당된다 하여 상속세및증여세법 제63조 제3항의 규정에 따라 30% 할증평가한 가액을 쟁점주식의 양도가액으로 하여 2006.1.2 청구인에게 2002년 귀속분 양도소득세 11,971,570원을 경정고지하였다.

<주문> 심판청구 기각

2 법인소유 주식을 특수관계자인 개인에게 저가 양도한 경우

[1] 법인이 자기주식을 특수관계자에게 저가 양도한 경우
◆ 조심-2014-중-2369 , 2014.11.19 , 기각

1. 처분개요

가. 청구법인은 OOO에서 소프트웨어 개발업을 영위하는 비상장법인으로, 2010사업연도에 자기주식 OOO를 1주당 OOO원에 대표이사 등에게 양도하였다.

나. 처분청은「상속세 및 증여세법」에서 규정한 보충적 평가방법에 따라 쟁점주식을 1주당 OOO원으로 평가한 후, 청구법인이 쟁점주식을 시가보다 낮은 가액에 양도하였다고 보아 부당행위계산의 부인규정을 적용하여 그 차액 OOO원을 익금에 산입하고 대표이사 등에게 소득처분하여 2013.11.4. 청구법인에게 2010사업연도 법인세 OOO원을 경정·고지하였다가 OOO원을 감액경정하는 한편, 소득금액변동통지OOO를 하였다.

다. 청구법인은 이에 불복하여 2013.12.17. 이의신청을 거쳐 2014.4.16. 심판청구를 제기하였다.

[2] 법인이 투자주식을 특수관계자에게 저가양도한 경우
◆ 조심2012구4821 , 2013.06.17 , 기각

가. 청구법인은 1994.3.10. OOO에서 설립되어 섬유 제조 및 판매업을 영위하고 있는 업체로서, 2006.1.10. (주)OOO 및 OOO(주)와 함께 3자간 긴소시엄 투자계약[(주)OOO 34%, 청구법인 33%, OOO(주) 33%]를 체결하여 ㈜OOO{2006.12. 인적분할로 ㈜OOO가 설립, 2007.2. ㈜OOO(이하 "조사법인"이라 한다)로 상호 변경}을 인수한 후, 그 주식 19,140주(발행주식의 33%)를 취득하였다가 2009.12.1. 당해 법인이 소유하던 조사법인의 주식을 1주당 OOO원에 박OOO에게 5,800주, 박OOO에게 2,900주 합계 8,700주(이하 "쟁점주식"이라 한다)를 각각 양도(이하 "쟁점거래"라 한다)하였다.

나. OO지방국세청장은 2012.4.25.부터 2012.6.5.까지 조사법인에 대한 주식변동조사를 실시한 결과,「법인세법」제52조 규정상 시가로 인정되는 금액이 존재하지 않는다고 보아「상속세 및 증여세법」상 보충적 평가방법을 적용하여 쟁점주식의 1주당 가액을 OOO원으로 산정하고, 정상가액과 거래가액의 차액 OOO원을 익금산입하는 것으로 하여 그 과세자료를 처분청에 통보하는 한편, 그 익금산입액을 박OOO, 박OOO의 배당소득으로 하여 청구법인에게 소득금액변동통지(박OOO : 배당소득금액 OOO원, 박OOO : 배당소득금액 OOO원)를 하였다.

3 개인이 특수관계자인 법인에게 저가 양도

❶ 개요

개인이 특수관계자인 법인에게 주식 등 양도소득세 과세대상 물건을 저가로 양도하는 경우 개인은 시가를 기준으로 양도소득세를 신고납부하여야 하며, 법인은 시가와 대가의 차액을 자산수증이익 등 법인의 익금에 산입한다.

한편, 개인이 특수관계자인 법인에게 고액의 자산을 무상 또는 시가 보다 현저히 낮은 가격으로 양도하는 경우 해당 법인의 주주는 자산의 수증으로 인하여 주식가치가 증가하게 될 것이다.

예를 들어 법인의 주주인 홍길동이 개인 소유의 시가 100억원인 부동산을 10억원에 저가로 양도하는 경우로서 법인의 지분비율 80%를 소유하고 있는 대주주인 홍길동의 아들이 있는 경우 그 아들은 아버지가 법인에 증여한 자산의 80%인 72억원 상당액을 사실상 증여를 받게 되는 결과가 될 것이며, 이에 대하여 세법에서 특별히 정하는 바가 없으면, 아들은 증여세를 부담하지 아니하고 아버지로부터 증여를 받게 되는 결과가 될 것이다. 따라서 상증법에서는 이러한 변칙적인 증여를 방지하기 위하여 일정 금액 이상의 주주의 증여이익에 대하여 증여세를 부과할 수 있도록 규정하고 있다.

❷ 양도소득세 분야

① 개인이 특수관계자인 법인에게 양도소득세 과세대상 물건을 시가보다 낮은 가액으로 양도하는 경우 시가를 양도가액으로 하여 양도소득세를 신고 및 납부하여야 한다. 즉, 소득세법 제101조 규정에 의거, 개인이 그와 특수관계 있는 법인에 저가양도한 경우(시가와 거래가액의 차액이 3억원 이상이거나 시가의 100분의 5에

상당하는 금액 이상인 경우에 한함)에는 시가를 양도가액으로 하여 양도소득세가 과세된다. 이 경우 시가란 상속여법 제60조 내지 제64와 같은법 시행령 제49조 내지 제59조 및 조세특례제한법 제101조의 규정을 준용하여 평가한 가액에 의한다.

다만, 개인과 법인간에 재산을 양도하는 경우로서 그 대가가「법인세법 시행령」제89조의 규정에 의한 가액에 해당되어 당해 법인과의 거래에 대하여「법인세법」제52조의 규정이 적용되지 않는 경우에는 양도소득 부당행위계산부인 규정이 적용되지 않는다. [소득세법 시행령 제167조 제6항]

② 법인이 주주로부터 자사 주식을 매입하는 경우 그에 따라 발생하는 주주의 소득이 주식의 양도로 인한 양도소득에 해당하는지, 자본의 환급으로 인한 배당소득(의제배당)에 해당하는지 여부는 그 거래의 실질내용에 따라 판단할 사항이며, 그 매매의 경위와 목적, 계약체결과 대금결제의 방법 등에 비추어 그 매매가 단순한 주식매매인 경우에는 양도소득에 해당하는 것이나, 법인의 주식소각이나 자본감소의 절차의 일환으로 이루어진 경우에는 의제배당에 해당하여, 이에 대한 내용은 자기주식편에서 상술한다.

❸ 상속세 및 증여세 분야

[1] 특정 법인의 주주에 대한 증여세 과세

상속세 및 증여세법 제41조의 규정에 의하여 **특정법인**의 주주 등과 특수관계에 있는 자가 같은 조 제1항 각호의 거래를 통하여 당해 특정법인의 주주가 이익을 얻은 경우에는 그 이익 상당액은 당해 특정법인의 주주의 증여재산가액이 된다.

즉, 상속세및증여세법 제41조에 규정된 특정법인과의 거래를 통한 이익의 증여에 대하여 과세하는 경우 법인이 얻은 증여이익(결손금을 한도로 함)에 특수관계에 있는 자의 주식 또는 출자지분의 비율을 곱하여 각 주주의 증여이익을 계산하는 것이나, 각 주주별 증여이익이 1억원 이상인 경우에 한하여 증여세가 과세된다.

■ 증여이익 = 당해 법인이 얻은 증여재산가액 × 당해주주의 주식/총 발행주식총수

[2] 특정 법인 (상장 · 코스닥상장법인 제외)
1. 지배주주와 그 지배주주의 친족의 주식보유비율(직접+간접)이 50% 이상인 영리법인
2. 증여일이 속하는 사업연도까지 결손금이 있는 법인을 말하며, '결손금'이란 증여일이 속하는 사업연도의 직전사업연도까지 발생한 결손금으로서 그 후 각사업연도 과세표준계산에 있어서 공제되지 아니한 금액과 '증여일이 속하는 사업연도의 결손금'을 합한 가액을 말한다.
3. 증여일 현재 휴업·폐업상태인 법인

□ 상증법 제45조(재산 취득자금 등의 증여 추정)
① 재산 취득자의 직업, 연령, 소득 및 재산 상태 등으로 볼 때 재산을 자력으로 취득하였다고 인정하기 어려운 경우로서 대통령령으로 정하는 경우에는 그 재산을 취득한 때에 그 재산의 취득자금을 그 재산 취득자가 증여받은 것으로 추정하여 이를 그 재산 취득자의 증여재산가액으로 한다. <개정 2015. 12. 15.>

② 채무자의 직업, 연령, 소득, 재산 상태 등으로 볼 때 채무를 자력으로 상환(일부 상환을 포함한다. 이하 이 항에서 같다)하였다고 인정하기 어려운 경우로서 대통령령으로 정하는 경우에는 그 채무를 상환한 때에 그 상환자금을 그 채무자가 증여받은 것으로 추정하여 이를 그 채무자의 증여재산가액으로 한다. <개정 2015. 12. 15.>

◆ 재산-542, 2010.7.26.
「상속세 및 증여세법 시행령」 제31조 제1항 제1호에 해당하는 특정법인의 주주와 특수관계에 있는 자가 당해 특정법인의 결손금을 초과하여 특정법인에게 증여하는 경우 당해 특정법인의 결손금 이내 증여금액은 같은 법 제41조에 따라 증여세가 과세되는 것이며, 결손금을 초과한 증여금액은 그 초과분으로 인하여 그 주주가 사실상 증여이익을 얻은 경우 같은 법 제2조 및 제42조에 따라 증여세가 과세되는 것임

4　특수관계자 외의 거래와 부당행위계산부인

> 주식의 양도시 특수관계자가 아니더라도 거래가액이 시가보다 현저히 낮은 경우 증여세가 과세될 수 있으므로 비상장법인의 주식을 특수관계자가 아닌 자에게 양도하는 경우에도 시가를 계상하여 증여세 과세대상 여부를 검토하여야 한다.

❶ 특수관계인간의 거래가 아닌 경우 증여세 과세기준

시가 보다 저가 또는 고가 거래시 시가와 대가 또는 대가와 시가와의 차액이 30% 이상인 경우로서 그 차액이 3억원을 초과하는 경우 증여세가 부과될 수 있다.

다만, 거래의 관행상 정당한 사유가 있는 경우에는 증여세가 과세되지 아니하며, 이 경우 거래의 관행상 정당한 사유가 있는 지 여부에 대하여는 거래의 경위, 거래 당사자의 관계, 거래가액의 결정과정 등을 감안할 때에 적정한 교환가치를 반영하여 거래하였다고 볼 수 있는지 여부 등 구체적인 사실을 종합하여 판단한다.

- 저가양수(양수자가 수증자) : 증여재산가액 = 시가 - 대가 - 3억원
- 고가양도(양도자가 수증자) : 증여재산가액 = 대가 - 시가 - 3억원

▶ **법인이 특수관계자 이외의 자에게 금전을 무상 또는 저가 대여의 경우**
이자상당액을 기부금으로 볼 것인지 여부에 대하여 종전 해석에서는 이를 기부금으로 보았으나(국심 80서 782, 1980. 11. 22. ; 법인 1264.21-3525, 1980. 11. 25.), 이후 유권해석에서는 법인이 특수관계 없는 자에게 시중금리 또는 국세청장이 정하는 당좌대출이자율 보다 낮은 이율로 금전을 대여한 경우, 시중금리 또는 국세청

장이 정하는 당좌대출이자율에 의하여 계산한 이자상당액과의 차액에 대하여는 기부금 및 접대비의 손금불산입 규정을 각각 적용하지 않는 것으로 그 해석을 변경함(법인 46012-254, 1998. 2. 2. ; 서이 46012-11622, 2003. 9. 9)

❷ 정상가액 이하 거래에 대한 세무리스크 및 결정 사례

[1] 특수관계 없는 자에게 부동산을 정상가액보다 낮은 가액으로 임대한 경우

특수관계가 없는 자에게 부동산을 정상가액(시가의 30% 내외)보다 낮은 가액으로 임대한 경우 그 차액을 기부금으로 보아 시부인한다.

□ 법인세법 기본통칙 24-35…1 【부동산을 무상 또는 저가 임대시 기부금 의제】
법인이 영 제87조의 규정에 의한 특수관계자 외의 자에게 당해 법인의 사업과 직접 관계없이 부동산을 무상으로 임대하거나 정당한 사유없이 정상가액보다 낮은 가액으로 임대하는 경우에는 영 제35조 각호의 규정이 적용된다. (2004. 4. 1. 신설)

◆ 특수관계없는 자에게 당해 법인의 사업과 직접 관계없이 부동산을 무상으로 임대하는 경우 [재법인46012-143, 2002.09.06.]
법인이 법인세법 제87조에 규정된 특수관계없는 자에게 당해 법인의 사업과 직접 관계없이 부동산을 무상으로 임대하는 경우에는 법인세법시행령 제35조 제1호의 규정이 적용되어 법인세법 시행령 제89조의 규정에 의한 시가상당액을 기부금으로 보는 것이며, 부동산을 시가보다 낮은 가액으로 임대하는 경우에는 법인세법시행령 제35조 제2호의 규정이 적용되어 정상가액과의 차액이 기부금에 해당하는 것임.

[2] 특수관계 없는 자에게 주식을 정상가액보다 낮은 금액으로 양도한 경우

법인이 특수관계 없는 자에게 주식을 정상가액(시가의 70%)보다 낮은 금액으로 양도한 경우 과세당국은 정상가액에서 양도가액을 차감한 금액을 비지정기부금으로 보아 법인의 익금에 산입하고 법인세를 부과하므로 법인이 특수관계 없는 자에게 법인 소유의 주식을 양도하는 경우 최소한 정상가액으로는 양도하여야 한다.

3

법인의 핵심 세무

 특수관계자 가지급금 및 사적비용의 세무상 문제

1 가지급금

❶ 개요

가지급금이란 법인의 대표이사 등 특수관계자에게 업무와 관련없이 회사의 자금을 대여한 금전을 말한다. 업무와 관련없이 대표이사 등에게 지급하는 가지급금은 회사의 자금을 대표이사 등이 유용하게 되어 법인에게 손실을 주게 되므로 (가지급금을 금융기관에 예치하는 경우 이자소득이 발생하여 법인의 소득을 증가시키게 됨에도 무상으로 자금을 대여함으로써 법인에 손실을 초래함) 세법에서 엄격한 규제를 하고 있다.

예를 들면, 가지급금에 대하여 특수관계자에게 무상 또는 시가보다 낮은 이율로 금전을 대여한 경우에는 **가중평균차입이자율(원칙)**로 계산한 이자상당액을 세무조정에서 익금으로 계상하여 (예외적으로 당좌대출이자율 허용) 대표이사 등(법인의 자금을 무상 또는 시가보다 낮은 금리로 대여를 받은 자)에 대한 상여로 처분한 후 연말정산 지급명세서를 수정하여 제출하고, 추가로 납부할 근로소득세는 대표이사 등으로부터 징수하여 납부하여야 한다.

❷ 가지급금의 범위

[1] 가지급금
명칭여하에 불문하고 특수관계자에게 당해 법인의 업무와 관련이 없는 자금의 대여액을 말한다.

[2] 업무무관 가지급금에서 제외하는 금액
① 소득세법상 지급의제규정에 의하여 지급한 것으로 보는 배당소득 및 상여금에 대한 소득세를 법인이 대납하고 이를 가지급금으로 계상한 경우
② 소득의 **귀속이 불분명하여 대표자에게 상여처분한 금액**에 대한 소득세를 법인이 납부하고 이를 가지급금으로 계상한 금액
③ 사용인에 대한 월정급여액의 범위안에서의 일시적인 급료의 가불금
④ 사용인에 대한 **경조사비의 대여액**
⑤ 사용인(사용인의 자녀를 포함한다)에 대한 **학자금의 대여액**
⑥ 정부의 허가를 받아 국외에 자본을 투자한 내국법인이 당해 국외투자법인에 종사하거나 종사할 자의 여비·급료 기타 비용을 대신하여 부담하고 이를 가지급금 등으로 계상한 금액

▣ 종업원 가불금
종업원 가불금이 1개월에 상당하는 금액이라면, 해당 가불금은 월정액급여를 초과하지 않는 것으로 보아 인정이자를 계상하지 않는 것이나 예를 들어 2개월분 급여에 대하여 가불을 한 경우 월정액급여를 초과한 금액으로 보아야 하는 것으로 가불금에 대하여 인정이자 상당액을 계상하여 법인의 익금에 산입하고, 근로소득으로 처분하여야 할 것이다.

[개정 세법] 중소기업 근로자 주택구입 대여금 등에 대한 지원(법인칙 § 44)
근로자의 주택구입·전세자금을 대여하는 중소기업 지원을 위해 해당 대여금을 업무무관 가지급금에서 제외
〈적용시기〉 2020.1.1. 이후 개시하는 사업연도 분부터 적용

❸ 가지급금 인정이자 계산

[1] 가지급금 인정이자 계산방식
가지급금으로 지급한 금액에 대하여 이자상당액은 다음과 같은 방법으로 계상하여 법인의 익금에 산입하고, 법인 자금을 무이자 또는 저리로 사용한 자에 대한 상여로 처분하여 해당 임직원의 근로소득에 합산한다.

> 인정이자 = (가지급금적수 - 가수금적수) × 인정이자율 × 1/365(윤년 366일)

* 동일인에 대한 가지급금 등과 가수금이 함께 있는 경우에는 가지급금적수와 가수금적수를 상계한 후 그 차감 적수에 의하여 인정이자를 계산한다.

■ 익금산입액 = 인정이자 - 회사가 가지급금에 대하여 수입이자를 계산한 금액

[2] 가지급금 적수 계산
적수란 매일 매일의 가지급금 잔액을 합산한 금액을 말한다. 이 때 **초일은 산입하고 회수일은 제외**한다. 단, 가지급금 잔액의 변동이 없는 경우 가지급금에 일수를 곱하여 계산할 수 있다.

실무 사례 가지급금 적수 계산

① 대표이사 가지급금 계정

월 일	적 요	차 변	대 변	잔 액	비 고
20×5.1. 1	전기이월	10,000,000		10,000,000	전액 일시가불임
3. 9	가지급금회수		5,000,000	5,000,000	
8.16	일시가불	3,000,000		8,000,000	
12.31	차기이월			8,000,000	

▶ 일수계산시 초일은 산입하고 회수일은 제외함 (법인46012-530, 2001.3.12)

• 대표이사 가지급금 적수계산

가지급금잔액	기 간	일수	적 수	비 고
10,000,000	01.01 ~ 03.08	67	670,000,000	
5,000,000	03.09 ~ 08.15	160	800,000,000	
8,000,000	08.16 ~ 12.31	138	1,104,000,000	
계		365	2,574,000,000	

② 대표이사 가수금 계정

월 일	적 요	차 변	대 변	잔 액	비 고
20×5.4. 1	일시가수		3,000,000	3,000,000	
5.31	일부반제	2,000,000		1,000,000	
6.10	반 제	1,000,000		0	

• 대표이사 가수금 적수계산

가지급금잔액	기 간	일수	적 수	비 고
3,000,000	04.01 ~ 05.30.	60	180,000,000	
1,000,000	05.31 ~ 06.09.	10	10,000,000	
계		70	190,000,000	

▶ 해당자가 여러 사람일 경우 가지급금등의 인정이자조정명세서(을)를 별지 작성

[3] 가지급금이자율

① 가중평균차입이자율 적용한다. 다만, 가중평균차입이자율의 적용이 불가능한 경우(해당 사업연도에 한정하여 당좌대출이자율을 시가로 한다) 및 해당 법인이 법인세 신고와 함께 당좌대출이자율[2016년 이후 : 4.6% (법인세법 시행규칙 제43조 ②)]을 시가로 선택하는 경우에는 당좌대출이자율을 시가로 하여 선택한 사업연도와 이후 2개 사업연도는 당좌대출이자율을 시가로 한다.

② 가중평균차입이자율이라 함은 법인이 대여시점 현재 각각의 차입금 잔액(**특수관계인으로부터의 차입금은 제외한다.**)에 차입 당시의 각각의 이자율을 곱한 금액의 합계액을 해당 차입금 잔액의 총액으로 나눈 비율을 말한다.

▶ 당좌대출이자율에서 가중평균이자율로 변경

당좌대출이자율을 시가로 하여 선택한 사업연도와 이후 2개 사업연도는 당좌대출이자율을 시가로 선택하여 적용한 이후 사업연도에는 법인세법 시행령 제89조 제3항 본문 규정에 따라 가중평균차입이자율을 시가로 선택할 수 있다.

▶ 차입금이 적은 경우 가중평균차입이자율 적용 여부

세법에서 차입금이 일정 금액 이상인 경우에 한하여 가중평균차입이자율을 적용할 수 있다는 규정이 없으므로 차입금이 적더라도 가중평균차입이자율을 적용할 수 있다. 따라서 차입금이자율이 당좌대출이자율보다 낮은 경우 가중평균차입이자율을 적용하여 가지급금인정이자 금액을 줄여 법인세 등을 절세할 수 있다.

◆ 차입금을 연도 중 전액 상환한 경우 가중평균차입이자율 적용
(법인세과-807, 2009.07.15)
내국법인이 최초로 법인세를 신고하는 사업연도에 가중평균차입이자율을 선택하였으나 같은 법 시행규칙 제43조제2항각호의 사유로 가중 평균차입이자율의 적용이 불가능하여 당좌대출이자율을 적용하던 중 가중 평균차입이자율의 적용이 불가능한 사유가 해소된 경우에는 그 해소일이 속하는 사업연도의 다음 사업연도부터는 당초 선택한 가중평균차입이자율을 적용하는 것임

<주의> 가지급금인정이자 조정명세서에서 3 [법인세법 시행령」 제89조제3항제2호에 따른 당좌대출이자율]을 선택하는 경우 3년간 가중평균이자율을 적용할 수 없으므로 유의하여야 한다.

```
  [ ] 원칙 : 가중평균차입이자율
1 [ ] 「법인세법 시행령」 제89조제3항제1호에 따라 해당 대여금 또는 차입금만 당좌대출이자율을 적용
2 [ ] 「법인세법 시행령」 제89조제3항제1호의2에 따라 해당 대여금 또는 차입금만 당좌대출이자율을 적용
3 [ ] 「법인세법 시행령」 제89조제3항제2호에 따른 당좌대출이자율   (선택사업연도  . . . ~ . . .)
```

◆ 법인-957, 2009.08.31
가지급금 등의 인정이자 계산시 선택한 당좌대출이자율 또는 가중평균차입이자율은 그 후 사업연도에 수정신고 등으로 변경할 수 없음

실무 사례 가중평균이자율에 의한 인정이자 계산

● 특수관계가 없는 자로부터의 차입금

이자율	차입금	일수	차입금 적수	지급이자	비 고
2%	4,000,000	365	1,460,000,000	80,000	차입일 : 20×3. 1.1
5%	6,000,000	365	2,196,000,000	600,000	차입일 : 20×4. 9.1
5.6%	5,000,000	92	460,000,00	70,575	차입일 : 20×5.10.1
합계	10,000,000		3,702,000,000	750,575	

● 가중평균이자율 : 3.8%
  [4,000,000 × 2% + 6,000,000 × 5%] ÷ 10,000,000 = 3.8%
○ 20×5.10.1 의 차입금은 자금대여시점(8.16) 현재의 차입금이 아니므로 가중평균차입이자율 계산에 포함하지 아니한다.
● 대표이사 인정이자 계상 가지급금적수 : 2,384,000,000원
  가지급금 적수(2,574,000,000원) - 가수금적수(190,000,000원)
● 인정이자 : 2,384,000,000원 × 1/365 × 가중평균이자율(3.8%) = 248,197원

❹ 가지급금인정이자 세무조정 및 소득처분

[1] 가지급금에 대하여 상환 기간 및 이자율 약정이 없는 경우

법인이 금전소비대차에 관한 약정이 없는 대여금(가지급금)에 대하여 결산시 미수이자를 계상한 경우 동 미수이자는 아무런 이자 계산의 근거가 없이 소득처분만을 회피할 목적으로 계상한 가공자산으로 소득계산에 있어 이를 인정하지 아니한다. 따라서 법인이 특수관계자와의 거래에 있어서 상환기간 및 이자율 등의 약정이 없는 대여금 및 가지급금에 대하여 결산상 미수이자를 계상한 경우에 수입이자는 세무조정에서 익금불산입(유보처분)하고 인정이자 상당액을 익금산입(상여처분)한 다음, 가지급금을 사용한 자의 소득으로 처분하여 원천징수하여야 한다.

▶ **상환기간, 이자율에 대한 약정이 없음에도 결산시 미수수익을 계상한 경우**

20×5년 결산시 분개
미수수익   1,000,000 / 이자수익   1,000,000
20×5년 세무조정
(익금불산입) 이자수익   1,000,000 (△유보)
(익금산입) 가지급금인정이자   1,000,000 (상여)
20×6년 회계처리
전기오류수정손실   1,000,000 / 미수수익   1,000,000
20×6년 세무조정
(손금불산입) 전기오류수정손실   1,000,000 (유보)

▶ **가지급금 인정이자의 근로소득세 수정 신고**

20×5년 귀속 법인세 신고시 인정상여가 발생하여 대표자에게 상여처분되는 경우에 20×5년분 연말정산시에는 인정상여를 포함하지 않고 납부할 소득세를 계산하여 20×6년 3월 10일까지 원천세 신고 및 지급명세서를 제출하게 된다. 따라서 이 경우 20×6년 4월 10일에 인정상여를 포함한 금액으로 연말정산을 재정산하여 신고 및 납부를 하고 수정된 지급명세서를 제출하여야 한다. 한편, 인정상여금액은 20×6년 3월 귀속 정기분 원천세 신고서와 별도로 다음과 같이 작성하여 제출하여야 한다.

◎ 신고구분 : 매월, 소득처분

◎ 귀속연월 : 20×6년 2월
◎ 지급연월 : 20×6년 3월
◎ 제출연월일 : 20×6년 4월 10일
◎ 원천징수이행상황명세서 A04연말정산란 : 인원 1명, 총지급액은 인정상여금액, 소득세 등은 재정산 결과 추가로 납부할 금액을 기재

▶ 종합소득세 신고

가지급금인정이자에 대하여 상여처분한 경우 근로소득이외에 다른 종합소득신고대상소득이 있는 경우 근로소득 및 인정상여로 처분한 근로소득과 다른 소득을 합산하여 주소지 관할 세무서에 종합소득세 신고를 하여야 한다.

▶ 약정이 없는 가지급금 인정이자 법인세(이자소득세) 원천징수 및 신고

약정에 의하지 아니한 가지급금에 대한 인정이자의 경우 원천징수 및 지급명세서 제출의무는 없는 것으로 판단됨

◆ 법인 46013 - 3156, 1995.8.5..
제조업을 영위하는 중소기업이 특수관계에 있는 법인에 별다른 약정없이 자금을 대여해 주고 결산기말에 이에 대한 인정이자를 계산하는 경우와 관련해서 특수관계에 있는 법인간의 금전거래로 특별히 이자수수에 관한 약정을 하지 않았다면 이는 세무계산상 인정이자로 계산해서 익금에 가산함. 이 경우 인정이자는 원천징수하는 이자의 지급으로 보지 않아 원천징수는 하지 않음

[2] 상환기간 및 이자율 등의 약정이 있는 경우

법인이 약정에 따라 계상한 미수이자는 이자계산의 근거가 있는 정당한 것이므로 이를 인정한다. 단, 적정이자율보다 낮은 이자율을 적용하여 미수이자를 계산한 경우 적정이자율과의 차액에 대한 미수이자는 수입이자로 계산한다. 한편, 약정에 의하여 수입이자(미수이자)를 계상한 경우에도 정당한 사유 없이 **1년 이내 회수하지 않을 경우** 미수이자를 가지급금을 지급한 자의 소득으로 처분하여야 한다.

▶ 상환기간 및 이자율 등에 대한 약정이 있는 경우

1) 법인 : 20×5년 결산시

미수수익   1,000,000 / 이자수익   1,000,000

▷ 차입을 한 자(약정일 20×5년 12월 31일)
1. 법인세 및 지방소득세 징수 및 납부 : 20×6.1.10. 까지 신고납부
2. 지급명세서 제출 : 20×6.2.28.(윤년 2.29.)까지 제출

2) 법인 : 다음해 이자 입금일
선납세금   275,000   / 미수수익   1,000,000
보통예금   725,000

▶ 원천징수 및 지급명세서 제출

법인이 대표이사에게 상환기간과 이자율을 약정하여 자금을 대여하면서 약정에 의한 이자지급일이 결산기말인 경우 약정에 의한 이자지급일(결산기말)이 원천징수 시기 및 귀속시기이므로 대표이사는 이자소득에 대하여 **25%의 세율**로 **법인세**(법인에게 이자를 지급하면서 원천징수하는 이자소득세는 법인세임) 및 **지방소득세**(법인세의 10%)를 원천징수하여 다음해 1월 10일까지 원천징수이행상황을 신고 및 납부하여야 하며, 다음연도 2월 말일까지에 지급명세서를 제출하여야 한다.

▶ 원천징수 위임대리

이자를 지급받는 법인이 이자를 지급하는 자로부터 원천징수의무를 위임받은 경우 이자를 지급받는 법인은 원천징수의무자인 이자지급자를 대리하여 그 수권 또는 위임의 범위에서 이자를 지급하는 자의 행위로 보아 원천징수를 할 수 있다. 이 경우 원천징수이행상황신고서에 지급액과 세액을 기재하여 제출하고, 지급명세서의 경우 원천징수의무자와 소득자를 모두 법인으로 하여 제출할 수 있다.

▶ 이자소득 원천징수 위임 대리시 법인의 원천징수이행상황신고서 작성 방법
1. 별도의 서식은 없으므로 법인에서 원천세 신고를 하면 된다.
2. 원천징수이행상황신고서의 법인원천 A80에 기재하고,
   부표 비영업대금의 이익(25%) C75란에 기재하여 신고한다.
3. 지급명세서의 원천징수의무자 및 소득자는 이자를 지급받는 법인의 인적사항을 기재하고, 원천징수한 세액의 납세지는 법인의 본점 관할 세무서로 한다.

② 지급이자 손금불산입

❶ 개요

기업회계에서는 차입금에 대한 이자를 이자비용이라고 하나, 세법에서는 지급이자라는 용어를 사용하고 있다. 지급이자는 자산을 감소시키는 비용항목으로 영업외비용에 해당한다. 그러나 기업이 자금을 차입하여 차입한 자금을 법인의 대표이사 등 특수관계자에게 대여하는 경우 법인에게 손해를 입히게 되므로 차입금 이자 중 대여금에 상당하는 금액의 이자는 손금으로 인정하지 아니하며, 또한 채권자 불분명 사채이자, 가공의 차입금을 계상하여 그 이자를 지급하거나 업무와 관련없는 자산 등의 취득과 관련하여 지급한 이자비용은 손금으로 인정하지 않고 있다. 그리고 건물 등의 취득과 관련하여 지급한 이자는 건물의 취득가액에 포함하여야 한다.

❷ 채권자 불분명 사채이자

채권자가 불분명한 사채의 이자라 함은 다음의 어느 하나에 해당하는 차입금의 이자(알선수수료·사례금 등 명목여하에 불구하고 사채를 차입하고 지급하는 금품을 포함)를 말하며, 채권자 불분명 사채이자는 손금불산입하여야 한다.

① 채권자의 주소 및 성명을 확인할 수 없는 차입금
② 채권자의 능력 및 자산상태로 보아 금전을 대여한 것으로 인정할 수 없는 차입금
③ 채권자와의 금전거래사실 및 거래내용이 불분명한 차입금

❸ 지급받은 자가 불분명한 채권·증권이자

지급받은 자가 불분명한 채권·증권의 이자 등은 손금산입할 수 없으며, 지급받은 자가 불분명한 채권·증권의 이자를 지급하여 법인의 비용으로 처리한 경우 세무조정에서 손금불산입하고, 대표자에 대한 상여로 처분하여야 한다.

❹ 건설자금이자

① 건설자금에 충당한 차입금 이자의 범위 ~ 그 명목여하에 불구하고 사업용 고정자산의 매입·제작 또는 건설에 소요되는 차입금(고정자산의 건설등에 소요된 지의 여부가 분명하지 아니한 차입금을 제외한다)에 대한 지급이자 또는 이와 유사한 성질의 지출금을 말한다. 단, 건설업자가 매매를 목적으로 건설하는 주택, 아파트, 상가 등의 신축과 관련한 차입금에 대하여 지급하는 이자는 건설자금이자가 아니다.

② 건설자금에 충당한 차입금 지급이자 또는 지출금은 건설 등이 준공된 날까지 이를 자본적지출로 하여 그 원본에 가산한다. 다만, 차입금의 일시 예금에서 생기는 수입이자는 원본에 가산하는 자본적 지출금액에서 차감한다.

③ 건설자금의 명목으로 차입한 것으로서 그 건설 등이 준공된 후에 남은 차입금에 대한 이자는 각 사업연도의 손금으로 한다. 이 경우 건설 등의 준공일은 당해 건설 등의 목적물이 전부 준공된 날로 하며, 준공된 날이라 함은 다음 각호의 1에 해당하는 날로 한다.

1. 토지를 매입하는 경우에는 그 대금을 청산한 날. 다만, 그 대금을 청산하기 전에 당해 토지를 사업에 사용하는 경우에는 그 사업에 사용되기 시작한 날
2. 건축물의 경우에는 취득일 또는 당해 건설의 목적물이 그 목적에 실제로 사용되기 시작한 날(이하 이 항에서 "사용개시일"이라 한다)중 빠른 날
3. 기타 사업용 고정자산의 경우에는 사용개시일

❺ 업무무관 자산 등에 대한 지급이자 손금불산입

1 업무무관 자산

다음에 해당하는 자산을 취득하거나 보유하고 있는 내국법인이 각 사업연도에 지급한 차입금의 이자 중 그에 상당하는 차입금 지급이자는 손금불산입한다.

[1] 업무무관 부동산
① 법인의 업무에 직접 사용하지 아니하는 부동산
② 유예기간 중에 당해 법인의 업무에 직접 사용하지 아니하고 양도하는 부동산

[2] 업무무관 동산
① 서화 및 골동품 다만, 장식·환경미화 등의 목적으로 사무실·복도 등 여러 사람이 볼 수 있는 공간에 상시 비치하는 것을 제외한다.
② 업무에 직접 사용하지 아니하는 자동차·선박 및 항공기

[3] 특수관계자에 대한 업무무관 가지급금
명칭여하에 불문하고 특수관계자에게 당해 법인의 업무와 관련이 없는 자금의 대여액을 말한다. 단, 다음의 경우 업무무관 가지급금에서 제외한다.
① 소득세법상 지급의제규정에 의하여 지급한 것으로 보는 배당소득 및 상여금을 법인이 대납하고 이를 가지급금으로 계상한 경우
② 우리사주조합 또는 그 조합원에게 당해 법인의 주식취득에 소요되는 자금을 대여한 금액(상환할 때까지의 기간에 상당하는 금액에 한한다)
③ 국민연금법에 의하여 근로자가 지급받은 것으로 보는 퇴직금전환금
④ 소득의 귀속이 불분명하여 대표자에게 상여처분한 금액에 대한 소득세를 법인이 납부하고 이를 가지급금으로 계상한 금액
⑤ 사용인에 대한 월정급여액의 범위안에서의 일시적인 급료의 가불금
⑥ 사용인에 대한 경조사비의 대여액
⑦ 사용인(사용인의 자녀를 포함한다)에 대한 학자금의 대여액

2 지급이자 손금불산입액 계산 (법인세법 제28조)

차입금의 이자 중 업무무관자산 및 가지급금 등의 취득 및 보유와 관련한 이자상당액은 손금불산입하여야 하며, 그 계산방법은 다음과 같다.

$$지급이자 \times \frac{업무무관\ 부동산\ 적수 + 업무무관\ 동산적수 + 업무무관\ 가지급금\ 적수}{차입금\ 적수}$$

▶ 총차입금 및 자산가액의 합계액은 적수로 계산하며, 적수는 적수계산 대상 차입금, 부동산, 동산 등의 매일 잔액을 1회계기간 동안 합한 금액을 말한다.

□ 법인세법 기본통칙 28-53…1 【지급이자 손금불산입】
법 제28조의 규정 중 "차입금"이라 함은 지급이자 및 할인료를 부담하는 모든 부채를 말한다. 이 경우 상품, 제품 등을 매출하고 받은 상업어음을 할인한 경우의 할인어음은 차입금으로 보지 아니하고, 금융리스에 의한 리스료 중 유효이자율법에 의하여 계산한 이자상당액을 제외한 금액(상환액은 제외한다)은 차입금에 포함한다.

▣ 업무무관자산 등에 대한 지급이자 포함 여부

[1] 지급이자에 포함되는 것 [법인세법 집행기준 28-0-2]
1. 금융어음 할인료
2. 미지급이자
3. 금융리스료 중 이자상당액
4. 사채할인발행차금 상각액
5. 전환사채의 만기보유자에게 지급하는 상환할증금
6. 회사정리계획인가결정에 의해 면제받은 미지급이자

[2] 지급이자에 포함되지 않는 것[법인세법 집행기준 28-0-2]
1. 상업어음 할인액(기업회계기준에 따라 매각거래로 보는 경우)
2. 선급이자
3. 현재가치할인차금 상각액
4. 연지급수입에 있어서 취득가액과 구분하여 지급이자로 계상한 금액(Banker's Usance 이자 등)
5. 지급보증료·신용보증료·지급수수료
6. 금융기관의 차입금을 조기 상환하는 경우 지급하는 조기상환수수료
[법인세법 시행령 제53조제4항제2호]
내국법인이 한국은행총재가 정한 규정에 따라 기업구매 자금대출에 의하여 차입한 금액

3 임원 사적비용의 세무문제

> 임원의 사적비용은 원칙적으로 세무조정에서 손금불산입하고, 해당 임원에 대한 상여로 처분을 하여야 한다. 다만, 정관, 주주총회 또는 이사회의 결의에 의해 결정된 급여지급기준 범위내에서 지급된 금액은 급여로 보아 손금에 산입하고, 급여지급기준을 초과하는 금액은 손금불산입하여 상여처분하는 것이 타당하다고 판단된다.

❶ 법인카드를 임원 개인용도로 사용한 경우

법인의 경우 개인기업과는 달리 법인의 자금을 대표이사가 세법에서 정한 이자율 이하로 무상사용하는 경우 부당행위계산 부인 규정에 의하여 가지급금으로 처리한 다음 회수하여야 하며, 대표이사가 법인의 자금을 무상으로 사용한 기간 동안 당좌대출이자율에 상당하는 이자율을 곱한 금액을 법인의 익금에 산입하고 대표이사에 대한 상여로 처리를 하여야 한다. 이는 법인의 대표이사는 형식적으로 법인의 사용인으로서 법인에게 손실을 입혀서는 안되기 때문이다.

따라서 대표이사가 법인카드를 개인용도로 사용한 경우 대표이사에 대한 일시 대출금(가지급금)으로 처리한 다음 회수하여야 하며, 법인의 대표이사가 법인 자금을 무상으로 사용한 기간 동안 인정이자를 계상하여 법인세 신고시 세무조정에서 익금산입하고, 익금산입한 금액은 대표이사의 소득으로 보아(대표이사가 법인자금을 무상으로 사용함으로서 이익을 본 것으로 간주함) 상여로 처분하여 대표이사의 소득에 합산을 하여야 한다.

[사례] 법인 신용카드로 2월 25일 대표이사가 개인용도로 1천만원을 사용하였으며, 3월 10일 신용카드대금이 법인의 보통예금에서 결제되었으며, 회계기말까지 회수하지 못하였다.

분개	가지급금	10,000,000	보통예금	10,000,00

[풀이] 법인의 익금에 산입하여야 하는 금액 374,301원
1천만원 × 당좌대출이자율(4.6%) × 무상사용일수(297)/365
<세무조정> 익금산입
가지급금 인정이자   374,301원 (상여) → 대표이사 근로소득에 합산

한편, 대표이사가 개인용도로 사용한 금액을 법인의 비용으로 처리한 경우에는 전액 손금불산입하고, 대표이사에 대한 상여로 처분을 하여야 한다. 다만, 정관의 규정에 의한 급여 한도내의 금액인 경우에는 법인의 손금(급여)에 산입할 수 있다.

❷ 임원 및 임원자녀 대학·대학원 학비 지원금

[1] 대표이사 및 임원에 대한 대학, 대학원 학비 지원금

대표이사인 임원에 대하여 학자금을 회사가 부담하는 경우 해당 대표이사의 과세대상 근로소득에 포함하여야 하는 것이므로 급여로 처분하되, 정관에서 정한 급여지급기준금액을 초과하는 경우에는 손금산입할 수 없다. 다만, 학자금으로 지출한 비용이 다음의 요건을 모두 충족하는 경우에는 비과세대상근로소득에 해당하는 것이나 비과세대상 근로소득 여부는 사실 판단할 사항이다.

1. 수업내용이 업무와 관련되고
2. 소득세법 시행령 제11조 각 호의 요건을 갖춘 형식으로 회사 내부규정이 마련되어 있으며
3. 특정임원 등이 아닌 경우에도 차별없이 수업할 수 있는 것으로 사규화되어 있는 경우

□ 소득세법 시행령 제11조(학자금의 범위)
법 제12조제3호아목에서 "대통령령으로 정하는 학자금"이란 「초·중등교육법」 및 「고등교육법」에 따른 학교(외국에 있는 이와 유사한 교육기관을 포함한다)와 「국민 평생 직업능력 개발법」에 따른 직업능력개발훈련시설의 입학금·수업료·수강료, 그 밖의 공납금 중 다음 각 호의 요건을 갖춘 학자금(해당 과세기간에 납입할 금액을 한도로 한다)을 말한다. <개정 2010. 2. 18., 2022. 2. 17.>
1. 당해 근로자가 종사하는 사업체의 업무와 관련 있는 교육·훈련을 위하여 받는 것일 것

2. 당해 근로자가 종사하는 사업체의 규칙등에 의하여 정하여진 지급기준에 따라 받는 것일 것
3. 교육·훈련기간이 6월이상인 경우 교육·훈련 후 당해교육기간을 초과하여 근무하지 아니하는 때에는 지급받은 금액을 반납할 것을 조건으로 하여 받는 것일 것

◆ 출자임원에 대한 교육비보조금 (법인46012-287, 1995.01.28.)
법인이 출자임원에게 법인의 정관·주주총회·사원총회나 이사회의 결의에 의하여 결정된 급여지급규정에 의하여 지출하는 교육비보조금등은 법인세법 제20조의 부당행위계산부인 규정이 적용되는 경우를 제외하고는 각 사업연도 소득금액계산시 손금에 산입하는 것임.

◆ 임원의 최고경영자과정 수업료 보조금 (서면2팀-17, 2005.01.03.)
법인의 주주 임원인 자가 국내 대학 등에서 6개월 이상의 장기교육이 필요한 최고경영자과정을 수업하는 경우 당해 수업내용 등으로 보아 주주 임원 개인이 부담할 것을 법인이 대신 부담하는 경우에는 업무무관비용으로 보아 손금에 산입하지 아니하는 것이나, 당해 수업내용이 업무와 관련된 것이고, 소득세법 시행령 제11조 각호의 요건을 갖춘 형식으로 회사 내부규정에 의하여 특정임원 등이 아닌 경우에도 차별없이 수업할 수 있는 것으로서 당해 교육내용 등이 사규화되어 있는 경우에는 그러하지 아니하는 것으로, 업무관련 여부 등은 사실판단하는 것임.

[2] 대표이사 및 임원 자녀에 대한 학비 지원금

법인이 임원 또는 사용인에게 지급하는 자녀교육비 보조금은 그 임원 또는 사용인에 대한 인건비로 보아 손금에 산입한다. 다만, 임원의 경우는 영 제43조 제2항 및 제3항에 해당하는 금액은 손금에 산입하지 아니한다.

□ 법인세법 시행령 제43조(상여금 등의 손금불산입) <사용인 → 직원으로 명칭 변경>
②법인이 임원에게 지급하는 상여금중 정관·주주총회·사원총회 또는 이사회의 결의에 의하여 결정된 급여지급기준에 의하여 지급하는 금액을 초과하여 지급한 경우 그 초과금액은 이를 손금에 산입하지 아니한다.
③법인이 지배주주등(특수관계에 있는 자를 포함한다. 이하 이 항에서 같다)인 임원 또는 직원에게 정당한 사유없이 동일직위에 있는 지배주주등 외의 임원 또는 직원에게 지급하는 금액을 초과하여 보수를 지급한 경우 그 초과금액은 이를 손금에 산입하지 아니한다.

법인의 임원 급여 및 상여금의 세무상 문제

법인의 임원에 대한 보수를 정관에서 '주주총회의 결의를 거쳐 지급한다.'라고 규정하고 있음에도 주주총회의 결의없이 지급한 급여 또는 상여금은 세무조사 등의 사유로 실사를 받을 시 손금불산입될 수 있으므로 실무에서 매우 유의하여야 한다.

1 임원 급여

❶ 상법 규정

법인 정관의 기초가 되는 상법 중에 제388조(이사의 보수) 규정을 살펴보면 "이사의 보수는 정관에 그 액을 정하지 아니한 때에는 주주총회의 결의로 이를 정한다." 라고 되어 있다.

[사례] 이사의 보수에 대한 정관 규정
제○조 (이사 및 감사의 보수와 퇴직금) ① 이사와 감사의 보수는 주주총회의 결의로 이를 정한다.
② 이사와 감사의 퇴직금의 지급은 주주총회 결의를 거친 임원 퇴직금지급규정에 의한다.

이 규정에 의하면, 임원의 보수는 주주총회의 결의 또는 주주총회의 결의로 위임한 이사회에서 의결하여 지급하여야 한다. 따라서 주주총회의 결의없이 임원에게 보수를 과다하게 지급하거나 상여금을 지급하는 경우 세무조사시 쟁점이 되어 손금불산입되는 사례가 있으므로 유의하여야 한다.

❷ 법인세법 규정

임원급여 한도액 등에 대하여 법인세법에서 특별히 정한 내용은 없다. 다만, 법인세법 시행령 제43조 제3항에서 "법인이 지배주주 등(특수관계에 있는 자)인 임원 또는 사용인에게 정당한 사유없이 동일직위에 있는 지배주주 등 외의 임원 또는 사용인에게 지급하는 금액을 초과하여 보수를 지급한 경우 그 초과금액은 이를 손금에 산입하지 아니한다."라고 규정이 되어 있다.

❸ 세무상 문제

상법의 규정에 의하여 대다수 법인은 이사의 보수(급여 및 상여금) 및 퇴직금을 정관에서 주주총회 결의로 정한다고 명시하고 있다. 그럼에도 불구하고 임원의 보수에 대해서는 아무런 규정도 마련하지 않은 경우가 종종 있다. 이로 인하여 주주총회의 결의 없는 이사회의 결의 또는 특별한 절차없이 임원에게 급여 또는 상여금을 지급한 경우 세무상 중대한 문제가 발생할 수 있다.

예를 들어 세무조사를 받았던 A업체의 경우 대표이사의 급여를 연간 2억원으로 책정하여 지급하였으나 주주총회의 결의 없이 임원의 급여를 임의로 책정하였기 때문에 급여가 가장 많은 근로자의 연간보수액이 1억원이므로 그 차액 1억원을 손금부인당한 사례가 있으므로 특히 유의하여야 한다.

◆ 법인22601-921, 1985.03.27
주주인 임원에 대한 보수는 당해 임원이 현실적으로 기업에 종사하였는지 여부에 따라 정관의 규정이나 주주총회 등의 의결에 의하여 정하여진 보수로서 지급할 수 있는 한도액까지를 말하는 것이나, 단순히 특정임원의 개인사정을 고려하여 직책이나 임무의 중요도에 관계없이 인상지급한 보수는 정당한 임원의 보수로 볼 수 없는 것이므로 법인세법 제20조 및 동법 시행령 제46조의 규정에 의한 부당행위계산 부인대상이 되는 것임.

◆ 국징 1234.21-659, 1967. 8. 16.
법인세법상 임원보수의 손금산입한도에 대하여 제한하고 있지 않으나 상법 제388조에서 임원의 보수지급에 대하여는 정관에 그 한도액을 정하지 아니한 때에는 주주총회의 결의로 정하도록 되어 있으므로, 임원에 대한 보수 중 정관이나 주주총회의 결의에 의하여 정하여진 한도액을 초과하는 것은 손금으로 인정되지 아니한다.

❹ 임원 급여를 적법하게 지급하는 방법

임원의 급여 한도액 등에 대한 세법의 규정은 없으나 상법의 규정에 의하여 임원의 보수를 지급하여야 하므로 정관에 그 금액을 정하여 지급하되, 정관에서 주주총회의 결의로 위임한 경우 임원 급여 및 상여금 지급에 대하여 반드시 주주총회 결의가 있어야 하므로 주주총회의 결의내용에 대한 회의록을 작성하여 두어야 한다.

1 정관 규정

대부분의 기업은 정관에 임원 급여 및 상여금 지급에 대한 구체적인 내용을 정하지 아니하고 다음과 같이 주주총회의 결의에 위임하고 있다.

[사례] 이사의 보수에 대한 정관 규정
제○조 (이사 및 감사의 보수와 퇴직금) ① 이사와 감사의 보수는 주주총회의 결의로 이를 정한다.
② 이사와 감사의 퇴직금의 지급은 주주총회 결의를 거친 임원 퇴직금지급규정에 의한다.

☐ 상법 제388조(이사의 보수) 이사의 보수는 정관에 그 액을 정하지 아니한 때에는 주주총회의 결의로 이를 정한다.

2 주주총회 결의

임원의 보수는 주주총회의 결의 또는 주주총회의 결의에 의하여 위임한 이사회에서 지급기준을 정하여 지급을 하여야 한다.

임원의 급여지급기준은 실제 지급하는 금액보다 많이 책정하여 두어야 한다. 예를 들어 임원을 수익자로 하는 보험료를 법인이 부담하는 경우 정관·주주총회 또는 이사회의 결의에 의하여 결정된 급여지급기준에 의하여 지급하는 범위내에서 각 사업연도 소득금액계산상 손금에 산입하고 해당 임원에 대한 급여로 처리를 할 수 있으나 임원에 대한 보수 중 정관이나 주주총회의 결의에 의하여 정하여진 한도액을 초과하는 것은 손금으로 인정되지 않기 때문이다.

◆ 법인46012-287, 1995.01.28.
법인이 출자임원에게 법인의 정관·주주총회·사원총회나 이사회의 결의에 의하여 결정된 급여지급규정에 의하여 지출하는 교육비보조금등은 법인세법 제20조의 부당행위계산부인 규정이 적용되는 경우를 제외하고는 각 사업연도 소득금액계산시 손금에 산입하는 것임.

❺ 임원 급여 인상시 유의할 사항

법인이 지배주주 등(특수관계에 있는 자를 포함)인 임원에게 정당한 사유없이 동일 직위에 있는 지배주주 등 외의 임원에게 지급하는 금액을 초과하여 보수를 지급한 경우 그 초과금액은 손금에 산입할 수 없다. 따라서 임원의 급여를 인상하고자 하는 경우 해당 임원의 급여를 인상하는 정당한 사유 등을 주주총회의 결의 또는 주주총회에서 위임한 이사회 결의서 등에 임원 급여 인상의 구체적인 사유를 명시하여 두어야 할 것이다.

주주총회 승인금액 내에서 인상하되, 주주총회에서 임원 급여에 대하여 이사회에 위임한 경우 이사회를 개최하여 인상하여야 하며, 임원 급여 인상에 대한 구체적인 사유를 의결하여야 한다.

2 임원 상여금

❶ 상법 규정

법인 정관의 기초가 되는 상법 중에 제388조(이사의 보수) 규정을 살펴보면 "이사의 보수는 정관에 그 액을 정하지 아니한 때에는 주주총회의 결의로 이를 정한다."라고 되어 있다.

❷ 법인세법 규정

상여금의 손금산입 등에 관한 내용은 다음의 법인세법 시행령 제43조에서 규정하고 있으며, 법인이 임원에게 지급하는 상여금중 정관·주주총회·사원총회 또는 이사회의 결의에 의하여 결정된 급여지급기준에 의하여 지급하는 금액을 초과하여 지급한 경우 그 초과금액은 이를 손금에 산입하지 아니한다.

☐ 법인세법 시행령 제43조(상여금 등의 손금불산입)
①법인이 그 임원 또는 직원에게 이익처분에 의하여 지급하는 상여금은 이를 손금에 산입하지 아니한다. 이 경우 합명회사 또는 합자회사의 노무출자사원에게 지급하는 보수는 이익처분에 의한 상여로 본다. <개정 2018. 2. 13., 2019. 2. 12.>
②법인이 임원에게 지급하는 상여금중 정관 · 주주총회 · 사원총회 또는 이사회의 결의에 의하여 결정된 급여지급기준에 의하여 지급하는 금액을 초과하여 지급한 경우 그 초과금액은 이를 손금에 산입하지 아니한다.
③법인이 지배주주등(특수관계에 있는 자를 포함한다. 이하 이 항에서 같다)인 임원 또는 직원에게 정당한 사유없이 동일직위에 있는 지배주주등 외의 임원 또는 직원에게 지급하는 금액을 초과하여 보수를 지급한 경우 그 초과금액은 이를 손금에 산입하지 아니한다. <개정 2008. 2. 22., 2019. 2. 12.>
④상근이 아닌 법인의 임원에게 지급하는 보수는 법 제52조에 해당하는 경우를 제외하고 이를 손금에 산입한다.

⑤법인의 해산에 의하여 퇴직하는 임원 또는 직원에게 지급하는 해산수당 또는 퇴직위로금 등은 최종사업연도의 손금으로 한다. <개정 2019. 2. 12.>

⑥ 삭제 <2009. 2. 4.>

⑦ 제3항에서 "지배주주등"이란 법인의 발행주식총수 또는 출자총액의 100분의 1 이상의 주식 또는 출자지분을 소유한 주주등으로서 그와 특수관계에 있는 자와의 소유 주식 또는 출자지분의 합계가 해당 법인의 주주등 중 가장 많은 경우의 해당 주주등(이하 "지배주주등"이라 한다)을 말한다. <신설 2008. 2. 22.>

⑧ 제3항 및 제7항에서 "특수관계에 있는 자"란 해당 주주등과 다음 각 호의 어느 하나에 해당하는 관계에 있는 자를 말한다. <개정 2019. 2. 12., 2023. 2. 28.>

1. 해당 주주등이 개인인 경우에는 다음 각 목의 어느 하나에 해당하는 관계에 있는 자

　가. 친족(「국세기본법 시행령」 제1조의2제1항에 해당하는 자를 말한다. 이하 같다)

　나. 제2조제8항제1호의 관계에 있는 법인

　다. 해당 주주등과 가목 및 나목에 해당하는 자가 발행주식총수 또는 출자총액의 100분의 30 이상을 출자하고 있는 법인

　라. 해당 주주등과 그 친족이 이사의 과반수를 차지하거나 출연금(설립을 위한 출연금에 한한다)의 100분의 30 이상을 출연하고 그 중 1명이 설립자로 되어 있는 비영리법인

　마. 다목 및 라목에 해당하는 법인이 발행주식총수 또는 출자총액의 100분의 30 이상을 출자하고 있는 법인

2. 해당 주주등이 법인인 경우에는 제2조제8항 각 호(제3호는 제외한다)의 어느 하나에 해당하는 관계에 있는 자

❸ 세무상 문제

법인세법 시행령 제43조제2항의 규정에 의하여 임원에 대한 상여금을 지급하면서 주주총회 등의 결의가 없는 경우 손금에 산입할 수 없다. 그럼에도 불구하고, 다수의 법인들이 임원에 대한 상여금지급규정 없이 상여금을 지급하고 있으며, 이 경우 세무조사 등의 사유로 실사를 받게 되면, 상여금으로 지급한 금액 전액을 손금불산입당하게 될 수 있다.

또한 정관의 위임에 의하여 상여금을 주주총회 결의로 지급하였더라도 그 금액에 대한 개별적이고, 구체적인 지급기준이나 성과평가방법 등이 규정되어 있지 않은 경우 이익처분에 의한 상여금 지급으로 보아 손금불산입당할 수 있으므로 유의하여야 할 것이다.

예를 들어 '임원상여금 지급규정'에는 지급한도만 규정되어 있을 뿐 지급기준이나 성과평가방법 등의 구체적인 지급규정이 포함되어 있지 아니하고, 이사회에서 임원의 특별공로를 인정하여 지급하기로 한 상여금으로서 지급률이나 성과평가근거 및 목표, 배분방법 등에 있어서 불분명하게 되어 있고, 합리적인 지급기준을 제시하지 못하는 경우 정상적 의미의 상여금이라고 보기는 어렵다고 판시한바 있다. (조심 2008서3044, 2008.12.30.)

◆ 서면2팀-747, 2005.05.31
1. 법인이 임원에게 지급하는 상여금 중 정관·주주총회·사원총회 또는 이사회의 결의에 의하여 결정된 급여지급기준에 의하여 지급하는 금액을 초과하여 지급한 경우와 지배주주인 임원 또는 사용인에게 정당한 사유없이 동일 직위에 있는 지배주주 등외의 임원 또는 사용인에게 지급하는 금액을 초과하여 보수를 지급한 경우 그 초과금액은 이를 손금에 산입하지 아니하는 것임.

❹ 임원 상여금을 적법하게 지급하는 방법

임원의 보수에 대하여 주주총회의 결의를 거치도록 정관에서 위임한 경우 상여금 지급에 대하여 반드시 주주총회 결의가 있어야 하므로 주주총회의 결의내용에 대한 회의록을 작성하여 두어야 한다.

1 정관 규정

대부분의 기업은 정관에 임원 급여 및 상여금 지급에 대한 구체적인 내용을 정하지 아니하고 다음과 같이 주주총회의 결의에 위임하고 있다.

[사례] 이사의 보수에 대한 정관 규정
제○조 (이사 및 감사의 보수와 퇴직금) ① 이사와 감사의 보수는 주주총회의 결의로 이를 정한다.
② 이사와 감사의 퇴직금의 지급은 주주총회 결의를 거친 임원 퇴직금지급규정에 의한다.

2 주주총회 결의

임원의 보수는 주주총회의 결의 또는 주주총회의 결의에 의하여 위임한 이사회에서 지급기준을 정하여 지급을 하여야 한다.

3 상여금 지급기준

정관의 위임에 의하여 상여금을 주주총회 결의로 지급하더라도 상여금 지급기준 등에서 그 금액에 대한 개별적이고, 구체적인 지급기준 및 성과평가방법 등이 규정되어 있어야 할 것이다.

다만, 법인이 임원에 대한 급여(상여금 포함) 지급기준을 주주총회의 결의에 의하여 정하면서 전체임원에 대한 총급여한도액만을 정하고, 실제로 임원에게 상여금을 지급할 때에는 사용인에 대한 급여지급규정상의 **상여금 지급비율을 준용**하여 지급한 경우에도 당해 상여금은 손금산입대상 상여금으로 볼 수 있는 것으로 해석한 사례도 있다. (법인46012-206, 1998.01.26.)

법인의 임원에게 지급한 상여금은 세무조사시 사실 관계에 따라 손금산입의 정당성 여부에 대하여 쟁점이 될 소지가 늘 있으므로 관련 예규들을 면밀히 검토하여 구비하여 두어야 하며, 임원에게 근로자에게 지급하는 상여금 비율을 초과하는 상여금은 지급하지 않는 것이 세무리스크를 예방할 수 있는 가장 좋은 방법일 것이다.

3 임원 퇴직금 세무상 문제

> 법인 임원에 대한 퇴직금은 정관의 규정 또는 정관에서 위임된 퇴직급여지급규정이 따로 있는 경우에는 해당 규정에 의하여 지급을 하여야 한다. 단, 정관의 규정이 있더라도 법인세법에서 정한 한도액을 초과하는 금액은 퇴직소득이 아닌 근로소득으로 신고 및 납부하여야 하며, 정관 등의 규정에서 정한 금액을 초과하여 퇴직금을 지급하는 경우에는 손금불산입하여야 한다.

1 법인의 임원

❶ 세법 규정

임원이라 함은 법인의 경영에 종사하는 사람으로서 사용인에 대응하는 개념이다. 일반적으로 법인의 임원으로는 회사의 이사 및 감사 등 법률상 임원으로서 정해져 있는 자를 말한다. 예를 들어 상법상 임원인 이사 및 감사는 주주총회에서 선임되고 회사와의 관계는 위임관계로서 되어 있다. 회사에서는 통상 상무 이상의 직급을 말한다. (법인세법 시행령 제40조, 조세특례제한법 제63조의2 제4항, 조세특례제한법 시행령 제60조의2)

□ 법인세법 시행령 제40조(기업업무추진비의 범위) ①주주 또는 출자자(이하 "주주등"이라 한다)나 다음 각 호의 어느 하나에 해당하는 직무에 종사하는 자(이하 "임원"이라

한다) 또는 직원이 부담하여야 할 성질의 기업업무추진비를 법인이 지출한 것은 이를 기업업무추진비로 보지 아니한다. <개정 2019. 2. 12., 2023. 2. 28.>
1. 법인의 회장, 사장, 부사장, 이사장, 대표이사, 전무이사 및 상무이사 등 이사회의 구성원 전원과 청산인
2. 합명회사, 합자회사 및 유한회사의 업무집행사원 또는 이사
3. 유한책임회사의 업무집행자
4. 감사
5. 그 밖에 제1호부터 제4호까지의 규정에 준하는 직무에 종사하는 자

□ 소득세법 기본통칙 12-0…1【임원과 근로자의 구분】
① 법에서 규정하는 "근로자"에는 법에서 특별히 임원을 제외하고 있는 경우 외에는 임원이 포함되는 것으로 한다. (1997. 4. 8. 개정)
② 임원이라 함은 「법인세법 시행령」 제20조 제1항 제4호에 따른 임원을 말한다. (2011. 3. 21. 개정)

◆ 서면2팀-20, 2008.1.7.
법인세법 시행령 제43조 제1항 내지 제5항의 규정에 의한 임원은 같은 조 제6항 각 호의 1에 규정하는 직무에 종사하는 자를 말하는 것이며, 임원에 해당하는지 여부는 종사하는 직무의 실질에 따라 사실 판단할 사항임.

❷ 상법 규정

제312조(임원의 선임) 창립총회에서는 이사와 감사를 선임하여야 한다.

제382조(이사의 선임, 회사와의 관계 및 사외이사) ① 이사는 주주총회에서 선임한다.
② 회사와 이사의 관계는 「민법」의 위임에 관한 규정을 준용한다.
③ 사외이사(社外理事)는 해당 회사의 상무(常務)에 종사하지 아니하는 이사로서 다음 각 호의 어느 하나에 해당하지 아니하는 자를 말한다. 사외이사가 다음 각 호의 어느 하나에 해당하는 경우에는 그 직을 상실한다. <개정 2011.4.14.>

1. 회사의 상무에 종사하는 이사·집행임원 및 피용자 또는 최근 2년 이내에 회사의 상무에 종사한 이사·감사·집행임원 및 피용자
2. 최대주주가 자연인인 경우 본인과 그 배우자 및 직계 존속·비속
3. 최대주주가 법인인 경우 그 법인의 이사·감사·집행임원 및 피용자
4. 이사·감사·집행임원의 배우자 및 직계 존속·비속
5. 회사의 모회사 또는 자회사의 이사·감사·집행임원 및 피용자
6. 회사와 거래관계 등 중요한 이해관계에 있는 법인의 이사·감사·집행임원 및 피용자
7. 회사의 이사·집행임원 및 피용자가 이사·집행임원으로 있는 다른 회사의 이사·감사·집행임원 및 피용자

❸ 근로기준법 해석 기준

법인등기부에 이사로 등재되어 있더라도 다음의 요건을 충족하는 경우 근로기준법의 근로자로 보아 근로기준법의 적용을 받을 수 있다. 즉, 단순히 형식적으로 법인등기부에 임원으로 등재된 것만으로 근로자로서의 노동법적 보호를 받지 못하는 것이 아님에 유의하여야 한다.

1. 그 등재가 형식적인 것에 불과하여 업무대표권과 집행권을 행사한 사실이 없고,
2. 출퇴근 시간 등 근무형태가 회사내 다른 일반 직원들과 다르지 않고,
3. 회사내 다른 근로자들과 마찬가지로 4대보험료 등이 원천징수되고,
4. 퇴사 후 실업급여를 지급받았고,
5. 이사로 등재되기 이전과 이후의 업무에 차이가 없는 경우

□ 등기이사의 근로자성 판단 기준
대법원 2005. 5. 27. 선고 2005두524 판결【부당해고구제재심판정취소】
[공2005.7.1.(229),1060]
【판시사항】
[1] 회사의 이사 등 임원이 근로기준법상의 근로자에 해당하는지 여부에 관한 판단 기준
[2] 집행이사로 선임되어 본부장 또는 지역본부장으로 근무한 자를 그 실질에 있어 사업 또는 사업장에 임금을 목적으로 종속적인 관계에서 사용자에게 근로를 제공하는 근로기준법 상 근로자에 해당한다고 한 원심의 판단을 수긍한 사례

【판결요지】

[1] 근로기준법상의 근로자에 해당하는지 여부를 판단함에 있어서는 그 계약이 민법상의 고용계약이든 또는 도급계약이든 그 계약의 형식에 관계없이 그 실질에 있어 근로자가 사업 또는 사업장에 임금을 목적으로 종속적인 관계에서 사용자에게 근로를 제공하였는지 여부에 따라 판단하여야 하고, 여기서 종속적인 관계가 있는지 여부를 판단함에 있어서는 업무의 내용이 사용자에 의하여 정하여지고 취업규칙·복무규정·인사규정 등의 적용을 받으며 업무수행 과정에 있어서도 사용자로부터 구체적이고 직접적인 지휘·감독을 받는지 여부, 사용자에 의하여 근무 시간과 근무 장소가 지정되고 이에 구속을 받는지 여부, 근로자 스스로가 제3자를 고용하여 업무를 대행케 하는 등 업무의 대체성 유무, 비품·원자재·작업도구 등의 소유관계, 보수가 근로 자체의 대상적(대상적) 성격을 갖고 있는지 여부와 기본급이나 고정급이 정하여져 있는지 여부 및 근로소득세의 원천징수 여부 등 보수에 관한 사항, 근로제공관계의 계속성과 사용자에의 전속성의 유무와 정도, 사회보장제도에 관한 법령 등 다른 법령에 의하여 근로자로서의 지위를 인정받는지 여부, 양 당사자의 경제·사회적 조건 등을 종합적으로 고려하여 판단하여야 하고, 회사의 이사 등 임원의 경우에도 그 형식만을 따질 것이 아니라 위 기준을 종합적으로 고려하여 판단하여야 한다.

[2] 집행이사로 선임되어 본부장 또는 지역본부장으로 근무한 자를 그 실질에 있어 사업 또는 사업장에 임금을 목적으로 종속적인 관계에서 사용자에게 근로를 제공하는 근로기준법 상 근로자에 해당한다고 한 원심의 판단을 수긍한 사례.

2　임원퇴직금 무엇이 문제인가?

❶ 개요

법인의 대표이사 등 임원에 대하여 회사의 내부규정인 퇴직금지급규정 등에 의하여 퇴직금을 지급할 수 있도록 되어 있는 경우 임원의 우월적 지위를 이용하여 퇴직금을 과다하게 책정하여 법인에게 손실을 줄 수 있을 것이다. 따라서 법인세법 제26조에서는 과다경비 등의 손금불산입을 규정하고 있고, 이에 대하여 법인세법 시행령 제44조에서 한도액을 정하여 두고 있으며, 한도액을 초과하는 퇴직금은 법인의 손금으로 인정되지 않는다.

□ 법인제법 제26조(과다경비 등의 손금불산입) -요약-
다음 각 호의 손비 중 대통령령으로 정하는 바에 따라 과다하거나 부당하다고 인정하는 금액은 내국법인의 각 사업연도의 소득금액을 계산할 때 손금에 산입하지 아니한다.
1. 인건비
2. 복리후생비
3. 여비(旅費) 및 교육·훈련비
4. 법인이 그 법인 외의 자와 동일한 조직 또는 사업 등을 공동으로 운영하거나 경영함에 따라 발생되거나 지출된 손비
5. 법인의 업무와 직접 관련이 적다고 인정되는 경비로서 대통령령으로 정하는 것

❷ 임원 퇴직금한도액

법인의 임원(법인의 회장, 사장, 부사장, 이사장, 대표이사, 전무이사 및 상무이사 등 이사회의 구성원 전원과 청산인 및 감사)으로서 근로기준법상의 근로자에 해당하지 않는 경우 근로자퇴직급여보장법에 의한 퇴직금 지급의무는 없다. 다만, 현실적인 퇴직을 하는 경우 퇴직금을 지급할 수 있으나 법인이 임원에게 지급한 퇴직급여 중 다음의 어느 하나에 해당하는 금액을 초과하는 금액은 손금에 산입하지 아니한다. [소득세법 제22조, 법인세법 시행령 제44조 제4항]

① **정관**에 퇴직급여(퇴직위로금 등 포함)로 지급할 금액이 정하여진 경우에는 정관에 정하여진 금액. 단, 정관에서 위임된 퇴직급여지급규정이 따로 있는 경우에는 해당 규정에 의한 금액에 의한다.

한편, **정관에서 정한 임원의 퇴직소득**이 다음 계산식에 따라 계산한 금액(1 + 2 + 3)을 초과하는 경우 그 초과하는 금액은 근로소득으로 본다.

> 1. 입사일부터 2011년 12월 31일 기간에 대하여 정관의 규정(배수제한 없음)에 의한 퇴직소득(2011년 12월 31일에 퇴직하였다고 가정할 때 지급받을 퇴직소득)
> 2. 2019년 12월 31일부터 소급하여 3년(2012년 1월 1일부터 2019년 12월 31일까지의 근무기간이 3년 미만인 경우에는 해당 근무기간으로 한다) 동안 지급받은 총급여의 연평균환산액 × 1/10 × 2012년 1월 1일부터 2019년 12월 31일까지의 근무기간/12 × 3
> 3. 퇴직한 날부터 소급하여 3년(2020년 1월 1일부터 퇴직한 날까지의 근무기간이 3년 미만인 경우 해당 근무기간으로 한다) 동안 지급받은 총급여의 연평균환산액 × 1/10 × 2020년 1월 1일 이후의 근무기간/12 × 2

근속연수의 배수 규정은 정관에 규정한 퇴직금이 배수를 초과하는 경우 근로소득으로 과세한다는 의미이며, 법인세법에 의한 손금불산입을 한다는 의미는 아니다. 따라서 정관에서 배수를 초과하여 퇴직금 지급에 관한 규정을 둘 수 있으며, 과다경비가 아니면, 법인의 손금으로 산입할 수 있는 것이다.

[개정 세법] 임원 퇴직소득 한도 축소를 통한 과세 합리화 [소득세법 §22 ③]
(종전) 3배 → (개정) 2배
<적용시기> 2020.1.1. 이후 퇴직하여 지급받는 소득 분부터 적용

② 제1항 외의 경우 그 임원이 퇴직하는 날부터 소급하여 1년 동안 해당 임원에게 지급한 **총급여액**의 10분의 1에 상당하는 금액에 근속연수(1년 미만의 기간은 월수로 계산하되, 1개월 미만의 기간은 이를 산입하지 아니한다.)를 곱한 금액. 이 경우 해당 임원이 사용인에서 임원으로 된 때에 퇴직금을 지급하지 아니한 경우에는 사용인으로 근무한 기간을 근속연수에 합산할 수 있다.

□ 법인세법 집행기준 26-44-2 [임원 퇴직급여의 손금산입 범위액]
임원에게 지급한 퇴직급여 중 다음의 금액을 초과하는 금액은 이를 손금에 산입하지 아니하고 해당 임원에 대한 상여로 처분한다.

구 분	임원퇴직급여 한도액
1. 정관에 퇴직급여(퇴직위로금 등 포함)로 지급할 금액이 정하여진 경우(정관에 임원의 퇴직급여를 계산할 수 있는 기준이 기재된 경우 포함)	정관에 정하여진 금액(정관에서 위임된 퇴직급여지급규정이 따로 있는 경우에는 해당 규정에 의한 금액)
2. 그 외의 경우	퇴직 직전 1년간의 총급여액(비과세소득과 손금불산입 상여 등을 제외한다) × 1/10 × 근속연수

* 근속연수는 역년에 따라 계산하며, 1년 미만의 기간은 월수로 계산하되 1개월 미만의 기간은 없는 것으로 한다. 이 경우 사용인에서 임원으로 된 때에 퇴직금을 지급하지 아니한 임원에 대한 근속연수는 사용인으로 근무한 기간을 포함한다

▶ 직원의 경우 근로기준법의 평균임금으로 퇴직금을 계산하여야 한다.

◆ 무급여로 근무한 임원이 퇴직하는 경우 근속연수 및 총급여액 계산방법
(법인, 법인46012-487, 1998.2.26.)
임원에 대한 퇴직금지급기준을 정관 등에 정하고 있지 아니하는 법인의 임원이 1년동안 급여수령을 포기하고 무급여로 근로를 제공한 후 퇴직하는 경우에 당해 임원에 대한 퇴직금을 계산함에 있어서 근속연수는 무급여로 근무한 기간을 포함할 수 있으며, 이 경우 임원퇴직금의 손금용인한도액을 계산하기 위한 총급여액은 급여수령을 포기하기 전 1년 동안 지급한 총급여액으로 할 수 있는 것임

❸ 임원 퇴직금의 정관 위임 및 주주총회 결의

임원 퇴직금은 정관 또는 정관에서 위임한 주주총회의 결의를 거친 퇴직급여지급규정에 의하여 지급하는 경우 법인의 손금에 산입할 수 있다.

☐ 법인세법 시행령 제44조(퇴직급여의 손금불산입) -요약-
④법인이 임원에게 지급한 퇴직급여 중 다음 각 호의 어느 하나에 해당하는 금액을 초과하는 금액은 손금에 산입하지 아니한다. 〈개정 2011. 3. 31., 2019. 2. 12.〉
1. 정관에 퇴직급여(퇴직위로금 등을 포함한다)로 지급할 금액이 정하여진 경우에는 정관에 정하여진 금액
2. 제1호 외의 경우에는 그 임원이 퇴직하는 날부터 소급하여 1년 동안 해당 임원에게 지급한 총급여액의 10분의 1에 상당하는 금액에 근속연수(역년에 의하여 계산한 근속연수를 말한다. 이 경우 1년미만의 기간은 월수로 계산하되, 1개월 미만의 기간은 이를 산입하지 아니한다.)를 곱한 금액. 이 경우 해당 임원이 직원에서 임원으로 된 때에 퇴직금을 지급하지 아니한 경우에는 직원으로 근무한 기간을 근속연수에 합산할 수 있다.

1 정관 규정

정관에 퇴직금으로 정해 놓은 금액을 지급하는 경우에는 임원의 퇴직금이라도 그 전액을 손금산입할 수 있도록 규정한 이유는 정관은 법인의 근본 규칙으로서 일단 정관에 정해 놓은 퇴직금을 증감시키기 위해서는 상법상의 정관 변경절차를 거쳐야 하므로 임원이라도 임의로 임원퇴직금을 과다지급하는 것이 비교적 어려워 법인의 소득을 부당히 감소시킬 염려가 적다는 데 그 이유가 있다.

따라서 정관에서 위임한 퇴직급여지급규정에 의한 퇴직금을 전액 손금산입하기 위해서는 정관 자체에 퇴직금 범위에 관한 기본사항이 정하여져 있어야 한다. 다만, 정관의 위임에 의하여 주주총회에서 임원 퇴직금지급기준을 정할 수 있다.

[사례] 정관에서 임원 퇴직금지급규정으로 위임
제○조 (이사 및 감사의 보수와 퇴직금) ① 이사와 감사의 보수는 주주총회의 결의로 이를 정한다.
② 이사와 감사의 퇴직금의 지급은 **주주총회 결의**를 거친 임원 퇴직금지급규정에 의한다.

▶ **코스피, 코스닥 등록법인의 정관 규정 확인**
1. 금융감독원 전자공시시스템 접속
2. [공시서류검색] → [상세검색]

3. [회사명] 입력 → 회사명 찾기 → 회사 선택
   (유)유가증권시장 등록법인, (코)코스닥시장 등록법인
4. 기간 선택
5. [정기공시] → 사업보고서 선택
6. 사업보고서 상단 첨부에서 [정관] 선택

2 주주총회 결의 및 임원퇴직금지급규정

[1] 주주총회 결의

법인 정관의 기초가 되는 상법 중에 제388조(이사의 보수) 규정을 살펴보면 "이사의 보수는 정관에 그 액을 정하지 아니한 때에는 주주총회의 결의로 이를 정한다."라고 되어 있다.

[2] 퇴직금지급규정

주주총회의 결의로 제정한 임원에 대한 퇴직금지급규정에서는 임원의 퇴직급여를 계산할 수 있는 기준'을 정확히 명시하여야 한다. 즉, 정관에서 위임하고, 주주총회의 결의를 거친 퇴직금지급규정이라 하더라도 당해 위임에 의한 임원퇴직금지급규정의 의결내용 등이 정당하고, 특정 임원의 퇴직시마다 퇴직금을 임의로 지급할 수 없는 일반적이고 구체적인 기준을 정하여야 하는 것이며, 당해 지급규정의 내용에 따라 임원퇴직시마다 **계속·반복적으로 적용**하여 온 규정이어야 적법한 규정으로 볼 수 있다.

따라서 법인이 임원에게 퇴직금을 지급함에 있어 정관에 퇴직금지급규정에 대한 구체적인 위임사항을 규정하지 아니하거나 주주총회의 결의없이 "별도의 퇴직금지급규정에 의한다"라고만 규정하여 특정 임원의 퇴직시 임의로 동 규정을 변경·지급할 수 있는 경우에는 법인세법 시행령 제44조 제4항의 경우에 해당하지 아니하므로 손금에 산입할 수 없다.

한편, 퇴직금지급규정이 명확하지 않은 경우 세무조사 등의 사유로 실사를 받을 시 퇴직금으로 지급한 금액에 대하여 손금불산입되어 법인세를 추징당할 수 있으며,

퇴직금을 받아간 임원은 퇴직소득이 아닌 상여로 처분되어(소득의 종류 변경) 근로소득에 합산하여 추가적으로 소득세를 부담하게 된다.

◆ 임원 퇴직급여에 관한 기준을 이사회에서 정하도록 정관에서 포괄적으로 위임하고 있는 경우 정관에 퇴직급여로 지급할 금액이 정하여진 경우에 해당되지 아니함
(법인세과-1226 , 2009.11.05.)

◆ 개정한 퇴직급여지급규정 적용 시 손금산입 가능 여부
(법인, 서면-2020-법인-4667, 2021.03.23)
「법인세법 시행령」 제44조 제1항에 따라 임원이 현실적으로 퇴직하는 경우에 지급하는 퇴직급여는 정관에서 위임된 퇴직급여지급규정에 의한 금액 한도 내에서 손금에 산입하는 것으로 정관에서 위임된 퇴직급여 규정에 해당하는지 여부는 아래 회신사례를 참조하시기 바랍니다.

○ 법인, 법인세과-704, 2010.07.26
법인이 모든 임원에게 일관성 있게 적용되는 퇴직급여지급규정을 정관에서 위임한 바에 따라 퇴직급여로 지급할 금액을 주주총회의 결의로 정한 경우에는 「법인세법 시행령」 제44조제5항에 따른 '정관에서 위임된 퇴직급여지급규정'에 해당하는 것임

1. 사실관계
○ 甲(이하 질의법인)의 정관에 임원의 퇴직금에 대해서는 「임원퇴직금지급규정」에 따르도록 규정되어 있고
- 정관에서 위임한 「임원퇴직금지급규정」을 임시주주총회를 통해 개정하고 개정 내용*에 따라 임원에게 퇴직금을 지급하고자 함
* 부득이한 사유로 임원의 보수를 감액지급하는 경우 감액 전 근로기간과 감액 후 근로기간의 퇴직금 산정 기준을 이원화(기존의 규정처럼 퇴직일 이전 1년간 급여를 기준으로 하는 경우 임원의 급여가 감액되면 퇴직금이 과도하게 감소하는 결과를 조정하기 위함)
2. 질의내용
○ 임시주주총회에서 의결하여 개정한 「임원퇴직금지급규정」을 적용하여 임원에게 퇴직금을 지급하는 경우 법인세법 상 손금에 해당하는지 여부

❹ 퇴직금 배수 또는 누진율 적용 및 추가 보수 지급

[1] 지급배율 및 임원이 퇴직하기 전에 규정을 개정한 경우
1) 법인의 퇴직급여지급규정이 불특정다수를 대상으로 지급배율을 정하지 아니하고 개인별로 지급배율을 정하는 경우에는 법인세법시행령 제44조 제4항에서 규정하는 정관에서 위임된 퇴직급여지급규정으로 볼 수 없는 것이며,
2) 특수관계자인 특정임원에게만 정당한 사유없이 지급배율을 차별적으로 높게 정하는 경우에는 법인세법 제52조의 부당행위계산 부인규정이 적용되는 것이고,
3) 임원이 퇴직하기 전에 규정을 개정한 경우에는 당해 규정의 개정전 까지의 근속기간에 대하여도 개정된 규정을 적용할 수 있는 것임
(서이46012-11540, 2003.08.25.)

[2] 임원 퇴직금 누진율 적용
법인이 임원의 퇴직금을 계산하는 경우 법인의 정관 또는 정관의 위임에 의한 주주총회에서 결정된 임원 퇴직금지급규정에 따라 장기근속 임원에 대하여 누진율을 적용하고, 해당 누진율이 모든 임원에게 적용되는 경우의 임원퇴직금지급규정은 법인세법 시행령 제44조 제4항의 규정에 해당하므로 해당 규정에 의하여 계산된 임원퇴직금은 손금불산입 대상에 해당하지 않는 것임. (서면2팀-333, 2005.02.22.)

❺ 확정급여형퇴직연금(DB)의 손금산입

내국법인이 임원의 퇴직금을 퇴직연금에 불입하는 경우에도 손금에 산입할 수 있으나 정관 또는 정관에서 위임한 임원 퇴직급여지급규정에 따라 지급하는 금액을 한도로 하되, 정관 또는 정관에서 위임한 임원 퇴직급여지급규정에도 불구하고, 2012년 이후 다음의 금액을 초과하는 경우 퇴직소득이 아닌 근로소득으로 본다.

퇴직한 날부터 소급하여 3년동안(근무기간이 3년 미만인 경우에는 개월 수로 계산한 해당 근무기간) 지급받은 총급여의 연평균환산액 × 1/10 × 2012년 1월 1일 이후의 근속연수(1년 미만의 기간은 개월 수로 계산하며, 1개월 미만의 기간이 있는 경우에는 이를 1개월로 본다) × 3(2020년 이후 2)

❻ 임원 확정기여형퇴직연금

임원에 대하여 확정기여형 퇴직연금(DC형)에 가입하고 법인이 그 부담금을 계속 불입한 경우 그 부담금 총액을 임원의 퇴직급여로 보아 그 전액을 불입 시점에 일단 법인의 손금으로 처리하되, 해당 임원이 현실적으로 퇴직하는 사업연도에 퇴직시까지 납부한 회사부담금의 누계액을 퇴직급여로 보아 아래의 손금산입한도를 초과하는 금액은 퇴직일이 속하는 사업연도의 회사부담금에서 손금부인하며, 그 한도초과액이 퇴직일이 속하는 사업연도의 회사부담금을 초과하는 경우 그 초과액을 익금산입하여야 한다. [법령 제44조의2 ③ 단서 조항]

1. 정관 또는 정관에서 위임된 퇴직급여지급규정(퇴직위로금 포함)으로 지급할 금액이 정하여진 경우 : 그 정관에 정하여진 금액 단, 2012년 이후 발생한 임원퇴직금의 경우 정관의 규정에 있더라도 2호 금액의 3배(2020년 이후 2배)를 한도로 한다.
2. 위 1호외의 경우 : 퇴직전 1년간 총급여 × 1/10 × 근속연수

> **사례** 임원의 확정기여형퇴직연금 초과 불입액에 대한 세무조정
>
> [예제]
> 20×6년 퇴직연금불입액   20,000,000원
> 20×7년 퇴직연금불입액   22,000,000원
> 20×8년 퇴직연금불입액   25,000,000원
> 20×9년 퇴직연금불입액   28,000,000원
> 총불입액   95,000,000원
> 20×9년 현실적인 퇴직
> 퇴직금한도액   60,000,000원
> 한도초과액   35,000,000원
> 손금불산입   28,000,000원 (20×9년 퇴직연금불입액)
> 익금산입   7,000,000원
> [풀이] 한도초과액 3,500만원 중 퇴직일이 속하는 사업연도에 불입한 확정기여형퇴직연금 2,800만원은 손금불산입하고, 차액 700만원은 익금산입한다.

3 임원 및 근로자 퇴직금 중간정산

❶ 개요

2012년 7월 26일 이후 퇴직금중간정산제도를 원칙적으로 폐지하였으나 퇴직금제도를 채택하고 있는 기업은 퇴직금 중간정산 사유가 있는 경우 중간정산을 할 수 있으며, 확정기여형퇴직연금의 경우 같은 사유가 있을시 전액 중도인출을 할 수 있다. 단, 확정급여형퇴직연금의 경우 중간정산 또는 중도인출을 할 수 없다.

❷ 임원 퇴직금 중간정산

[1] 개요

근로자의 경우 근로자퇴직급여보장법에 의하여 2012년 7월 26일 이후에는 특정한 경우를 제외하고는 중간정산을 할 수 없다. 법인의 임원은 같은 법의 개정 이전에도 근로기준법에 의한 근로자가 아닌 임원은 중간정산을 할 수 없었다. 따라서 법인의 임원에게 다음에 정하는 사유 이외에 퇴직금을 중간정산하는 경우 손금불산입하고, 상여로 처분을 하거나 가지급금으로 처리를 하여야 한다.

[2] 법인 임원이 퇴직금중간정산을 할 수 있는 경우 [법령 제44조 ② 5]

정관 또는 정관에서 위임된 퇴직급여지급규정에 따라 장기 요양 등 기획재정부령으로 정하는 사유로 그 때까지의 퇴직급여를 중간정산하여 임원에게 지급한 때(중간정산시점부터 새로 근무연수를 기산하여 퇴직급여를 계산하는 경우에 한정한다)

□ 법인세법 시행규칙 제22조(현실적인 퇴직의 범위등) -요약-
③ 영 제44조제2항제5호에서 "정관 또는 정관에서 위임된 퇴직급여지급규정에 따라 장기요양 등 기획재정부령으로 정하는 사유"란 다음 각 호의 어느 하나에 해당하는 경우를 말한다. <신설 2010. 3. 31.>
1. 중간정산일 현재 1년 이상 주택을 소유하지 아니한 세대의 세대주인 임원이 주택을 구입하려는 경우(중간정산일부터 3개월 내에 해당 주택을 취득하는 경우만 해당한다)

2. 임원(임원의 배우자 및 생계를 같이 하는 부양가족 포함)이 3개월 이상의 질병 치료 또는 요양을 필요로 하는 경우
3. 천재 · 지변, 그 밖에 이에 준하는 재해를 입은 경우

▶ 2015년 이전에는 연봉제로 전환함에 따라 향후 퇴직급여를 지급하지 아니하는 조건으로 그 때까지의 퇴직급여를 정산하여 지급한 때에는 임원에 대하여 중간정산을 할 수 있었으나 2016년 이후에는 중간정산을 할 수 없다.

[3] 현실적인 퇴직이 아님에도 퇴직금을 지급한 경우 세무상 문제

법인이 현실적으로 퇴직하지 아니한 임직원에게 지급한 퇴직금은 당해 임직원이 현실적으로 퇴직할 때까지 이를 퇴직금으로 보지 아니하고 업무와 관련 없는 자금의 대여액으로 본다. 예를 들어 법인의 임원 또는 사용인에게 중간정산 사유에 해당하지 아니함에도 중간정산을 하여 퇴직금을 지급하고, 손금산입한 경우 세무조정에서 손금불산입하고, 해당 임원 또는 사용인에 대한 상여로 처분하거나, 유보로 처분한 다음 퇴직금 지급일부터 현실적인 퇴직시점까지 가지급금 인정이자를 계상하여 법인의 익금에 산입하고 임원 또는 사용인에게 상여처분을 하여야 하는 것이다.

◆ 법인의 임원이 퇴임하고 사용인으로 계속 근무하는 경우 현실적인 퇴직여부
(소득, 서이46013-10840, 2001.12.29.)
법인의 임원이 주주총회 결의에 의하여 퇴임하고 사용인으로 계속 근무시 법인이 퇴직금지급규정에 따라 실지로 퇴직금을 지급하는 경우에는 법인세법시행 규칙 제13조 제4항의 규정에 의하여 현실적인 퇴직에 해당하는 것임.

❸ 근로자 퇴직금 중간정산

퇴직금 중간정산은 원칙적으로 금지하고 있다. 다만, 근로자가 경제적으로 매우 어려운 상황에 처하는 경우 예외적으로 중간정산을 할 수 있는 사유를 근로자퇴직급여보장법 시행령 제3조에서 정하고 있으며, 동 사유에 해당하는 경우 중간정산을 할 수 있으며, 중간 정산을 하는 경우 그 사실을 증명할 수 있는 서류를 보관하여 두어야 한다.

□ 근로자퇴직급여보장법 제8조(퇴직금제도의 설정 등) ① 퇴직금제도를 설정하려는 사용자는 계속근로기간 1년에 대하여 30일분 이상의 평균임금을 퇴직금으로 퇴직 근로자에게 지급할 수 있는 제도를 설정하여야 한다.
② 제1항에도 불구하고 사용자는 주택구입 등 대통령령으로 정하는 사유로 근로자가 요구하는 경우에는 근로자가 퇴직하기 전에 해당 근로자의 계속근로기간에 대한 퇴직금을 미리 정산하여 지급할 수 있다. 이 경우 미리 정산하여 지급한 후의 퇴직금 산정을 위한 계속근로기간은 정산시점부터 새로 계산한다.

□ 근로자퇴직급여보장법 시행령 제3조(퇴직금의 중간정산 사유) -요약-
① 법 제8조제2항 전단에서 "주택구입 등 대통령령으로 정하는 사유"란 다음 각 호의 경우를 말한다. <개정 2019. 7. 2., 2019. 10. 29., 2020. 11. 3., 2022. 4. 13.>
1. 무주택자인 근로자가 본인 명의로 주택을 구입하는 경우
2. 무주택자인 근로자가 주거를 목적으로 보증금을 부담하는 경우. 이 경우 근로자가 하나의 사업에 근로하는 동안 1회로 한정한다.
3. 근로자가 6개월 이상 요양을 필요로 하는 다음 각 목의 어느 하나에 해당하는 사람의 질병이나 부상에 대한 의료비를 해당 근로자가 본인 연간 임금총액의 1천분의 125를 초과하여 부담하는 경우
   가. 근로자 본인
   나. 근로자의 배우자
   다. 근로자 또는 그 배우자의 부양가족
4. 퇴직금 중간정산을 신청하는 날부터 거꾸로 계산하여 5년 이내에 근로자가 「채무자 회생 및 파산에 관한 법률」에 따라 파산선고를 받은 경우
5. 퇴직금 중간정산을 신청하는 날부터 거꾸로 계산하여 5년 이내에 근로자가 「채무자 회생 및 파산에 관한 법률」에 따라 개인회생절차개시 결정을 받은 경우
6. 사용자가 기존의 정년을 연장하거나 보장하는 조건으로 단체협약 및 취업규칙 등을 통하여 일정나이, 근속시점 또는 임금액을 기준으로 임금을 줄이는 제도를 시행하는 경우
6의2. 사용자가 근로자와의 합의에 따라 소정근로시간을 1일 1시간 또는 1주 5시간 이상 단축함으로써 단축된 소정근로시간에 따라 근로자가 3개월 이상 계속 근로하기로 한 경우
6의3. 법률 제15513호 근로기준법 일부개정법률의 시행에 따른 근로시간의 단축으로 근로자의 퇴직금이 감소되는 경우
7. 재난으로 피해를 입은 경우로서 고용노동부장관이 정하여 고시하는 사유에 해당하는 경우

 # 법인의 임직원 인적보험료 불입액에 대한 세무상 문제

> 법인이 임직원 등을 피보험자로 하여 보장성보험료를 불입함에 있어 보험의 수익자가 법인이면, 손금에 산입할 수 있으나 수익자가 임원인 경우로서 정관, 주주총회 또는 이사회 결의에 의해 결정된 급여지급기준금액을 초과하는 경우 손금불산입하고, 상여로 처분하여야 한다.

1 보험 가입전 알아두어야 할 사항

❶ 보험 용어

[1] 보험계약자
피보험자에 대한 보험계약을 체결하고, 보험료를 직접 불입하는 자를 말한다.

[2] 피보험자
생명보험계약에서는 그 사람의 생사가 보험사고가 되는 당사자, 즉 생명보험의 대상으로서 보험에 가입되는 사람을 말한다. 손해보험계약에서는, 보험사고가 발생함으로써 손해를 입을 수 있는 사람, 즉 피보험 이익을 지니고 있는 사람을 말한다. 예를 들어 본인이 배우자의 사망을 원인으로 보험금을 수령하고자 보험계약을 체결하는 경우 계약자는 본인이고, 피보험자는 배우자에 해당하는 것이다.

[3] 수익자

피보험자의 사망 등 보험사고가 발생한 경우 보험금을 수령할 수 있는 권리를 가진 자를 말한다. 예를 들어 사망을 보험금 지급사유로 하는 생명보험은 본인이 보험에 가입하고(계약자) 본인을 피보험자로 계약한 경우 본인의 사망시 보험금 수령을 누구로 할 것인가를 지정하여야 하며, 보험금 수령자로 지정한 자를 보험수익자라고 한다. 보험금 수령자에 대한 별도의 지정이 없는 경우 보험회사는 민법의 규정에 의한 법정상속인에게 상속비율에 의하여 보험금을 지급하게 된다.

[4] 납입 및 보험기간

납입이란 보험료를 납부하여야 하는 기간을 말하며, 보험기간이란 보험 혜택을 받을 수 있는 기간을 말한다. 예를 들어 1962년 3월생인 피보험자가 2015년 7월, 20년납 80세 만기 보험계약을 체결한 경우 2035년 6월까지 20년간 보험료를 납입하고, 2035년 7월부터 만80세가 되는 2045년 3월까지는 보험료를 납입하지 않아도 보험혜택을 받을 수 있다는 의미이다.

[5] 가입연령

생명보험계약 체결시의 피보험자의 연령. 대개의 경우, 피보험자의 만연령(滿年齡)으로 계산하며, 1년 미만의 단수(端數)에 대해서는 6개월 이하는 버리고, 6개월을 넘을 경우에는 반올림하여 만연령에 1세를 가산한다. 생명보험의 종류나 보험료 납입기간에 따라 가입연령에 제한(범위)되어 있는 경우가 있다.

▶ 보험연령 계산 예시

가입일자	생년월일	차이	보험연령
2015-11-15	1988-05-10	28년 6개월 5일	29세
2015-11-15	1988-07-10	28년 4개월 5일	28세

[6] 가입자격

생명보험을 계약하는데 계약자 및 피보험자가 될 수 있는 자격을 가입자격이라 한다. 피보험자는 사람이어야 하며, 현행 상법 732조는 15세 미만자, 심신상실자, 심신박약자를 피보험자로 하는 사망보험계약의 금지를 규정하고 있다.

◨ 보험 계약의 당사자 구조

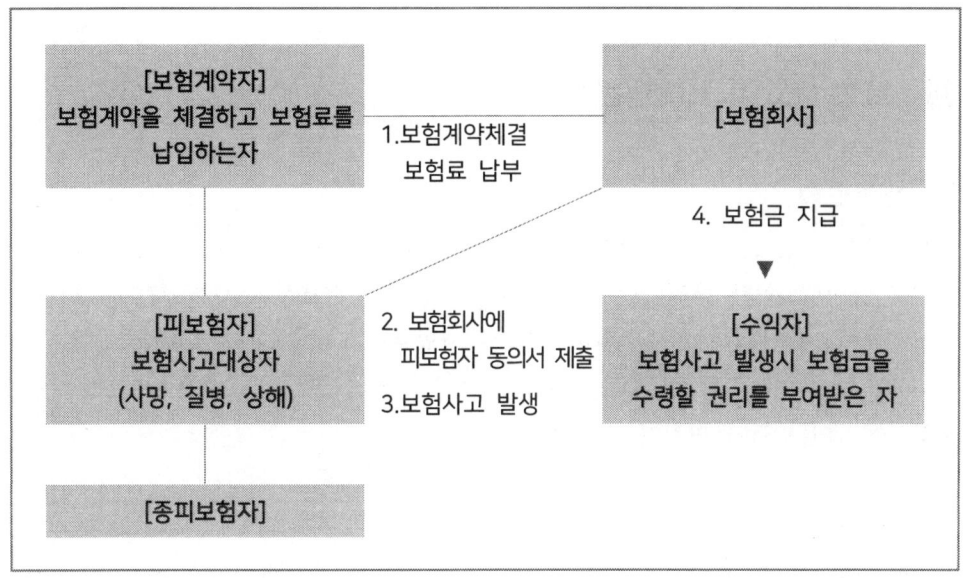

[7] 종피보험자

보험의 주된 대상자를 피보험자라고 하며, 주된 대상자와 함께 종속적인 대상자를 종피보험자라고 한다. 이는 보험사의 보험상품 중 가족(본인 및 배우자, 자녀)을 하나의 보험증권으로 가입할 수 있는 상품들이 있다. 예를 들어 본인이 보험계약의 계약자이면서 실제 보험혜택을 받는 피보험자로 보험을 계약하면, 본인이 계약자이면서 주피보험자(보험의 주된 대상자)가 된다. 그 보험에 배우자나 자녀가 보험사고 발생시 본인과 같은 보장을 받도록 가입을 하면 배우자나 자녀가 종(從)피보험자가 되는 것이다.

[8] 법정상속인

종신보험이 아닌 경우에는 통상 계약자가 수익자(보험금 수령인)이나 종신보험의 경우 계약자인 피보험자가 사망함으로서 계약자가 수익자가 될 수 없으므로 계약 당시 수익자를 지정하여야 한다. 다만, 종신보험의 수익자를 지정하지 아니한 경우 민법의 규정에 의하여 법정상속인인 배우자(1.5) 및 자녀(1인당 1) 등에게 상속이 되는 것이다. 참고로 자녀가 없고, 배우자 및 부모가 살아 있는 경우에는 배우자(1.5)와 부모가(각각 1) 각각 법정상속인이 된다.

❷ 보험의 종류

① 보험사고에 따른 분류

[1] 생존보험
피보험자가 보험기간 만료일까지 생존해 있을 때에 한하여 보험금이 지급되는 생명보험을 말한다. 현재 우리나라에서 판매하고 있는 생존보험은 보험기간 중 사망 시에도 사망급여금을 지급하기 위하여 각종 사망보장이 부가되어 판매되고 있다. 생존하고 있는 것을 조건으로 매년 연금을 받게 되는 연금보험과, 자녀의 교육자금을 보장하는 교육보험이 여기에 속한다.

[2] 사망보험
피보험자의 사망을 보험사고로 해서 보험금을 지급하는 보험계약을 말한다. 사망보험의 목적은 피보험자의 사망으로 말미암아 생길 수 있는 유가족의 경제적 필요를 충족시키는 데 있다. 사망보험에는 계약의 시점으로부터 일정기간 중에 사망하였을 경우에 보험금이 지급되는 정기보험과 기한을 정하지 않고 사망 시에 보험금이 지급되는 종신보험이 있다.

[3] 생사혼합보험
사망보험과 생존보험을 혼합한 형태의 생명보험을 말한다. 피보험자가 보험기간 중에 사망하였을 때에 사망보험금을 지급하며, 보험기간 중의 미리 정해진 시기(보험기간의 만료 시 포함)에 생존하고 있을 때에는 생존보험을 지급하는 보험이다. 사망보험의 보장기능과 생존보험의 저축기능을 동시에 가지는 것이라 할 수 있으며, 일명 양로보험이라고 한다.

② 보장성보험 및 저축성보험

[1] 보장성보험
피보험자에게 사망, 상해, 입원, 생존 등과 같이 사람의 생명과 관련하여 보험사고가 발생했을 때 약속된 급부금을 제공하는 보험상품으로, 만기생존시 이미 납입한 보험료의 환급여부에 따라 순수보장형과 만기환급형으로 나뉘며, 만기환급형의 경우라도 만기 때 지급되는 급부금의 합계액은 이미 납입한 보험료를 초과하지 않아야 한다. 보장성 보험은 본래 의미의 보험상품으로 각종 재해로 인한 사망이나, 암과 같은 질병으로 인한 사망, 입원, 치료, 유족보장을 주요 내용으로 하는 보험으로 상해보험, 질병보험, 간병보험 등의 상품이 있으며, 근로자가 보장성 보험을 가입하고 납입한 보험료에 대해서는 연간 100만원을 한도로 소득공제 혜택을 주고 있다.

▶ **상해보험**

우연하고 급격한 외래의 사고로 인한 사람의 신체에 입은 상해에 대하여 치료에 소요되는 비용 및 상해의 결과에 기인한 사망, 후유장해 등의 위험을 보장하는 보험을 말한다. 상해보험에서 지급되는 보험금에는 통상 사망보험금, 장해보험금 및 의료비보험금이 있다.

▶ **질병보험**

질병에 대한 치료비를 보장할 것을 목적하는 보험을 말하며, 입원급여금, 수술급여금 및 진단보험금이 지급된다. 질병보험은 상법상 제3보험으로 분류되며 생명보험사와 손해보험사가 모두 상품을 개발하여 판매할 수 있다. 건강보험, 암보험, 어린이보험 등이 대표적인 질병보험이다. 생명보험상품은 질병으로 치료를 받은 경우 진단, 수술, 입원에 대하여 정액의 보험금을 지급하고, 손해보험상품은 치료비 중 본인이 부담한 실제치료비를 실손보상한다.

[2] 저축성보험

보장성 보험과 달리 납입보험료보다 만기에 환급되는 보험금이 큰 보험을 말한다. 저축성 보험은 만기에 이자수익이 발생하기 때문에 납입보험료를 초과하여 환급된 금액에 대해서는 이자소득세를 과세함이 원칙이나 소득세법에서는 10년 이상 유지된 저축성 보험의 이자소득에 대해서는 비과세혜택을 주고 있다.

▶ **저축성보험의 복리이자에 대한 진실**

보험회사에서도 은행의 정기적금과 유사한 저축상품에 약간의 보험혜택이 있는 저축성보험상품을 판매하면서 은행에서는 정기적금을 복리로 계산하여 주지 않으나 보험회사는 복리로 계산하여 준다고 한다. 보험회사의 복리란 계약자가 불입하는 보험료 중 예상보험사업비(광고비, 보험모집수당, 관리비 등)를 차감한 금액을 기준으로 이자를 복리로 계산하여 주는 것이며, 금리가 낮은 경우 복리상품의 경우에도 실제 이자수익률은 얼마 되지 않는 것으로 재테크 상품으로는 큰 의미가 없는 것이므로 자신의 소득을 충분히 감안하여 무리한 금액의 보험계약을 하지 말아야 한다. 왜냐하면, 보험의 경우 보험가입기간 도중 중도 해지를 하게 되면, 원금을 다 받을 수 없게 되며, 그 손실금액(보험가입과 관련한 보험모집수당, 사업비등으로 지출한 금액을 가입자가 부담하게 되어 손실이 발생하는 것이다.)은 보험가입을 했던 것을 후회하게 할 것이다.

❸ 변액보험 및 변액연금보험

1 변액보험

보험은 원래 사망, 질병, 사고 등 위험에 대비하기 위하여 보험계약자가 일정 금액을 납입하고, 보험회사는 다수의 계약자가 납입한 보험료를 보관.운영하며, 계약자 중 보험사고가 발생한 자에게 보험금을 지급하는 것을 주목적으로 한다. 보험의 주목적에 부합한 보험료는 대부분 보장성 보험료(원금손실이 발생하는 보험)에 해당한다. 그러나 요즈음에는 보험료 중 저축성보험료를 따로 분리하여 투자위험은 있으나 시장상황에 따라 높은 수익률을 올릴 수 있는 주식이나 회사채 등에 투자하여 그 투자수익의 성과에 따라 보험금 지급사유가 발생하였을 경우 지급하는 보험금액이 변동되는 보험을 보험회사가 개발하여 판매하고 있으며, 이를 변액보험이라고 하는 것이다.

즉, 변액보험은 보험과 펀드를 혼합한 상품으로 보면 된다. 보험회사는 변액보험으로 유치한 보험금을 펀드회사에 투자를 하고, 그 투자결과에 따라 보험계약자에게 변동적으로 지급을 하는 상품이며, 변액보험은 이와 같은 형태로 운용되기 때문에 보험회사는 변액보험과 관련한 자산을 일반 보험상품과는 별도로 설정하여 관리하고 있다. 변액보험의 사망보험금은 최초 계약한 기본보험계약의 '기본보험금'과 투자실적에 따라 증감하는 '변동보험금'으로 구성되며, 보험의 기본성격을 유지하기 위해 '기본보험금'을 최저보장으로 하고, '변동보험금'을 사망보험금에 추가한다.

변액보험상품은 크게 연금보험, 종신보험, 양로보험의 3종류로 구분하며, 가입자들이 필요에 따라 선택할 수 있지만, 보험가입자는 투자 위험을 감수하여야 한다. 예를 들어 보험회사가 보험가입자가 불입한 보험금으로 주식에 투자한 결과 주가 상승기인 2002년 이후 많은 수익을 올려 보험가입자에게 보험금을 추가 지급하였으나 2008년 금융위기로 주가가 폭락함에 따라 투자원금의 손실이 발생하고, 이에 따라 보험가입자는 많은 손실을 본 경우도 있었다. 다만, 이와 같은 상황은 극히 예외적인 경우이며, 그 후 주가가 2008년 이전 수준 이상으로 상승하였고, 보험회사가 분산투자를 함으로서 현재는 손실 위험이 많이 줄어들어 변액보험을 장기불입하는 경우 일반 저축연금에 비하여 유리할 것으로 판단된다.

2 변액연금보험

일반 저축연금은 일정 이자율로 수익을 보장하나 변액연금은 고객으로부터 연금저축으로 받은 돈으로 고수익을 목표로 주식 또는 채권에 투자하는 펀드상품 등에 투자하여 수익을 올리는 구조이기 때문에 연금저축에 비하여 일반적인 경우 더 많은 수익을 올릴 수가 있는 것이다. 다만, 펀드에 직접 투자하는 것에 비하여 변액연금보험은 적립식(적금 형태)의 경우 보험모집인에게 수당으로 모집 첫해와 다음해에 변액연금보험 적립금액의 1.69% ~ 3.57%의 수당을 지급하며, 거치식(정기예금 형태)의 경우 거치금액의 2.4% ~ 4.0%를 지급 하므로 수수료 부담이 더 많은 것이다. 참고로 수당지급비율은 보험사마다 차이가 있으며 생명보험협회 홈페이지에서 조회할 수 있다.

변액연금보험은 최근 원금의 최고 200%까지 보증해 준다는 상품들이 출시되고 있지만, 이는 보험회사가 계약자로부터 받은 보험료로 펀드상품 등에 투자하여 투자수익이 100% 이상 오른 경우에 투자원금 및 이익금을 원금과 이자가 보장되는 안전한 채권등의 투자로 이전하여 보장한다는 의미로 펀드투자수익이 이에 미치지 못하는 경우에는 실효성이 없다. 변액연금보험은 보험가입시 전문자산관리사와 상담을 한 다음 인터넷을 통해 가입하는 것이 유리하며, 최저보증 기능이 있는 경우에도 중도 해지시에는 최저보증이 안되므로 가입자가 가입기간 동안 부담할 수 있는 금액의 범위내에서 보험가입금액을 결정하여야 할 것이다.

3 변액유니버설보험

유니버셜(Universal)이란 '세계적인, 보편적인'이라는 뜻으로 '자유자재'란 의미로도 사용한다. 유니버셜보험이란 계약자의 경제적인 여건이나 필요에 따라 보험금의 납입과 일시중지, 보험금의 중도인출을 자유롭게 할 수 있으며, 납입한 보험료가 어떤 방법으로 운용되고 있는가를 알 수 있는 보험을 말한다.

변액유니버셜보험이란 유니버셜보험의 기능 및 변액보험의 기능을 합하여 만든 보험상품으로 계약자의 보험료 불입 및 일시 중지, 중도인출등을 보장하면서 변액보험과 마찬가지로 보험회사가 고객이 보험금으로 불입한 금액으로 주식이나 채권에 투자하여 고수익을 추구할 수 있도록 설계한 보험상품이나 투자한 주식가치가 급락하는 경우 손실이 발생할 수도 있다.

▶ **방카슈랑스**
프랑스어로 은행을 뜻하는 방크(banque)와 보험이라는 의미의 아슈랑스(assurance)가 합쳐진 말이다. 은행이 보험회사와 연계해 보험 성격이 짙은 상품을 개발, 판매하는 것으로 은행과 보험사가 상호 제휴와 업무협력을 통해 종합금융서비스를 제공하는 새로운 형태의 금융 서비스를 말한다.

2 보험료 세무회계

❶ 개요

업무상 재해로 근로자가 질병, 사고 등을 당한 경우 기업이 부담한 산재보험료를 재원으로 산재보험 적용을 받게 된다. 그러나 업무상 재해가 아닌 질병, 사고 등은 언제든지 발생할 수 있으며, 이 경우 산재보험의 적용대상이 아니므로 임직원 개인은 질병, 사고 등으로 인한 병원치료비, 치료 등을 위한 휴직, 실직 위험 등으로 심각한 경제적 위험에 처할 수 있다. 따라서 이러한 산재사고외의 위험에 대비하여 근로자 개개인은 각종 보험에 가입을 하여 보험료를 불입한다.

한편, 임원의 경우 산재보험가입대상이 아니므로 업무상 재해뿐만 아니라 업무외적 사고로 인한 경제적 위험에 대비하기 위한 보험가입의 필요성이 있으며, 이로 인하여 상당수의 기업이 임원의 사고 위험에 대비하여 보험에 가입을 하고 있으며, 근로자의 경우에도 복리후생 차원에서 근로자 개인이 부담하여야 하는 보험료를 회사가 일괄 가입하여 보험료를 부담하기도 한다.

❷ 회사가 부담한 보험료의 세무회계 처리

1 직원을 피보험자로 하고, 수익자를 법인으로 하는 보험

[1] 개요
법인이 가입하는 대부분의 보험은 임직원을 피보험자로 하고, 보험사고 발생시 수익자를 법인으로 하는 보험으로 이러한 보장성보험료는 법인의 비용으로 하고, 저축성보험료는 장기성예금 등 자산으로 처리한다.

[2] 저축성보험료
만기 이자수익 등을 목적으로 보험회사에 불입하는 적립식보험은 은행의 정기적금

과 유사한 금융상품으로 수익자가 법인인 경우 보험예치금으로 처리하거나 장기성 예금으로 처리한다. 단, 수익자가 임직원인 경우 해당 임직원에 대한 급여로 처리를 하여야 한다.

▶ **퇴직금 지급목적의 변액연금보험료인 경우에도 손금에 산입할 수 없음**

내국법인이 근로자의 퇴직금을 지급할 목적으로 근로자를 피보험자로 하고, 해당법인을 계약자와 수익자로 하여 가입한 변액연금은 퇴직연금 등에 해당하지 아니하는 것으로, 해당법인이 불입한 부담금은 각 사업연도 소득금액 계산에 있어서 손금에 산입하지 아니한다. [법규과-678, 2012.6.18.]

[3] 보장성보험료

보장성보험료는 보험료 등 법인의 손금으로 처리한다. 단, 수익자가 임직원인 경우 해당 임직원에 대한 급여로 처리를 하여야 한다.

[4] 보장성보험과 저축성보험이 혼합된 상품

법인이 종업원의 업무상 재해 및 사망을 보험금 지급사유로 하고 당해 법인을 수익자로 하여 만기시에 일정액을 환급받는 보험에 가입하고 보험료를 불입하는 경우 보험료 불입금액 중 저축성 보험료 상당액은 자산항목인 '장기성예금' 등의 계정과목으로 처리하고 기타의 부분은 '보험료'로 처리한다. 그러나 보험료를 불입함에 있어 저축성보험료 부분과 보장성보험료 부분을 명확히 구분할 수 없는 경우로서 보험의 주목적이 저축성인 경우 실무에서는 전액 장기성예금 등 자산으로 처리한 다음 보험 해지시 손실금액을 해당연도의 비용으로 처리하기도 한다.

■ **보험료 회계처리 사례**

① 《보험료 불입》 법인이 종업원의 업무상 재해 및 사망을 보험금 지급사유로 하고 당해 법인을 수익자로 하여 만기시에 일정 금액을 환급받는 보험에 가입하고(3년 만기, 월납) 적립식 보험료 100,000원 및 소멸성보험료(보장성보험료) 20,000원을 보통예금에서 이체하여 불입하다.

장기성예금	100,000	보통예금	120,000
보험료	20,000		

② 《보험료 만기》 상해보험료 만기가 되어 보험료 원금 3,600,000원 및 이자 400,000원에서 법인세 56,000원 및 지방소득세 5,600원을 공제한 3,938,400원이 법인의 보통예금통장에 입금되다.

| 보통예금 | 3,938,400 | / | 장기성예금 | 3,600,000 |
| 선납세금 | 61,600 | | 이자수익 | 400,000 |

2 임원을 피보험자로 하고, 수익자를 법인으로 하는 보험

[1] 개요
임원을 피보험자로 하고, 보험사고 발생시 수익자를 법인으로 하는 보험의 경우 보장성보험료는 법인의 비용으로 하고, 저축성보험료는 장기성예금 등 자산으로 처리한다.

◆ 임원이 수익자인 보험료의 손금산입 (서면2팀-1631, 2006.08.28.)
법인이 보험계약자이고, 임원이 피보험자 또는 수익자인 경우 법인이 납입한 보험료 중 법인세법 시행령 제43조의 규정에 따라 정관, 주주총회 또는 이사회 결의에 의해 결정된 급여지급기준을 초과하는 금액은 손금불산입하여 상여처분하는 것임.

◆ 수익자가 임원인 보험료는 임원의 급여로 처분하되, 주주총회 등의 급여지급기준을 초과하는 금액은 손금산입할 수 없음 (서면2팀-1631 2006.8.28.)

1. 법인이 피보험자를 임원(대표이사 포함) 또는 종업원으로, 수익자를 법인으로 하여 보장성 보험과 저축성 보험에 가입한 경우, 법인이 납입한 보험료 중 만기환급금에 상당하는 보험료 상당액은 자산으로 계상하고, 기타의 부분은 이를 보험기간의 경과에 따라 손금에 산입하는 것임.

2. 법인이 피보험자를 임원(대표이사 포함) 또는 종업원으로 하고, 계약자 및 수익자를 법인으로 하여, 납입한 보험료는 피보험자인 임원 및 종업원의 근로소득으로 볼 수 없는 것임.

3. 법인이 보험계약자이고, 임원이 피보험자 또는 수익자인 경우 법인이 납입한 보험료 중 법인세법 시행령 제43조의 규정에 따라 정관, 주주총회 또는 이사회 결의에 의해 결정된 급여지급기준을 초과하는 금액은 손금불산입하여 상여처분하는 것임.

4. 법인이 보험계약자이고 종업원이 피보험자 또는 수익자인 경우 법인이 납입한 보험료는 종업원의 급여로 보아 손금에 산입하는 것임.

[2] 임원 퇴사시 임원이 피보험자이고, 수익자가 법인인 보험의 수익자를 퇴사하는 임원으로 변경하는 경우

법인을 계약자와 수익자로 하고, 임원을 피보험자로 하는 만기환급금이 없는 보험에 가입하여 보험료를 불입하여 오던 중 당해 임원의 퇴직 등의 사유로 그 보험계약의 계약자 및 수익자를 그 임원으로 변경하는 경우 동 법인이 보험계약에 따라 기 불입한 보험료상당액은 그 임원의 근로소득에 해당하는 것으로 한다.

◆ 보험계약의 계약자 및 수익자를 임원으로 변경하는 경우 세무처리
(서면1팀-309, 2004.03.02.) 법인이 당해 법인을 계약자와 수익자로 하고, 임원을 피보험자로 하는 만기환급금이 없는 종신보험에 가입하여 보험료를 불입하여 오던 중 당해 임원의 퇴직 등의 사유로 그 보험계약의 계약자 및 수익자를 그 임원으로 변경하는 경우 동 법인이 보험계약에 따라 기 불입한 보험료상당액은 그 임원의 근로소득에 해당하는 것이며, 동 근로소득의 수입시기 및 지급시기는 당해 보험계약의 계약자 및 수익자가 임원으로 변경되는 날로 하는 것임.

▶ 종신보험

임원을 피보험자로 하고, 수익자를 법인으로 하는 만기환급금이 없는 종신보험에 불입한 금액이 법인의 손금에 산입할 수 있는지 여부에 대하여는 세법에서 명확히 규정한 바가 없어 세무조사 등의 사유로 실사를 받을 시 조사공무원의 판단 또는 사실 관계 등에 따라 달라 질 수 있다. 따라서 종신보험의 경우 아래 예규에서 정하는 바에 따라 주주총회에서 임원의 급여 한도액을 실제 지급할 금액보다 높게 책정한 다음 이사회가 임원의 급여를 승인하는 방식으로 하여 임원에 대한 급여로 처리하고, 법인의 손금에 산입하는 것이 바람직할 것으로 판단된다.

◆ 수익자가 법인인 종신보험 회계처리 (서면2팀-826, 2008.05.01.)
법인이 임원을 피보험자로 법인을 수익자로 하여 보험기간 즉 만기일이 종신인 변액연금보험에 가입한 경우, 법인이 납입한 보험료 중 만기환급금에 상당하는 보험료 상당액은 자산으로 계상하고, 기타의 부분은 이를 보험기간의 경과에 따라 손금에 산입하는 것으로, 기존 해석사례(서면2팀-1631, 2006.8.28.)를 참고하기 바람.

◆ 보험료의 손금산입 방법 등 (서면2팀-1631, 2006.08.28.)

【질의】

[사실관계]

o 당사는 생명보험을 영위하는 보험회사로서 중소기업을 대상으로 하는 보장성 보험(만기환급금이 없음)과 저축성 보험을 판매하고 있음.

- 보장성 보험: 정기보험, 종신보험 및 변액유니버셜 종신보험
- 저축성 보험: 변액연금보험, 양로보험 및 연금지급형 양로보험

o 당사가 상기 보험상품을 판매할 때의 계약 형태는 다음과 같으며, 이중 Case 1(피보험자는 임원이고 계약자 및 수익자는 법인)이 주된 계약 형태임.

구분	Case 1	Case 2	Case 3	Case 4
계약자	법인	법인	법인	법인
피보험자	임원	임원	종업원	종업원
수익자	법인	임원	법인	종업원

※ 상기에서 임원에는 대표이사도 포함되며, 수익자인 임원 및 종업원에는 당해 임원 및 종업원의 가족도 포함되고, 보험료는 보험계약자인 법인이 납부함.

[질의요지]

Case 1 : 피보험자는 임원, 수익자는 법인

o 보험상품이 만기환급금이 없는 보장성보험(정기보험, 종신보험 및 변액유니버셜 종신보험)인 경우 납입 보험료에 대한 세무처리

(질의 1) 피보험자는 임원(대표이사 포함)이고 수익자는 법인인 경우에 있어서 보험계약자인 법인이 납입하는 보험료의 손금 산입 가능 여부

(질의 2) 법인이 납입한 보험료가 피보험자인 임원(대표이사 포함)의 근로소득(소득세 과세) 해당 여부

o 보험상품이 저축성 보험(변액연금보험, 양로보험 및 연금지급형 양로보험)인 경우 납입 보험료에 대한 세무처리

(질의 3) 피보험자는 임원(대표이사 포함)이고 수익자는 법인인 경우에 있어서 보험계약자인 법인이 납입하는 보험료의 손금산입 가능 여부

(법인이 납입한 보험료 중 만기환급금에 상당하는 보험료 적립액은 회계상 자산으로 처리되며, 기타의 부분은 비용으로 처리)

(질의 4) 법인이 납입한 보험료가 피보험자인 임원(대표이사 포함)의 근로소득(소득세 과세) 해당 여부

Case 2 : 피보험자 및 수익자는 법인
o 법인이 피보험자 및 수익자를 임원(대표이사 포함)으로 하여 보장성 보험 및 저축성 보험에 가입하고 납입하는 보험료의 세무처리
(질의 5) 피보험자 및 수익자가 임원(대표이사 포함)인 경우에 있어서 보험계약자인 법인이 납입하는 보험료의 손금 산입 가능 여부
Case 3 : 피보험자는 종업원, 수익자는 법인
o 종업원이 피보험자이고 법인을 수익자로 하는 보장성 보험 및 저축성 보험에 법인이 가입하고 납입하는 보험료의 세무처리
(질의 6) 피보험자는 종업원이고 수익자는 법인이 경우에 있어서 보험계약자인 법인이 납입하는 보험료의 손금 산입 가능 여부
(질의 7) 법인이 납입한 보험료가 피보험자인 종업원의 근로소득(소득세 과세) 해당 여부
Case 4 : 피보험자 및 수익자는 법인
o 법인이 피보험자 및 수익자를 종업원으로 하여 보장성 보험 및 저축성 보험에 가입하고 납입하는 보험료의 세무처리
(질의 8) 피보험자 및 수익자가 종업원인 경우에 있어서 보험계약자인 법인이 납입하는 보험료의 손금 산입 가능 여부

【회신】
1. (질의 1,3,6)의 경우, 법인이 피보험자를 임원(대표이사 포함) 또는 종업원으로, 수익자를 법인으로 하여 보장성 보험과 저축성 보험에 가입한 경우, 법인이 납입한 보험료 중 만기환급금에 상당하는 보험료 상당액은 자산으로 계상하고, 기타의 부분은 이를 보험기간의 경과에 따라 손금에 산입하는 것임.
2. (질의 2,4,7)의 경우, 법인이 피보험자를 임원(대표이사 포함) 또는 종업원으로 하고, 계약자 및 수익자를 법인으로 하여, 납입한 보험료는 피보험자인 임원 및 종업원의 근로소득으로 볼 수 없는 것임.
3. (질의 5)의 경우, 법인이 보험계약자이고, 임원이 피보험자 또는 수익자인 경우 법인이 납입한 보험료 중 법인세법 시행령 제43조의 규정에 따라 정관, 주주총회 또는 이사회 결의에 의해 결정된 급여지급기준을 초과하는 금액은 손금불산입하여 상여처분하는 것임.
4. (질의 8)의 경우, 법인이 보험계약자이고 종업원이 피보험자 또는 수익자인 경우 법인이 납입한 보험료는 종업원의 급여로 보아 손금에 산입하는 것임.

3 직원을 피보험자로 하고, 수익자가 직원인 보험

법인이 보험계약자이고 종업원이 피보험자 또는 수익자인 경우 법인이 납입한 보험료는 종업원의 과세대상 급여로 보아 손금에 산입한다. 단, 근로소득에서 제외되는 단체순수보장성보험 등 불입액은 비과세되는 근로소득으로 한다.

▶ **근로소득에서 제외되는 단체순수보장성보험 등 [소령 제38조 12]**
① 종업원의 사망·상해 또는 질병을 보험금의 지급사유로 하고 종업원을 피보험자와 수익자로 하는 보험으로서 만기에 납입보험료를 환급하지 아니하는 보험(단체순수보장성보험)과 만기에 납입보험료를 초과하지 아니하는 범위안에서 환급하는 보험(단체환급부보장성보험)의 보험료 중 **연 70만원 이하**의 금액
② 「건설근로자의 고용개선 등에 관한 법률」에 의하여 공제계약사업주가 건설근로자퇴직공제회에 납부한 공제부금
③ 임직원의 고의(중과실을 포함한다)외의 업무상 행위로 인한 손해의 배상청구를 보험금의 지급사유로 하고 임직원을 피보험자로 하는 보험의 보험료

◆ **단체보장보험 보험사고 발생시 세무처리 (제도46013-421, 2000.11.21.)**
법인이 임직원의 복리후생차원에서 장기 단체보장보험에 가입하고 사망시 보험금을 수령하여 유가족에게 지급하는 경우, 보험회사로부터 수령한 보험금은 당해 법인의 익금에 해당하는 것이며, 유가족에게 복리후생비인 사망위로금등으로 지급하는 때에는 손금에 산입하는 것임. 이 경우 근로자의 업무상 사망으로 인하여 근로기준법 등을 준용하여 사업자가 당해 근로자의 유족에게 지급하는 유족보상금 또는 재해보상금 등은 상속세법 제10조의 규정에 의하여 상속세 및 증여세가 비과세되는 것임.

4 임원을 피보험자로 하고, 수익자가 임원인 보험

[1] 정관, 주주총회 또는 이사회 결의에 의해 결정된 급여지급기준을 초과하는 보험료

법인이 보험계약자이고, 임원이 피보험자 또는 수익자인 경우 법인이 납입한 보험료 중 정관, 주주총회 또는 이사회 결의에 의해 결정된 급여지급기준을 초과하는 금액은 세무조정에서 손금불산입하고 상여처분하여야 한다.

[2] 정관, 주주총회 또는 이사회 결의에 의해 결정된 급여지급기준내 불입하는 보험료

정관, 주주총회 또는 이사회 결의에 의해 결정된 급여지급기준이라 함은 다음과 같으며, 급여지급기준내의 임원 보험료는 법인의 손금에 산입하고, 임원에 대한 상여로 처분을 할 수 있다.

이사의 보수결정을 이사회에 일임하는 정관규정은 무효이다. 그러나 주주총회 결의로 개별 이사의 보수를 반드시 정해야 하는 것은 아니며, 이사 전원에 대한 보수의 총액만 정하고, 개별 이사에 대한 분배는 주주총회에서 다시 이사회에 위임할 수 있다.

[사례] 이사의 보수에 대한 정관 규정
제○조 (이사 및 감사의 보수와 퇴직금) ① 이사와 감사의 보수는 주주총회의 결의로 이를 정한다.

[사례] 주주총회 의안 "임원보수 한도 승인의 건"
의장은 본회사의 임원의 보수의 한도를 다음과 같이 결정할 것을 제안하고, 이사의 보수지급액에 대한 구체적인 사안은 이사회에 위임함에 대하여 그 가부를 물은바, 전원 이의없이 찬성하다.
- 이사의 보수한도 :   원
- 감사의 보수한도 :   원

◆ 수익자가 임원인 보험료 중 정관, 주주총회 또는 이사회의 결의에 의해 결정된 급여지급기준 범위내에서 지급된 금액은 임원의 급여로 보아 손금에 산입할 수 있음
[국심2006서3194, 2007.04.04.] <상세내용 : 예규 등 검색 참조>
(중략) 수익자가 임원 또는 종업원인 경우에는 납입한 보험료 중 「법인세법시행령」 제43조의 규정에 따라 정관, 주주총회 또는 이사회의 결의에 의해 결정된 급여지급기준 범위내에서 지급된 금액은 종업원의 급여로 보아 손금에 산입하고, 급여지급기중을 초과하는 금액은 손금불산입하여 상여처분하는 것이 타당하다고 판단된다
(국세청 예규 서면2팀-1662, 2006.8.30. 참조)

❸ 보험금 수입에 대한 세무회계

1 보험금 수입

[1] 보장성보험료 수입
피보험자를 임직원으로 하여 수익자가 법인인 보험 등에 가입한 후 보험사고의 발생으로 받는 보험금은 영업외수익으로 처리를 하여야 한다.

[2] 저축성보험료 수입
만기가 종료되거나 보험을 중도해지하여 보험금을 수령하는 경우 환급금이 장부상 금액(장기성예금 또는 보험예치금 등)을 초과하는 금액은 영업외수익(보험차익, 잡이익 등)으로 장부상 금액보다 적은 경우 그 차액은 영업외손실로 처리한다.

2 보험사고를 입은 임직원에게 위로금 등을 지급하는 경우

[1] 업무와 관련한 보험사고인 경우
업무와 관련한 보험사고로 인하여 보험회사부터 받은 보험금은 법인의 수익으로 계상한 다음, 해당 임직원에게 지급하는 경우 비과세되는 근로소득으로 한다. 단, 재해 종업원의 치료비로 충당한 금액은 복리후생비 등으로 처리한다.

[2] 업무와 무관한 보험사고인 경우
업무와 관련없는 보험사고로 인하여 보험회사부터 받은 보험금은 법인의 수익으로 계상한 다음, 위로금으로 해당 임직원에게 지급하는 경우 과세되는 근로소득으로 한다.

5 법인의 핵심 세무실무

01 종업원 선물, 포상금, 경조사비 등

❶ 종업원 선물

[1] 종업원 선물의 세무처리

사업자가 복리후생목적으로 선물을 구입하여 종업원에게 증정하는 경우 금액의 다과에 관계없이 급여로 처리를 하여야 한다.

◆ 원천-296, 2009.04.09
임직원을 대상으로 생일, 결혼기념일, 출산시 복리후생개념으로 2~3만원 상당의 선물지급 시 결혼기념일에 회사로부터 받는 선물은 과세대상 근로소득에 해당하는 것이며 생일, 출산시 지급하는 선물은 기 질의 회신문(법인46013-92, 1993.1.13. 및 서면1팀-829, 2004.6.18.)을 참고하기 바람

◆ 법인, 법인46013-92, 1993.01.13.
귀 질의의 경우 종업원이 지급받는 생일축하금은 과세되는 근로소득의 범위에 포함되는 것임

◆ 종업원 선물 구입에 대한 매입세액공제
매입세액은 공제가 가능하다. 그러나 직원에게 주는 선물은 재화의 공급(개인적 공급)에 해당되는 것이므로 부가가치세가 과세된다. 즉, 종업원 선물용으로 물품 등을 구입할 시 부가가치세 매입세액을 공제받는 경우에는 그 선물을 종업원에게 지급할 시 부가가치세

매출세액을 계산하여 납부하여야 한다. 단, 매입세액을 공제받지 않는 경우 부가가치세를 납부하지 않아도 되므로 실무에서는 종업원 선물 구입의 경우 매입세액불공제하고, 과세대상 급여로 처리를 한다.

[개정 세법] 2019년 이후 1인당 연간 10만원 이내의 경조사와 관련된 재화는 개인적공급에서 제외하므로 매입세액을 공제받는 경우에도 과세하지 않는다.

[2] 취득 또는 생산한 재화를 직원에게 무상으로 증정하는 경우
개인적공급에 해당하므로 시가를 과세표준으로 하여 부가가치세를 신고하여야 하며, 과세표준은 재화를 무상으로 증정받은 직원의 근로소득에 합산하여 근로소득세를 원천징수하여 납부하여야 한다.

❷ 종업원 경조사비

사업자가 그 종업원에게 지급한 경조금중 사회통념상 타당하다고 인정되는 범위내의 금액은 이를 지급받은 자의 근로소득으로 보지 아니한다.

◆ 경조금이 비과세 근로소득에 해당하는 것인지 여부
[소득, 서이46013-11480 , 2002.08.02.]
[요 지]
경조금 중 사회통념상 타당하다고 인정되는 범위안의 금액에서의 경조나 지급액의 범위는 구체적으로 사실 판단할 사안임.
[회 신]
귀 질의의 경우 붙임의 우리청 관련 질의회신(소득1264-1652(1984.05.15), 소득46011-2326(1998.08.18))을 참고하시기 바랍니다.

○ 소득1264-1652, 1984.05.15
소득세법 시행규칙 제4조 제1항 규정의 "경조금중 사회통념상 타당하다고 인정되는 범위안의 금액" 에서의 경조나 지급액의 범위는 구체적으로 사실판단할 사안임.

○ 소득, 소득46011-2326 , 1998.08.18
근로자가 천재·지변 기타 재해로 인하여 받는 실비변상적인 성질에 해당하는 급여는 소득세법시행령 제12조제16호의 규정에 의하여 비과세되는 근로소득에 해당하는 것임

○ 서이46012-11058, 2003.05.27.
법인이 임원 또는 사용인에게 사회통념상 타당하다고 인정되는 범위 안에서 지급하는 경조사비는 각 사업연도 소득금액 계산상 손금에 산입하는 것이나, 동 범위를 초과하는 금액은 손금에 산입하지 아니하는 것입니다. 이 경우 "사회통념상 타당하다고 인정되는 범위"는 경조사비 지급규정, 경조사 내용, 법인의 지급능력, 종업원의 직위·연봉 등을 종합적으로 감안하여 사실 판단할 사항임.

○ 법인, 서면인터넷방문상담1팀-829,2004.06.18
근로자 또는 그 배우자의 출산으로 사용자로부터 지급받는 급여로서 월 10만원 이내의 금액은 소득세법(2003.12.30. 법률 제7006호로 개정된 것) 제12조 제4호 더목의 규정에 의하여 비과세대상 근로소득에 해당하는 것이며, 당해 금액을 초과하는 금액은 과세대상 근로소득에 해당하는 것입니다.

❸ 종업원 공로금, 상금 및 경품

공로금·위로금·개업축하금 기타 이와 유사한 성질의 사실상 급여에 속하는 상금은 근로소득에 해당하는 것이며, 종업원의 특별한 공로에 대하여 경진·경영 등에서 우수한 자에게 지급하는 상금은 기타소득에 해당한다.

◆ 체육대회에서 추첨을 통하여 임직원에게 경품을 지급하는 경우 소득구분 여부
[소득, 서일46011-11724 , 2002.12.20.]
공로금·위로금·개업축하금 기타 이와 유사한 성질의 사실상 급여에 속하는 상금은 근로소득에 해당하는 것이며, 종업원의 특별한 공로에 대하여 경진·경영 등에서 우수한 자에게 지급하는 상금은 기타소득에 해당하는 것임.
[회 신]
귀 질의의 경우 우리청의 관련 기 질의회신문(소득46011-10094, 2001.02.05)을 붙임과 같이 보내드리니 참고하시기 바랍니다.

○ 소득46011-10094, 2001.02.05
종업원에게 지급하는 공로금·위로금·개업축하금 기타 이와 유사한 성질의 사실상 급여에 속하는 상금은 근로소득에 해당하는 것이며, 종업원의 특별한 공로에 대하여 경진·경영·경로대회·전람회 등에서 우수한 자에게 지급하는 상금은 기타소득에 해당하는 것으로, 귀 질의의 경우 회사의 포상계획·각종행사계획·지급사유 등 실질내용에 따라 사실판단할 사항임.

❹ 종업원 포상금

종업원의 특별한 공로에 대하여 경진·경영·경로대회·전람회 등에서 우수한 자에게 지급하는 상금은 기타소득에 해당한다.

◆ **사내에서 지급하는 포상금 등의 기타소득 해당여부**
[소득, 제도46011-10290, 2001.03.27.]
[요 지]
종업원의 특별한 공로에 대하여 경진·경영·경로대회·전람회 등에서 우수한 자에게 지급하는 상금은 기타소득에 해당하는 것임.
[회 신]
종업원에게 지급하는 공로금·위로금·개업축하금 기타 이와 유사한 성질의 사실상 급여에 속하는 상금은 근로소득에 해당하는 것이며, 종업원의 특별한 공로에 대하여 경진·경영·경로대회·전람회 등에서 우수한 자에게 지급하는 상금은 기타소득에 해당하는 것입니다.

□ **소득세법기본통칙 21-1 【기타소득의 범위】**
① 법 제21조 제1항 제1호에 규정하는 상금·현상금·포상금·보로금에는 이자소득·배당소득·부동산임대소득·사업소득·근로소득·일시재산소득·퇴직소득·양도소득 및 산림소득(이하 이 절에서 "다른 소득" 이라 한다)에 속하지 아니하는 것으로 다름 각호의 것을 포함한다.
1. 현상광고 또는 우수현상광고에 대하여 지급하는 현상금
2. 특별한 공로에 대하여 지급하는 상금

3. 경진·경연·경기대회·전람회 등에서 우수한 자에게 지급하는 상금
4. 법령의 규정에 의하여 지급하는 보상금·포상금·보로금·상금 등

◆ 종업원이 우수 인재를 추천하고 지급받은 보상금의 소득구분
[소득, 소득세과-2057 , 2009.12.31.]
[요 지]
법인의 종업원이 우수 인재를 추천하고 당해 법인으로부터 지급받은 보상금은 기타소득에 해당하는 것임.
[회 신]
귀 질의의 경우, 법인의 종업원이 직무와 관련없이 소속회사를 위하여 우수 인재를 추천하고 당해 법인으로부터 지급받은 보상금은 「소득세법」제21조 제1항 제17호에 따른 기타소득에 해당하는 것입니다.
[관련법령] 소득세법 제21조【기타소득】

❺ 근로제공외 인적용역을 제공하는 경우 소득구분

근로자가 정상근무시간 외에 사내교육등을 하고 당해 회사로부터 지급받는 강사료는 근로소득에 해당하나 업무와 관련없이 독립된 자격에 의하여 일시적으로 원고를 게재하고 받는 대가는 기타소득에 해당한다.

◆ 소득46011-39, 1997.01.09
근로자가 정상근무시간 외에 사내교육(자사의 직원들에게 특정과목에 대한 강의)을 하고 당해 회사로부터 지급받는 강사료는 소득세법 제20조의 규정에 의하여 근로소득에 해당되는 것임

◆ 소득1264-848, 1982.03.17
사원이 사내에서 발간하는 사보 등에 게재하는 원고를 업무의 일부에 속하는 것으로 제출한 경우, 그 대가는 업무의 연장으로 보아 소득세법 제21조에 규정하는 근로소득으로 보는 것이나 업무와 관련없이 독립된 자격에 의하여 일시적으로 원고를 게재하고 받는 대가는 동법 시행령 제49조의 2 제1항 제4호의 규정에 의한 기타소득입니다.

❻ 자사제품 등의 종업원에 대한 할인판매

내국법인이 사용인에 대한 자사제품을 할인판매할 경우 당해 판매가 「법인세법 기본통칙」 52-88…3에 해당되는 경우 부당행위계산 부인규정이 적용되지 아니한다.

□ 법인세법 기본통칙 52-88…3 【 조세의 부담을 부당하게 감소시킨 것으로 인정되지 아니하는 경우의 예시 】 다음 각 호의 어느 하나에 해당하는 것은 "조세의 부담을 부당하게 감소시킨 것으로 인정되는 경우"에 포함되지 아니하는 것으로 한다.
<개정 2019.12.23.>
8. 사용인에게 자기의 제품이나 상품 등을 할인판매하는 경우로서 다음에 해당하는 때 <개정 2001.11.01>
가. 할인판매가격이 법인의 취득가액 이상이며 통상 일반 소비자에게 판매하는 가액에 비하여 현저하게 낮은 가액이 아닌 것
나. 할인판매를 하는 제품 등의 수량은 사용인이 통상 자기의 가사를 위하여 소비하는 것이라고 인정되는 정도의 것

◆ 내국법인이 자사제품을 직원에게 할인판매시 부당행위계산 부인규정의 적용여부
[법인, 법인세과-724 , 2009.02.20.]
[요 지]
내국법인이 사용인에 대한 자사제품을 할인판매할 경우 당해 판매가 「법인세법 기본통칙」 52-88…3에 해당되는 경우에는 부당행위계산 부인규정이 적용되지 아니하는 것이나, 이에 해당 여부는 사실판단할 사항임
[회 신]
내국법인이 특수관계자와의 거래로 인해 그 법인의 소득에 대한 조세의 부담을 부당히 감소시킨 것으로 인정되는 경우에는 부당행위계산 부인규정이 적용되는 것이며, 이 경우 부당한 행위 또는 계산은 정상적인 사인간의 거래, 건전한 사회통념 내지 상관행을 기준으로 판단하는 것으로, 내국법인이 사용인에 대한 자사제품을 할인판매할 경우 당해 판매가 「법인세법 기본통칙」 52-88…3에 해당되는 경우에는 부당행위계산 부인규정이 적용되지 아니하는 것이나, 이에 해당되는지 여부는 사실판단할 사항임

[관련법령] 법인세법 제52조 【부당행위계산의 부인】

1. 질의내용 요약
○ 사실관계
- 질의법인은 자사제품 및 상품을 임직원에게 할인판매하고자 함. 질의법인 제조중인 제품을 임직원에게 복리후생차원에서 일반 소비자 가격에 비해 약 20%할인판매하며, 직급별로 월 한도금액을 지정하여 자가소비에 적합한 양으로 한정함.
○ 질의요지
- 상기의 경우 저가판매로 인해 부당행위계산 부인규정이 적용되는지여부(일반소비자 판매가격보다 현저히 낮은 가액이라 할 때 현저한 가격의 기준)

❼ 부서단위로 지급하는 성과상여금의 소득세 원천징수

업무실적 등이 우수한 부서단위로 지급하는 성과상여금의 경우로서 그 성과상여금이 근로자 개개인에게 귀속되는 경우에는 근로자 각자의 근로소득에 해당하여 이를 지급하는 때 소득세를 원천징수하여야 한다.

◆ 부서단위로 지급하는 성과상여금의 소득세 원천징수대상 여부
[소득, 서면인터넷방문상담1팀-118 , 2007.01.19.]
[요 지]
업무실적 등이 우수한 부서단위로 지급하는 성과상여금의 경우로서 그 성과상여금이 근로자 개개인에게 귀속되는 경우에는 근로자 각자의 근로소득에 해당하여 이를 지급하는 때 소득세를 원천징수하여야 하는 것임
[회 신]
귀 질의의 경우 급여지급기준에 의하여 기본항목의 급여 외에 업무실적 등이 우수직원에게 추가로 지급하는 성과상여금은 소득세법 제20조의 근로소득에 해당하며, 부서단위로 지급받는 경우 그 성과상여금이 근로자 개개인에게 귀속되는 경우에는 근로자 각자의 근로소득에 해당하여 이를 지급하는 때 소득세를 원천징수하여야 하는 것으로서 이와 유사한 기질의회신문(소득46011-2332, 1994.08.18.외)을 참고하시기 바랍니다.

❽ 선택적복지제도 운영에 따른 소득세 과세여부

선택적복지제도 운영지침에 따라 복지후생제도를 시행함에 있어 종업원에게 개인별로 포인트를 부여하여 이를 사용하게 하는 경우 당해 포인트 사용액 근로소득으로 과세하여야 한다.

◆ 법인, 서면인터넷방문상담1팀-1417 , 2005.11.23
선택적복지제도 운영지침에 따라 복지후생제도를 시행함에 있어 종업원에게 개인별로 포인트를 부여하여 이를 사용하게 하는 경우 당해 포인트 사용액 근로소득으로 과세함

❾ 종업원 가불금

[1] 가지급금
명칭여하에 불문하고 특수관계자에게 당해 법인의 업무와 관련이 없는 자금의 대여액을 말한다.

[2] 업무무관 가지급금에서 제외하는 금액
1. 사용인에 대한 월정급여액의 범위안에서의 일시적인 급료의 가불금
2. 사용인에 대한 **경조사비의 대여액**
3. 사용인(사용인의 자녀를 포함한다)에 대한 **학자금의 대여액**

▶ 종업원 가불금
종업원 가불금이 1개월에 상당하는 금액이라면, 해당 가불금은 월정액급여를 초과하지 않는 것으로 보아 인정이자를 계상하지 않는 것이나 예를 들어 2개월분 급여에 대하여 가불을 한 경우 월정액급여를 초과하는 금액으로 가불금에 대하여 인정이자 상당액을 계상하여 법인의 익금에 산입하고, 근로소득으로 처분하여야 할 것이다.

[개정 세법] 중소기업 근로자 주택구입 대여금 등에 대한 지원(법인칙 §44)
근로자의 주택구입·전세자금을 대여하는 중소기업 지원을 위해 해당 대여금을 업무무관 가지급금에서 제외
<적용시기> 2020.1.1. 이후 개시하는 사업연도 분부터 적용

02 대손상각 및 대손세액공제

❶ 대손상각

1 대손상각 요건 및 대손상각 시기

[1] 대손상각 요건 [법인세법 시행령 제19조의2]
채무자의 파산 등 다음에 정하는 사유로 회수할 수 없는 채권의 금액[대손금]은 손금에 산입한다.

1. 「상법」에 따른 소멸시효(5년 → 상사채권의 경우 민법에 의한 단기 소멸시효 3년)가 완성된 외상매출금 및 미수금
2. 「어음법」에 따른 소멸시효가 완성된 어음
3. 「수표법」에 따른 소멸시효가 완성된 수표
4. 「민법」에 따른 소멸시효가 완성된 대여금 및 선급금
5. 회생계획인가의 결정 또는 법원의 면책결정에 따라 회수불능으로 확정된 채권
5의2. 채무조정을 받아 신용회복지원협약에 따라 면책으로 확정된 채권
6. 「민사집행법」 제102조에 따라 채무자의 재산에 대한 경매가 취소된 압류채권
7. 물품의 수출 또는 외국에서의 용역제공으로 발생한 채권으로서 기획재정부령으로 정하는 사유에 해당하여 무역에 관한 법령에 따라 한국무역보험공사로부터 회수불능으로 확인된 채권
8. 채무자의 파산, 강제집행, 형의 집행, 사업의 폐지, 사망, 실종 또는 행방불명으로 회수할 수 없는 채권
9. 부도발생일부터 6개월 이상 지난 수표 또는 어음상의 채권 및 외상매출금[중소기업의 외상매출금으로서 부도발생일 이전의 것에 한정한다]. 다만, 해당 법인이 채무자의 재산에 대하여 저당권을 설정하고 있는 경우는 제외한다.
9의2. 중소기업의 외상매출금 및 미수금으로서 회수기일이 2년 이상 지난 외상매출금등. 다만, 특수관계인과의 거래로 인하여 발생한 외상매출금등은 제외한다.

10. 재판상 화해 등 확정판결과 같은 효력을 가지는 것으로서 기획재정부령으로 정하는 것에 따라 회수불능으로 확정된 채권
11. 회수기일이 6개월 이상 지난 채권 중 채권가액이 30만원 이하(채무자별 채권가액의 합계액을 기준으로 한다)인 채권
12. 금융회사 등의 채권 중 다음 각 목의 채권
　　가. 금융회사 등이 금융감독원장으로부터 대손금으로 승인받은 것
　　나. 금융감독원장이 가목의 기준에 해당한다고 인정하여 대손처리를 요구한 채권으로 금융회사 등이 대손금으로 계상한 것
13. 중소기업창업투자회사의 창업자에 대한 채권으로서 중소벤처기업부장관이 기획재정부장관과 협의하여 정한 기준에 해당한다고 인정한 것

[2] 대손상각 시기

대손상각은 다음 각 호의 어느 하나의 날이 속하는 사업연도에 대손상각처리할 수 있다.

1. [1]의 제1호부터 제5호까지, 제5호의2 및 제6호에 해당하는 경우에는 해당 사유가 발생한 날 → 결산조정에 의한 대손금처리
2. 제1호 외의 경우에는 해당 사유가 발생하여 손비로 계상한 날 → 결산조정에 의한 대손금처리 또는 세무조정에 의한 손금산입

▶ 부도어음 대손상각

[1]의 제9호에 따른 부도발생일은 소지하고 있는 부도수표나 부도어음의 지급기일(지급기일 전에 해당 수표나 어음을 제시하여 금융회사 등으로부터 부도확인을 받은 경우에는 그 부도확인일을 말한다)로 한다. 이 경우 대손금으로 손비에 계상할 수 있는 금액은 사업연도 종료일 현재 회수되지 아니한 해당 채권의 금액에서 1천원을 뺀 금액으로 한다.

[3] 회수기일로부터 2년 이상 지난 중소기업 외상매출금 대손상각

회수기일이 2년 이상 지난 외상매출금은 장부에 대손상각비를 계상한 경우에 한하여 대손처리를 할 수 있으며, 세무조정에 의하여 대손상각비로 손금산입할 수는 없음

◈ 회수기일이 2년 경과한 중소기업 매출채권의 대손상각
(법인, 서면-2020-법령해석법인-2501 [법령해석과-3424], 2020.10.26.)
[제 목]
외상매출금등에 대한 대손금의 적용시기
[요 지]
개정규정 시행 전에 외상매출금등(특수관계인과의 거래로 인하여 발생한 외상매출금등은 제외)의 회수기일이 2년을 경과하였다고 하더라도 2020년 1월 1월 이후 개시하는 사업연도에 손비로 계상한 경우 그 계상한 날이 속하는 사업연도의 소득금액 계산 시 손금에 산입하는 것임
[회 신]
중소기업이 「법인세법 시행령」(2020.2.11. 대통령령 제30396호로 개정된 것) 제19조의2제1항제9호의2(이하 "개정규정")를 적용함에 있어
해당 개정규정 시행 전에 외상매출금등(특수관계인과의 거래로 인하여 발생한 외상매출금등은 제외)의 회수기일이 2년을 경과하였다고 하더라도 2020년 1월 1월 이후 개시하는 사업연도에 손비로 계상한 경우 그 계상한 날이 속하는 사업연도의 소득금액 계산 시 손금에 산입하는 것임
[관련법령] 법인세법 시행령 제19조의2

1. 사실관계
○ A법인은 중소기업이며 '17.**월 발생한 외상매출금이 '19.**월 중에 회수기일이 2년을 경과함
2. 질의요지
○ '20.2.11. 신설된 「법인세법 시행령」 제19조의2제1항제9호의2 시행 전에 외상매출금등의 회수기일이 2년을 경과한 경우 해당채권을 대손금으로 손금산입 할 수 있는지 여부

◈ 대손금의 손금 산입
[법인, 서면-2020-법인-4044, 2020.11.30.]
중소기업인 내국법인의 외상매출금(특수관계인과의 거래로 인하여 발생한 것은 제외)으로서 회수기일(회수기일이 변경된 경우 변경된 회수기일을 말함)이 2년 이상 지난 외상매출금은 「법인세법 시행령」 제19조의2 제3항에 따라 대손금으로 비용 계상한 날이 속하는 사업연도에 손금으로 산입할 수 있는 것임

▶ 회수기일

세금계산서 발행일자가 아닌 계약서 등 객관적인 서류에서 확인되는 '해당 채권의 회수기일' 을 의미한다. 다만, 별도의 계약서가 없고 대손사유 사실의 발생에 관한 내용을 입증할 수 있는 경우라면, 세금계산서 발행일을 기준으로 2년 경과 여부를 판단하여도 될 것으로 사료된다.

② 거래처가 폐업한 경우 대손상각

[1] 거래처의 재산이 없음을 입증할 수 있는 경우

채무자의 사업폐지로 회수할 수 없는 채권은 당해 대손사유가 발생하여 장부에 손금으로 계상(결산조정)한 날이 속하는 사업연도에 대손금으로 손금산입할 수 있다.

▶ 폐업에 따른 대손상각은 결산조정에 의하는 것으로 경정청구대상 아님

거래처가 폐업하고, 회수할 수 있는 재산이 없는 경우 결산조정에 의하여 손금 처리가 가능한 것으로 소멸시효완성일이 속하는 사업연도까지 결산조정에 의하여 손금산입하지 못한 경우 사업 폐지를 사유로 경정청구에 의하여 손금산입할 수 없다. 다만, 상법에 의한 소멸시효가 완성된 사업연도에 소멸시효 완성을 사유로 손금에 산입할 수 있으며, 소멸시효완성일이 속하는 사업연도에 손금산입을 하지 못한 경우 경정청구에 의하여 신고조정으로 손금산입할 수 있다

▶ 사업의 폐지에 따른 대손상각시 구비서류

법인세법상 그 구체적인 서류를 규정하고 있지 않으나, 사업의 폐지로 회수할 수 없는 미수금(채권)을 대손금으로 손금산입하기 위해서는 사업의 폐지로 채권의 회수가 불가능함을 입증할 수 있는 객관적인 증빙서류(폐업사실 증명서, 재산조사 증빙 서류 등)를 갖추어야 한다.

◆ 폐업한 거래처의 매출채권 대손상각 (법인-253, 2011.04.07.)

폐업한 거래처에 대하여 채권회수를 위한 제반절차를 취하였음에도 무재산 등으로 회수불능임이 객관적으로 확인되는 때에는 「법인세법 시행령」 제19조의2제3항에 따라 해당 사유가 발생하여 손금으로 계상한 날이 속하는 사업연도의 손금에 산입하는 것이며, 이 경우 채무자의 사업폐지 여부는 실질에 따라 판단하는 것임.

◆ 대손상각 증빙서류 (서면2팀-1776, 2005.11.04.)
내국법인이 보유하고 있는 채권 중 채무자의 파산 등 법인세법 시행령 제62조 제1항에서 정하는 사유로 회수할 수 없는 채권의 금액은 당해 사업연도의 소득금액계산에 있어서 이를 손금에 산입하는 것으로 법인이 채권을 대손금으로 손금에 산입하기 위하여는 객관적인 자료에 의하여 그 채권이 회수불능임을 입증하여야 하는 것이며, 공부상 확인이나 증명이 곤란한 무재산 등에 관한 사항은 「채권추심업무보고서」 등에 의하여 확인할 수 있는 것이고, 당해 보고서의 작성요령과 첨부하여야 할 서류는 무재산으로 당해 채권액을 회수할 수 없는 경우에 해당되는 것임을 객관적으로 입증할 수 있는 구체적인 내용과 증빙자료를 갖추면 되는 것임.

[2] 거래처의 무재산임을 입증할 수 없는 경우

채무자가 단지 폐업하였다하여 사유만으로는 대손처리할 수 없으며, 이 경우 소멸시효완성일이 속하는 사업연도에 대손상각 여부를 검토하여야 할 것이다.

한편, 거래처의 채권에 대하여 소멸시효완성일이 속하는 사업연도에도 거래처의 무재산임을 입증할 수 없는 경우 접대비로 처리할 수 있다. 다만, 폐업한 거래처에 대하여 접대비로 처리하는 것은 법이론상으로는 적절하지 않을 것으로 판단이 되나 접대비로 처리한다하여 세무상 문제는 발생하지 않을 것이다.

■ 거래처가 폐업한 경우 대손상각 요약표

[1] 최종회수일부터 3년 이내
(1) 채권추심을 위한 제반조치를 취하였음에도 재산이 없음을 입증할 수 있는 경우
대손상각 → 사후관리 필요없음
(2) 채권추심을 위한 제반조치를 취하였음을 입증할 수 없는 경우
소멸시효 완성일이 속하는 사업연도에 손금산입 여부를 검토하여야 함

[2] 소멸시효완성일이 속하는 사업연도
(1) 채권추심을 위한 제반조치를 취하였음을 입증할 수 있는 경우
대손상각 → 사후관리 필요없음
(2) 채권추심을 위한 제반조치를 취하였음을 입증할 수 없는 경우
접대비 → 시부인계산, 한도범위액내 손금산입, 한도초과액 손금불산입

[3] 소멸시효완성일이 경과한 이후(소멸시효완성 사유로 경정청구 가능)
채권추심을 위한 제반조치를 취하였음을 입증할 수 있는 경우 소멸시효완성일이 속하는 사업연도의 대손상각비로 처리하여 경정청구할 수 있다.

③ 소멸시효 완성에 의한 대손상각

[1] 개요
채권회수를 위한 제반 법적조치를 취하였음에도 거래처의 재산이 없어 채권회수를 할 수 없는 상태로 소멸시효가 완성된 경우 소멸시효완성일이 속하는 사업연도에 대손상각비로 처리할 수 있으나 그 금액이 중요한 경우 관할 세무서에서 사업자가 채권회수를 위한 제반 법적조치를 취하였는지 여부에 대하여 해명요구를 할 수 있으므로 채권 회수를 위한 제반 조치에 대한 증빙을 갖추어 두어야 한다.

[2] 소멸시효완성일
1. 「상법」에 의한 소멸시효(5년 → 상사채권의 경우 민법에 의한 단기 소멸시효 3년)가 완성된 외상매출금 및 미수금
2. 「어음법」에 의한 소멸시효(3년)가 완성된 어음
3. 「수표법」에 의한 소멸시효(6개월)가 완성된 수표
4. 「민법」에 의한 소멸시효가 완성된 대여금 및 선급금(10년)

▶ **상사채권의 소멸시효완성일**
상법에 의한 채권의 소멸시효기간은 5년이나 상사채권의 경우 민법에 의한 단기소멸시효기간은 3년으로 채권을 행사할 수 있는 때로부터 3년이 경과한 날이 속하는 사업연도가 소멸시효완성일이다.

◆ 선급금 소멸시효 [소득, 조심2013서4549 , 2014.01.16.]
쟁점선급금은 상품의 판매대가가 아니라, 청구인이 의료장비를 구입하기 위하여 지불한 선급금이므로 쟁점 선급금의 소멸시효를 5년으로 보아 필요경비 불산입하여 과세한 처분은 타당해 보임

☐ 민법 제162조(채권, 재산권의 소멸시효) ①채권은 10년간 행사하지 아니하면 소멸시효가 완성한다.
②채권 및 소유권 이외의 재산권은 20년간 행사하지 아니하면 소멸시효가 완성한다.
민법 제163조(3년의 단기소멸시효) 다음 각호의 채권은 3년간 행사하지 아니하면 소멸시효가 완성한다. <개정 1997.12.13.>
1. 이자, 부양료, 급료, 사용료 기타 1년 이내의 기간으로 정한 금전 또는 물건의 지급을 목적으로 한 채권
3. 도급받은 자, 기사 기타 공사의 설계 또는 감독에 종사하는 자의 공사에 관한 채권
6. 생산자 및 상인이 판매한 생산물 및 상품의 대가
7. 수공업자 및 제조자의 업무에 관한 채권

[3] 소멸시효기산일

① 소멸시효는 권리를 행사할 수 있는 때로부터 진행한다.(「민법」 제166조제1항). 권리를 행사할 수 있는 때란 다음과 같은 경우를 말한다.
1. 기한이 정해진 경우 : 기한이 도래한 때
2. 기한이 없는 경우 : 그 채권을 행사할 수 있는 때
② 통상 세금계산서를 발급한 후 그 대금의 최종입금일로 하되, 당해 거래에 대하여 입금된 내용이 없는 경우 세금계산서를 발급한 날을 소멸시효기산일로 하면 될 것이다.

[4] 소멸시효 중단

채권자는 채권의 시효가 완성되기 전에 소멸시효를 중단시켜야 한다. 채권자가 소멸시효를 중단시키는 방법으로는 재판상청구, 파산절차참가, 지급명령의 신청, 화해를 위한 소환, 임의출석, 압류·가압류·가처분이 있고, 채무자가 채무를 승인하는 경우에도 소멸시효는 중단된다.

☐ 민법 제168조 (소멸시효의 중단사유) 소멸시효는 다음 각호의 사유로 인하여 중단된다.
1. 청구
2. 압류 또는 가압류, 가처분
3. 승인

[5] 소멸시효 중단의 효력

시효가 중단된 때에는 중단까지에 경과한 시효기간은 이를 산입하지 않고 중단사유가 종료한 때로 부터 새로이 진행한다.(「민법」 제178조제1항). 한편, 재판상의 청구로 인하여 중단한 시효는 재판이 확정된 때로부터 새로이 진행한다.

◆ 매출채권 중 일부를 받았을 때에는 "승인"에 해당되어 소멸시효가 중단되는 것임
(부가-2749, 2008.08.27)
1. 사업자가 세금계산서를 발행한 후 매출채권 중 일부를 받았을 때 「민법」 제168조 제3호의 "승인"에 해당되어 소멸시효가 중단되는 것임.
2. 최종 입금일부터 3년이 경과한 후에 소멸시효완성에 의한 대손이 확정되는 것이며, 대손세액으로 공제받을 수 있는 범위는 「부가가치세법 시행령」 제63조의 2 제2항의 규정에 의하여 과세되는 재화 또는 용역을 공급한 후 그 공급일부터 5년이 경과된 날이 속하는 과세기간에 대한 확정신고 기한까지 대손이 확정되는 대손세액으로 하는 것으로서 귀 질의의 경우에는 대손세액 공제를 받을 수 없는 것임.

[6] 소멸시효가 완성되어도 대손상각비로 처리할 수 없는 경우

정당한 사유없이 채권회수를 위한 제반 법적조치를 취하지 아니함에 따라 채권의 소멸시효가 완성된 경우의 동 채권은 소멸시효 완성일이 속하는 연도의 접대비로 처리하여야 한다.

[7] 소멸시효 완성일이 속하는 사업연도까지 손금산입하지 못한 경우

법인이 상법상 소멸시효가 완성될 때까지 회수가 불가능한 매출채권을 결산에 의해 대손금으로 계상하지 못한 경우에는 소멸시효가 완성된 날이 속하는 사업연도에 신고조정으로 손금에 산입할 수 있으므로 소멸시효가 완성된 대손금을 당해 사업연도의 소득금액 계산에 있어서 손금에 산입하지 못한 경우에는 경정청구에 의하여 소멸시효 완성일이 속하는 사업연도의 손금으로 계상할 수 있다.

◆ 법인, 서이46012-11706 , 2002.09.12.
법인이 상법상 소멸시효가 완성될 때까지 회수가 불가능한 매출채권을 결산에 의해 대손금으로 계상하지 못한 경우에는 소멸시효가 완성된 날이 속하는 사업연도의 과세표준 신고시 세무조정에 의해 손금에 산입할 수 있는 것임.

4 소멸시효 완성일 이전 대손상각

[1] 폐업, 부도, 파산으로 채권회수가 불가능함을 입증할 수 있는 경우
거래처가 사업을 폐지하였거나 부도, 파산 등으로 매출채권을 회수할 수 없는 경우로서 추심할 재산이 없는 경우 해당 사유의 발생일부터 소멸시효 완성일이 속하는 사업연도까지 결산조정에 의하여 대손상각비로 계상할 수 있다.

[2] 폐업, 부도, 파산하였으나 채권회수가 불가능함을 입증할 수 없는 경우
폐업, 부도, 파산하였으나 채권회수가 불가능함을 입증할 수 없는 경우 소멸시효완성일이 속하는 사업연도 이전에 거래처 매출채권에 대하여 대손처리하는 것은 적법하지 않다. 단, 소멸시효완성일 전에 매출채권을 장부에서 제거하고자 하는 경우에는 접대비 또는 기부금으로 처리한 다음 전액 손금불산입하고, 기타사외유출로 처리할 수 있다. 한편, 채권회수가 불가능함을 입증할 수 없음에도 대손상각비로 처리한 경우 세무조정에서 손금불산입하고 유보처분한 다음 소멸시효완성일이 속하는 사업연도에 손금 추인 여부를 검토하여야 한다.

[3] 사업폐지, 부도, 파산 등외의 매출채권에 대한 대손처리
계속 거래처의 경우에는 대손처리를 할 수 없다. 다만, 거래가 중단된 이후에는 최종 내금회수일부터 소멸시효가 진행되므로 소멸시효완성일이 속하는 사업연도에 접대비 또는 기부금으로 처리하여야 한다.

사례 폐업 또는 소멸시효완성에 의한 대손상각

[예제] 20×3.10.31 매출액 11,000,000원(부가세 포함)
20×5.09.10 채권 배당 6,000,000원
20×5.05.29 폐업
[풀이] 배당청구의 경우에도 소멸시효가 중단되며, 배당표가 확정된 때 소멸시효가 다시 진행되는 것으로 소멸시효 기산일은 20×5.09.10.로 하여야 한다. 다만, 폐업을 사유로 대손상각을 할 수 있으나 재산이 없음을 입증할 수 있는 사업연도에 결산조정으로 대손상각할 수 있다.

5 부도어음 대손상각

[1] 개요

부도발생일부터 6개월 이상 지난 수표 또는 어음상의 채권을 회수할 수 없는 경우에는 결산조정으로 손금산입할 수 있는 것으로 사유가 발생한 사업연도에 손금에 계상하지 못하였더라도 소멸시효 완성일까지 결산조정으로 손금에 계상할 수 있다.

부도발생일부터 6월 이상 경과된 부도어음 및 중소기업의 외상매출금으로서 부도발생일 이전에 발생한 외상매출금은 채무자의 재산에 대하여 저당권을 설정하고 있는 경우를 제외하고는 법인이 기업회계기준에 의하여 회수할 수 없다고 판단하여 대손금으로 계상한 사업연도에 손금에 산입할 수 있다. 단, 부도발생일 이후의 외상매출금은 상법상 소멸시효가 완성된 경우의 사유로 그 대손이 확정이 된 날이 속하는 사업연도에 대손상각 처리할 수 있다.

◆ 부도발생일 (서면3팀-731, 2007.3.7.)
부도수표나 부도어음의 지급기일(지급기일 전에 당해 수표나 어음을 제시하여 금융기관으로부터 부도확인을 받은 경우에는 그 부도확인일을 말함)로부터 6월 이상 경과한 수표 또는 어음상의 채권을 말하는 것임.

[2] 부도어음 대손상각시기

(1) 부도발생일로부터 6개월이 경과한 날이 속하는 사업연도
당해 법인 채무자의 재산에 대하여 저당권을 설정한 경우를 제외하고는 부도발생일로부터 6개월이 경과한 날이 속하는 사업연도에 대손상각비로 처리할 수 있다.

(2) 부도발생일로부터 6개월이 경과한 이후 소멸시효 완성일까지
소멸시효 완성일이 속하는 사업연도까지 결산조정으로 대손상각처리를 할 수 있으나 신고조정에 의하여 대손처리를 할 수는 없다.

(3) 소멸시효 완성일
소멸시효 완성일까지 대손상각 처리를 하지 못한 경우 소멸시효 완성을 사유로 대손상각을 하여야 한다.

6 장기 미회수채권 정리

[1] 개요
채권 중 소멸시효가 완성된 경우로서 거래처가 폐업 등의 사유로 무재산임을 입증할 수 있는 경우 대손상각비로 처리할 수 있으나 무재산임을 입증할 수 없거나 다른 사정에 의하여 대손상각 요건을 충족하지 못하는 장기 미회수채권을 장부상 제거하여야 할 필요가 있는 경우에는 접대비로 처리하여 장부에서 제거할 수 있다.

[2] 매출채권 임의포기
약정에 의하여 채권의 전부 또는 일부를 포기하는 경우에도 이를 대손금으로 보지 아니하며 기부금 또는 접대비로 본다. 다만, 특수관계자 외의 자와의 거래에서 발생한 채권으로서 채무자의 부도발생 등으로 장래에 회수가 불확실한 어음·수표상의 채권 등을 조기에 회수하기 위하여 당해 채권의 일부를 불가피하게 포기한 경우 동 채권의 일부를 포기하거나 면제한 행위에 객관적으로 정당한 사유가 있는 때에는 동 채권포기액을 손금에 산입한다.

◆ **채권회수조치없이 소멸시효가 완성된 경우 (법인46012-2409, 2000.12.19.)**
회수할 수 없는 채권의 경우 그 소멸시효가 완성된 날이 속하는 사업연도의 손금으로 산입하는 것이나 아무런 채권회수조치를 취하지 아니함에 따라 소멸시효가 완성된 경우에는 동 채권을 임의포기한 것으로 보아 접대비 또는 같은법시행령 제35조 제1항의 규정에 의한 기부금으로 본다.

▶ **매출채권 임의포기 지출증빙**
법인이 거래처에 대한 매출채권을 임의포기함에 따라 접대비로 보는 경우와 같이 거래실태상 원천적으로 증빙을 구비할 수 없는 경우에는 지출증명서류 수취대상에 해당하지 아니한다.

[개정 세법] 중소기업 접대비 한도액 상향조정 (법인세법 §25, 소득세법 §35)
2020.1.1. 이후 중소기업의 영업활동을 지원하기 위하여 중소기업의 접대비 손금 산입 기본한도금액을 2천400만원에서 3천600만원으로 상향조정하고, 수입금액별 한도금액은 수입금액 100억원 이하인 경우 1만분의 20에서 1만분의 30으로, 수입금액 100억원 초과 500억원 이하인 경우 1만분의 10에서 1만분의 20으로 각각 상향조정함

7 대여금 대손상각

[1] 개요

① 대여금의 경우에도 거래처가 사업폐지, 부도, 파산의 사유가 발생한 경우 소멸시효완성 전(대여금의 경우 소멸시효기간은 10년임)이라도 회수할 재산이 없음을 입증할 수 있는 경우 해당 사업연도에 대손상각비로 처리할 수 있다.

② 거래처가 사업폐지, 부도, 파산의 사유가 발생하였으나 재산이 없음을 입증할 수 없는 경우 장부상 그대로 둔 다음 소멸시효완성일(10년)이 속하는 사업연도에 대손상각 여부를 검토하여야 한다. 즉, 채권 회수를 위한 제반조치를 취한 경우 소멸시효완성일이 속하는 사업연도에 대손처리할 수 있으나 그렇지 못한 경우 접대비 또는 기부금으로 처리하여야 할 것이다. 단, 업무와 무관한 대여금의 경우 기부금으로 처리한 다음 전액 손금불산입하여야 한다.

[2] 부도, 폐업, 파산 등의 경우 소멸시효 완성(10년) 전 대손상각

특수관계에 있지 아니한 거래처에 물품대금 상당액을 대여한 후 채무자의 부도, 폐업, 파산 등으로 인하여 법인이 회수노력을 다하였으나 회수할 수 없는 경우 대여금의 소멸시효가 완성(10년)되기 전이라도 대손금으로 계상(결산조정사항)함으로써 손금산입할 수 있다.

[3] 특수관계자에 대한 대여금 대손상각

법인이 업무와 관계없이 특수관계 법인에게 지급한 대여금은 대여 후 특수관계 소멸여부에 관계없이 대손금으로 손금에 산입할 수 없다. (법인-409, 2010.04.26.)

◆ 법인46012-472(1999.02.04)
특수관계에 있는 법인에 대한 대여금을 포기함으로써 회수할 수 없게 된 경우에는 대손처리 할 수 없으며, 이 경우 세무조정시 손금불산입 되는 동 대여금에 대한 익금의 귀속자가 법인인 경우에는 기타사외유출로 소득처분하는 것임.

❷ 수출과 관련한 매출채권의 대손처리

1 개요

수출과 관련한 매출채권에 대한 소멸시효 완성채권, 파산, 부도발생 등의 사유로 인하여 회수가 불가능한 경우 국내 채권과 동일하게 대손금을 손금산입할 수 있으며, 물품의 수출 또는 외국에서의 용역제공으로 발생한 채권으로서 무역에 관한 법령에 따라 한국무역보험공사로부터 회수불능으로 확인된 채권은 대손상각할 수 있다.

□ 법인세법 시행령 제19조의2(대손금의 손금불산입) ① 법 제19조의2제1항에서 "채무자의 파산 등 대통령령으로 정하는 사유로 회수할 수 없는 채권"이란 다음 각 호의 어느 하나에 해당하는 것을 말한다. <개정 2020. 8. 11., 2021. 2. 17.>
7. 물품의 수출 또는 외국에서의 용역제공으로 발생한 채권으로서 기획재정부령으로 정하는 사유에 해당하여 무역에 관한 법령에 따라 한국무역보험공사로부터 회수불능으로 확인된 채권

□ 법인세법 시행규칙 제10조의4(회수불능 사유 및 회수불능 확정채권의 범위) -요약-
① 영 제19조의2제1항제7호에서 "기획재정부령으로 정하는 사유"란 다음 각 호의 어느 하나에 해당하는 경우를 말한다. <신설 2021. 3. 16., 2023. 3. 20.>
1. 채무자의 파산·행방불명 또는 이에 준하는 불가항력으로 채권회수가 불가능함을 현지의 거래은행·상공회의소·공공기관 또는 해외채권추심기관(한국무역보험공사와 대외채권 추심 업무 수행에 관한 협약을 체결한 외국의 기관을 말한다.)이 확인하는 경우
2. 거래당사자 간에 분쟁이 발생하여 중재기관·법원 또는 보험기관 등이 채권금액을 감면하기로 결정하거나 채권금액을 그 소요경비로 하기로 확정한 경우(채권금액의 일부를 감액하거나 일부를 소요경비로 하는 경우에는 그 감액되거나 소요경비로 하는 부분으로 한정한다)
3. 채무자의 인수거절·지급거절에 따라 채권금액의 회수가 불가능하거나 불가피하게 거래당사자 간의 합의에 따라 채권금액을 감면하기로 한 경우로서 이를 현지의 거래은행·검사기관·공증기관·공공기관 또는 해외채권추심기관이 확인하는 경우(채권금액의 일부를 감액한 경우에는 그 감액된 부분으로 한정한다)

2 회수면제 해외매출채권 및 입증방법

1 수출매출채권의 회수불가능 입증방법

법인이 수출대금의 일부를 거래상대방의 행방불명 등으로 회수하지 못하는 경우로서 현지의 거래은행, 공증기관 또는 공공기관의 확인에 의하여 동 수출대금을 회수할 수 없음이 객관적으로 인정되는 경우에는 그 회수할 수 없음이 확정된 날이 속하는 사업연도에 손비로 처리할 수 있다.(법인 46012-1252, 1999.4.3.)

2 해외매출채권 대손사례

① 섬유원단 등을 수출하고 수출품에 대한 클레임이 발생된 시기, 수량 등을 알 수 있는 구체적인 증빙자료를 제출하지 않아 클레임으로 수출대금을 회수하지 못하였다는 주장을 그대로 인정하기 어려우며, 수출채권을 대손금으로 볼 수 없다. (심사법인2001-0128, 2002.02.22)

② 수출매출채권을 임의 포기한 채권은 사인간의 합의에 의한 D/C금액으로 봄이 타당하다고 할 것이며, 정당한 사유 없이 채권의 전부 또는 일부를 포기한 것이므로 임의포기금액을 접대비로 보아 한도초과액을 손금불산입한 당초 처분은 정당하다.(심사법인2001-0127, 2002.02.22)

③ 내국법인이 보유하고 있는 채권 중 해외 매출채권의 경우에도 국내매출채권과 같이 채무자의 파산 등 법인세법 시행령 제19조의2제1항 각호의 사유로 회수할 수 없는 채권의 금액은 같은 법 같은 조 제3항 각호의 어느 하나의 날이 속하는 사업연도의 손금에 산입하는 것이다.(법인-698, 2009.06.11)

④ 폐업한 이후에도 채권회수 노력을 계속하였고, 무재산으로 확인된 사업연도에 결산조정에 의하여 대손처리한 것은 정당하다.
(심사법인2010-0031, 2010.08.16)

❸ 대손세액공제

> 대손세액공제란 매출 등과 관련하여 발생한 부가세예수금을 매출채권에 포함하여 처리한 금액 중 기 납부한 부가세예수금을 거래처의 부도·폐업 등의 사유로 사실상 회수할 수 없는 경우 세법에서 정하는 기한 이내에 납부할 세액에서 차감할 수 있는 세액을 말한다.

1 대손세액공제 요건

대손세액공제는 공급받는 자가 다음에 게재하는 어느 하나의 사유에 해당되어 공급자가 외상매출금 및 매출채권을 회수할 수 없는 경우에 적용받을 수 있다.

☐ 부가가치세법 시행령 제87조(대손세액 공제의 범위)
☐ 법인세법 시행령 제19조의2(대손금의 손금불산입)

1. 「상법」에 따른 소멸시효(5년 → 상사채권의 경우 민법에 의한 단기 소멸시효 3년)가 완성된 외상매출금 및 미수금
2. 「어음법」에 따른 소멸시효가 완성된 어음
3. 「수표법」에 따른 소멸시효가 완성된 수표
4. 「민법」에 따른 소멸시효가 완성된 대여금 및 선급금
5. 회생계획인가의 결정 또는 법원의 면책결정에 따라 회수불능으로 확정된 채권
5의2. 채무조정을 받아 신용회복지원협약에 따라 면책으로 확정된 채권
6. 「민사집행법」 제102조에 따라 채무자의 재산에 대한 경매가 취소된 압류채권
7. 물품의 수출 또는 외국에서의 용역제공으로 발생한 채권으로서 기획재정부령으로 정하는 사유에 해당하여 무역에 관한 법령에 따라 한국무역보험공사로부터 회수불능으로 확인된 채권
8. 채무자의 파산, 강제집행, 형의 집행, 사업의 폐지, 사망, 실종 또는 행방불명으로 회수할 수 없는 채권

9. 부도발생일부터 6개월 이상 지난 수표 또는 어음상의 채권 및 외상매출금[중소기업의 외상매출금으로서 부도발생일 이전의 것에 한정한다]. 다만, 해당 법인이 채무자의 재산에 대하여 저당권을 설정하고 있는 경우는 제외한다.
9의2. 중소기업의 외상매출금 및 미수금으로서 회수기일이 2년 이상 지난 외상매출금등. 다만, 특수관계인과의 거래로 인하여 발생한 외상매출금등은 제외한다.
10. 재판상 화해 등 확정판결과 같은 효력을 가지는 것으로서 기획재정부령으로 정하는 것에 따라 회수불능으로 확정된 채권
11. 회수기일이 6개월 이상 지난 채권 중 채권가액이 30만원 이하(채무자별 채권가액의 합계액을 기준으로 한다)인 채권
12. 금융회사 등의 채권 중 다음 각 목의 채권
    가. 금융회사 등이 금융감독원장으로부터 대손금으로 승인받은 것
    나. 금융감독원장이 가목의 기준에 해당한다고 인정하여 대손처리를 요구한 채권으로 금융회사 등이 대손금으로 계상한 것
13. 중소기업창업투자회사의 창업자에 대한 채권으로서 중소벤처기업부장관이 기획재정부장관과 협의하여 정한 기준에 해당한다고 인정한 것

2 대손세액공제 요약

[1] 개요
대손세액공제란 매출 등과 관련하여 발생한 부가세예수금을 매출채권에 포함하여 처리한 금액 중 기 납부한 부가세예수금을 거래처의 부도·폐업 등의 사유로 사실상 회수할 수 없는 경우 세법에서 정하는 기한 이내에 납부할 세액에서 차감하는 세액을 말한다.

[2] 대손세액공제 시기
원칙적으로 대손상각시기가 속하는 부가가치세 확정신고시 대손세액공제를 신청할 수 있다. 단, 대손상각시기에 대손세액공제를 신청하지 못한 경우 경정청구에 의하여 대손세액 공제를 받을 수 있다.

[3] 부도어음의 대손세액공제
사업자가 부가가치세가 과세되는 재화 또는 용역을 공급하고 그 대가로 어음을 받

았으나 공급받는 자(어음발행인)가 부도 발생한 경우 어음을 수취한 분 및 부도 이전 외상매출금(중소기업의 경우에만 해당함)에 대하여 금융기관이 당해 어음에 대하여 부도확인을 한 날부터 6월이 경과한 날이 속하는 부가가치세 확정신고기간에 채무자의 폐업 여부 및 재산유무와 관계없이 매출세액에서 차감할 수 있다. 단, **부도발생일 이후의 외상매출금**은 상법상 소멸시효가 완성된 경우의 사유로 그 대손이 확정이 된 날이 속하는 과세기간의 매출세액에서 차감할 수 있다.

▶ 부도발생일

부도발생일은 금융기관으로부터 실제로 부도확인을 받은 날을 말하는 것이며, 지급기일 전에 금융기관에서 부도확인을 받은 경우에는 그날로 한다.

◆ 부도어음의 대손세액공제 시기 (서면3팀-274, 2007.01.26.)

부도발생일부터 6월 이상 경과한 수표 또는 어음상의 채권(저당권이 설정되어 있는 채권을 제외한다)의 대손세액은 「부가가치세법 시행령」 제63조의 2 제2항이 정한 기한까지 「상법」에 의한 소멸시효 완성일이 속하는 과세기간의 종료일 이내에 그 대손이 확정되는 날이 속하는 과세기간의 매출세액에서 차감할 수 있는 것임.

[4] 폐업한 거래처의 매출채권에 대한 대손세액공제

채무자가 단순히 사업을 폐업하였다고 하여 대손상각 및 대손세액공제를 할 수 없으며, 당해 채권의 회수를 위하여 강제집행 등의 법적 제반 절차를 취하여 채무자의 무재산임을 객관적으로 입증할 수 있는 경우 소멸시효가 완성되기 전에 거래처의 폐업을 사유로 대손상각 및 대손세액공제를 받을 수 있다.

◆ 폐업자의 소멸시효 완성전 대손세액공제 (서면3팀-3224, 2007.11.30.)

공급받는 자가 사업을 폐지하여 채권을 회수할 수 없음이 객관적으로 입증되는 경우에는 소멸시효가 완성되지 아니하여도 그 대손이 확정된 날이 속하는 과세기간의 확정신고시 대손세액공제를 받을 수 있는 것임

[5] 소멸시효 완성에 의한 매출채권의 대손세액공제

사업자가 부가가치세가 과세되는 재화 또는 용역을 공급한 후 그 공급일부터 **5년**이 지난 날이 속하는 과세기간에 대한 확정신고 기한까지 소멸시효완성을 사유로 매

출채권의 대손이 확정된 경우에는 대손이 확정된 날(소멸시효가 완성된 날)이 속하는 과세기간에 대한 확정신고시 대손세액공제를 받을 수 있는 것이며, 대손이 확정된 날이 속하는 과세기간에 대한 확정신고시 대손세액공제를 받지 못한 경우에는 경정청구에 의하여 대손세액공제 신청을 할 수 있다.

▶ **소멸시효완성에 의한 대손세액공제의 경우 무재산임을 입증하지 않아도 됨**
소멸시효가 완성된 채권의 경우 대손상각은 거래처의 무재산임을 입증하여야 대손상각을 할 수 있으나 대손세액공제는 거래처의 무재산임을 반드시 입증하여야 하는 것은 아니다.

[7] 대손세액공제 신청시기 및 경정청구에 의한 대손세액공제

① 사업폐지, 부도, 파산 등의 사유가 발생한 날이 속하는 확정신고시 대손세액공제를 신청하지 못한 경우 소멸시효 완성일이 속하는 사업연도에 소멸시효 완성을 사유로 대손세액공제를 신청할 수 있다.

② 사업자가 재화 또는 용역을 공급하고 그 대가로 받은 어음 또는 수표가 부도발생한 경우 수표 또는 어음의 부도발생일로부터 6개월이 경과한 날이 속하는 과세기간의 확정신고시에 대손세액공제를 받을 수 있는 것이나, 당해 확정신고시 공제받지 못한 경우에는 경정청구에 의하여 공제받을 수 있다.

[8] 대손세액공제 신청

① 대손세액을 공제받을 수 있는 시점의 부가세 확정신고시 대손세액공제신고서에 그 사실을 증명할 수 있는 서류를 첨부하여 매입세액을 공제받을 수 있다.
* 첨부서류 : 매출세금계산서 사본, 부도어음 사본, 법원 확정판결문 사본

② 대손세액공제의 범위는 사업자가 부가가치세가 과세하는 재화 또는 용역을 공급한 후 그 **공급일로부터 10년**이 경과된 날이 속하는 과세기간에 대한 확정신고 기한까지 확정되는 대손세액으로 한다.

[세법 개정] 대손세액공제 적용기한 확대(부가령 §87 ②)
(적용기한) 공급일로부터 5년 이내 대손확정 : 5년 이내 → 10년 이내
<적용시기> 2020.2.11.이 속하는 과세기간에 대손이 확정되는 분부터 적용

❹ 대손상각 및 대손세액공제 회계처리 사례

1 대손충당금 설정

결산시점에 기업이 보유하고 있는 매출채권 중 일부 금액은 회수가 안 될 수도 있기 때문에 당기의 손익을 보다 정확히 계산하기 위하여 매출채권 중 일정금액을 회수 불가능한 채권으로 보고, 미리 비용으로 계산하는 절차가 필요하다. 이 경우 회계기말에 대손충당금을 설정하고 대손상각비를 손금으로 계상한 후 다음연도에 실제 대손이 발생한 경우 그 손실금액은 전년도에 이미 비용으로 처리하였으므로 대손충당금과 먼저 상계하여야 한다. 다만, 실제 발생한 대손금이 전년도에 미리 손금으로 계상한 금액보다 많은 경우 대손충당금을 초과하는 금액은 대손이 발생한 연도의 손금(대손상각비)으로 처리한다.

[예제] 《대손충당금 설정》 기말 매출채권 500,000,000원에 대하여 1%를 대손충당금으로 설정하다.

| 대손상각비 | 5,000,000 | / | 대손충당금 | 5,000,000 |

2 어음 부도 및 대손상각, 대손세액공제 회계처리

부도어음이란 매출대금으로 받은 어음 등을 어음만기일에 어음발행인이 지정한 금융기관에 어음을 제시하여 지급을 요구하였으나 지급이 거절된 어음을 말한다.
즉, 어음발행인이 어음상에서 그 지급을 약속한 날짜에 어음상의 금액을 거래은행 당좌예금에 입금하지 아니하여 거래은행이 어음소지인에게 지급을 할 수 없는 경우에 어음은 부도처리된다.

한편, 어음부도와 관련하여 그 회수를 위하여 비용을 지급한 경우 통상 그 금액은 어음발행인에게 청구할 수 있는 채권이므로 부도어음에 포함하여 처리한다. 왜냐하면, 어음이 부도발생하지 않았을 경우 지급하지 않아도 되는 비용을 어음소지인이 추가로 지급한 것이므로 그 비용은 어음발행인에게 청구할 수 있기 때문이다.

① 《어음 부도》 20×4. 3. 10 고려물산(주)로부터 수취한 받을어음 11,000,000원을 만기일에 거래은행에 제시하였으나 지급이 거절되다.

부도어음	11,000,000 /	받을어음	11,000,000

② 《부도어음 회수비용 발생》 20×4. 3. 20 부도어음 회수를 위하여 법무사비용 등 300,000원을 현금으로 지급하다.

부도어음	300,000 /	현금	300,000

③ 《대손세액공제 신청》 부도발생일로부터 6개월이 경과한 날(20×4. 12. 21)이 속하는 제2기 확정신고시 대손세액공제를 신청하다.

부가세예수금	1,000,000 /	부도어음	1,000,000

- 부가세예수금 : 대손세액을 납부할 세금과 상계하는 경우 부가세예수금과 상계한다.
  부도어음금액(11,000,000원) × 10/110

◆ 부도어음 대손세액공제시기 (부가46015-1122,1999.04.16)
사업자가 부가가치세가 과세되는 재화 또는 용역을 공급하고 그 대가로 받은 어음이 부도처리된 경우 당해 어음에 배서를 한 최종소지인이 부가가치세법시행령 제63조의 2 제1항 제6호의 규정에 의하여 부도확인을 받은 날로부터 6월이 되는 날이 속하는 과세기간의 확정신고시 대손세액공제를 받을 수 있는 것이며, 이 경우 부도발생일은 금융기관으로부터 실제로 부도확인을 받은 날을 말하는 것으로, 1998. 12. 21 이후 신고대상이 되는 분부터는 당해 어음의 제시기간을 경과하여 금융기관으로부터 부도확인을 받은 경우에도 대손세액공제를 받을 수 있는 것임

④ 《대손상각》 결산시점에 부도어음을 대손상각처리하다. 단, 대손충당금 5백만원이 설정되어 있다.

대손충당금	5,000,000 /	부도어음	10,299,000
대손상각비	5,299,000		

▶ 수표, 어음 한 매당 부도어음에서 1,000원을 차감한 금액을 대손금으로 한다. 부도어음에서 차감한 1,000원은 추후 대손요건을 충족하는 사업연도(부도발생일로부터 3년이 지난 사업연도)에 손금산입한다.

03　국고보조금 세무회계

❶ 국고보조금 개요 등

1　개요

국고보조금이란 국가, 지방자치단체로부터 무상으로 지급받는 보조금을 말한다. 무상으로 지급받는 보조금은 법인의 자산을 증가시키는 거래로 익금에 산입하여야 한다. 그리고 사업승패여부에 따라 사업성공시 일부(통상 지원금액의 10% 내외)금액을 상환하는 보조금은 상환할 금액이 확정된 시점 (출연금 일부의 반환통지 또는 기술료의 납부통지를 받은 날)이 속하는 사업연도에 반환할 금액을 익금에서 차감하거나 손금에 산입하여야 한다.

2　자산의 취득과 관련하여 받은 국고보조금 처리

기업회계기준에 의하면, 자산의 취득에 사용될 국고보조금을 받은 경우에는 관련자산을 취득하기 전까지 받은 자산의 차감계정으로 처리한 다음 자산의 취득에 충당한 국고보조금은 취득자산에서 차감하는 형식으로 표시하고, 당해 자산의 내용연수에 걸쳐 상각금액과 상계처리하여야 하며, 자산의 취득에 사용하지 않는 기타의 국고보조금은 영업외수익으로 처리한다.

▶ **외부감사대상이 아닌 사업자의 자산 취득 관련 국고보조금 회계처리**

외부회계감사를 받지 아니하는 중소기업의 경우 국고보조금 교부통지를 받은 날 국고보조금 전액을 잡이익 등 영업외수익으로 처리한 다음 기술개발의 성공으로 출연금 일부의 반환통지 또는 기술료의 납부통지를 받은 날 잡손실 등 영업외수익으로 처리하여도 무방하다. 이 경우 상환하여야 하는 금액은 장기차입금 등 적절한 계정과목으로 처리한다. 또한 전액 무상으로 지원받는 교육훈련보조금, 고용촉진장

려금, 고용유지지원금 등 소액의 국고보조금은 국고교부금 통지를 받은 날 전액 잡이익으로 처리한다.

3 수익과 관련하여 받은 국고보조금 처리

수익관련보조금을 받는 경우 **당기의 수익으로** 반영하며, 주된 영업활동과 직접적인 관련성이 있다면 영업수익으로 그렇지 않다면 영업외수익으로 회계처리한다.

▶ 국고보조금 반환
통상 국고보조금은 사업승패 여부에 따라 사업성공시 일부(통상 지원금액의 30%) 금액을 상환하는 보조금은 상환할 금액이 확정된 시점 (출연금 일부의 반환통지 또는 기술료의 납부통지를 받은 날)이 속하는 사업연도에 반환할 금액을 익금에서 차감하거나 손금에 산입하여야 한다.

4 국고보조금의 세무상 익금산입 및 손금산입

1 익금산입

▶ 극고보조금은 교부통지를 받은 날에 익금산입하는 것임
(법인, 서면인터넷방문상담2팀-1825 , 2006.09.18.)
법인이 「기술개발촉진법」 제8조의 규정에 따라 정부로부터 기술개발에 소요되는 경비를 출연금 명목으로 지원받은 경우, 출연금 교부통지를 받은 날이 속하는 사업연도에 각 사업연도 소득금액 계산상 익금에 산입하는 것임

▶ 지급시기를 달리하여 순차적으로 지원받는 국고보조금 익금시기
(법인, 서면 2015법인-0276 , 2015.07.09.)
법인이 정부로부터 기술개발에 소요되는 경비를 별도의 교부통지서 수령 없이 협약서에 의해 지급시기를 달리하여 순차적으로 지원받는 경우, 당해 출연금은 실제 지급받은 날이 속하는 사업연도의 각 사업연도 소득금액 계산상 익금에 산입하는 것임

▶ **출연금 일부의 반환통지 또는 기술료의 납부통지를 받은 날이 속하는 사업연도에 반환할 금액을 익금에서 차감하거나 손금에 산입하는 것임**

(서면2팀-1510, 2005.9.21.)

법인이「기술개발촉진법」제8조의 규정에 따라 정부로부터 기술개발에 소요되는 경비를 출연금 명목으로 지원받은 경우, 동 출연금은 추후 기술개발의 성공여부에 따른 출연금 일부의 반환의무 여부에 불구하고 출연금 교부통지를 받은 날이 속하는 사업연도에 각 사업연도 소득금액 계산상 익금에 산입하는 것이며, 익금에 산입한 출연금 중 기술개발의 성공으로 출연금 일부의 반환통지 또는 기술료의 납부통지를 받은 날이 속하는 사업연도에 반환할 금액을 익금에서 차감하거나 손금에 산입하는 것임.

② 손금산입

① 내국법인이「보조금 관리에 관한 법률」,「지방재정법」, 그 밖에 다음에 정하는 법률에 따라 보조금 등의 자산(국고보조금등)을 지급받아 그 지급받은 날이 속하는 사업연도의 종료일까지 사업용고정자산을 취득·개량하는 데에 사용한 경우 또는 사업용자산을 취득·개량하고 이에 대한 국고보조금등을 사후에 지급받은 경우에는 해당 사업용자산의 가액 중 그 사업용자산의 취득 또는 개량에 사용된 국고보조금등에 상당하는 금액은 그 사업연도의 소득금액을 계산할 때 손금에 산입할 수 있다. [법인세법 제36조(국고보조금등으로 취득한 사업용자산가액의 손금산입)]

1.「농어촌 전기공급사업 촉진법」
2.「전기사업법」
3.「사회기반시설에 대한 민간투자법」
4.「한국철도공사법」
5.「농어촌정비법」
6.「도시 및 주거환경정비법」

② 제1항에 따라 손금에 산입하는 금액은 개별사업용자산별로 해당 사업용자산의 가액중 그 취득 또는 개량에 사용된「보조금 관리에 관한 법률」,「지방재정법」또는 제1항 각 호의 어느 하나에 해당하는 법률에 따른 보조금 등(국고보조금등)에

상당하는 금액으로 한다. 이 경우 사업용자산을 취득하거나 개량한 후 국고보조금 등을 지급받았을 때에는 지급일이 속한 사업연도 이전 사업연도에 이미 손금에 산입한 감가상각비에 상당하는 금액은 손금에 산입하는 금액에서 제외한다.

③ 제2항의 규정에 의하여 손금에 산입하는 금액은 당해 사업용자산별로 다음 각 호의 구분에 따라 일시상각충당금 또는 압축기장충당금으로 계상하여야 한다.
1. 감가상각자산 : 일시상각충당금
2. 제1호외의 자산 : 압축기장충당금

④ 제3항의 규정에 의하여 손금으로 계상한 일시상각충당금과 압축기장충당금은 다음 각호의 방법으로 익금에 산입한다.
1. 일시상각충당금은 당해 사업용자산의 감가상각비(취득가액중 당해 일시상각충당금에 상당하는 부분에 대한 것에 한한다)와 상계할 것. 다만, 당해 자산을 처분하는 경우에는 상계하고 남은 잔액을 그 처분한 날이 속하는 사업연도에 전액 익금에 산입한다.
2. 압축기장충당금은 당해 사업용자산을 처분하는 사업연도에 이를 전액 익금에 산입할 것

⑤ 제4항의 규정을 적용함에 있어서 당해 사업용자산의 일부를 처분하는 경우의 익금산입액은 당해 사업용자산의 가액중 일시상각충당금 또는 압축기장충당금이 차지하는 비율로 안분계산한 금액에 의한다.

[세무조정 사례]
1. 보조금 수령

현금	2,000 /	국고보조금(현금차감)	2,000

<세무조정>
(익금) 국고보조금(현금차감) 2,000(유보)

2. 자산취득 (2,000 자산취득가정)

자산	2,000 /	현금	2,000
국고보조금(현금차감)	2,000	국고보조금(자산차감)	2,000

<세무조정>
(손금) 국고보조금(현금차감) 2,000(△유보)
(익금) 국고보조금(자산차감) 2,000(유보)
(손금) 일시상각충당금   2,000(△유보)

3 결산시 (10년, 정액법 상각 가정)

감가상각비	200	/	감가상각누계액	200
국고보조금(자산차감)	200	/	감가상각비	200

<세무조정>
(손금) 국고보조금(자산차감) 200(△유보)
(익금) 일시상각충당금   200(유보)

▶ 국고보조금으로 연구·인력개발비를 지출한 경우 세액공제 제외

연구개발출연금등을 지급받아 연구개발비로 지출하는 금액은 연구인력개발과 관련한 세액공제대상에서 제외하여야 한다. (법인세과-411, 2012.06.22.)

◆ 조특, 법인세과-411, 2012.06.22
조세특례제한법 제10조의2에 해당하는 연구개발 관련 출연금을 재원으로 연구·인력개발비를 지출한 것에 대해서는 연구·인력개발비 세액공제를 받을 수 없음

◆ 고용노동부 지원금(일자리안정자금 등)은 중소기업특별세액감면 감면소득에서 제외하여야 함 (조특, 법인세과-1257, 2009.11.09.)
한국장애인고용촉진공단으로부터 받는 국고보조금, 장애인을 고용함으로써 받는 관리비용, 노동청의 종합고용지원센터에서 받는 휴업수당지원금은 「조세특례제한법」 제7조의 종소기업 특별세액 감면대상 소득에 해당하지 않음

❷ 국고보조금 세무 및 회계처리 사례

1 국고보조금 입금(기업회계기준에 의한 회계처리방법)

① 《정부출연금 입금》 신제품 개발목적으로 산업자원부에 자금신청을 한 바 승인되어 신기술개발자금 2억원이 보통예금에 입금되다.

동 자금은 정부지원금이며, 사업실패시에는 전액 상환의무가 없으나 성공시에는 30%를 상환하여야 하는 자금이다. 지원자금은 전액 신기술 개발에 사용하기로 하다.

보통예금	200,000,000	/	국고보조금(1)	140,000,000
			장기차입금	60,000,000

* 국고보조금 : 자산의 취득(유형자산, 무형자산)에 사용하는 국고보조금은 관련 자산을 취득하기 전까지 받은 자산(보통예금)에서 차감하는 형식으로 처리하여야 한다.

[재무상태표 표시형식]		[자산취득 후 재무상태표 표시형식]	
보통예금	1,000,000,000	보통예금	800,000,000
국고보조금	(140,000,000)	개발비	140,000,000
		국고보조금	(140,000,000)

② 《국고보조금 자금 집행》 국고보조금 전액을 기술개발비로 사용하다.

선급금	200,000,000	/	보통예금	200,000,000

③ 《기술개발 성공》 신제품 기술개발에 성공하여 개발비용을 무형자산인 개발비로 대체하다. 개발비는 향후 5년간 정액법으로 상각하기로 하다.

개발비	200,000,000	/	선급금	200,000,000

국고보조금(1)	140,000,000	/	국고보조금(2)	140,000,000

* 국고보조금(1) : 보통예금 차감계정
* 국고보조금(2) : 개발비 차감계정, 국고보조금으로 취득한 자산은 취득자산에서 차감하는 형식으로 표시하여야 한다.

④《개발비 상각》회계기말에 개발비 40,000,000원을 감가상각하다.

개발비상각	40,000,000	/	개발비	40,000,000

국고보조금(2)	28,000,000	/	개발비상각	28,000,000

* 국고보조 : 국고보조금(2) 140,000,000 ÷ 5(5년간 상각)

▷ 수익과 관련한 국고보조금인 경우 또는 외부감사대상 법인이 아닌 경우에는 국고보조금이 확정된 날 전액 잡이익으로 처리할 수 있다.

별단예금	100,000,000	/	잡이익	100,000,000

■ 국고보조금 세무조정

① 국고보조금 교부통지를 받은 날이 속하는 사업연도
[익금산입] 국고보조금 입금금액 200,000,000원(유보)

② 사업성공일이 속하는 사업연도
[손금산입] 상환할 금액 60,000,000원(△유보)
* 익금산입 유보금액 : 국고보조금(200,000,000원) - 상환할 금액(60,000,000원)

③ 개발비 상각일(개발비 상각이 종료되는 시점까지 매 회계연도 말)
[손금산입] 개발비 140,000,000원 중 당기 상각액 28,000,000원(△유보)

◆ 국가로부터 지원받은 기술개발자금은 교부통지를 받은 날에 익금산입하는 것임
(법인, 서면인터넷방문상담2팀-1504 , 2005.09.20.)
법인이 "기술개발촉진법" 제8조의 규정에 따라 정부로부터 기술개발에 소요되는 경비를 출연금 명목으로 지원받은 경우, 동 출연금은 추후 기술개발의 성공 여부에 따른 출연금 일부의 반환의무 여부에 불구하고 출연금 교부통지를 받은 날이 속하는 사업연도에 각사업연도소득금액계산상 익금에 산입하는 것이며, 익금에 산입한 출연금 중 기술개발의 성공으로 출연금 일부의 반환통지 또는 기술료의 납부통지를 받은 날이 속하는 사업연도에 반환할 금액을 익금에서 차감하거나 손금에 산입하는 것임.

2 국고보조금을 당기의 수익으로 처리하는 경우

① 《정부출연금 입금》 신제품 연구개발을 목적으로 산업자원부에 자금신청을 한 바 승인되어 기술개발자금 2억원이 보통예금에 입금되다. 동 자금은 정부지원금이며, 사업실패시에는 전액 상환의무가 없으나 성공시에는 30%를 상환하여야 하는 자금이다. 지원자금은 전액 신기술 개발에 사용하기로 하다.

보통예금	200,000,000	/	잡이익	200,000,000

② 《국고보조금 자금 집행》 국고보조금 전액을 연구개발비로 사용하다. 단, 무형자산인 개발비 요건을 충족하지 아니하여 개발비용 전부를 연구비로 처리하다.

연구비	200,000,000	/	보통예금	200,000,000

③ 《연구개발 성공》 신 기술개발에 성공하였으나 무형자산인 개발비 여건을 충족하지 못하여 당기비용인 연구비로 처리하다. 산업자원부로부터 연구개발이 성공한 것으로 판정되어 상환할 의무가 있는 국고보조금 60,000,000원은 당기의 비용인 잡손실로 처리하고, 상환의무 있는 국고보조금은 장기차입금으로 대체하다.

잡손실	60,000,000	/	장기차입금	60,000,000

3 직업훈련교육비 환급액의 회계처리

① 《교육훈련비 지급》 직원의 직무교육과 관련하여 교육훈련기관에 등록하고 교육비 1,000,000원을 보통예금에서 인출하여 결제하다.

교육훈련비	1,000,000	/	보통예금	1,000,000

② 《교육훈련과 관련한 보조금 입금》 동 교육훈련은 직업능력개발훈련대상으로 고용노동부로부터 교육훈련보조금 1,000,000원이 국민은행 보통예금에 입금되다.

보통예금	1,000,000	/	교육훈련비	1,000,000

* '교육훈련비'에서 차감하거나 '잡이익'으로 처리할 수 있다.

4 포인트 방식으로 결제되는 국고보조금의 회계처리

국고보조금의 부당한 사용 등을 방지하기 위하여 보조금 지원기관에서 국고보조금에 상당하는 금액을 포인트 방식으로 확정한 다음 보조금 지원기관에서 직접자금을 집행하는 경우에는 다음과 같이 회계처리한다.

① 《정부보조금 확정》 신제품개발을 위한 기술개발자금 1억원이 국고보조금으로 확정되어 1억원의 포인트를 부여받다.

| 별단예금 | 100,000,000 | / | 별단예금(1) | 100,000,000 |

② 《기술개발관련 비용 자금 집행》 기술개발관련 소모자재 2천만원(부가가치세 별도)을 구입하고, 세금계산서를 수취하였으며, 그 대금 중 공급가액은 국고보조금 포인트에서 결제되었다.

| 선급금 | 20,000,000 | / | 별단예금 | 20,000,000 |
| 부가세대급금 | 2,000,000 | | 미지급금 | 2,000,000 |

* 선급금 : 기술개발이 완료되어 무형자산 항목인 '개발비'로 대체되는 시점까지 발생한 개발 관련 제반 경비는 '선급금'으로 처리한다. 단, 개발비 요건을 충족하지 못하는 경우에는 '연구개발비'등으로 처리한다.

③ 《부가가치세 결제》 부가가치세 매입세액은 정부보조금에서 지원되는 금액이 아니므로 회사 자금(보통예금)에서 결제하다.

| 미지급금 | 2,000,000 | / | 보통예금 | 2,000,000 |

5 무상보조금 반환 회계처리

① 《보조금 일부 상환》 정부보조금으로 개발한 기술이 성공하여 국고보조금의 30%에 해당하는 금액인 6천만원을 상환하다.

| 장기차입금 | 60,000,000 | / | 보통예금 | 60,000,000 |

<세무조정>
보조금이 지급이 확정된 날이 속하는 사업연도에 전액 익금산입한 금액 중 정부에 반환하는 금액은 반환일이 속하는 사업연도에 손금산입한다.
[손금산입] 상환할 금액 60,000,000원(△유보)

▣ 일반기업회계기준 제17장 정부보조금의 회계처리

■ 금융위원회 보도자료 [2022. 12. 21]

(2) 수익관련보조금의 표시방법에 대한 회계처리 선택 허용
□ (배경) 현행 일반기업회계기준 제17장 문단 17.7은 수익관련보조금의 표시방법을 구분하고 있으나, 실무에서는 그 구분을 판단하기가 어려웠습니다.

□ (개정) 수익관련보조금의 표시를 수익 또는 관련 비용 차감 중 실질에 맞게 선택하도록 하였습니다.

□ (시행) '23년 1월 1일 이후 최초로 시작되는 회계연도부터 적용하되, 조기 적용도 가능합니다.

□ 수익관련보조금의 표시
17.6 수익관련보조금을 받는 경우에는 당기의 손익에 반영한다. 다만, 수익관련보조금을 사용하기 위하여 특정의 조건을 충족해야 하는 경우에는 그 조건을 충족하기 전에 받은 수익관련보조금은 선수수익으로 회계처리한다.

17.7 수익관련보조금은 수익으로 표시하거나 관련비용에서 보조금을 상계하여 표시한다. 해당 보조금을 수익으로 표시하는 경우, 회사의 주된 영업활동과 직접적인 관련성이 있다면 영업수익으로, 그렇지 않다면 영업외수익으로 회계처리한다.

04. 2023년 주요 개정 세법

■ 법인세 분야

▣ 법인세 세율 및 과세표준 구간 조정(법인법 §55)

종 전	개 정
□ 법인세율 과세체계 ○ 세율 및 과세표준	□ 법인세율 인하 및 과표구간 조정 ○ 세율 1% 인하

과세표준	세 율	과세표준	세 율
2억원 이하	10%	2억원 이하	9%
2~200억원	20%	2~200억원	19%
200~3,000억원	22%	200~3,000억원	21%
3,000억원 초과	25%	3,000억원 초과	24%

<적용시기> '23.1.1. 이후 개시하는 사업연도 분부터 적용

▣ 이월결손금 공제한도 상향(법인법 §13·45·46의4·76의13·91)

종 전	개 정
□ 이월결손금 공제한도 ○ 일반법인, 연결법인, 합병·분할법인, 외국법인: 각 사업연도 소득의 60% ○ 중소기업: 소득의 100%	□ 이월결손금 공제한도 확대 ○ 60% → 80% ○ (좌 동)

<적용시기> '23.1.1. 이후 개시하는 사업연도 분부터 적용

■ 중간예납 의무 면제대상 확대(법인법 §63)
(현행) 직전사업연도 중소기업으로서 중간예납세액이 30만원 미만 내국법인
(개정) 30만원 → 50만원
<적용시기> '23.1.1. 이후 개시하는 사업연도 분부터 적용

■ 수입배당금 익금불산입 조정 합리화(법인법 §18의2·18의3)

비상장법인	
지분율	익금불산입률
100%	100%
50%이상 100%미만	50%
50%미만	30%

▶

기업형대 구분 없음	
지분율	익금불산입률
50%이상	100%
20%이상 50%미만	80%
20%미만	30%

<적용시기> '23.1.1. 이후 배당받는 분부터 적용

■ 스톡옵션 세제지원 강화(조특법 §16의2·3)

종 전	개 정
□ 벤처기업 스톡옵션* 행사이익** 비과세 및 분할납부 특례 　* 비상장 벤처기업 및 코넥스상장 벤처기업 임직원이 부여받은 주식매수선택권 　** 행사시 시가와 행사가액의 차액	□ 비과세 한도 상향 및 분할납부 특례 대상 확대
ㅇ (비과세) 행사이익에 대해 연간 5천만원 한도 비과세 <신 설>	ㅇ 비과세 한도 상향: 연간 5천만원 → 2억원 　- 누적한도*: 5억원 　* 근로자가 해당 벤처기업으로부터 받은 스톡옵션 행사이익의 누계액
ㅇ (분할납부) 행사이익에 대한 소득세 5년간 분할납부 가능 <추 가>	ㅇ (좌 동) 　- 분할납부 대상에 코스피·코스닥상장 벤처기업 스톡옵션 행사이익 포함

<적용시기> '23.1.1. 이후 스톡옵션을 행사하는 분부터 적용

■ 통합고용세액공제 신설(조특법 §29의8 신설)

현 행	개 정
□ 고용지원 관련 세액공제 제도 ❶ 고용증대 세액공제(§29의7) : 고용증가인원 × 1인당 세액공제액 	구 분	공제액 (단위:만원)		
---	---	---	---
	중소 (3년 지원)		중견 (3년 지원)	대기업 (2년 지원)
	수도권	지방		
상시근로자	700	770	450	-
청년 정규직, 장애인, 60세 이상 등	1,100	1,200	800	400 | * 청년 연령범위(시행령): 15~29세 ❷ 사회보험료 세액공제(§30의4) : 고용증가인원 × 사용자분 사회보험료 × 공제율 | 구 분	중소 (공제율)
상시근로자 (2년 지원)	50%**
청년*, 경력단절여성 (2년 지원)	100% | * 청년 연령범위(시행령): 15~29세 ** 전기통신업, 인쇄물 출판업 등의 서비스업종을 영위하는 기업은 75%	○ (적용대상) 모든 기업* * (제외) 소비성 서비스업 ○ (기본공제) : 고용증가인원 × 1인당 세액공제액 | 구 분	공제액 (단위:만원)		
---	---	---	---
	중소 (3년 지원)		중견 (3년 지원)	대기업 (2년 지원)
	수도권	지방		
상시근로자	850	950	450	-
청년 정규직, 장애인, 60세 이상, 경력단절여성 등	1,450	1,550	800	400	 - 우대공제 대상이 청년 연령범위* 확대 경력단절여성을 우대공제 대상에 추가 * 청년 연령범위(시행령): 15~34세 ** 일부 서비스업종 우대는 폐지 - 공제 후 2년 이내 상시근로자 수가 감소하는 경우 공제금액 상당액을 추징

<적용시기> '23.1.1. 이후 개시하는 과세연도 분부터 적용
* '23년 및 '24년 과세연도 분에 대해서는 기업이 '통합고용세액공제'와 기존 '고용증대 및 사회보험료 세액공제' 중 선택하여 적용 가능(중복 적용 불가)

현 행	개 정 안
❸ 경력단절여성 세액공제(§29의3①) : 경력단절여성 채용자 인건비 × 공제율 | 구 분 | 공제율 중소 | 공제율 중견 | |---|---|---| | 경력단절여성 (2년 지원) | 30% | 15% | ❹ 정규직 전환 세액공제(§30의2) : 정규직 전환 인원 × 공제액 　* 전체 상시근로자 수 미감소 시 | 구 분 | 공제액 (단위:만원) 중소 | 공제액 (단위:만원) 중견 | |---|---|---| | 정규직 전환자 (1년 지원) | 1,000 | 700 | ❺ 육아휴직복귀자 세액공제(§29의3②) : 육아휴직 복귀자 인건비 × 공제율 　* 전체 상시근로자 수 미감소 시 | 구 분 | 공제율 중소 | 공제율 중견 | |---|---|---| | 육아휴직 복귀자 (1년 지원) | 30% | 15% |	○ (추가공제) : 정규직 전환·육아휴직 복귀자 인원 × 공제액 　* 전체 상시근로자 수 미감소 시 | 구 분 | 공제액 (단위:만원) 중소 | 공제액 (단위:만원) 중견 | |---|---|---| | 정규직 전환자 (1년 지원) 육아휴직 복귀자 (1년 지원) | 1,300 | 900 | - 전환일·복귀일로부터 2년 이내 해당 근로자와의 근로관계 종료 시 공제금액 상당액 추징

<적용시기> '23.1.1. 이후 개시하는 과세연도 분부터 적용
* '23년 및 '24년 과세연도 분에 대해서는 기업이 '통합고용세액공제'와 기존 '고용증대 및 사회보험료 세액공제' 중 선택하여 적용 가능(중복 적용 불가)

■ 소득세 분야

■ 소득세 과세표준 구간 조정 (소득세법 §55①)

종 전			개 정		
□ 소득세 과세표준 및 세율			□ 과세표준 조정		
과 세 표 준	세율	누진공제액	과 세 표 준	세율	누진공제액
1,200만원 이하	6%		1,400만원 이하	6%	
1,200만원 4,600만원 이하	15%	108만원	1,400만원 5,000만원 이하	15%	126만원
4,600만원 8,800만원 이하	24%	522만원	5,000만원 8,800만원 이하	24%	576만원
8,800만원 1.5억원 이하	35%	1,490만원	8,800만원 1.5억원 이하	35%	1,544만원
1.5억원 3억원 이하	38%	1,940만원	1.5억원 3억원 이하	38%	1,994만원
3억원 5억원 이하	40%	2,540만원	3억원 5억원 이하	40%	2,594만원
5억원 10억원 이하	42%	3,540만원	5억원 10억원 이하	42%	3,594만원
10억원 초과	45%	6,540만원	10억원 초과	45%	6,594만원

<적용시기> '23.1.1. 이후 발생하는 소득 분부터 적용

■ 퇴직소득세 부담 완화(소득법 §48①)

종 전		개 정	
□ 퇴직소득 근속연수공제액		□ 근속연수공제액 확대	
근속연수	공 제 액	근속연수	공 제 액
5년 이하	30만원 × 근속연수	5년 이하	100만원 × 근속연수
6~10년	150만원 + 50만원 × (근속연수-5년)	6~10년	500만원 + 200만원×(근속연수-5년)
11~20년	400만원 + 80만원 × (근속연수-10년)	11~20년	1,500만 원+ 250만원 × (근속연수-10년)
20년 초과	1,200만원 + 120만원 × (근속연수-20년)	20년 초과	4,000만원 + 300만원 × (근속연수-20년)

<적용시기> '23.1.1. 이후 퇴직하는 분부터 적용

■ 일용근로소득 원천징수영수증 발급기한 단축(소득법 §143)

종 전	개 정
□ 근로소득 원천징수영수증 발급기한 ㅇ (일용근로소득) 소득 지급일이 속하는 분기의 마지막 달의 다음 달 말일까지	□ 일용근로소득의 경우 발급기한 단축 ㅇ 소득 지급일이 속하는 달의 다음 달 말일까지

<적용시기> '23.1.1. 이후 지급하는 소득분부터 적용

■ 간이지급명세서 제출 주기 단축(소득법 §164의3)

현 행	개 정
□ 간이지급명세서 제출 ㅇ (원천징수대상 사업소득) 매월 ㅇ (상용근로소득) 매 반기 <추 가>	□ 제출주기 단축 ㅇ (좌 동) ㅇ 매월 ㅇ (인적용역 관련 기타소득) 매월

<적용시기> '24.1.1. 이후 지급하는 소득분부터 적용

■ 식대 비과세 한도 확대(소득령 §17의2)

종 전	개 정 안
□ 비과세되는 식사대 범위 ㅇ 근로자가 사내급식 또는 이와 유사한 방법으로 제공받는 식사 또는 음식물 ㅇ 사내급식 등을 제공받지 않는 근로자가 받는 월 10만원 이하의 식사대	□ 비과세 한도 확대 ㅇ (좌 동) ㅇ월 10만원 이하 → 월 20만원 이하

<적용시기> '23.1.1. 이후 발생하는 소득 분부터 적용

[개정 세법] 상세 내용 → 경영정보사(경영정보문화사 자매회사) 홈페이지

4

법인의 부동산 세무

1 법인의 부동산 취득

1 부동산 취득 관련 제비용 및 회계처리

> 부동산을 취득하는 경우 지방세인 취득세를 취득일로부터 60일 이내에 신고 및 납부하여야 하며, 취득과 관련한 공채매입, 중개수수료, 법무사수수료 등이 발생하게 되므로 그 내용을 살펴보면 다음과 같다.

❶ 부동산 취득과 관련한 세금 및 제비용

1 취득세 등

부동산을 취득하는 경우 「지방세법」의 규정에 의하여 취득세를 신고 및 납부하여야 하며, 취득세 납부시 농어촌특별세 및 지방교육세를 같이 납부하여야 한다.

[1] 취득세 신고 및 납부기한

취득세 과세물건을 취득한 자는 그 취득한 날부터 **60일 이내**에 그 과세표준에 취득세의 세율을 적용하여 산출한 세액을 신고하고 납부하여야 한다.

[2] 취득세 과세표준 및 세율

과세표준이란 세금을 부과하는 기준이 되는 금액으로 취득세의 과세표준은 당해 자산의 취득시 실제 매매가액으로서 취득자가 신고한 가액으로 한다. 다만, 신고가액이 시가표준액(지방세법 제4조) 보다 적을 때에는 시가표준액으로 한다.

▶ 부동산 취득과 관련한 세율 요약표

취득구분	종류			취득세	지방교육세	농어촌특별세	합계
상 속	농지			2.3%	0.06%	0.2%	2.56%
	농지외			2.8%	0.16%	0.2%	3.16%
무상취득				3.5%	0.30%	0.2%	4.00%
원시취득				2.8%	0.16%	0.2%	3.16%
유상취득	농지			3.0%	0.20%	0.2%	3.40%
	농지외			4.0%	0.40%	0.2%	4.60%
	주택	6억원 이하	국민주택	1.0%	0.10%	-	1.10%
			기타	1.0%	0.10%	0.2%	1.30%
		6억원 9억원	국민주택	2.0%	0.20%	-	2.2%
			기타	2.0%	0.20%	0.2%	2.4%
		9억원 초과	국민주택	3.0%	0.30%	-	3.3%
			기타	3.0%	0.30%	0.2%	3.5%

▶ 국민주택이란 주거 전용면적이 85㎡이하인 주택을 말한다.

[개정 세법] 6억원 초과 주택 취득세 세율 세분화 및 4주택 이상 세율 인상
(지방세법 제11조) <적용시기> 2020.1.1. 이후 취득분

종류	취득가액	구분	취득세	지방교육세	농어촌특별세	합계
주택	6억원 이하	국민주택	1.0%	0.10%	-	1.10%
		기타	1.0%	0.10%	0.2%	1.30%
	6억원 9억원	국민주택	2~3%	0.20%	-	
		기타	2~3%	0.20%	0.2%	
	9억원 초과	국민주택	3.0%	0.30%	-	3.3%
		기타	3.0%	0.30%	0.2%	3.5%

• 취득당시가액이 6억원을 초과하고 9억원 이하인 주택 (소수점이하 다섯째자리에서 반올림하여 소수점 넷째자리까지 계산)
(해당 주택의 취득당시가액 × 2/3억원 - 3) × 1/100

[개정 세법] 법인 및 다주택자 주택 취득세율 강화 (지방세법 제13조2 신설)

종 전				개 정			
개인	1주택	주택 가액에 따라 1~3%		개인	1주택	주택 가액에 따라 1~3%	
	2주택					조정*	비조정
	3주택				2주택	8%	1~3%
	4주택 이상	4%			3주택	12%	8%
법인		주택 가액에 따라 1~3%			4주택 이상	12%	12%
				법인		12%	

※ 단, 일시적 2주택은 1주택 세율 적용 (1~3%)
* 조정 : 조정대상지역
  비조정 : 그 外 지역

<적용시기> 2020.8.12. 이후 취득분부터

(경과조치) 법인 및 국내에 주택을 1개 이상 소유하고 있는 1세대가 2020년 7월 10일 이전에 주택에 대한 매매계약(공동주택 분양계약 포함)을 체결한 경우에는 그 계약을 체결한 당사자의 해당 주택의 취득에 대하여 종전의 규정을 적용한다.

2 인지세

부동산매매계약서를 작성하는 경우 「인지세법」에 의하여 매매계약서에 인지를 첨부하여야 하며, 기재금액에 따라 첨부하여야 하는 인지세는 다음과 같다.

기재금액	인지세
기재금액이 1천만원 초과 3천만원 이하인 경우	2만원
기재금액이 3천만원 초과 5천만원 이하인 경우	4만원
기재금액이 5천만원 초과 1억원 이하인 경우	7만원
기재금액이 1억원 초과 10억원 이하인 경우	15만원
기재금액이 10억원을 초과하는 경우	35만원

3 부동산 중개수수료

부동산을 매매하는 경우 대부분 공인중개사사무소를 통하여 하게 되며, 이 경우 중개수수료를 지급하여야 한다. 부동산중개수수료는 「공인중개사법」의 규정에 의하여 지급하게 되며, 주택 중개에 대한 보수는 지방자치단체별로 정하고(조례), 주택 외의 중개대상물의 중개에 대한 보수는 국토교통부령으로 정한다.

▶ 법정 부동산중개수수료
한국공인중개사협회 홈페이지 → 정보마당 → 중개보수요율표

4 법무사 수수료 및 공채 매입 및 할인

부동산을 취득하는 경우 그 소유에 관한 권리를 법적으로 보장받기 위하여 「부동산등기법」에 의하여 법원에 등기를 하여야 한다. 부동산 등기업무는 법률적 지식이 충분하지 않은 경우 본인이 직접 하기가 어려우므로 대부분 법무사사무소에 의뢰하여 등기를 하게 되며, 등기 업무대행에 대한 수수료를 법무사사무소에 지급한다.

▶ 부동산 등기수수료 등
대한법무사협회 홈페이지 → 법무사정보 → 법무사보수표

5 국민주택채권 매입 및 할인

부동산을 등기하는 경우 「주택도시기금법」에 의하여 국민주택채권을 매입하여야 하며, 국민주택채권에 대한 자세한 내용은 '주택도시기금' 홈페이지를 참고하면 된다.

[1] 국민주택채권, 국채, 공채
국민주택채권이란 정부가 국민주택의 보급 등을 위한 재원을 마련하기 위하여 국민으로부터 일정 기간 돈을 빌리고 나중에 상환을 하는 방식이나 정부에서 발행하는 채권의 경우 만기가 길고, 이자율이 높지 않으므로 일반인이 투자를 목적으로 정부에서 발행한 채권을 잘 구입하지 않는다.

따라서 정부는 등기·등록을 신청하는 자, 면허·허가·인가를 받는 자, 국가·지방자치단체 또는 공공기관과 건설공사의 도급계약을 체결하는 자 등에게 국민주택채권을 매입하도록 강제하고 있다. 이 경우 채권을 매입하는 국민 개개인과 금전차용계약서를 작성하고 돈을 빌리면 그 절차가 매우 불편할 것이므로 국가가 요식화된 증서를 만들어 그 증서에 차용금액, 상환기간, 이자율 등을 기재하여 증서를 판매하고 국가는 이 증서를 매입하는 사람으로부터 돈을 빌리는 것이다.

한편, 채권증서를 구입한 사람은 상환일에 증서에 표시된 금액을 지급받을 수 있는 채권자가 되는 것이다. 이와 같은 방식으로 국가가 발행하는 증서를 국채라고 하는 것이며, 지방자치단체가 발행하는 증서는 지방채라고 하며, 이를 통틀어 공채(公債)라고 한다.

[2] 국민주택채권 매입 및 매도, 할인율

국가에서 발행하는 채권의 경우 상환기간이 장기이고, 금리가 낮으므로(2017년 7월 현재 금리 1.25%, 상환기간 5년) 어쩔 수 없이 채권을 의무적으로 구입한 대부분의 사람은 은행이나 증권회사 등에 채권을 팔게 되며(일반적으로 법무사사무소에서 대행함), 이 경우 증권회사 등은 국민주택채권 금액에서 일정율의 수수료 등을 차감한 금액을 매도인에게 지급하므로 주택을 구입한 자는 채권매입금액에서 채권매도금액을 차감한 금액만 실제 부담하게 되는 것이다.

❷ 부동산 취득과 회계처리

1 개요

부동산을 취득하는 경우 발생하는 제비용은 해당 부동산의 취득가액에 포함하여야 하며, 토지와 건물을 일괄구입하는 경우로서 토지와 건물가액의 구분이 불분명한 경우 안분하여 구분처리하여야 한다.

■ **일반기업회계기준 제10장 유형자산의 취득원가**

10.8 유형자산은 최초에는 취득원가로 측정하며, 현물출자, 증여, 기타 무상으로 취득한 자산은 공정가치를 취득원가로 한다. 취득원가는 구입원가 또는 제작원가 및 경영진이 의도하는 방식으로 자산을 가동하는 데 필요한 장소와 상태에 이르게 하는 데 직접 관련되는 원가인 (1) 내지 (9)와 관련된 지출 등으로 구성된다. 매입할인 등이 있는 경우에는 이를 차감하여 취득원가를 산출한다.

(1) 설치장소 준비를 위한 지출
(2) 외부 운송 및 취급비
(3) 설치비
(4) 설계와 관련하여 전문가에게 지급하는 수수료
(5) 유형자산의 취득과 관련하여 국·공채 등을 불가피하게 매입하는 경우 당해 채권의 매입금액과 일반기업회계기준에 따라 평가한 현재가치와의 차액
(6) 자본화대상인 차입원가
(7) 취득세, 등록세 등 유형자산의 취득과 직접 관련된 제세공과금
(8) 해당 유형자산의 경제적 사용이 종료된 후에 원상회복을 위하여 그 자산을 제거, 해체하거나 또는 부지를 복원하는 데 소요될 것으로 추정되는 원가가 충당부채의 인식요건을 충족하는 경우 그 지출의 현재가치(이하 '복구원가'라 한다)
(9) 유형자산이 정상적으로 작동되는지 여부를 시험하는 과정에서 발생하는 원가. 단, 시험과정에서 생산된 재화(예: 장비의 시험과정에서 생산된 시제품)의 순매각금액은 당해 원가에서 차감한다.

2 토지

대지, 임야, 전답, 잡종지 등의 취득시 토지계정으로 회계처리한다. 그리고 토지 구입시 소요되는 관련비용(취득세, 중개수수료 등)은 토지에 포함한다.

▶ **유형자산에 해당하는 토지와 구분하여야 하는 것**
○ 건설업 등이 건설, 분양을 목적으로 취득하는 토지는 재고자산이다.
○ 투자를 목적으로 취득하는 토지는 투자부동산이다.

◆ 토지 취득과 관련한 법무사수수료 및 매입세액 처리

토지관련 법무사수수료는 토지의 취득가액으로 처리하여야 하며, 동 매입세액은 공제대상이 아니므로 토지취득원가에 포함하여야 한다.

▣ 토지 취득에 대한 증빙서류

① 토지 : 토지의 거래는 면세에 해당하나 공급자가 계산서를 발급하지 않아도 되므로 토지매매계약서 및 토지대금 지급영수증 등을 증빙으로 한다.
② 취득세, 인지세 등 : 취득세 납부영수증, 인지를 첨부한 계약서
③ 공인중개사수수료 : 금융기관을 통하여 지급하고, 경비 등의 송금명세서(법인) 또는 영수증수취명세서(개인)를 제출하는 경우 적법한 증빙서류로 인정된다. 단, 중개업자가 일반과세자인 경우 세금계산서를 수취하여야 한다.
④ 법무사수수료 : 세금계산서

▣ 토지 회계처리 사례

① 《토지 계약금 지급》 공장건물을 신축하기 위하여 공장용지를 1억원에 매입하기로 계약하고, 계약금 1천만원을 5. 10 보통예금에서 인출하여 지급하다.

| 선급금 | 10,000,000 | / | 보통예금 | 10,000,000 |

② 《토지 매입 잔금 지급》 6. 30 잔금 9천만원을 매도인에게 보통예금에서 인출하여 지급하고 공인중개사에게 중개수수료 1백만원을 현금으로 지급하다.

토지	101,000,000	/	선급금	10,000,000
			보통예금	90,000,000
			현금	1,000,000

③ 《법무사수수료 등 지급》 6. 30 토지소유권이전과 관련하여 취득세, 기타 제비용 6,700,000원 및 법무사수수료 550,000원(부가세 포함: 세금계산서 수취)을 현금으로 지급하다.

| 토지 | 7,250,000 | / | 현금 | 7,250,000 |

③ 건물

건물과 부속설비로 하며, 부속설비에는 당해 건물과 관련된 전기설비, 급배수·위생설비, 가스설비, 냉방·난방·통풍 및 보일러설비, 승강기설비 등 모든 부속설비를 포함한다.

① 건물 매입시 취득 관련 비용(취득세, 중개수수료 등) 및 건물의 취득을 위하여 차입한 차입금에 대한 이자로서 취득완료전의 금액은 건물취득가액에 포함한다.
② 건설업 등이 건설, 분양을 목적으로 취득하는 건물은 '재고자산'으로 처리한다.
③ 투자를 목적으로 취득하는 건물은 '투자부동산'으로 처리한다.

▶ 건물 철거 및 철거비용 세무회계

토지만을 사용할 목적으로 건축물이 있는 토지를 취득하여 그 건축물을 철거하거나, 자기소유의 토지상에 있는 임차인의 건축물을 취득하여 철거한 경우 철거한 건축물의 취득가액과 철거비용은 당해 토지에 대한 자본적 지출로 한다.

□ 법인세법 기본통칙 23-31…1【고정자산에 대한 자본적 지출의 범위】
영 제31조 제2항 제5호에 규정하는 자본적 지출에는 다음 각호의 예에 따라 처리하는 것을 포함한다.(2001.11.01 개정)
1. 토지만을 사용할 목적으로 건축물이 있는 토지를 취득하여 그 건축물을 철거하거나, 자기소유의 토지상에 있는 임차인의 건축물을 취득하여 철거한 경우 철거한 건축물의 취득가액과 철거비용은 당해 토지에 대한 자본적 지출로 한다.<개정 2001.11.01>

□ 일반기업회계기준 제10장 유형자산
10.13 건물을 신축하기 위하여 사용중인 기존 건물을 철거하는 경우 그 건물의 장부금액은 제거하여 처분손실로 반영하고, 철거비용은 전액 당기비용으로 처리한다. 다만 새 건물을 신축하기 위하여 기존 건물이 있는 토지를 취득하고 그 건물을 철거하는 경우 기존 건물의 철거 관련 비용에서 철거된 건물의 부산물을 판매하여 수취한 금액을 차감한 금액은 토지의 취득원가에 포함한다.

□ 부가가치세법 제39조(공제하지 아니하는 매입세액)
① 제38조에도 불구하고 다음 각 호의 매입세액은 매출세액에서 공제하지 아니한다.
7. 면세사업등에 관련된 매입세액(면세사업등을 위한 투자에 관련된 매입세액을 포함한다)과 대통령령으로 정하는 토지에 관련된 매입세액

□ 부가가치세법 시행령 제80조(토지에 관련된 매입세액) 법 제39조제1항제7호에서 "대통령령으로 정하는 토지에 관련된 매입세액"이란 토지의 조성 등을 위한 자본적 지출에 관련된 매입세액으로서 다음 각 호의 어느 하나에 해당하는 경우를 말한다.
1. 토지의 취득 및 형질변경, 공장부지 및 택지의 조성 등에 관련된 매입세액
2. 건축물이 있는 토지를 취득하여 그 건축물을 철거하고 토지만 사용하는 경우에는 철거한 건축물의 취득 및 철거 비용과 관련된 매입세액
3. 토지의 가치를 현실적으로 증가시켜 토지의 취득원가를 구성하는 비용에 관련된 매입세액

▣ 토지 및 건물 일괄 취득시 취득가액 계산

법인의 자산에 대한 취득가액은 타인으로부터 매입한 자산은 매입가액에 부대비용을 가산한 금액으로 한다. 단, 토지와 건물을 구분하지 않고 일괄 취득한 경우 토지와 건물 취득가액은 다음의 방법으로 안분하여 계산한다.
① 실지거래가액 중 토지의 가액과 건물 가액의 구분이 분명한 경우에는 실지거래가액에 의한다.
② 실지거래가액 중 토지의 가액과 건물 가액의 구분이 불분명한 경우에는 다음 각 호에 정하는 바에 의한다.
1. 감정평가가액(감정평가법인이 평가한 가액)이 있는 경우에는 그 가액에 비례하여 안분 계산한다.
2. 토지와 건물 등에 대한 기준시가가 모두 있는 경우에는 공급계약일 현재의 기준시가에 따라 계산한 가액에 비례하여 안분계산한다.
3. 토지와 건물 중 어느 하나 또는 모두의 기준시가가 없는 경우로서 감정평가가액이 있는 경우에는 그 가액에 비례하여 안분계산한다.
4. 위 각호의 규정을 적용할 수 없거나 적용하기 곤란한 경우에는 국세청장이 정하는 바에 따라 안분하여 계산한다.

■ 기준시가(소득세법 제99조)
- 토지 : 지가공시및토지등의평가에관한법률에 의한 개별공시지가로 한다.
- 건물 : 건물(오피스텔 및 상업용건물, 주택 제외)의 신축가격·구조·용도·위치·신축연도 등을 참작하여 매년 1회 이상 국세청장이 산정·고시하는 가액
- 오피스텔 및 상업용 건물 : 건물에 부수되는 토지를 공유로 하고 건물을 구분소유하는 오피스텔 및 상업용 건물(부수되는 토지 포함)에 대하여는 건물의 종류·규모·거래 상황· 위치 등을 참작하여 매년 1회 이상 국세청장이 토지와 건물에 대하여 일괄하여 산정·고시하는 가액
- 주택 : 개별주택가격 및 공동주택가격. 다만, 공동주택가격의 경우에는 국세청장이 결정·고시한 공동주택가격이 있는 때에는 그 가격에 의한다.

건물 회계처리 사례

① 《업무용 사옥 계약금 지급》 5. 2 업무용 사옥(토지 및 건물)을 사업자등록이 없는 개인으로부터 구입하기로 하고, 계약금 50,000,000원을 보통예금에서 인출하여 지급하다. (매매대금 5억원)

| 선급금 | 50,000,000 | / | 보통예금 | 50,000,000 |

② 《중도금 지급》 6. 30 중도금 2억원을 보통예금에서 인출하여 지급하다.

| 선급금 | 200,000,000 | / | 보통예금 | 200,000,000 |

③ 《잔금 및 수수료 지급》 7. 31 잔금 및 부동산중개수수료, 법무사수수료, 취득세 등을 보통예금에서 인출하여 지급하다. 잔금 250백만원, 사옥 중개수수료 3백만원, 등기관련 수수료 : 토지분 취득세 4,800,000원, 건물분 취득세 3,600,000원, 인지대 등 기타비용 800,000원, 법무사수수료 770,000원(부가세 포함, 세금계산서 수취)

선급금	254,500,000	/	보통예금	262,970,000
토지	4,800,000			
건물	3,600,000			
부가세대급금	70,000			

* 선급금 : 사옥잔금(250,000,000) + 중개수수료(3,000,000) + 기타 비용(800,000) + 법무사수수료(700,000)

▶ 토지 관련 법무사수수료 매입세액불공제
법무사수수료 중 토지관련 수수료는 그 매입세액을 토지의 취득가액으로 계산하여야 하므로 법무사사무소에서 세금계산서를 발급받을 시 토지 및 건물을 구분하여 발급받는 것이 적절하다. 이를 구분하지 아니한 경우 부가세대급금 중 토지 부분에 상당하는 금액을 안분하여 토지의 매입가액으로 대체처리한다.

④ 《토지 및 건물 안분계산》 7. 31 사옥 취득가액 중 토지 및 건물의 가액구분이 불분명하여, 기준시가에 의하여 토지 및 건물가액을 계산하여 대체하다.

토지	315,312,500	/	선급금	504,500,000
건물	189,187,500		부가세대급금	43,750
토지	43,750			

* 토지 공시지가 : 250,000,000원, 건물의 국세청기준시가 : 150,000,000원

$$\text{토지} : 504,500,000 \times \frac{\text{토지공시지가}(250,000,000)}{\text{기준시가}(400,000,000)} = 315,312,500$$

$$\text{건물} : 504,500,000 \times \frac{\text{건물기준지가}(150,000,000)}{\text{기준시가}(400,000,000)} = 189,187,500$$

* 매입세액 중 토지로 대체할 금액 : 43,750원
  - 부가세대급금(70,000원) × 토지가액(315,312,500) / 토지 및 건물가액(504,500,000)

2 법인의 대도시 취득세 중과세

❶ 개요

1 입법 취지 등

취득세 중과세재도는 과밀억제권역 내로의 인구유입과 산업집중을 현저하게 유발시키는 본점 또는 주사무소의 신설 및 증설을 억제하기 위하여 제정한 법률로서 납세의무자는 법인의 본점 또는 지점, 비영리법인의 주사무소, 분사무소 사업용 부동산을 취득할 때 중과세하므로 법인이 납세의무자다. (종전 등록세에 대하여 중과세하였으나 2011년 이후 등록세가 취득세에 통합됨)

2 본점, 공장 원시 취득과 승계취득 및 지점, 공장 승계취득

[1] 지방세법 제13조제1항[과밀억제권역 내 본점 및 공장 원시 취득]
1. 과밀억제권역에서 본점의 사업용 부동산을 **신축**하거나 **증축**하는 건축물과 그 부속토지의 중과세에 대한 내용
2. 공장을 **신설**하거나 **증설**하기 위한 사업용 과세물건을 취득하는 경우의 중과세

[2] 지방세법 제13조제2항[대도시 내 본점 승계 취득, 지점 원시 취득 및 승계 취득, 공장 승계 취득]
1. 대도시에서 법인을 설립하거나 지점 또는 분사무소를 설치하는 경우
(지방세법 제13조 ② 1)
2. 법인의 대도시로 전입에 따라 대도시의 부동산을 취득하는 경우
(지방세법 제13조 ② 1)
3. 공장의 승계취득, 해당 과밀억제권역 내에서의 공장의 이전 및 공장의 업종변경에 따르는 부동산 취득(지방세법 제13조 ② 2, 지방세법 시행령 제27조 ③)
4. 공장의 신설·증설(지방세법 제13조 ② 2)

❷ 과밀억제권역에서 본점 신축 또는 증축 취득세 중과세

1 과밀억제권역 및 중과세대상

[1] 과밀억제권역 (수도권정비계획법 시행령 [별표 1])

과밀억제권역이란 「수도권정비계획법」 제6조 및 「수도권정비계획법 시행령」 제9조 [별표1]에 따른 권역을 말한다. 다만, 공장을 신설하거나 증설하기 위하여 사업용 과세물건을 취득하는 경우에는 「산업집적활성화 및 공장설립에 관한 법률」을 적용받는 **산업단지·유치지역** 및 「국토의 계획 및 이용에 관한 법률」을 적용받는 **공업지역**은 제외한다.

□「수도권정비계획법」
제6조(권역의 구분과 지정) ① 수도권의 인구와 산업을 적정하게 배치하기 위하여 수도권을 다음과 같이 구분한다.
1. 과밀억제권역: 인구와 산업이 지나치게 집중되었거나 집중될 우려가 있어 이전하거나 정비할 필요가 있는 지역

제9조(권역의 범위) 법 제6조에 따른 과밀억제권역, 성장관리권역 및 자연보전권역의 범위는 별표 1과 같다.

수도권정비계획법 시행령 [별표 1] 과밀억제권역 <개정 2017. 6. 20.>
1. 서울특별시
2. 인천광역시
[강화군, 옹진군, 서구 대곡동·불로동·마전동·금곡동·오류동·왕길동·당하동·원당동, 인천경제자유구역(경제자유구역에서 해제된 지역을 포함한다) 및 남동 국가산업단지는 제외한다]
3. 의정부시 4. 구리시
5. 남양주시(호평동, 평내동, 금곡동, 일패동, 이패동, 삼패동, 가운동, 수석동, 지금동 및 도농동만 해당한다)
6. 하남시 7. 고양시 8. 수원시 9. 성남시 10. 안양시 11. 부천시
12. 광명시 13. 과천시 14. 의왕시 15. 군포시
16. 시흥시[반월특수지역(반월특수지역에서 해제된 지역을 포함한다)은 제외한다]

☐ 산업집적활성화 및 공장설립에 관한 법률 제2조(정의)
5. "유치지역(誘致地域)"이란 공장의 지방이전 촉진 등 국가정책상 필요한 산업단지를 조성하기 위하여 제23조에 따라 지정·고시된 지역을 말한다.
14. "산업단지"란 「산업입지 및 개발에 관한 법률」 제6조·제7조·제7조의2 및 제8조에 따라 지정·개발된 국가산업단지, 일반산업단지, 도시첨단산업단지 및 농공단지를 말한다.

[2] 중과세대상(과밀억제권역내 본점 신축 및 증축과 부속토지)

1. 과밀억제권역에서 본점이나 주사무소의 사업용 부동산(**본점이나 주사무소용 건축물을 신축하거나 증축하는 경우와 그 부속토지만 해당한다**)을 취득하는 경우
2. 중과세 대상은 법인의 본점이나 주사무소용 부동산으로 되어 있으므로 건축물과 토지가 모두 포함한다.
3. 본사를 수도권 이외의 지역에 두고 있더라도 서울사무소 등의 이름으로 수도권 내에 사무소를 두면서 본사의 부서 일부가 사용하는 경우에도 중과세된다.
4. 법인의 지점이나 분사무소용 부동산은 지방세법 제13조 제2항 대도시내의 지점 설치에 대한 중과세 규정을 적용한다.

▶ 사업용부동산
본점이나 주사무소의 사업용 부동산이란 법인의 본점 또는 주사무소의 사무소로 사용하는 부동산과 그 부대시설용 부동산을 말한다.

▶ 중과세대상 사업용부동산에서 제외되는 것
기숙사, 합숙소, 사택, 연수시설, 체육시설 등 복지후생시설

▶ 과밀억제권역이나 산업단지내인 경우
본점·주사무소용 부동산 중과세의 경우 산업단지내라도 제외되지 아니한다. 단, 대도시 (과일억제권역에서 산업단지를 제외한 지역)내 법인 중과세에서는 제외한다.

▶ 부동산임대업
본점, 지점의 용도로 직접 사용하지 아니하면 중과세가 되지 아니한다. 따라서 부동산을 취득하여 일부는 사무실로, 일부는 임대를 주는 경우 사무실로 직접 사용하는 면적만 중과세 된다.

2 중과세 세율

취득세 중과세 세율은 지방세법에서 본점 및 지점, 원시취득 및 승계취득, 법인설립 및 지점설치 5년 이내 및 5년 이후 등에 따라 조문을 달리하여 매우 복잡하게 열거되어 있으며, 그 내용을 요약하면 다음과 같다.

[1] 과밀억제권역내에서 5년내 본점 신축, 증축 및 공장 신설 및 증축

토지나 건축물을 취득한 후 5년 이내에 본점이나 주사무소의 사업용 부동산에 해당하는 경우 건축물 취득세 중과세 세율은 과세표준의 8.4%(표준세율× 3배)이며, 토지는 12%이다.

취득·등기 구분	취득세	비고
본점·주사무소 건축물 (신축·증축)	8.4%	표준세율(2.8%) × 3배
본점·주사무소 부속토지	12%	표준세율(4%) × 3배

- 취득세 세율 : 원시 취득 : 2.8%, 승계 취득 : 4%

[2] 과밀억제권역내에서 5년 경과 후 본점 신축, 증축

원시 취득의 취득세율은 2.8%이며, 취득세 세율에 **1천분의 20(중과기준세율)**의 **100분의 200을 합한 세율**을 적용한다.

취득·등기 구분	취득세	비고
건축물 (신축·증축)	6.8%	표준세율(2.8%) + 중과기준세율(2%) × 2배
부속토지	8.0%	표준세율(4%) + 중과기준세율(2%) × 2배

[3] 토지 중과세 세율

법인 설립 후 5년 이내인 경우 지방세법 제16조 제6항의 세율(표준세율의 3배)을 적용하며, 5년 이후인 경우 지방세법 제13조 제1항의 세율을 적용한다.

구 분	취득세	비고
법인 설립 후 5년 이내	12%	(지방세법 제11조 제6항 세율)
법인 설립 후 5년 이후	8.0%	표준세율(4%) + 중과기준세율(2%) × 2배

■ 취득세 중과세 세율 요약표

1. 대도시란 과밀억제권역 중 산업단지를 제외한 지역을 말한다. 따라서 과밀억제권역 중 산업단지내 지점을 설치하는 경우 중과세되지 않는다.
2.. 법인 설립 후 5년 이내에 본점 또는 공장을 신축 또는 증설하는 경우 건축물 및 부속토지의 중과세 세율은 지방세법 제13조 제6항의 규정에 의하여 표준세율에 3배를 곱한 세율로 한다.
3.. 유치지역, 공업지역은 대도시에 포함하되, 공장의 신설 및 증축시에는 대도시내 중과세에서 제외한다. (지방세법 제13조 제2항 본문 및 제2호 참조)
4.. 공장은 신설 또는 증설의 경우 지방세법 제13조 제1항의 규정에 의하여 중과세되며, 승계취득은 지방세법 제13조 제2항 제1호의 규정을 적용(지점)하여 중과세된다.

▶ 중과세 세율에 대한 지방세법의 규정
- 지방세법 제13조(과밀억제권역 안 취득 등 중과)
- 지방세법 시행령 제27조(대도시 부동산 취득의 중과세 범위와 적용기준)
- 지방세법 제16조(세율 적용)
- 지방세법 시행령 제31조(대도시 부동산 취득의 중과세 추징기간)

▶ 건축물[법인 설립 이후 5년 이내] 취득세 중과세 세율

구분	원시 취득			승계 취득(대도시 내)		
	본점	공장	지점	본점	공장	지점
과밀억제	8.4%	8.4%	4.4%	8%	8%	8%
산업단지	8.4%	2.8%	4.4%	4%	4%	4%

■ 설립 후 5년내 원시 취득 중과세율

본점(8.4%) ; 제13조 ⑥ 2.8% × 3배

지점(4.4%) : 제13조 ② 2.8% × 3배 – 중과기준세율(2%) × 2배

* 예시한 산업단지, 공업지역, 유치지역은 과밀억제권역내의 지역으로 한다.

▶ 건축물[법인 설립 이후 5년 경과] 취득세 중과세 세율

구분	원시 취득			승계 취득(대도시 내)		
	본점	공장	지점	본점	공장	지점
과밀억제	6.8%	6.8%	4.4%	8%	8%	8%
산업단지	6.8%	2.8%	4.0%	4%	4%	4%

▶ 토지 취득세 중과세 세율(건물 신축 및 증축 부속토지)

구 분	법인 설립 후 5년 이내			법인 설립 후 5년 이후		
	본점	공장	지점	본점	공장	지점
과밀억제	12%	12%	4.4%	8%	8%	4.4%
산업단지	12%	4%	4.0%	8%	4%	4.0%

▶ 토지 취득세 중과세 세율(건물 승계 취득 부속토지) [제13조 ② 1]

구 분	법인 설립 후 5년 이내			법인 설립 후 5년 이후		
	본점	공장	지점	본점	공장	지점
과밀억제	8%	8%	4.4%	8%	8%	4.4%
산업단지	4%	4%	4.0%	4%	4%	4.0%

❸ 대도시내 부동산 취득 및 중과세

① 대도시

지방세법 제13조에서 정의하는 대도시란 「수도권정비계획법」 제6조에 따른 과밀억제권역 중 「산업집적활성화 및 공장설립에 관한 법률」을 적용받는 산업단지를 제외한 지역을 말한다. 따라서 법인이 과밀억제권역 중 산업단지에서 본점 또는 지점으로 사용할 부동산을 <u>승계 취득</u>하는 경우 중과세가 적용되지 않는다. 다만, 본점이나 주사무소용으로 **신축하거나 증축하는 건축물과 그 부속토지의 경우에는** 지방세법 제13조 제1항의 규정에 의하여 중과세가 적용된다.

② 취득세 중과세 과세대상 개요

[1] 본점 설립 및 지점 설치
법인의 본점, 주사무소를 신축 또는 증설하는 경우에는 과밀억제권내의 부동산 취득에 대한 중과세가 적용되며, 본점으로 사용하고자 하는 부동산을 승계취득하거나 지점으로 사용하고자 하는 부동산을 신축 또는 증설 또는 승계취득하는 경우 대도시내의 부동산 취득에 대한 중과세규정이 적용된다.

[2] 본점 및 지점의 대도시내 전입
1) 법인의 본점·주사무소·지점 또는 분사무소를 대도시 밖에서 대도시로 전입함에 따라 대도시의 부동산을 취득하는 경우
2) 「수도권정비계획법」 제2조에 따른 수도권의 경우에는 서울특별시 외의 지역에서 서울특별시로의 전입하는 경우

[3] 대도시에서 공장 신설 또는 증설함에 따라 부동산을 취득하는 경우
과밀억제권역에서 산업단지, 유치지역, 공업지역을 제외한 지역에서 공장을 신설하거나 증설함에 따라 취득하는 부동산은 공장으로 중과세를 한다. [제13조 제1항과 제13조 제2항 제2호가 중복되어 있어 법령 정비가 필요함] 다만, 「산업집적활성화 및 공장설립에 관한 법률」 제28조에 따른 도시형공장을 경영하는 사업의 경우에는 중과세대상에 해당하지 않는다.

▶ 채권을 보전하거나 행사할 목적으로 취득하는 부동산
채권을 보전하거나 행사할 목적으로 하는 취득하는 부동산은 중과세대상에 해당하지 않는다. 단, 채권의 목적을 실현하기 위하여 취득한 부동산을 사업용이나 수익사업용에 사용할 경우에는 중과세대상에 해당한다.(지방세운영-1748, 2009.4.30.)

[4] 분할
5년 이상 대도시에서 사업을 한 법인의 법인 분할은 취득세 중과세 대상이 아니므로 분할등기일 현재 5년 이상 계속하여 사업을 한 대도시의 내국법인이 법인의 분할로 법인을 설립하는 경우에는 중과세 대상으로 보지 아니한다.

[5] 합병
대도시에서 설립 후 5년이 경과한 법인(기존법인)이 다른 기존법인과 합병하는 경우에는 중과세 대상으로 보지 아니하며, 기존법인이 대도시에서 설립 후 5년이 경과되지 아니한 법인과 합병하여 기존법인 외의 법인이 합병 후 존속하는 법인이 되거나 새로운 법인을 신설하는 경우에는 합병 당시 기존법인에 대한 자산비율에 해당하는 부분을 중과세 대상으로 보지 아니한다. 이 경우 자산비율은 자산을 평가하는 때에는 평가액을 기준으로 계산한 비율로 하고, 자산을 평가하지 아니하는 때에는 합병 당시의 장부가액을 기준으로 계산한 비율로 한다.

3 대도시 내의 법인 설립 및 지점 설치용 부동산 취득

법인 설립 또는 지점 설치(전입)용도로 직접 취득하는 부동산의 경우 기한에 관계없이 취득세가 중과세된다. 예를 들어 대도시내 법인설립이나 전입 후 10년이 지난 경우라도 대도시내 부동산을 본점 또는 지점용으로 취득하는 경우 중과세된다(지방세법 제13조 제2항 제1호).

[1] 법인 설립, 지점·분사무소의 범위

지방세법 제13조 제2항 제1호의 법인의 설립, 지점 설치란 지방세법 시행규칙 제6조의 규정에 의하여 법인세법, 소득세법, 부가가치세법에 따른 등록대상 사업장으로서 인적 및 물적 설비를 갖추고 계속하여 사무 또는 사업이 행하여지는 장소를 말한다.

□ 지방세법 시행규칙 제6조(사무소 등의 범위) 영 제27조제3항 전단에서 "행정안전부령으로 정하는 사무소 또는 사업장"이란 「법인세법」 제111조·「부가가치세법」 제8조 또는 「소득세법」 제168조에 따른 등록대상 사업장(「법인세법」·「부가가치세법」 또는 「소득세법」에 따른 비과세 또는 과세면제 대상 사업장과 「부가가치세법 시행령」 제11조제2항에 따라 등록된 사업자단위 과세 적용 사업장의 종된 사업장을 포함한다)으로서 인적 및 물적 설비를 갖추고 계속하여 사무 또는 사업이 행하여지는 장소를 말한다. 다만, 다음 각 호의 장소는 제외한다. 〈개정 2014.11.19., 2017.7.26.〉
1. 영업행위가 없는 단순한 제조·가공장소
2. 물품의 보관만을 하는 보관창고
3. 물품의 적재와 반출만을 하는 하치장

[2] 중과세대상 물건의 취득시기 [지방세법 시행령 제34조]

① 본점 또는 주사무소 사업용 부동산을 취득한 경우에는 사무소로 최초로 사용한 날로 한다.
② 공장의 신설 또는 증설을 위하여 사업용 과세물건을 취득하거나 공장의 신설 또는 증설에 따라 부동산을 취득한 경우에는 그 생산설비를 설치한 날. 다만, 그 이전에 영업허가·인가 등을 받은 경우에는 영업허가·인가 등을 받은 날로 한다.

③ 부동산 취득이 다음의 어느 하나에 해당하는 경우에는 해당 사무소 또는 사업장을 사실상 설치한 날로 한다.
1. 대도시에서 법인을 설립하는 경우
2. 대도시에서 법인의 지점 또는 분사무소를 설치하는 경우
3. 대도시 밖에서 법인의 본점·주사무소·지점 또는 분사무소를 대도시로 전입하는 경우
4. 대도시 중과 제외 업종에 직접 사용할 목적으로 부동산을 취득하거나, 법인이 사원에 대한 분양 또는 임대용으로 직접 사용할 목적으로 사원 주거용 목적 부동산을 취득한 후 정당한 사유 없이 부동산 취득일부터 1년이 경과할 때까지 해당 용도에 직접 사용하지 아니하는 경우에는 1년이 경과한 날로 한다.

4 대도시 전입에 따른 부동산 취득 및 취득세 중과세

[1] 취득세 중과세대상

1) 법인의 본점·주사무소·지점·분사무소의 대도시 전입에 따른 부동산 취득은 해당 법인 또는 사무소나 사업장이 그 **설립·설치·전입 이전에** 법인의 본점·주사무소·지점 또는 분사무소의 용도로 **직접 사용하기 위한** 부동산 취득으로 한다.
2) 법인 **설립·설치·전입 이후** 5년 이내인 경우 업무용·비업무용 또는 사업용·비사업용의 모든 부동산 취득으로 한다. 이 경우 부동산 취득에는 공장의 신설·증설, 공장의 승계취득, 해당 대도시에서의 공장 이전 및 공장의 업종변경에 따르는 부동산 취득을 포함한다. (지방세법 시행령 제27조 ③)

▶ **수도권의 경우 서울특별시 외의 지역에서 서울특별시로의 전입**

「수도권정비계획법」제2조에 따른 수도권의 경우에는 서울특별시 외의 지역에서 서울특별시로의 전입도 대도시로의 전입으로 본다.

□ 「수도권정비계획법」
제2조(정의) 이 법에서 사용하는 용어의 뜻은 다음과 같다.
1. "수도권"이란 서울특별시와 대통령령으로 정하는 그 주변 지역을 말한다.

제2조(수도권에 포함되는 서울특별시 주변 지역의 범위) 「수도권정비계획법」(이하 "법"이라 한다) 제2조제1호에서 "대통령령으로 정하는 그 주변 지역"이란 인천광역시와 경기도를 말한다.

▶ 전입 이전에 취득하는 부동산
전입 이전에 취득하는 부동산은 법인의 본점·주사무소·지점 또는 분사무소의 용도로 **직접 사용**하기 위한 부동산에 한하며, 임대 등으로 사용되는 부동산은 제외된다. 다만, 전입 이전에 임대용부동산을 취득하는 경우라도 지점, 사무소 등의 설치에 해당하는 면적은 중과세된다.

▶ 전입 이후에 취득하는 부동산
법인의 본점·주사무소·지점·분사무소의 설립, 설치, 전입 이후 **5년 이내**에 취득하는 모든 부동산이 중과세 대상이다.

▶ 모든 부동산의 취득
모든 부동산의 취득이라 함은 해당 법인 또는 지점 등과 관련해서 판단해야 할 것이고 법인 또는 지점 등이 가장 마지막으로 설립·설치·전입된 시점을 기준으로 5년 이내에 취득한 것을 모두 중과세대상으로 할 수는 없다.

▶ 부동산 취득 이후 본점, 지점으로 사용하는 경우
중과세 사유 발생 이전에 과밀억제권역 내에 취득해 놓은 부동산을 본점, 지점으로 사용하기 시작한 경우 중과세된다. 또한 법인 본점, 지점이 인적, 물적 시설없는 임대사업장만으로 사용하다가 본점 또는 지점의 사무용으로 사용하는 경우 중과세된다.

▶ 본, 지점용이 아닌 사업용, 비사업용 기타 부동산
1. 설립 및 설치 이전 : 본점·주사무소·지점 또는 분사무소의 용도로 **직접 사용하기 위한** 부동산에 한하여 중과세
2. 설립 설치 후 5년 이내 : 모든 부동산 취득세 중과세
3. 설립 설치 후 5년 경과 : 중과세 대상 아님

◆ 타인 소유의 부동산을 임차하여 본점 또는 주사무소로 사용하다가 새로 취득한 부동산으로 이전하는 경우에는 취득세 중과대상에 해당됨
(대법원 2000.5.30.선고, 99두6309 판결)
이미 과밀억제권역 내에 본점 또는 주사무소용 사무실을 가지고 있다가 같은 권역 내에서 사무실을 이전하는 경우에는 특별한 사정이 없는 한 취득세 중과 대상에 해당되지 않지만, 타인 소유의 부동산을 임차하여 본점 또는 주사무소로 사용하다가 새로 취득한 부동산으로 이전하는 경우에는 취득세 중과대상에 해당됨

◆ 본점·주사무소용 건축물을 신축·증축하여 동일한 과밀억제권역 안에 있던 기존의 본점 또는 주사무소에서 이전해 오는 경우 취득세 중과대상에 해당함

(대법원 2014.5.29.선고, 2014두1116 : 대법원 2012.7.12.선고, 2012두6551 판결)
과밀억제권역 안에서 신축·증축한 사업용 부동산으로 본점·주사무소를 이전하게 되면 동일한 과밀억제권역 안의 기존 사업용 부동산에서 이전해 오는 경우라 하더라도 전체적으로 보아 그 과밀억제권역 안으로의 인구유입이나 산업집중의 효과가 없다고 할 수 없는 점 등을 종합하면, 과밀억제권역 안에서 본점·주사무소용 건축물을 신축·증축하여 동일한 과밀억제권역 안에 있던 기존의 본점 또는 주사무소에서 이전해 오는 경우라고 하더라도 취득세 중과대상에 해당함

5 대도시내 부동산임대용 건물의 중과세

[1] 임대용부동산 중과세

법인이 부동산을 취득하여 임대를 하는 경우로서 해당 부동산이 사무소 등에 해당하지 않는 경우 취득세가 중과세 되지 아니한다. 다만, 인적 및 물적 설비를 갖추고 계속하여 사무 또는 사업이 행하여지는 장소인 경우 해당 사무소 면적에 대하여는 취득세가 중과세된다.

한편, 법인이 임대용부동산을 취득하는 경우로서 해당 부동산이 사무소 등에 해당하지 않는 것으로서 판단하여 일반세율을 적용하여 취득세 신고를 하는 경우 세무적인 문제가 발생할 가능성이 매우 높으므로 관련 법 조항 및 판례 등을 신중히 검토하여야 할 것이다.

▶ 임대용 건물 중과세 요약
1. 부동산임대업 지점 : 법인 설립 기간에 관계없이 사무소 사용 부분은 중과세
2. 임대건물이 사무소에 해당하지 않는 경우
- 법인 설립 후 5년 이내 : 중과세
- 법인 설립 후 5년 경과 : 중과세하지 않음
3. 임대용건물로서 사무소에 해당하지 아니하여 중과세대상이 아니었던 건축물을 본점용으로 사용하는 경우 중과세됨

▶ 임대용부동산의 지점 설치 전 및 지점 설치 후 중과세

지점 설립 전에 취득한 부동산의 경우 지점사업소용만 중과세는 것이므로 임대에 사용한 부분은 중과세에서 제외되나 임대관리 사무실 해당분은 지점사업소용으로 보아 중과된다. 다만, 지점 설치한 후 5년 이내에 임대용부동산을 취득하는 경우 중과세된다.

[참고] 2011년부터는 등록세가 취득세에 통합되면서 대도시 내에서 법인이 부동산을 취득하는 경우에 취득세를 중과세하고 있음

◆ 대도시 내 법인 설립일부터 5년 이내에 부동산을 취득하는 경우 사무소 여부에 관계없이 취득세가 중과세되는 것임
(조심2015지1100, 2015.10.27.)
임대사업자가 임대하기 위하여 취득한 부동산은 중과세 대상에 해당되지 않는다는「지방세법 기본통칙」13-2 규정은 「지방세법」제13조 제1항에 따른 본점이나 주사무소용 신·증축 사업용 부동산에 대한 것으로서, 대도시내에 법인 설립 및 지점 설치 후 5년 이내에 기존 건물을 취득하는 경우의 취득세 중과세 해당 여부는 같은 법 제2항 및 같은 법 시행령 제27조 제3항의 본문 후단에 따라 판단하여야 할 것이다.

[사실관계 및 판단] 청구법인은 이 건 부동산이 임대용 부동산으로서 지방세법령상의 사무소 등에 해당하지 않아 취득세 중과세 대상이 아니라고 주장하나, 지방세법령상의 사무소 등의 규정은 대도시 취득세 중과세 요건 중 법인의 설립에 따른 본점 또는 지점의 용도로 사용하는 경우의 사무소 등에 대한 범위를 정한 것으로서 또 다른 중과세 요건인 법인 설립일부터 5년 이내에 취득하는 업무용 및 비업무용 등의 일체의 부동산의 범위에는 해당하지 아니한다 할 것이다. 청구법인의 경우 대도시에서 설립일(2011.12.22.)부터 5년 이내에 이 건 부동산을 취득(2012.1.4.)하여 이 건 부동산이 임대용 부동산에 해당되는지 여부와 관계 없이 대도시 취득세 중과세 요건을 충족하였으므로 처분청이 청구법인의 이 건 부동산 취득에 대하여 취득세를 중과세한 처분은 잘못이 없다고 판단된다.

◆ 대도시 내 부동산임대업 지점 설치시 중과세
(행정자치부행심2003-155;2003.07.28.)
등록세 중과세요건인 지점의 설치에 따른 부동산등기에 있어서 지점이라 함은 법인세법,

부가가치세법 또는 소득세법의 규정에 의하여 등록된 사업장으로서 그 명칭 여하를 불문하고 인적·물적 설비를 갖추고 계속하여 법인의 사무 또는 사업이 행하여지는 장소를 말하며, 여기에서 말하는 인적설비란 당해 법인의 지휘·감독하에 인원이 상주하는 것을 뜻할 뿐이고 그 고용형식이 당해 법인에 직속하는 형태를 요구하는 것은 아니라 할 것이고, 이 경우 건축물에 설치된 지점업무를 위탁받은 법인은 건축물 소유법인의 지휘·감독을 받으면서 건축물에 대한 임차문의 관련사항과 임대차계약 체결 등 지점업무를 수행하고 있다고 볼 수 있으므로, 건축물에 대한 이전등기 및 소유권보존등기를 각각 대도시 내의 지점설치에 따른 일체의 부동산등기로 보아 등록세 등을 중과세한 처분은 적법함

◆ 법인 설립 이후 5년이 경과한 후 부동산임대목적 건물신축 후 본점에서 임대업무를 수행하는 경우 취득세 중과세대상 해당 여부
(행정자치부세정담당관-315;2003.07.01)
지방세법 제138조 및 지방세법시행령 제102조 제2항의 규정에 의하여 대도시내 법인의 지점설치 및 그 지점설치 이후 5년이내에 취득하는 일체의 부동산에 대한 등기에 대하여 등록세를 중과세 하는바, 대도시내에서 법인설립 후 5년이 경과된 법인이 부동산임대업을 영위하기 위하여 부동산을 취득등기한 후 당해 임대용 부동산에 별도의 인적·물적 설비를 갖춘 지점을 설치하지 아니하고 본점에서 임대업무를 수행하는 경우에는 등록세 중과세대상에 해당하지 않는 것임

[2] 임대를 하더라도 직접 사용하는 것으로 보는 경우(중과세 제외)
1. 전기통신사업자가 전기통신설비 또는 시설을 다른 전기통신사업자와 공동으로 사용하기 위하여 임대하는 경우
2. 유통산업, 농수산물도매시장·농수산물공판장·농수산물종합유통센터·유통자회사 및 가축시장(관계 법령에 따라 임대가 허용되는 매장 등의 전부 또는 일부를 임대하는 경우 임대하는 부분에 한정한다)

6 대도시내 휴면법인 인수 및 취득세 중과세

법인이 대도시에 본, 지점용도가 아닌 투자 등을 위하여 부동산을 취득하는 경우 법인 설립 이후 5년 이내는 취득세가 중과세되므로 중과세를 피하기 위하여 설립

된 지 5년이 경과한 휴면법인 등을 인수하여 그 법인 이름으로 부동산을 취득하는 방법을 택하기도 하였다. 따라서 이러한 편법을 방지하기 위하여 휴면법인을 인수하는 경우 휴면법인은 설립 후 5년이 경과하였다하더라도 설립일이 아닌 인수시점에 법인을 신규로 설립한 것으로 지방세법을 정비하였으며, 휴면법인을 인수하는 것은 상법상 법인의 설립이 아니지만 지방세법상 법인의 설립으로 본다.

▶ 휴면법인을 인수하는 경우
휴면법인이란 다음 각 호의 어느 하나에 해당하는 법인을 말한다.
1. 「상법」에 따라 해산한 법인(이하 "해산법인"이라 한다)
2. 「상법」에 따라 해산한 것으로 보는 법인(이하 "해산간주법인"이라 한다)
3. 「부가가치세법 시행령」 제13조에 따라 폐업한 법인(이하 "폐업법인"이라 한다)
4. 법인 인수일 이전 1년 이내에 「상법」 제229조, 제285조, 제521조의2 및 제611조에 따른 계속등기를 한 해산법인 또는 해산간주법인
5. 법인 인수일 이전 1년 이내에 다시 사업자등록을 한 폐업법인
6. 법인 인수일 이전 2년 이상 사업 실적이 없고, 인수일 전후 1년 이내에 인수법인 임원의 100분의 50 이상을 교체한 법인

7 취득세 중과세대상에서 제외되는 경우

[1] 다음에 정하는 업종에 직접 사용할 목적으로 부동산을 취득하는 경우
1. 「주택법」 제4조에 따라 국토교통부에 등록된 주택건설사업(주택건설용으로 취득한 후 3년 이내에 주택건설에 착공하는 부동산만 해당한다)
2. 「산업발전법」에 따라 산업통상자원부장관이 고시하는 첨단기술산업과 「산업집적활성화 및 공장설립에 관한 법률 시행령」 별표 1 제2호마목에 따른 첨단업종
3. 유통산업, 농수산물도매시장·농수산물공판장·농수산물종합유통센터
4. 여객자동차운송사업 및 화물자동차운송사업과 물류터미널사업 및 「물류정책기본법 시행령」 제3조 및 별표 1에 따른 창고업
5. 「의료법」 제3조에 따른 **의료업**
6. 개인이 경영하던 제조업을 법인으로 전환하는 기업
7. 「산업집적활성화 및 공장설립에 관한 법률 시행령」 별표 1 제3호가목에 따른 자원재활용업종

8. 「공연법」에 따른 공연장 등 문화예술시설운영사업
9. 「방송법」제2조제2호·제5호·제8호·제11호 및 제13호에 따른 방송사업·중계유선방송사업·음악유선방송사업·전광판방송사업 및 전송망사업
10. 도시형공장을 경영하는 사업(「산업집적활성화 및 공장설립에 관한 법률」제28조)
11. 「민간임대주택에 관한 특별법」제5조에 따라 등록을 한 임대사업자 또는 「공공주택 특별법」제4조에 따라 지정된 공공주택사업자가 경영하는 주택임대사업

♣ [상세 내용] 지방세법 시행령 제26조(대도시 법인 중과세의 예외)]

[2] 법인이 사원에 대한 분양 또는 임대용으로 직접 사용할 목적으로 주거용 부동산을 취득하는 경우

법인이 사원에게 분양이나 임대할 목적으로 사원주거용 목적 부동산을 취득하는 경우에는 중과세를 하지 아니한다. 주거용 부동산이란 1구(1세대가 독립하여 구분 사용할 수 있도록 구획된 부분을 말한다.)의 건축물의 전용면적이 60제곱미터 이하인 공동주택 및 그 부속토지를 말한다.

▶ 취득세 중과세 대상에서 제외되었으나 중과세되는 경우

1) 다음의 어느 하나에 해당하는 경우.
1. 정당한 사유 없이 부동산 취득일부터 1년이 경과할 때까지 대도시 중과 제외 업종에 직접 사용하지 아니하는 경우
2. 정당한 사유 없이 부동산 취득일부터 1년이 경과할 때까지 사원주거용 목적 부동산으로 직접 사용하지 아니하는 경우
3. 부동산 취득일부터 1년 이내에 다른 업종이나 **다른 용도에 사용·겸용하는 경우**
2) 취득한 부동산이 다음 각 목의 어느 하나에 해당하는 경우
가. 부동산 취득일부터 2년 이상 해당 업종 또는 용도에 직접 사용하지 아니하고 매각하는 경우
나. 부동산 취득일부터 2년 이상 해당 업종 또는 용도에 직접 사용하지 아니하고 다른 업종이나 다른 용도에 사용·겸용하는 경우

▶ 주택건설사업의 다른 업종이나 다른 용도에 사용·겸용이 금지되는 기간

직접 사용하여야 하는 기한 또는 다른 업종이나 다른 용도에 사용·겸용이 금지되는 기간은 3년으로 한다.

❹ 공장의 취득세 중과세

🔳 공장의 신설 또는 증축과 취득세 중과세

[1] 공장의 신설 또는 증축 취득세 중과세

지방세법 제13조 제1항에서는 과밀억제권역(산업단지·유치지역 및 공업지역은 제외)에서 비도시형 공장을 신설·증설하기 위하여 사업용 과세물건을 취득하는 경우에 취득세 표준세율에 4%를 더하여 중과세된다. (6.8% = 표준세율 2.8% + 4%)

한편, 지방세법 제13조 제2항 제2호에서는 대도시(과밀억제권역 중 산업단지, 유치지역 및 공업지역을 제외한 지역)에서 비도시형 공장을 신설·증설함에 따라 부동산을 취득하는 경우에 취득세 표준세율에 3배를 한 후에 4%를 공제하여 중과세하도록 되어 있다.(4.4% = 표준세액 2.8% × 3배 - 4%)

이와 같이 공장의 신설·증설에 대하여 중과세 규정을 중복으로 두면서 각각 다른 세율이 적용됨으로서 다시 '지방세법 제13조 제6항에서 이들 규정이 동시에 적용되는 경우에는 표준세율의 100분의 300으로 한다.'라고 규정하여 과밀억제권역 내 공장의 신설 및 증축시 취득세 중과세 세율은 8.4%(원시 취득 2.8% × 3배)가 된다.

▶ 공장용 부동산 [과밀억제권역(산업단지, 유치지역, 공업지역 제외)]

구 분	원시 취득		승계 취득[산업단지만 제외]	
	중과세 여부	세율	중과세 여부	세율
5년 이내	O	8.4%	O	8%
5년 경과	O	6.8%	O	8%

[2] 법인 설립 후 5년이 경과한 경우 공장용 부동산 중과세

과밀억제권내에서 법인 설립 후 5년이 경과한 법인이 공장을 신설 또는 증축한 경우 제13조 제1항에 규정한 세율을 적용한다.
[6.8% = 2.8% + 중과기준세율(2%) × 2배]

[3] 부동산 취득하여 5년 이상 경과한 후 공장 신설 또는 증설

부동산을 취득한 날부터 5년 이상 경과한 후 공장을 신설하거나 증설하는 경우 취득세는 중과세되지 않는다.

♣ 공장의 범위와 적용기준 : 지방세법 시행규칙 제7조

2 공장의 승계 취득과 취득세 중과세

대도시내 공장의 원시 취득에 대하여는 지방세법 제13조 후단에서 중과세 규정을 두고 있으나 승계취득에 대하여는 지방세법에서 별도의 중과세 규정이 없다. 다만, 지방세법 시행령 제27조 제3항의 규정에 의하여 대도시에서의 법인 설립 후 5년 이내에 취득하는 모든 부동산에 대하여 중과세하는 것으로 되어 있기 때문에 법인 설립 또는 지점 설치 후 5년 이내에 공장을 취득하는 경우 중과세가 적용될 수 있다.

대법원에서는 신설된 공장이 중과세 공장에 해당하지 아니하여 중과세할 수 없다 하더라도, 그 공장이 대도시 내에서의 법인 설립 후 5년 이내에 신설된 것으로서 일반 부동산의 중과세요건을 충족하고 있다면, 그 공장 신설에 따른 부동산에 대해서는 같은 법 제13조 제2항 제1호에 따라 중과세할 수 있는 것으로 판결한 바 있다(대판 2008두6325, 2008.7.10).

그리고 지방세법 시행령 제27조에서는 지점·분사무소가 아닌 "사무소 또는 사업장"으로 그 범위를 확대하였고, 중과세 부동산의 범위를 모든 부동산으로 규정함으로써 본점·주사무소·지점·분사무소와 관련없이 사업자등록을 한 사업장이라면 도시형공장도 중과세를 할 수 있는 것으로 하고 있다.

따라서 공장을 승계취득하는 경우에도 중과세가 되는 것이며, 과밀억제권역 중 산업단지가 아닌 경우 지방세법 제13조 제2항 제1호에서 정하고 있는 세율[8% = (표준세율 4% × 3배 - 중과기준세율(2%) × 2배)]을 적용하여 취득세를 신고 및 납부하여야 한다.

❺ 취득세가 중과세되는 경우 신고 및 납부

1 취득세 신고 및 납부기한

취득세 과세물건을 취득한 후에 그 과세물건이 제13조제1항부터 제7항까지의 세율의 적용대상이 되었을 때에는 대통령령으로 정하는 날부터 **60일 이내**에 제13조제1항부터 제7항까지의 세율(제16조제6항제2호에 해당하는 경우에는 제13조의2제3항의 세율)을 적용하여 산출한 세액을 신고하고 납부하여야 한다. (지방세법 제20조 ②)

▶ **중과세대상 부동산의 취득시기 [지방세법 시행령 제34조]**
1. 본점 또는 주사무소의 사업용 부동산을 취득한 경우 → 사무소로 최초로 사용한 날
2. 공장의 신설 또는 증설을 위하여 사업용 과세물건을 취득한 경우 → 그 생산설비를 설치한 날. 다만, 그 이전에 영업허가·인가 등을 받은 경우에는 영업허가·인가 등을 받은 날로 한다.
3. 부동산 취득이 다음 각 목의 어느 하나에 해당하는 경우 → 해당 사무소 또는 사업장을 사실상 설치한 날
가. 대도시에서 법인을 설립하는 경우
나. 대도시에서 법인의 지점 또는 분사무소를 설치하는 경우
다. 대도시 밖에서 법인의 본점·주사무소·지점 또는 분사무소를 대도시로 전입하는 경우
4. 대도시 중과 제외 업종에 직접 사용할 목적으로 부동산을 취득하거나, 법인이 사원에 대한 분양 또는 임대용으로 직접 사용할 목적으로 사원 주거용 목적 부동산을 취득한 후 중과세가 제외되는 사유가 발생한 경우 → 그 사유가 발생한 날

▶ **중과세대상이 아닌 부동산의 취득세 신고 납부기간**
취득세 과세물건을 취득한 자는 그 취득한 날부터 60일[상속으로 인한 경우는 상속개시일이 속하는 달의 말일부터, 실종으로 인한 경우는 실종선고일이 속하는 달의 말일부터 각각 6개월(외국에 주소를 둔 상속인이 있는 경우에는 각각 9개월)] 이내에 그 과세표준에 세율을 적용하여 산출한 세액을 신고하고 납부하여야 한다.

2 농어촌특별세 및 지방교육세

취득세를 납부하는 경우 취득세의 부가세인 농어촌특별세(국세) 및 지방교육세(지방세)를 같이 납부하여야 한다.

[1] 농어촌특별세
「지방세법」제11조 및 제12조의 표준세율을 100분의 2로 적용하여「지방세법」,「지방세특례제한법」및「조세특례제한법」에 따라 산출한 취득세액 100분의 10로 한다.

□ 농어촌특별세법 제5조(과세표준과 세율) ①농어촌특별세는 다음 각 호의 과세표준에 대한 세율을 곱하여 계산한 금액을 그 세액으로 한다. <개정 2013. 5. 28.>
6「지방세법」제11조 및 제12조의 표준세율을 100분의 2로 적용하여「지방세법」,「지방세특례제한법」및「조세특례제한법」에 따라 산출한 취득세액 100분의 10

[2] 지방교육세
취득물건에 대하여 지방세법 제10조의 과세표준에 제11조제1항제1호부터 제7호까지와 제12조의 세율(표준세율)에서 1천분의 20을 뺀 세율을 적용하여 산출한 금액의 100분의 20으로 한다.

□ 지방세법 제151조(과세표준과 세율) ① 지방교육세는 다음 각 호에 따라 산출한 금액을 그 세액으로 한다. <개정 2020. 12. 29., 2021. 12. 28.>
1. 취득물건(제15조제2항에 해당하는 경우는 제외한다)에 대하여 제10조의2부터 제10조의6까지의 규정에 따른 과세표준에 제11조제1항제1호부터 제7호까지와 제12조의 세율(제14조에 따라 조례로 세율을 달리 정하는 경우에는 그 세율을 말한다. 이하 같다)에서 1천분의 20을 뺀 세율을 적용하여 산출한 금액(제11조제1항제8호의 경우에는 해당 세율에 100분의 50을 곱한 세율을 적용하여 산출한 금액)의 100분의 20. 다만, 다음 각 목의 어느 하나에 해당하는 경우에는 해당 목에서 정하는 금액으로 한다.
  가. 제13조제2항·제3항·제6항 또는 제7항에 해당하는 경우: 이 호 각 목 외의 부분 본문의 계산방법으로 산출한 지방교육세액의 100분의 300. 다만, 법인이 제11조제1항제8호에 따른 주택을 취득하는 경우에는 나목을 적용한다.
  나. 제13조의2에 해당하는 경우: 제11조제1항제7호나목의 세율에서 중과기준세율을 뺀 세율을 적용하여 산출한 금액의 100분의 20

3 재산세 및 주민세

> 재산세란 토지, 건물 등의 재산을 보유한 자에 대하여 지방자치단체가 매년 부과하는 세금으로서 부과기준일은 6월 1일 현재 공부상 소유자로 한다. 따라서 6월을 전후하여 부동산을 매매하는 경우 매도인 및 매수자는 재산세 부담에 대하여 주의를 하여야 한다.
>
> 한편, 해당 사업소의 **연면적이 330제곱미터를 초과하는 경우** 주민세 재산분을 계산하여 7월 31일까지 신고 및 납부하여야 한다.

❶ 재산세

1 재산세 부과기준일 및 납세의무자

재산세는 매년 6월 1일 현재 토지, 건축물, 주택, 선박, 항공기를 소유하고 있는 자에 대하여 지방자치단체가 부과하는 지방세로서 재산세는 과세기준일 현재(매년 6월 1일) 재산을 소유하고 있는 자를 납세의무자(다만, 공유재산인 경우 그 지분에 해당하는 부분에 대하여 그 지분권자를 납세의무자로 봄)로 하여 매년 부과하는 보유세이다. 따라서 아파트, 토지 등을 6월을 전후하여 사고파는 경우에는 누가 재산세를 부담할 것인가를 명확히 하여야 한다.

2 재산세 과세표준

재산세의 과세표준은 부동산 등의 시가표준액에 공정시장가액비율(주택 60%, 토지 70%)을 곱하여 산정한 가액으로 하며, 그 내용은 다음과 같다.

▶ **주택**

주택가격(주택의 부수토지 포함)에 60%를 곱한 금액을 과세표준으로 하며, 주택가격이란 「부동산가격 공시 및 감정평가에 관한 법률」에 의한 공시된 단독 또는 공동주택가격을 말한다.

▶ **건물**

행정안전부 기준에 의거 지방자치단체장이 고시한 건물시가표준액에 공정시장가액비율 70%를 곱하여 산정한다.

▶ **토지**

토지 과세표준은 공시지가에 면적을 곱하여 산출한 가액에 공정시장가액비율 70%를 곱하여 산정하되, 종합합산과세표준·별도합산과세표준·분리과세과세표준으로 구분하며, 그 내용은 다음과 같다.

▣ **별도합산 대상 토지**

주거용을 제외한 사무실, 점포 등 일반영업용 건축물 부속토지로서 건축물 바닥면적에 용도지역별 적용배율을 곱하여 산정한 면적을 초과하지 아니하는 기준면적 내의 토지가액으로 한다.

▣ **용도지역별 적용배율**

주거전용지역 : 5배	주거·공업·준공업지역 및 전용공업지역 : 4배
상업·준주거지역 : 3배	미계획지역 : 4배
녹지지역 : 7배	도시계획지역 외 지역 : 7배

▣ **분리과세 대상 토지 및 세율**

전, 답, 과수원, 목장용지 및 임야 : 과세표준액의 1,000분의 0.7
골프장 및 고급오락장용 토지 : 과세표준액의 1,000분의 40
이 이외의 토지 : 과세표준액의 1,000분의 2

▣ **종합합산 대상 토지**

종합합산 대상 토지는 과세기준일 현재 납세의무자가 소유하고 있는 토지 중 별도합산 또는 분리과세 대상 토지를 제외한 토지를 말한다.

3 재산세 세율 및 납부기한

재산세에는 재산세 외에 재산세 도시지역분, 지역자원시설세 및 지방교육세가 같이 부과되며, 그 세율 및 납부기한은 다음과 같다.

1 토지

▶ 종합합산

과세표준	세 율	누진공제
5천만 이하	0.2%	-
1억원 이하	0.3%	5만원
1억원 초과	0.5%	25만원

▶ 별도합산

과세표준	세 율	누진공제
2억원 이하	0.2%	-
10억원 이하	0.3%	20만원
10억원 초과	0.4%	120만원

▶ 분리과세대상

구분	세 율
전·답·과수원·목장용지 및 임야	과세표준의 1천분의 0.7
골프장 및 고급오락장용 토지	과세표준의 1천분의 40
그 밖의 토지	과세표준의 1천분의 2

2 주택

과세표준	세 율	누진공제
6천만 이하	0.10%	-
1.5억원 이하	0.15%	3만원
3억원 이하	0.25%	18만원
3억원 초과	0.40%	63만원

[개정세법] 주택분 재산세 세율 특례 신설(지방세법 제111조의2 신설 등)
과세표준 3억 6,000만원 이하 1세대 1주택자에 대한 재산세 세율을 3년간 0.05%p 인하하고, 세율 특례 적용 방법 및 관계 규정을 정비함.

③ 건축물

① 골프장, 고급오락장용 건축물 : 과세표준의 1천분의 40
② 특별시·광역시(군 지역 제외)·특별자치시(읍·면지역 제외)·특별자치도(읍·면지역 제외 또는 시(읍·면지역은 제외) 지역의 주거지역 및 해당 지방자치단체의 조례로 정하는 지역의 공장용 건축물 : 과세표준의 1천분의 5
③ 그 밖의 건축물: 과세표준의 1천분의 2.5

▣ 재산세 납부기한

구 분		납기
토지		9월 16일부터 9월 30일까지
건축물		7월 16일부터 7월 31일까지
주택	1/2	7월 16일부터 7월 31일까지
	1/2	9월 16일부터 9월 30일까지

▣ 재산세에 추가되는 지방세

▶ 재산세 도시지역분

재산세 고지서를 보면, 고지서 하단에 도시지역분이라고 하여 별도로 표기된 금액이 있다. 재산세 도시지역분은 과세할 지역에 대하여 지방자치단체장이 고시한 도시지역 안에 있는 토지·건축물·주택을 과세대상으로 하고 있으며,(지방세법 112①). 과세표준에 1천분의 1.4를 적용하여 산출한 세액으로 고지가 된다.

▶ 재산분 지방교육세

재산세의 100분의 20

▶ 지역자원시설세

과세표준의 10,000분의 4 ~ 10,000분의 12

❷ 주민세

주민세는 사업소분과 종업원분으로 구분되며, 사업소분은 기본세율과 연면적에 대한 세율로 각각 신고 및 납부하여야 한다.

1 사업소분

① 세율

[1] 기본세율

1) 사업주가 개인인 사업소: 5만원
2) 사업주가 법인인 사업소
1. 자본금액 또는 출자금액이 30억원 이하인 법인: 5만원
2. 자본금액 또는 출자금액이 30억원 초과 50억원 이하인 법인: 10만원
3. 자본금액 또는 출자금액이 50억원을 초과하는 법인: 20만원
4. 그 밖의 법인: 5만원

[2] 연면적에 대한 세율

사업소 연면적 1제곱미터당 250원. 다만, 폐수 또는 「폐기물관리법」 제2조제3호에 따른 사업장폐기물 등을 배출하는 사업소로서 오염물질 배출 사업소에 대해서는 1제곱미터당 500원으로 한다.

□ 지방세법 제74조(정의) 주민세에서 사용하는 용어의 뜻은 다음 각 호와 같다.
<개정 2014. 1. 1., 2018. 12. 31., 2020. 12. 29.>
6. "사업소 연면적"이란 대통령령으로 정하는 사업소용 건축물의 연면적을 말한다.

□ 지방세법 시행령 제78조(사업소용 건축물의 범위) -요약-
① 법 제74조제6호에서 "대통령령으로 정하는 사업소용 건축물의 연면적"이란 다음 각 호의 어느 하나에 해당하는 사업소용 건축물 또는 시설물의 연면적을 말한다.
<개정 2017. 7. 26., 2019. 12. 31.>

1. 「건축법」 제2조제1항제2호에 따른 건축물의 연면적. 다만, 종업원의 보건·후생·교양 등에 직접 사용하는 직장어린이집, 기숙사, 사택, 구내식당, 의료실, 도서실, 박물관, 과학관, 미술관, 대피시설, 체육관, 도서관, 연수관, 오락실, 휴게실 또는 실제 가동하는 오물처리시설 및 공해방지시설용 건축물, 그 밖에 행정안전부령으로 정하는 건축물의 연면적은 제외한다.
2. 제1호에 따른 건축물 없이 기계장치 또는 저장시설(수조, 저유조, 저장창고 및 저장조 등을 말한다)만 있는 경우에는 그 수평투영면적

▶ 사업소 면적에 포함하는 건물 등
- 점포, 사무실, 공장, 창고 등의 건축물 연면적
- 건축물이 없고 기계장치 및 저장시설(수조, 싸이로, 저장조)만 있는 경우에는 그 시설물의 수평투영면적
- 건축물대장 등에 미등재된 시설물 및 건축물(무허가, 일시건축물)도 포함
- 화장실은 과세대상
- 경비 업무에 사용하는 경비실 [조심2016지1039 (2016.11.18)]

▶ 비과세대상 면적
- 종업원의 보건, 후생, 교양 등에 직접 사용하고 있는 기숙사, 합숙사, 사택, 구내식당, 의료실, 도서실, 박물관, 과학관, 미술관, 대피시설,, 체육관, 도서관, 연수관, 오락실, 휴게실, 병기고, 실제가동하고 있는 오물처리시설 및 공해방지시설, 구내목욕실 및 탈의실, 구내이발소, 탄약고

② 징수방법과 납기

① 사업소분의 징수는 신고납부의 방법으로 한다.
② 사업소분의 과세기준일은 7월 1일로 한다.
③ 사업소분의 납세의무자는 매년 납부할 세액을 8월 1일부터 8월 31일까지를 납기로 하여 납세지를 관할하는 지방자치단체의 장에게 신고하고 납부하여야 한다.

[개정 세법] 주민세 과세체계 개편 (지방세법 제78조~제84조, 제150조~제152조)

종 전	개 정
□ 균등분(개인·개인사업자·법인), 재산분, 종업원분으로 구성 | 균등분	개인 | | | 개인사업자 | | | 법인 | | 재 산 분 | | | 종 업 원 분 | | ○ 사업자는 균등분(개인사업자 또는 법인) 및 재산분을 모두 납부 　※ (균등분) 개인사업자5만원, 법인5~50만원 + (재산분) 250원/㎡(사업소 연면적 ○ 재산분은 제한세율로 운영 　※ 250원/㎡ 이하에서 조례로 결정 ○ 균등분은 8월, 재산분은 7월 납부 ○ 균등분 세액을 과세표준으로 하여 지방교육세 부과 　※ 균등분 세액의 10%(인구 50만 이상 시는 25%)	□ 개인분, 사업소분, 종업원분으로 단순화 | 개인분 | | 사업소분 | | 종업원분 | ○ 개인사업자, 법인균등분과 재산분을 사업소분으로 통합 　※ (사업소분) 기본세액 5만원(법인은 5~20만원) + 250원/㎡ ○ 사업소분에 탄력세율을 도입 　※ 표준세율 ± 50% 범위내 조례로 결정 ○ 사업소분 납기를 8월로 조정, 주민세 납기를 통일 ○ 지방교육세 세수중립 위해 사업소분에도 지방교육세 부과 　- 개인분 및 사업소분 기본세액의 10% (인구 50만 이상 시는 25%)

<적용시기> 2021.1.1. 이후 납세의무가 성립하는 때부터 적용

2 주민세 종업원분

[1] 납세의무자 및 면세점
당해 월을 포함한 12개월간의 급여총액의 월평균금액이 1억5천만원을 초과하는 사업소의 사업주로 하며, 12개월간의 급여총액의 월평균금액이 1억5천만 이하인 사업소의 사업주는 신고 및 납부의무가 없다.

해당 급여지급월을 포함하여 최근 12개월간의 급여총액의 월 평균금액을 산정하여야 하므로 매월 계산하여 신고 및 납부 여부를 판단하여야 한다.

[개정 세법] 주민세 종업원분 부과제외 기준이 되는 해당 사업소 종업원의 월평균 급여액을 270만원에서 300만원으로 인상 (지방세법 시행령 제85조의2)

구 분		종 전	개 정
종업원분 주민세	과세제외	「소득세법」상 비과세* 대상 급여	「소득세법」상 비과세* 대상 급여 + (추가) 육아휴직(6개월 이상) 기간과 복귀 후 1년 동안 급여
	면세점	월평균 급여총액 1억 3,500만원 이하 (270만원×50명)	월평균 급여총액 1억 5천만원 이하 (300만원×50명)

<적용시기> 2020.1.1.부터 시행

[2] 납세지
종업원분은 매월 말일 현재의 사업소 소재를 관할하는 지방자치단체에 신고 및 납부를 하여야 한다.

[3] 과세표준 및 세율
종업원분의 과세표준은 종업원에게 지급한 그 달의 급여 총액으로 하며, 세율은 해당 월 종업원 급여총액의 1천분의 5로 한다.

[4] 신설 사업장의 주민세 종업원분
신설 사업장의 급여액이 1억5천만원을 초과하는 경우에 한하여 주민세 종업원분을 신고 및 납부할 의무가 있다.

[5] 신고 및 납부
종업원분의 납세의무자는 매월 납부할 세액을 다음 달 10일까지 납세지를 관할하는 지방자치단체의 장에게 신고 및 납부하여야 한다.

■ 중소기업의 주민세 종업원분 과세특례

[1] 개요
「중소기업기본법」제2조에 따른 중소기업의 사업주가 종업원을 추가로 고용한 경우(해당 월의 종업원 수가 50명을 초과하는 경우만 해당)에는 다음의 계산식에 따라 산출한 금액을 종업원분의 과세표준에서 공제한다. 이 경우 직전 연도의 월평균 종업원 수가 50명 이하인 경우에는 50명으로 간주하여 산출한다.
(지방세법 제84조의5)

■ 공제액 = (신고한 달의 종업원 수 - 직전 연도의 월평균 종업원 수) × 월 적용급여액

[2] 신설사업장 및 추가고용사업장의 과세표준 공제
① 다음 각 호의 어느 하나에 해당하는 중소기업에 대해서는 해당 각 호에서 정하는 달부터 1년 동안 월평균 종업원 수 50명에 해당하는 월 적용급여액을 종업원분의 과세표준에서 공제한다.
1. 사업소를 신설하면서 50명을 초과하여 종업원을 고용하는 경우 : 종업원분을 최초로 신고하여야 하는 달
2. 해당 월의 1년 전부터 계속하여 매월 종업원 수가 50명 이하인 사업소가 추가고용으로 그 종업원 수가 50명을 초과하는 경우(해당 월부터 과거 5년 내에 종업원 수가 1회 이상 50명을 초과한 사실이 있는 사업소의 경우는 제외) : 해당 월의 종업원분을 신고하여야 하는 달
② 제1항을 적용할 때 월 적용급여액은 해당 월의 종업원 급여 총액을 해당 월의 종업원 수로 나눈 금액으로 한다.

4 종합부동산세 과세대상 및 신고·납부

> 지방자치단체는 지방자치단체 운영을 위하여 「지방세법」의 규정에 따라 지방세(취득세, 등록면허세, 자동차세, 주민세 등)를 부과하며, 재산 보유에 대하여 재산세를 부과하고 있다.
>
> 한편, 국가는 부동산 보유에 대한 조세부담의 형평성을 제고하고 부동산의 가격안정을 도모하기 위하여 지방세인 재산세와는 별도로 납세의무자별로 주택의 공시가격을 합산한 금액에서 9억원(1세대 1주택자 12억원, 법인의 경우 공제되는 금액 없음)을 공제한 금액 및 공시가격이 5억원을 초과하는 종합합산대상 토지 및 공시가격이 80억원을 초과하는 별도합산대상 토지에 대하여 국세인 종합부동산세를 부과한다.

❶ 종합부동산세 개요

종합부동산세는 국세청에서 부과·징수 및 관리하는 국세로서 과세기준일(매년 6월1일) 현재 국내에 소재한 재산세 과세대상인 주택 및 토지를 유형별로 구분하여 인별로 합산한 결과, 그 공시가격 합계액이 각 유형별 공제액을 초과하는 경우 그 초과분에 대하여 과세되는 세금이다.

▣ 재산세와 종합부동산세 중복과세 문제

동일한 재산에 대하여 지방세인 재산세와 국세인 종합부동산세를 부과하는 경우 중복으로 세금을 과세하는 문제가 있다. 따라서 종합부동산세로 납부하여야 하는 금액 중 재산세로 납부한 금액의 일정액을 공제하여 준다.

1) 1차로 부동산 소재지 관할 시·군·구에서 관내 부동산을 과세유형별로 구분하여 재산세를 부과하고,

2) 2차로 각 유형별 공제액을 초과하는 부분에 대하여 주소지 (본점 소재지) 관할 세무서에서 종합부동산세를 부과한다.

❷ 종합부동산세 납세의무자 및 과세대상

과세기준일(매년 6월 1일) 현재 보유한 과세유형별 공시가격의 전국 합산액이 공제금액(과세기준금액)을 초과하는 재산세 납세의무자로 한다. 따라서 부동산을 6월 1일 이후 양도한 경우 해당 연도의 재산세 및 종합부동산세는 양도한 자가 부담하여야 하므로 부동산 양도시 이를 고려하여야 할 것이다.

▶ 유형별 종합부동산세 과세대상 및 공제액

유형별 과세대상	공제액
주택(주택부속토지 포함)	주택공시가격 9억원(1세대1주택자 12억원)
종합합산 토지(나대지·잡종지 등)	토지공시가격 5억원
별도합산 토지(상가·사무실 부속토지 등)	토지공시가격 80억원

[개정 세법] 1세대 1주택자 기본공제 상향조정
[종합부동산세법 제8조(과세표준)]
(종전) 11억원(기본공제 5억원 + 6억원)
(개정) 12억원(기본공제 9억원 + 3억원)
<적용시기> '23.1.1. 이후 납세의무가 성립하는 분부터 적용

▶ 재산세 및 종합부동산세 과세대상

구 분		재산의 종류	재산세	종부세
건축물	주거용	· 주택(아파트,연립,다세대,단독·다가구),오피스텔(주거용)	과세	과세
		· 별장(주거용 건물로서 휴양·피서용으로 사용되는 것)	과세	×
		· 일정한 임대주택·미분양주택·사원주택·기숙사·가정어린이집용 주택	과세	×
	기타	· 일반건축물(상가, 사무실, 빌딩, 공장, 사업용 건물)	과세	×
토지	종합합산	· 나대지, 잡종지, 분리과세가 아닌 농지·임야·목장용지 등	과세	과세
		· 재산세 분리과세대상 토지 중 기준초과 토지	과세	과세

	·재산세 별도합산과세대상 토지 중 기준초과 토지	과세	과세
	·재산세 분리과세·별도합산과세대상이 아닌 모든 토지	과세	과세
	·주택건설사업자의 일정한 주택신축용 토지	과세	×
별도 합산	·일반건축물의 부속토지(기준면적 범위내의 것)	과세	과세
	·법령상 안허가 받은 사업용 토지	과세	과세
분리 과세	·일부 농지·임야·목장용지 등(재산세만 0.07% 과세)	과세	×
	·공장용지 일부, 공급목적 보유 토지(재산세만 0.2% 과세)	과세	×
	·골프장, 고급오락장용 토지(재산세만 4% 과세)	과세	×

▣ 분리과세, 별도합산, 종합합산

1) 분리과세란 해당 부동산에 대하여만 공시가액에 세율을 적용하여 부과하는 세금을 말한다.
2) 별도합산이란 별도로 합산을 할 항목 등을 정해둔 것으로서 동일 시·군·구 내 별도합산대상 토지를 합산하여 과세하는 것을 말한다.
3) 종합합산이란 분리과세 또는 별도합산대상이 아닌 토지 등은 모두 합산하여 과세하는 것을 말한다.

❸ 종합부동산세 과세표준 및 세율

[1] 종합부동산세 과세표준

과세표준이란 종합부동산세를 부과하기 위한 기준이 되는 금액으로 다음과 같이 계산한다.

■ 과세유형별 전국합산[공시가격 - 공제금액] × 공정시장가액비율(2022년)
• 주택분 : [전국합산(공시가격 - 6억원)] × 60%
• 종합합산토지분 : [전국합산 (공시가격 - 5억원)] × 100%
• 별도합산토지분 : [전국합산 (공시가격- 80억원) × 100%

▶ 공시가격 → 부동산공시가격 알리미

[2] 공정시장가액비율

재산세, 종합부동산세는 공시가액에 해당 세율을 곱하여 계산하여야 하나 납세자의 세금부담을 줄여주기 위하여 적용하는 비율로서
재산세의 경우 주택은 60%, 토지는 70%를 적용하며,
주택분 종합부동산세는 60%(2022년)를 공정시장가액비율로 한다.

[개정 세법] 주택분 공정시장가액비율 하향 조정 (종합부동산세법 시행령 제2조의4)
2022년 공시가격 상승 등에 따른 과도한 종합부동산세 부담 발생을 완화하기 위하여 주택분 종합부동산세 과세표준 계산 시 적용하는 공정시장가액비율을 현행 100%에서 60%로 하향 조정함.

□ 종합부동산세법 제8조(과세표준)
① 주택에 대한 종합부동산세의 과세표준은 납세의무자별로 주택의 공시가격을 합산한 금액에서 다음 각 호의 금액을 공제한 금액에 부동산 시장의 동향과 재정 여건 등을 고려하여 100분의 60부터 100분의 100까지의 범위에서 대통령령으로 정하는 공정시장가액비율을 곱한 금액으로 한다. 다만, 그 금액이 영보다 작은 경우에는 영으로 본다. <개정 2022. 12. 31.>
1. 대통령령으로 정하는 1세대 1주택자(이하 "1세대 1주택자"라 한다): 12억원
2. 제9조제2항 각 호의 세율이 적용되는 법인 또는 법인으로 보는 단체: 0원
3. 제1호 및 제2호에 해당하지 아니하는 자: 9억원

□ 종합부동산세법 시행령
제2조의4(공정시장가액비율) ① 법 제8조제1항 본문에서 "대통령령으로 정하는 공정시장가액비율"이란 100분의 60을 말하되, 2019년부터 2021년까지 납세의무가 성립하는 종합부동산세에 대해서는 다음 각 호의 연도별 비율을 말한다. <개정 2022. 8. 2.>
1. 2019년: 100분의 85
2. 2020년: 100분의 90
3. 2021년: 100분의 95
부칙 <제32831호, 2022. 8. 2.>
제1조(시행일) 이 영은 공포한 날부터 시행한다.

[3] 종합부동산세 세율

▶ 종합합산(토지)

과세표준	종전세율	개정세율
15억원 이하	0.75%	1%
45억원 이하	1.5%	2%
45억원 초과	2.0%	3%

<적용시기> 2019.1.1. 이후 납세의무가 성립하는 분부터 적용

▶ 별도합산(토지)

과세표준	세 율	누진공제
200억 이하	0.5%	-
400억 이하	0.6%	2,000만원
400억 초과	0.7%	6,000만원

[세법 개정] 주택분 종합부동산세 세율 조정(종부세법 §9①·②)

종 전			개 정	
□ 주택분 종합부동산세 세율			□ 다주택자 중과제도 폐지 및 세율 인하	
과 세 표 준	2주택 이하	3주택 이상*	과 세 표 준	세 율
3억원 이하	0.6%	1.2%	3억원 이하	0.5%
3억원 초과 6억원 이하	0.8%	1.6%	3억원 초과 6억원 이하	0.7%
6억원 초과 12억원 이하	1.2%	2.2%	6억원 초과 12억원 이하	1.0%
12억원 초과 50억원 이하	1.6%	3.6%	12억원 초과 25억원 이하	1.3%
50억원 초과 94억원 이하	2.2%	5.0%	25억원 초과 50억원 이하	1.5%
94억원 초과	3.0%	6.0%	50억원 초과 94억원 이하	2.0%
법 인	3.0%	6.0%	94억원 초과	2.7%
* 조정대상지역 2주택 포함			법 인	2.7%

<적용시기> '23.1.1. 이후 납세의무가 성립하는 분부터 적용

[4] 산출세액 계산

산출세액 = (과세표준 × 세율- 누진공제) - 공제할 재산세액

▶ 공제할 재산세액 [종합부동산세법 시행령 제4조의2]
해당연도 재산세로 부과된 세액 합계액 × 종부세 과세표준 × 재산세 공정시장가액비율(주택 60%, 토지 70%) × 재산세 최고세율(0.4%, 누진공제하지 않음)] ÷ 주택 또는 토지(종합, 별도구분)를 각각 합산하여 표준세율로 계산한 재산세상당액

❹ 종합부동산세 고지 및 납부

종합부동산세는 고지에 의한 납부를 원칙으로 하되, 신고 및 납부를 할 수 있으며, 이 경우 납세의무자는 종합부동산세의 과세표준과 세액을 당해 연도 12월 1일부터 12월 15일까지 관할세무서장에게 신고 및 납부하여야 한다.

[1] 고지 및 납부
- 과세기준일 : 매년 6월 1일
- 납부기간 : 매년 12월 1일 ~ 12월 15일
- 분납 : 납부할 세액이 250만원 초과시 납부기한 경과일로부터 6개월 이내

▶ 농어촌특별세
납부할 종부세의 20%를 농어촌특별세로 같이 납부하여야 한다.

[2] 세부담 상한 초과세액

[개정 세법] 종합부동산세 세부담상한(종합부동산세법 제10조)
(종전) 2주택 이하 150%, 조정대상지역 2주택 300%, 3주택 이상 300%
(개정) 주택수 등에 관계없이 150% 단, 법인의 경우에는 상한 없음
<적용시기> '23.1.1. 이후 납세의무가 성립하는 분부터 적용

❺ 종합부동산세 합산대상에서 제외되는 주택

다음의 어느 하나에 해당하는 주택은 과세표준 합산 대상이 되는 주택의 범위에 포함되지 아니하는 것으로 본다. 다만, 이 경우 납세의무자는 당해 연도 9월 16일부터 9월 30일까지 납세지 관할세무서장에게 당해 주택의 보유현황을 신고하여야 한다.

[1] 합산배제 임대주택(종부세법 제8조 ② 1)

「민간임대주택에 관한 특별법」에 따른 민간임대주택 단, 법인이 2020.6.18. 이후 조정대상지역에 8년 장기 임대등록하는 주택의 경우 종합부동산세 과세

[개정 세법] 종합부동산세 합산배제 임대주택 의무임대기간 연장 및 폐지된 등록임대주택 유형 제외(종부령 §3①)

종 전	개 정
□ 임대주택에 대한 비과세	
○ 단기임대주택 　* '18.3.31까지 등록분 　- (요건) 5년 이상 임대	○ 폐 지
○ 장기임대주택 　(요건) 8년 이상 임대 및 임대료 5% 상한 준수 등 　(유형) 　• 장기일반민간임대주택 　　건설임대 + 매입임대	○ 임대기간 연장 및 유형 폐지 　- 10년 이상 임대 　- 장기일반민간임대주택 중 　　아파트 매입임대주택 제외
(제외 대상) → 합산대상 　• 1세대가 주택을 보유한 상태에서 세대원이 '18.9.14. 이후 취득한 조정대상지역에 있는 장기일반매입임대주택 　• 법인이 조정대상지역에서 '20.6.18. 이후 등록한 장기일반매입임대주택	- 좌 동

<적용시기> (임대기간 연장) 2020.8.18. 이후 등록하는 분부터 적용

[2] 합산배제 사원용주택 등 [종합부동산세법 제8조 ② 2]

① 사용자 소유의 사원용 주택 : 종업원에게 무상 또는 저가로 제공하는 국민주택규모이하 주택
단, 다음의 어느 하나에 해당하는 종업원에게 제공하는 주택을 제외한다.
1. 사용자가 개인인 경우에는 그 사용자와의 관계에 있어서 6촌 이내의 혈족, 4촌 이내의 인척, 배우자에 해당하는 자
2. 사용자가 법인인 경우에는「국세기본법」제39조제2호에 따른 과점주주인 종업원에게 제공하는 주택
② 기숙사 : 종업원 공동취사용 주택(건축법 시행령 별표1)
③ 주택건설업자의 미분양주택 : 주택건설업자(주택법의 사업계획승인이나 건축법의 허가를 받은 자) 소유의 미분양주택으로 재산세 납세의무가 최초로 성립하는 날부터 5년이 경과하지 아니한 주택
④ 가정어린이집용 주택 : 과세기준일(6.1.)까지 자치단체장 인가 및 세무서에서 고유번호 부여받아 5년 이상 계속하여 가정어린이집으로 운영하는 주택
⑤ 시공자가 대물변제 받은 미분양주택 : 시공자가 주택건설업자로부터 주택의 공사대금으로 대물변제 받은 미분양주택(공사대금 받은 이후 최초 납세의무 성립일로부터 5년 이내)
⑥ 연구기관의 연구원용 주택 : 정부출연연구기관이 2008.12.31. 현재 보유하고 있는 주택

◆ 법인이 직원용 기숙사로 사용하는 다가구주택의 합산배제 기타주택 해당여부
(종부, 서면인터넷방문상담5팀-3271 , 2007.12.21)
1.「종합부동산세법」제8조 제2항 제2호의 규정에 의거 종합부동산세 과세표준 합산의 대상이 되는 주택의 범위에 포함되지 아니하는 '기숙사'라 함은「건축법 시행령」별표1 제2호 라목의 '기숙사'를 말하는 것이며,
'사원용 주택'이라 함은「종합부동산세법 시행령」제4조 제1항 제1호 각목에 해당하는 종업원에 제공하는 주택을 제외한 종업원에게 무상이나 저가로 제공하는 사용자 소유의 주택으로서 국민주택규모 이하의 주택을 말하는 것입니다.
2. 상기 1.에서 '국민주택규모 이하의 주택'에 해당하는지는 주거의 용도로만 쓰이는 1호의 주택 면적을 기준으로 판단하는 것입니다.

□ 소득세법 시행규칙 제9조의2(사택의 범위 등) -요약-
①영 제17조의4제1호 각 목 외의 부분에서 "기획재정부령으로 정하는 사택"이란 사용자가 소유하고 있는 주택을 같은 호 각 목에 따른 종업원 및 임원에게 무상 또는 저가로 제공하거나, 사용자가 직접 임차하여 종업원등에게 무상으로 제공하는 주택을 말한다. <개정 2008. 4. 29., 2009. 4. 14., 2021. 3. 16.>

②제1항을 적용할 때 사용자가 임차주택을 사택으로 제공하는 경우 임대차기간 중에 종업원등이 전근·퇴직 또는 이사하는 때에는 다른 종업원등이 해당 주택에 입주하는 경우에 한정하여 이를 사택으로 본다. 다만, 다음 각 호의 어느 하나에 해당하는 경우에는 그렇지 않다. <개정 2021. 3. 16.>
1. 입주한 종업원등이 전근·퇴직 또는 이사한 후 해당 사업장의 종업원등 중에서 입주 희망자가 없는 경우
2. 해당 임차주택의 계약 잔여기간이 1년 이하인 경우로서 주택임대인이 주택임대차계약의 갱신을 거부하는 경우

[3] 합산배제신고를 하지 못한 경우

임대주택이 「종합부동산세법」 제8조 및 같은법 시행령 제3조에서 규정하는 합산배제임대주택의 요건(사업자등록 요건, 규모 요건 등)을 충족하였으나 합산배제신고기간 및 정기신고기간내에 합산배제신청을 하지 못한 경우에는 경정청구를 통하여 합산배제신청을 할 수 있다.

즉, 임대사업자가 임대주택에 대하여 종합부동산세 신고)기한까지 합산배제신고를 못한 경우에도 경정청구 또는 이의신청 등의 절차에 따라 합산배제 임대주택 규정을 적용받을 수 있는 것이다. 이 경우 경정청구기한(5년)내 경정청구서에 관련서류(임대사업자등록증 등 사본, 종합부동산세법 시행규칙 별지 제 제1호 서식인 임대주택합산배제신고서 등)를 첨부하여 관할 세무서에 접수하면 해당과에서 검토 후 환급처리하게 된다.

5 법인의 주택 취득·보유·양도 개정 세법

❶ 개요

2021년 이후 법인이 보유한 주택의 경우 종합부동산세 기본공제가 적용되지 아니하므로 주택을 가진 법인은 모두 종합부동산세를 부담하여야 하며, 또한 세부담 상한도 없다.

그리고 법인이 주택을 취득하는 경우 12%의 취득세율이 적용되며, 부동산매매나 임대업 법인은 현물출자에 따른 취득세 감면 혜택(75%)도 폐지되었다.

❷ 법인의 주택 취득·보유·양도에 대한 세법 개정 내용

[개정 세법] 법인 및 다주택자 주택 취득세율 강화 (지방세법 제13조2 신설)

종 전			개 정		
개인	1주택	주택 가액에 따라 1~3%	개인	1주택	주택 가액에 따라 1~3%
	2주택				조정* / 비조정
	3주택			2주택	8% / 1~3%
				3주택	12% / 8%
	4주택 이상	4%		4주택 이상	12% / 12%
법 인		주택 가액에 따라 1~3%	법 인		12%

※ 단, 일시적 2주택은 1주택 세율 적용 (1~3%)
* 조정 : 조정대상지역
  비조정 : 그 外 지역

<적용시기> 2020.8.12 이후 취득분부터

□ 지방세법 제13조의2(법인의 주택 취득 등 중과)
① 주택(제11조제1항제8호에 따른 주택을 말한다. 이 경우 주택의 공유지분이나 부속토지만을 소유하거나 취득하는 경우에도 주택을 소유하거나 취득한 것으로 본다. 이하 이 조 및 제13조의3에서 같다)을 유상거래를 원인으로 취득하는 경우로서 다음 각 호의 어느 하나에 해당하는 경우에는 제11조제1항제8호에도 불구하고 다음 각 호에 따른 세율을 적용한다.

1. 법인(「국세기본법」 제13조에 따른 법인으로 보는 단체, 「부동산등기법」 제49조제1항제3호에 따른 법인 아닌 사단·재단 등 개인이 아닌 자를 포함한다. 이하 이 조 및 제151조에서 같다)이 주택을 취득하는 경우: 제11조제1항제7호나목의 세율을 표준세율로 하여 해당 세율에 중과기준세율의 100분의 400을 합한 세율

□ 지방세법 제11조(부동산 취득의 세율) ① 부동산에 대한 취득세는 제10조의2부터 제10조의6까지의 규정에 따른 과세표준에 다음 각 호에 해당하는 표준세율을 적용하여 계산한 금액을 그 세액으로 한다. <개정 2021. 12. 28., 2023. 3. 14.>

7. 그 밖의 원인으로 인한 취득
가. 농지: 1천분의 30
나. 농지 외의 것: 1천분의 40

□ 지방세법 제6조(정의) 취득세에서 사용하는 용어의 뜻은 다음 각 호와 같다.
<개정 2015. 12. 29., 2016. 12. 27., 2017. 7. 26., 2019. 8. 27.>
19. "중과기준세율"이란 제11조 및 제12조에 따른 세율에 가감하거나 제15조제2항에 따른 세율의 특례 적용기준이 되는 세율로서 1천분의 20을 말한다.

<요약> 부동산 취득의 세율 4% + 중과기준세율 2% × 4배 = 12%

▶ 법인 전환 시 취득세 감면 제한 (지방세특례제한법 제57조의2)
개인에서 법인으로 전환을 통한 세부담 회피를 방지하기 위해 부동산매매·임대업 법인은 현물출자에 따른 취득세 감면혜택(75%) 배제

2 법인의 부동산 양도와 세무

1 법인의 부동산 양도와 법인세

❶ 개요

부동산을 양도하는 경우 개인은 양도소득세를 신고 및 납부하여야 하나 법인은 법인의 소득에 포함되어 법인세에 반영되므로 별도의 양도소득세 신고·납부의무가 없다. 다만, 비사업용 부동산을 양도하는 경우에는 각 사업연도 소득에 대한 법인세외에 추가로 법인세를 납부하여야 한다.

❷ 법인세 과세표준

법인세 과세표준이란 법인세액 계산의 기준이 되는 금액으로 각 사업연도소득에서 이월결손금, 비과세소득, 소득공제액 등을 공제한 금액으로 계상한다. 따라서 과세표준에 세율을 곱하면 산출세액이 계산된다.

각사업연도소득 - (① 이월결손금 ② 비과세소득 ③ 소득공제액) = 과세표준

❸ 법인세 산출세액 계산

1 법인세 산출세액 = 과세표준 × 법인세율

■ 법인세 세율 및 과세표준 구간 조정(법인법 §55)

종 전	개 정
□ 법인세율 과세체계 ○ 세율 및 과세표준	□ 법인세율 인하 및 과표구간 조정 ○ 세율 1% 인하

과세표준	세 율	과세표준	세 율
2억원 이하	10%	2억원 이하	9%
2~200억원	20%	2~200억원	19%
200~3,000억원	22%	200~3,000억원	21%
3,000억원 초과	25%	3,000억원 초과	24%

<적용시기> '23.1.1. 이후 개시하는 사업연도 분부터 적용

2 토지등 양도소득에 대한 과세특례 [법인세법 제55조의2]

내국법인이 특정 주택 또는 비사업용 토지 및 건물을 양도한 경우에는 토지등의 양도소득에 100분의 10(주택 양도 100분의 20, 미등기토지등 100분의 40)을 곱하여 산출한 세액을 법인세액에 추가하여 납부하여야 한다.

[1] 토지등의 양도소득

법인이 보유중인 부동산을 양도하는 경우 당해 자산의 양도금액을 익금에 산입하고, 당해 자산의 양도 당시의 장부가액을 손금에 산입하여 토지등의 양도소득을 계상하며, 장부가액에는 자본적지출금액을 포함한다.

<주의> 양도시 발생하는 중개수수료 등은 양도차익에서 차감하지 않는다.

[2] 토지등의 양도소득에 대한 법인세

(양도가액 - 양도 당시의 세무상 장부가액) × 세율(10%, 주택 20%)

2　추가 과세 대상 주택 및 비사업용토지

❶ 주택 추가 과세 및 기숙사, 사택

1 추가 과세 대상 주택

① 일정한 요건을 충족하는 임대용 주택, 사원 주거용 주택, 저당권의 실행으로 취득한 주택 등이 아닌 경우 추가 과세 대상에 해당하며, 이 경우 토지등의 양도소득에 100분의 20(미등기 토지등의 양도 100분의 40)을 곱하여 산출한 세액을 법인세액에 추가하여 납부하여야 한다. [법인세법 제55조의2]

② 「법인세법」제55조의2에 따른 토지등 양도소득에 대한 과세특례를 적용받는 법인은 법인세 신고시 '법인세 과세표준 및 세액조정계산서'의 '⑤토지등양도소득에 대한 법인세 계산'란에 기재를 하여 신고하여야 한다.

③ 2021년부터 법인이 분양권이나 조합원입주권을 양도하는 경우에도 추가과세가 적용된다.

[개정 세법] 법인이 보유한 주택 양도 시 추가세율 인상 등
(종전) 법인의 주택 양도차익에 대해서는 기본 법인세율에 10%를 추가 적용단, 사택 등은 제외
(개정) 법인이 주택 양도시 추가세율을 20%로 인상하고, 법인이 '20.6.18. 이후 8년 장기 임대등록하는 주택도 추가세율 적용
<적용시기> 추가세율 적용은 2021.1.1. 이후 양도하는 분부터 적용

▶ 임대주택으로 사용하던 주택을 양도시 중개수수료등 매입세액공제 여부
주택의 임대는 면세되는 것이므로 면세사업에 사용하던 임대주택을 양도하면서 중개수수료를 지급하고 세금계산서를 받은 경우 매입세액은 공제받을 수 없는 것으로 판단됨

◆ 서면인터넷방문상담3팀-309, 2008.02.12.
부동산 임대업을 영위하던 사업자가 과세사업에 사용하던 건물과 그 부속 토지를 양도하기 위하여 부동산컨설팅 및 중개수수료를 지급하면서 부담한 매입세액은「부가가치세법」제17조 제1항의 규정에 의하여 자기의 매출세액에서 공제되는 것임.

2 추가 과세 대상이 아닌 주택 [법인세법 시행령 제92조의2 ②]

1) 임대용 주택 등 : 법인세법 시행령 제92조의2 ② 1 ~ 1의13 참조
[개정 세법] 2021.1.1. 이후 양도분은 추가과세됨
2) 주주등이나 출연자가 아닌 임원 및 직원에게 제공하는 사택 및 그 밖에 무상으로 제공하는 법인 소유의 주택으로서 사택제공기간 또는 무상제공기간이 10년 이상인 주택
3) 저당권의 실행으로 인하여 취득하거나 채권변제를 대신하여 취득한 주택으로서 취득일부터 3년이 경과하지 아니한 주택

3 기숙사 및 사원 주거용 주택 세무실무

[1] 기숙사와 사원용 주택의 구분

기숙사라 함은 건축법 시행령에 의한 건축물의 용도분류 중 기숙사를 말하는 것으로 건축법 시행령 제3조의5 [별표1]에 의하면, 기숙사는 학교 또는 공장 등의 학생 또는 종업원 등을 위하여 사용되는 것으로서 공동취사 등을 할 수 있는 구조이되, 독립된 주거의 형태를 갖추지 아니한 것으로 규정되어 있다.

□ 건축법 시행령 제3조의5(용도별 건축물의 종류) 법 제2조제2항 각 호의 용도에 속하는 건축물의 종류는 별표 1과 같다. [제3조의4에서 이동 <2014.11.28.>]

[별표 1] 용도별 건축물의 종류(제3조의5 관련)
라. 기숙사: 학교 또는 공장 등의 학생 또는 종업원 등을 위하여 쓰는 것으로서 1개 동의 공동취사시설 이용 세대 수가 전체의 50퍼센트 이상인 것(「교육기본법」제27조제2항에 따른 학생복지주택을 포함한다)

[2] 추가 과세에서 제외되는 사택 등

주주등이나 출연자가 아닌 임원(소액주주등인 임원을 포함한다) 및 사용인에게 제공하는 사택 및 그 밖에 무상으로 제공하는 법인 소유의 주택으로서 사택제공기간 또는 무상제공기간이 10년 이상인 주택의 경우 추가 과세가 제외되나 사택 무상제공기간이 10년 미만의 사택 등을 매각하는 경우에는 추가과세가 적용된다.

◆ 기숙사 또는 사원용주택의 종합부동산세 과세 여부
(서면인터넷방문상담5팀-3271, 2007.12.21.)
1. 「종합부동산세법」 제8조 제2항 제2호의 규정에 의거 종합부동산세 과세표준 합산의 대상이 되는 주택의 범위에 포함되지 아니하는 '기숙사'라 함은 「건축법 시행령」 별표1 제2호 라목의 '기숙사'를 말하는 것이며, '사원용 주택'이라 함은 「종합부동산세법 시행령」 제4조 제1항 제1호 각목에 해당하는 종업원에 제공하는 주택을 제외한 종업원에게 무상이나 저가로 제공하는 사용자 소유의 주택으로서 국민주택규모 이하의 주택을 말하는 것입니다.
2. 상기 1.에서 '국민주택규모 이하의 주택'에 해당하는지는 주거의 용도로만 쓰이는 1호의 주택 면적을 기준으로 판단하는 것입니다.

[3] 매입세액공제

① 건축법 시행령 제3조의5 [별표1]에 의한 기숙사의 공급은 과세대상으로 과세사업자가 기숙사를 매입 또는 신축하는 경우 그 매입세액은 공제를 받을 수 있다.
② 국민주택 규모 이하인 사원용 주택을 매입하는 경우 면세되므로 매입세액공제와는 무관하나 과세사업자가 국민주택 규모를 초과하는 주택을 매입하고, 세금계산서를 발급받은 경우 그 매입세액과 그와 부수되는 비용에 대한 매입세액은 매출세액에서 공제를 받을 수 있다.
③ 과세사업을 영위하는 법인이 상시주거용에 해당되지 아니하는 종업원을 위한 기숙사로 사용할 오피스텔을 취득하고 수취한 세금계산서의 매입세액은 공제대상에 해당하는 것이나 상시주거용으로 사용하는 경우에는 불공제하여야 할 것으로 판단된다. <국세청에 재확인할 것 >

◆ 오피스텔을 기숙사로 사용하는 경우 과세 여부
(부가, 서면인터넷방문상담3팀-2292 , 2004.11.10)
부동산임대업을 영위하는 사업자가 오피스텔을 임대하고 임차인이 당해 오피스텔을 종업원의 복리 및 근로의 편의를 위한 기숙사로 사용하는 경우에는 부가가치세법시행령 제34조 제1항에 규정하는 사업을 위한 주거용의 경우에 해당되어 당해 오피스텔의 임대용역에 대하여는 부가가치세가 과세되는 것이나,

임차인이 당해 오피스텔을 종업원의 상시 주거용으로 사용하는 경우에는 당해 오피스텔의 임대용역에 대하여는 부가가치세법 제12조 제1항 제11호 및 같은법시행령 제34조 제1항의 규정에 의하여 부가가치세가 면제되는 것입니다.

◈ 서삼46015-11099, 2003.07.10
제조업을 영위하는 사업자가 자기의 종업원이 거주하는 국민주택규모의 사택을 수리하는 경우에 당해 사택수리와 관련하여 발생한 매입세액은 부가가치세법 제17조 제1항 제1호의 규정에 의하여 매출세액에서 공제되는 것이며,

당해 사택에 거주하는 종업원의 생활과 관련된 사적비용인 전기료·수도료·가스료 등을 사업자가 지출한 경우 당해 지출과 관련하여 발생한 매입세액은 동 규정에 의하여 매출세액에서 공제되는 것이나, 이 경우에는 부가가치세법 제6조 제3항 및 동법시행령 제16조 제1항의 규정에 의하여 부가가치세가 과세되는 것임.

[4] 사원 주거용 주택 처분시 부가가치세

국민주택 규모 이하인 경우 면세되는 것이며, 과세사업자가 국민주택 규모를 초과하는 사원 주거용 아파트를 매각하는 경우 부가가치세가 과세된다.

한편, 건축법 시행령 제3조의5(용도별 건축물의 종류) 별표1에 해당하는 기숙사를 처분하는 경우에는 부가가치세가 과세되는 것으로 판단된다.

◈ 부가, 서면인터넷방문상담3팀-1858 , 2005.10.26.
제조업자가 세대 당 주거전용면적이 85㎡ 이하인 상시 주거용 직원용 사택을 매각하는 경우 부가가치세가 과세되지 아니하는 것임.

[별표 1] 용도별 건축물의 종류(제3조의5 관련)
라. 기숙사: 학교 또는 공장 등의 학생 또는 종업원 등을 위하여 쓰는 것으로서 1개 동의 공동취사시설 이용 세대 수가 전체의 50퍼센트 이상인 것(「교육기본법」 제27조제2항에 따른 학생복지주택을 포함한다)

[5] 사원 주거용 주택 처분시 세금계산서 또는 계산서 발급

국민주택 규모를 초과하는 주택의 경우 주택에 대하여는 세금계산서를 발급하여야 하며, 토지분은 면세 계산서를 발급하여야 한다. 다만, 거래 상대방이 세금계산서 또는 계산서 발급을 요구하지 않는 경우 법인세법 제121조 및 동법 시행령 제164조의 규정에 의하여 세금계산서 또는 계산서를 발급하지 않아도 된다.

□ 법인세법 제121조(계산서의 작성·발급 등)
④ 부동산을 매각하는 경우 등 계산서등을 발급하는 것이 적합하지 아니하다고 인정되어 <U>대통령령</U>으로 정하는 경우에는 제1항부터 제3항까지의 규정을 적용하지 아니한다.

□ 법인세법 시행령 제164조(계산서의 작성·교부 등) ③법 제121조제4항에서 "대통령령으로 정하는 경우"란 토지 및 건축물을 공급하는 경우를 말한다.
<신설 2001.12.31., 2011.6.3.>

❷ 비사업용토지

[1] 개요
비사업용 토지를 양도한 경우에는 토지등의 양도소득에 100분의 10(미등기 토지등의 양도소득에 대하여는 100분의 40)을 곱하여 산출한 세액을 법인세로 추가 납부하여야 한다.

[2] 논밭 및 과수원, 임야. 목장용지
논밭 및 과수원, 임야. 목장용지는 비사업용토지에 해당한다. 다만, 농업, 임업, 축산업을 주된 사업으로 하는 법인이 소유하는 토지로서 일정한 요건을 충족하는 경우에는 비사업용토지로 보지 아니한다.(법인세법 제55조의2 제2항 참조)

[3] 토지
1. 나대지, 잡종지, 분리과세가 아닌 농지·임야·목장용지 등
2. 재산세 분리과세대상 토지 중 기준초과 토지
3. 재산세 별도합산과세대상 토지 중 기준초과 토지
4. 재산세 분리과세.별도합산과세대상이 아닌 모든 토지

[4] 비사업용에 해당하지 않는 토지

1. 재산세가 비과세되거나 면제되는 토지
2. 재산세 별도합산과세대상 또는 분리과세대상이 되는 토지
3. 토지의 이용상황, 관계 법률의 의무이행 여부 및 수입금액 등을 고려하여 법인의 업무와 직접 관련이 있다고 인정할 만한 상당한 이유가 있는 토지로서 대통령령으로 정하는 것
4. 주택 부속토지 중 주택이 정착된 면적에 지역별로 일정한 배율을 곱하여 산정한 이내의 토지

◆ 법인, 서면인터넷방문상담2팀-212 , 2008.01.31.
재산세 별도합산 또는 분리과세대상이 되는 토지는「법인세법」제55조의 2 제2항 제4호 나목의 규정에 의해 당해 토지를 보유하는 기간 동안 '비사업용 토지'로 보는 기간에서 제외하는 것임

▶ **토지 종합합산 및 별도합산, 분리과세 요약표**

구 분		재산의 종류	재산세	종부세
토지	종합합산	·나대지, 잡종지, 분리과세가 아닌 농지·임야·목장용지 등	과세	과세
		·재산세 분리과세대상 토지 중 기준초과 토지	과세	과세
		·재산세 별도합산과세대상 토지 중 기준초과 토지	과세	과세
		·재산세 분리과세·별도합산과세대상이 아닌 모든 토지	과세	과세
		·주택건설사업자의 일정한 주택신축용 토지	과세	×
	별도합산	·일반건축물의 부속토지(기준면적 범위내의 것)	과세	과세
		·법령상 인허가 받은 사업용 토지	과세	과세
	분리과세	·일부 농지·임야·목장용지 등(재산세만 0.07% 과세)	과세	×
		·공장용지 일부, 공급목적 보유 토지(재산세만 0.2% 과세)	과세	×
		·골프장, 고급오락장용 토지(재산세만 4% 과세)	과세	×

[5] 비사업용 토지의 기간기준 [법인세법 시행령 제92조의3]

비사업용 토지란 토지를 소유하는 기간 중 다음에 정하는 기간 동안 나대지 등 비사업용토지에 해당하는 토지를 말한다.

1. 토지의 소유기간이 5년 이상인 경우에는 다음 각 목의 모두에 해당하는 기간
   가. 양도일 직전 5년 중 2년을 초과하는 기간
   나. 양도일 직전 3년 중 1년을 초과하는 기간
   다. 토지의 소유기간의 100분의 40에 상당하는 기간을 초과하는 기간. 이 경우 기간의 계산은 일수로 한다.
2. 토지의 소유기간이 3년 이상이고 5년 미만인 경우에는 다음 각 목의 모두에 해당하는 기간
   가. 토지의 소유기간에서 3년을 차감한 기간을 초과하는 기간
   나. 양도일 직전 3년 중 1년을 초과하는 기간
   다. 토지의 소유기간의 100분의 40에 상당하는 기간을 초과하는 기간. 이 경우 기간의 계산은 일수로 한다.
3. 토지의 소유기간이 3년 미만인 경우에는 다음 각 목의 모두에 해당하는 기간. 다만, 소유기간이 2년 미만이면 가목은 적용하지 아니한다.
   가. 토지의 소유기간에서 2년을 차감한 기간을 초과하는 기간
   나. 토지의 소유기간의 100분의 40에 상당하는 기간을 초과하는 기간

■ 비사업용토지와 업무무관부동산

1) 비사업용토지와 비업무용자산은 각각 별개의 개념으로, 비사업용토지에 해당하는 경우 토지 양도시 법인세 추가 과세에 대한 규정을 정한 것으로 법인세법 제55조의2 제2항에서 관련 내용을 규정하고 있다.

2) 업무무관부동산이란 법인의 업무와 직접 관련이 없다고 인정되는 토지, 건축물 등을 말하는 것으로 법인세법 제27조(업무와 관련 없는 비용의 손금불산입) 및 법인세법 시행령 제49조의 규정에 의하여 해당 자산을 취득·관리함으로써 생기는 비용 등은 법인의 손금에 산입할 수 없다.

▶ 업무와 관련이 없는 자산의 범위 등 (법인세법 시행령 제49조)

1. 법인의 업무에 직접 사용하지 아니하는 부동산
2. 다음 각목의 1에 해당하는 동산
가. 서화 및 골동품. 다만, 장식·환경미화 등의 목적으로 사무실·복도 등 여러 사람이 볼 수 있는 공간에 상시 비치하는 것을 제외한다.
나. 업무에 직접 사용하지 아니하는 자동차·선박 및 항공기

❸ 토지와 건물 일괄 공급시 과세표준 안분계산

1 개요

사업에 사용하던 건축물을 매각하는 경우 토지는 면세되나 건물은 과세된다. 이 경우 토지와 그 토지에 정착된 건물 및 그 밖의 구축물 등을 함께 공급하는 경우에 그 건물 등의 공급가액은 실지거래가액에 의한다. 단, 건물가액과 토지가액의 구분이 분명하지 않은 경우 다음의 방법으로 토지 및 건물가액을 계산하여 건물분에 대하여 부가가치세를 거래징수 하여야 한다.

2 과세표준 안분계산

[1] 실지 거래가액이 있는 경우
실지거래가액이 있는 경우라 함은 매매계약서상의 매매금액이 실지거래가액으로 확인되고 계약서상에 토지 가액과 건물 가액이 구분 표시되어 있는 경우를 말한다.

[2] 감정평가액이 있는 경우
감정평가금액에 의하여 토지와 건물공급가액을 안분 계산한다.

[3] 실지 거래가액 또는 감정평가액이 없으나 기준시가가 있는 경우
기준시가에 의하여 안분 계산한다. 기준시가라 함은 **토지는 개별공시지가**, 건물 등은 **국세청 기준시가**에 의한다.

▶ 기준시가 산정 [소득세법 제99조(기준시가의 산정)]
1. 토지 또는 건물
가. 토지 :「부동산 가격공시 및 감정평가에 관한 법률」에 따른 개별공시지가(이하 "개별공시지가"라 한다). 다만, 개별공시지가가 없는 토지의 가액은 납세지 관할 세무서장이 인근 유사토지의 개별공시지가를 고려하여 대통령령으로 정하는 방법에 따라 평가한 금액으로 하고, 지가(地價)가 급등하는 지역으로서 대통령령으로 정하는 지역의 경우에는 배율방법에 따라 평가한 가액으로 한다.

나. 건물 : 건물(다목 및 라목에 해당하는 건물은 제외한다)의 신축가격, 구조, 용도, 위치, 신축연도 등을 고려하여 매년 1회 이상 국세청장이 산정·고시하는 가액

다. 오피스텔 및 상업용 건물 : 건물에 딸린 토지를 공유로 하고 건물을 구분소유하는 것으로서 건물의 용도·면적 및 구분소유하는 건물의 수(數) 등을 고려하여 대통령령으로 정하는 오피스텔 및 상업용 건물(이에 딸린 토지를 포함한다)에 대해서는 건물의 종류, 규모, 거래상황, 위치 등을 고려하여 매년 1회 이상 국세청장이 토지와 건물에 대하여 일괄하여 산정·고시하는 가액

[국세청 홈페이지] → 알림소식 → 고시공고 → 고시 (검색) 기준시가

[개정 세법] 2019년 이후 기준시가 등으로 가액을 안분하는 경우 추가
납세자가 실지거래가액으로 구분한 가액이 기준시가에 따른 안분가액과 30% 이상 차이가 나는 경우

[4] 실지 거래가액, 감정평가액, 기준시가가 없는 경우

실지 거래가액, 감정평가액, 기준시가가 없는 경우에는 **장부가액**(장부가액이 없는 경우에는 취득가액)에 비례하여 안분계산한다. 장부가액이란 세무상의 장부가액을 말하며, 취득가액이란 세금계산서나 기타 취득가액을 증명할 수 있는 서류를 말한다. 따라서 신축중인 건물의 경우 장부가액은 없는 것으로 본다.

3 과세되는 건물 등의 과세표준 (기준시가에 의하는 경우)

[1] 거래가액에 부가가치세가 포함되어 있는 경우

$$건물의\ 과세표준 = 실지공급가액(부가세\ 포함) \times \frac{건물의\ 기준시가}{토지의\ 기준시가 + 건물의\ 기준시가 \times 110/100}$$

[2] 거래가액에 부가가치세가 포함되지 않은 경우

$$건물의\ 과세표준 = 실지공급가액(부가세\ 불포함) \times \frac{건물\ 기준시가}{(토지의\ 기준시가 + 건물의\ 기준시가) \times 100/100}$$

5

법인 폐업, 해산·청산

1 법인 폐업 및 해산·청산

> 법인은 등기함으로서 상법상 새로운 하나의 권리의무 주체가 되며, 이후 사업의 폐지 등으로 법인의 설립 목적이 종료된 경우 해산등기를 한 후 청산절차를 거쳐 청산종결등기를 하여야 법인 실체가 소멸하게 된다.
>
> 따라서 법인의 경우 단순히 관할 세무서에 사업자등록을 폐업하였다하여 납세의무가 종결되는 것이 아니므로 법인 폐업은 각별히 주의를 하여야 한다.

❶ 법인 폐업 신고

[1] 부가가치세법의 폐업 신고

1) 법인이 사업을 종결하고자 하는 경우 관할 세무서에 폐업신고를 하면 될 것이나 법인 실체는 청산종결등기 전까지 존속하게 되므로 폐업신고전 폐업 이후 발생할 수 있는 여러 가지 문제를 충분히 검토하여 폐업신고를 하여야 한다.

2) 해산으로 청산 중인 내국법인이 **사업을 실질적으로 폐업하는 날부터 25일 이내에** 납세지 관할 세무서장에게 신고하여 승인을 받은 경우에는 **잔여재산가액 확정일을** 폐업일로 할 수 있다. [부가가치세법 시행령 제7조 ②]

▶ 폐업 일자

폐업 일자 기준으로 세무처리가 진행되어, 폐업 일자 이후 세금계산서를 발행할 수 없으며, 폐업일 이후 세금계산서를 수취하는 경우 매입세액을 공제받을 수 없다.

[2] 부가가치세 신고 및 납부
폐업 일자가 속한 달의 다음 달 25일까지 신고 및 납부하여야 한다.

[3] 법인세 신고 및 납부
법인이 사업연도중에 해산하는 경우 의제 사업연도 각각의 기간을 1사업연도로 보고 각각의 사업연도 종료일 및 잔여재산가액확정일이 속하는 달의 말일로부터 3월 이내에 법인세신고를 하여야 하며, 청산소득에 대하여는 별도로 신고 및 납부를 하여야 한다. '잔여재산가액확정일'이란 다음 각호의 날을 말한다.

1. 해산등기일 현재의 잔여재산의 추심 또는 환가처분을 완료한 날
2. 해산등기일 현재의 잔여재산을 그대로 분배하는 경우에는 그 분배를 완료한 날

[4] 폐업신고 후 사업재개
법인의 경우 세무서에 폐업 신고만 하고 청산종결등기를 하지 않는 경우가 많이 있다. 이 경우 관할 세무서에 폐업 신고를 하였더라도 법원이 직권으로 법인청산종결등기를 하기전까지 사업을 재개할 수 있다.

[5] 법인이 상법에 의한 청산종결등기를 하지 않은 경우
1) 폐업신고만 한 채로 아무런 행위없이 5년이 경과하면 법원은 직권에 의해 해산간주등기를 하게 되고 해산간주등기 이후 다시 3년이 경과하면 법원은 직권으로 법인청산종결등기를 하여 회사의 법인격을 직권으로 소멸시킨다.

2) 이와 같이 폐업 법인이 별도의 해산 또는 청산종결등기 신청 없이도 상법상 해산의제 제도에 의해 직권으로 청산되나 세무상 여러 가지 문제가 발행할 수 있으므로 법인이 폐업을 하는 경우 해산등기 및 청산종결등기를 하여야 한다.

❷ 주식회사의 해산 및 청산 절차

1 개요

회사의 법인격을 소멸하기 위해서는 해산과 청산 절차를 거쳐야 한다. 해산 사유로는 여러 가지가 있으나 주주총회 결의로 해산하는 경우가 일반적이다.

해산결의시 선임되는 청산인이 청산절차를 밟은 후 청산 종결의 등기를 하게 되면 회사의 법인격이 소멸하게 된다.

단, 부채가 자산보다 많은 경우 청산등기가 아닌 법인 파산을 진행하여야 한다.

2 해산 및 청산 절차

[1] 주주총회의 해산 및 청산인 선임 결의

주주총회 특별결의에 의하여 해산을 결의하고, 청산인 선임 결의를 하며, 일반적으로 대표이사를 청산인으로 선임한다.

□ 상법 제531조(청산인의 결정) ①회사가 해산한 때에는 합병·분할·분할합병 또는 파산의 경우 외에는 이사가 청산인이 된다. 다만, 정관에 다른 정함이 있거나 주주총회에서 타인을 선임한 때에는 그러하지 아니하다. <개정 1998. 12. 28.>

[2] 해산 등기 및 청산인 선임 등기

해산결의 후 2주간내에 청산인은 해산 등기와 청산인 선임의 등기를 하여야 한다.

[3] 청산절차

1) 청산이란 회사의 일체의 법률관계를 종료하고 그 재산을 분배하는 것을 목적으로 하는 절차로써 회사가 해산되면 회사는 청산의 목적 범위 내에서만 존속하게 된다.

2) 청산은 채권의 추심, 채무의 변제 및 잔여재산 분배 절차를 마치고 청산인이 결산보고서를 작성하여 주주총회의 승인을 얻은 때에 종료된다.
3) 해산 결의를 한 때부터 청산종결등기 까지는 채권신고의 공고 및 최고 기간으로 인하여 통상 2개월 이상의 기간이 소요된다.

1) 해산 및 청산인 선임신고
1. 청산인은 취임한 날로부터 2주간내에 해산의 사유와 그 연월일 및 청산인의 성명, 주민번호 및 주소를 법원에 신고하여야 한다.
2. 회사가 해산한 경우 이사가 청산인이 된다. 다만, 정관에 다른 정함이 있거나 주주총회에서 타인을 선임할 수도 있다.

2) 회사 재산의 조사, 보고
1. 청산인은 취임후 지체없이 회사의 재산 상태를 조사하여 재산목록과 대차대조표(재무상태표)를 작성하고 이를 주주총회에 제출하여 승인을 얻은 후 법원에 제출하여야 한다.
2. 청산인은 정기총회회일로부터 4주 전에 대차대조표 및 그 부속명세서와 사무보고서를 작성해 감사에게 제출하여야 한다.
3. 감사는 정기총회회일로부터 1주 전에 대차대조표 및 그 부속명세서와 사무보고서에 관한 감사보고서를 청산인에게 제출하여야 한다.

□ 상법 제533조(회사재산조사보고의무) ①청산인은 취임한 후 지체없이 회사의 재산상태를 조사하여 재산목록과 대차대조표를 작성하고 이를 주주총회에 제출하여 그 승인을 얻어야 한다.
②청산인은 전항의 승인을 얻은 후 지체없이 재산목록과 대차대조표를 법원에 제출하여야 한다.

3) 채권신고 공고 및 최고
1. 청산인은 취임한 날로부터 2월내에 2월이상의 기간을 정하여 그 기간내에 채권을 신고할 것과 그 기간내에 신고하지 아니하면 청산에서 제외될 뜻을 2회 이상 공고하고, 알고 있는 채권자에게는 개인별로 최고하여야 한다.
2. 청산인은 신고기간이 지나면 채무를 변제하여야 하고, 변제가 지연된 경우 회사는 손해배상의 책임을 진다.

□ 상법 제535조(회사채권자에의 최고) ①청산인은 취임한 날로부터 2월내에 회사채권자에 대하여 일정한 기간내에 그 채권을 신고할 것과 그 기간내에 신고하지 아니하면 청산에서 제외될 뜻을 2회 이상 공고로써 최고하여야 한다. 그러나 그 기간은 2월 이상이어야 한다.
②청산인은 알고 있는 채권자에 대하여는 각별로 그 채권의 신고를 최고하여야 하며 그 채권자가 신고하지 아니한 경우에도 이를 청산에서 제외하지 못한다.

□ 상법 제536조(채권신고기간내의 변제) ①청산인은 전조제1항의 신고기간내에는 채권자에 대하여 변제를 하지 못한다. 그러나 회사는 그 변제의 지연으로 인한 손해배상의 책임을 면하지 못한다.
②청산인은 전항의 규정에 불구하고 소액의 채권, 담보있는 채권 기타 변제로 인하여 다른 채권자를 해할 염려가 없는 채권에 대하여는 법원의 허가를 얻어 이를 변제할 수 있다.

4) 잔여재산의 분배
잔여재산은 각 주주가 가진 주식의 수에 따라 주주에게 분배하여야 한다.

□ 상법 제538조(잔여재산의 분배) 잔여재산은 각 주주가 가진 주식의 수에 따라 주주에게 분배하여야 한다. 그러나 제344조제1항의 규정을 적용하는 경우에는 그러하지 아니하다.

5) 결산보고
청산인은 청산사무가 종결한 때에는 지체없이 결산보고서를 작성하고 이를 주주총회에서 승인을 받아야 한다.

6) 청산종결의 등기
1. 청산사무가 종결한 경우 청산인은 지체없이 결산보고서를 작성하고 이를 주주총회에 제출해 승인을 얻어야 한다.
2 청산이 종결된 경우 청산인은 주주총회의 승인이 있은 날로부터 본점소재지에서는 2주내, 지점소재지에서는 3주내에 청산종결등기를 하여야 한다.

◘ 법인 해산 및 청산 일정표 [상법]

제 목	내 용	상 법
해산결의를 위한 주주총회 소집		517, 518
해산결의, 청산인 선임		531
청산인 선임 등기 - 법원	취임 후 14일 이내	532
해산등기 - 법원	해산 결의 후 14일 이내	228, 521조의2
자산목록 및 대차대조표 신고 - 법원		533
해산 사업연도 재무제표 확정	주총 재무제표 승인	533
채권최고(1, 2차)	2회 이상, 2개월 이상	535
채권최고 기간만료	2회 이상 2개월 이상 공고	535
채무변제, 채권회수, 잔여재산 처분	자산의 환가처분, 제세환급	536
잔여재산의 확정, 회사결산종결	잔여재산의 분배	538, 260
청산인회(청산보고서 확정)	청산보고서 승인 주총결의	540
감사에 재무제표 보고, 감사보고서	주총일 기준 4주 전까지	534
재무제표 보고 - 주총	정기주총과 병행	533
청산보고 주총(승인 : 청산소득)		540
청산종결등기	주총 승인 이후 14일	542, 264

▶ 위 내용은 법인 청산과 관련한 대략적인 업무내용을 참고사항으로 요약 한것으로서 청산 관련 등기업무는 그 절차가 복잡하므로 법무사사무소등에 의뢰를 하여야 한다.

2 법인 폐업 세무실무

❶ 폐업시 재고재화 과세 및 부가가치세 신고·납부

1 폐업 법인 부가가치세 신고

사업자가 폐업하게 되는 때에는 지체없이 폐업신고서에 사업자등록증을 첨부하여 관할세무서장에게 제출하여야 하는 것이며, 폐업일이 속하는 달의 다음달 25일 내에 부가가치세 확정신고를 하고 세액을 납부하여야 한다.

단, 법인의 경우 청산종결등기 전까지 존속하게 되므로 폐업신고전 폐업일 이후 발생할 수 있는 여러 가지 문제를 충분히 검토하여 폐업신고를 하여야 한다.

내국법인이 **사업을 실질적으로 폐업하는 날부터 25일 이내에** 납세지 관할 세무서장에게 신고하여 승인을 받은 경우 **잔여재산가액 확정일**을 폐업일로 할 수 있다.

□ 부가가치세법 시행령 제7조(폐업일의 기준) -요약-
① 법 제5조제3항에 따른 폐업일은 다음 각 호의 구분에 따른다.
1. 합병으로 인한 소멸법인의 경우: 합병법인의 변경등기일 또는 설립등기일
2. 분할로 인하여 사업을 폐업하는 경우: 분할법인의 분할변경등기일(분할법인이 소멸하는 경우에는 분할신설법인의 설립등기일)
3. 제1호 및 제2호 외의 경우: 사업장별로 그 사업을 실질적으로 폐업하는 날. 다만, 폐업한 날이 분명하지 아니한 경우에는 제13조제1항에 따른 폐업신고서의 접수일
② 제1항제3호에도 불구하고 해산으로 청산 중인 내국법인이 사업을 실질적으로 **폐업하는 날부터 25일 이내에** 납세지 관할 세무서장에게 신고하여 승인을 받은 경우에는

잔여재산가액 확정일(해산일부터 365일이 되는 날까지 잔여재산가액이 확정되지 아니한 경우에는 그 해산일부터 365일이 되는 날)을 폐업일로 할 수 있다.
<개정 2019. 2. 12.>

2 폐업과 세금계산서 및 매입세액공제

[1] 폐업자
폐업일 이후에는 세금계산서를 발급할 수 없으며, 세금계산서를 발급한 경우 매입자는 매입세액을 공제받을 수 없다.

□ 부가가치세법 집행기준 32-70-1 [폐업한 자의 수정세금계산서 발급 방법]
재화 또는 용역의 공급에 대하여 세금계산서를 발급하였으나 수정세금계산서 발급사유가 발생한 때에 공급받는 자 또는 공급자가 폐업한 경우에는 수정세금계산서를 발급할 수 없다. 이 경우 이미 공제받은 매입세액 또는 납부한 매출세액은 납부세액에서 차가감하여야 한다.

[2] 폐업일 이후 경정청구
폐업 전에 수취한 세금계산서에 대하여 매입세액을 공제받지 못한 경우 법인 해산등기전까지는 법정신고기한이 지난 후 5년이내에 경정청구를 통하여 매입세액공제를 받을 수 있는 것으로 판단된다.

[3] 폐업일 이후 대손세액공제
폐업일 이후에는 부가세법상의 사업자의 지위에 있지 아니하므로 대손세액 공제를 받을 수 없다.

◆ 폐업일 이후에는 대손세액공제를 받을 수 없음
(조심2012서2840, 2012.10.17)
폐업일 이후에는 부가세법상의 사업자의 지위에 있지 아니하여 대손세액공제를 받을 수 없는 것인바, 청구법인 폐업일 현재 이 건 공사대금은 대손이 확정되지 아니한 사실이 확인되므로, 쟁점세액은 대손세액 공제가 어려움

3 폐업시 재고재화에 대한 간주공급

[1] 개요

사업자가 사업을 폐지하는 때에 잔존하는 재화는 간주공급에 해당하며, 자기에게 공급하는 것으로 본다. 그리고 사업자등록을 한 다음 사실상 사업을 개시하지 아니하게 되는 때에도 또한 같다. 폐업시 사업에 사용하던 재고자산 및 감가상각자산이 있는 경우 재고자산은 그 시가를, 감가상각자산은 '감가상각자산의 간주공급시 과세표준'을 공급가액으로 하여 부가가치세를 납부하여야 한다. 단, 매입세액이 불공제된 재화의 경우에는 간주공급에서 제외한다.

◆ 폐업시 잔존재화에 대한 부가가치세 과세 여부
(부가, 부가가치세과-1020, 2014.12.30.)
사업자가 사업을 폐지하는 때에 잔존하는 재화는 자기에게 공급하는 것으로 보아 과세되는 것이나, 매입세액이 공제되지 아니한 재화에 대하여는 과세하지 아니하는 것임

▶ 폐업일 이후 재고재화 공급시
폐업시 잔존재화에 대하여 부가가치세를 납부한 경우 폐업일 이후 실제 판매하는 때에는 부가가치세 납부의무가 없다.

[2] 잔존 재고자산의 시가

당해 재화의 시가로 한다. 사업자가 사업을 폐지하는 경우 잔존하는 재고재화의 시가는 사업자와 특수관계가 없는 자와의 정상적인 거래에 있어서 형성되는 가격으로서 사업자의 업태별 시가(제조업자의 제조장가격, 도매업자의 도매가격, 소매업자의 소매가격 등)를 적용한다.

[3] 감가상각대상자산의 과세표준 계산

간주공급에 해당하는 재화가 감가상각자산인 경우에는 시가산정의 기준이 되는 거래가격을 산정하기가 어렵다. 왜냐하면, 감가상각자산은 사업자의 사업목적에 따라 사용하던 중고재화이므로 그 자산의 객관적인 시가를 산정하기가 곤란하기 때문이다. 따라서 감가상각자산의 간주공급시 시가는 감가상각자산별 과세표준 계산 방법에 의한다.

▶ **건물 및 구축물**

과세표준 = 취득가액 × (1 - 5/100 × 경과된 과세기간의수)

▶ **기타 (건물·구축물을 제외한 기타 감가상각자산)**

과세표준 = 취득가액× (1 - 25/100 × 경과된 과세기간 수)

풀이 취득가액 및 경과된 과세기간 수 계산

① 취득가액
해당 재화의 취득가액은 매입세액을 공제받은 해당 재화의 가액으로 함(취득세 등 제외) [부가가치세법 시행령 제66조 ④]

② 경과된 과세기간 수 계산
• 경과된 과세기간의 수는 과세기간단위로 계산하되, 건물 또는 구축물의 경과된 과세기간의 수가 20(2001.12.31 이전 취득분은 10)을 초과하는 때에는 20으로, 기타의 감가상각자산의 경과된 과세기간의 수가 4를 초과하는 때에는 4로 한다. 이 경우에 과세기간의 개시일 후에 감가상각자산을 취득하거나 당해 재화가 공급된 것으로 보게 되는 경우에는 그 과세기간의 개시일에 당해 재화를 취득하거나 당해 재화가 공급된 것으로 본다. (부령§ 74의 4 ③)
• 경과된 과세기간의 수를 계산함에 있어서 과세기간의 개시일후에 감가상각자산을 취득하거나 당해 재화가 공급된 것으로 보게 되는 경우에는 그 과세기간의 개시일에 당해 재화를 취득하거나 당해 재화가 공급된 것으로 보아 과세기간의 수를 계산하며, 간주공급한 날이 속하는 과세기간은 경과된 과세기간의 수에 계산하지 않는다. 예를 들어 20×3.10.21. 폐업하는 경우 20×1. 3.20 취득한 건물의 과세기간 수는'5'(20×1년 1기 및 2기, 20×2년 1기 및 2기, 20×3년 1기)이다.

◆ **폐업시 잔존재화의 간주공급에 대한 부가가치세 손금 산입 여부**
(서이46012-12141 , 2002.12.02.)
폐업시 잔존재화의 부가가치세는 그 사업폐지 사업연도의 손금에 산입하는 것이며, 추후 동 재화를 실제 판매하는 경우 판매대금 전액을 익금에 산입함

❷ 법인 폐업 및 청산시 법인세 신고·납부

1 법인 폐업신고 및 법인세 신고

[1] 폐업 법인 법인세 신고
법인의 경우 관할 세무서에 폐업신고를 하더라도 상법에 의한 청산종결등기전까지는 법인의 실체는 존속하게 되므로 청산종결전까지 각 사업연도에 대하여 법인세를 신고 및 납부하여야 하며, 법인세 중간예납도 하여야 한다.

◆ 법인46012-62, 1998.01.10
법인이 사업을 폐지한 경우에도 해산 및 청산절차를 이행하지 아니하면 계속 존속되는 것으로 계속 결산을 하고 법인세 신고를 해야 함

▶ 법인세 중간예납
사업자등록을 폐업하였으나 상법상 해산 및 청산절차를 이행하지 아니한 법인은 계속 존속하고 있는 것으로 보는 것으로 청산법인에 해당되지 아니한 경우라면 법인세 중간예납 신고를 하여야 한다

[2] 법인 해산시 세무신고 및 청산법인
1) 법인이 해산하는 경우 법인의 자산을 환가 및 처분하여야 하고, 청산소득(자산가치 등의 상승분에 대한 소득으로 법인세를 부담하지 않은 소득을 말함) 및 의제사업연도에 대한 법인세 신고 및 납부, 부가가치세 폐업신고, 근로자 연말정산, 배당소득세등을 계상하여 신고 및 납부하여야 한다.

2) 이 과정에서 기존의 법률관계를 정리하기 위하여 법인은 해산등기 이후에도 청산의 목적범위 내에서 법인격이 존속하므로 해산등기 이후 청산완료시까지 존속하는 회사를 청산법인이라고 한다.

2 법인이 사업연도 중에 해산한 경우 법인세 신고기한

[1] 사업연도 의제
내국법인이 사업연도 중에 해산한 경우에는 그 사업연도 개시일부터 해산등기일까지의 기간과 해산등기일 다음 날부터 그 사업연도 종료일까지의 기간을 각각 1사업연도로 보며, 청산중에 있는 내국법인의 잔여재산의 가액이 사업연도 중에 확정된 경우에는 그 사업연도 개시일부터 잔여재산의 가액이 확정된 날까지의 기간을 1사업연도로 본다. [법인세법 제8조]

1. 그 사업연도 개시일부터 해산등기일까지의 기간
2. 해산등기일의 다음날부터 그 사업연도종료일까지의 기간
3. 그 후 사업연도개시일부터 잔여재산가액확정일까지의 기간

[2] 사업연도 개시일부터 해산 등기일까지 기간에 대한 법인세 신고·납부
법인이 청산을 하기 위하여 해산 등기를 하는 경우 사업연도 개시일부터 해산등기일까지의 기간을 사업연도로 하여 해산등기일로부터 3개월 이내에 법인세를 신고 및 납부하여야 한다.

> **사례 1** 청산법인의 사업연도
> 법인의 사업연도 : 20×3.1.1. ~ 20×3.12.31.
> 해산등기일 : 20×3. 6.30. 잔여재산가액확정일 : 20×4. 4.10
> 1. 해산등기일 : 20×3. 6. 30.
> 사업연도 20×3.1.1. ~ 20×3. 6.30. → 사업연도 법인세 신고기한 : 20×3. 9. 30
> 2. 해산등기일의 다음날부터 사업연도종료일
> 사업연도 20×3.7.1. ~ 20×3. 12.31. → 사업연도 법인세 신고기한 : 20×4. 3. 31
> 3. 다음 사업연도 초일부터 잔여재산가액확정일
> 사업연도 20×4.1.1. ~ 20×4. 04.10. → 사업연도 법인세 신고기한 : 20×4. 7. 31
> 잔여재산가액확정일(20×4. 04.10.) → 청산소득 법인세 신고기한 : 20×4. 7. 31

◆ 법인46012-1070 (1995.04.18)
내국법인이 사업연도기간중에 해산한 경우에는 그 사업연도개시일로부터 해산등기일까지의 기간과 해산등기일의 다음날부터 그 사업연도종료일까지의 기간을 각각 1사업연도로 보아 법인세를 신고납부해야 하는 것임.

> **사례 2** 해산등기일과 잔여재산가액 확정일이 동일 사업연도인 경우
>
> 법인의 사업연도 : 20×3.1.1. ~ 20×3.12.31.
> 해산등기일 : 20×3. 6.30. 잔여재산가액확정일 : 20×4. 4.10
> 1. 해산등기일 : 20×3. 4. 30.
> 사업연도 20×3.1.1. ~ 20×3. 4.30. → 사업연도 법인세 신고기한 : 20×3. 7. 30
> 2. 잔여재산가액확정일 : 20×3. 10. 31.
> 사업연도 20×3.5.1. ~ 20×3. 10.31. → 사업연도 법인세 신고기한 : 20×4. 1. 31
> 잔여재산가액확정일(20×3. 10.31.) → 청산소득 법인세 신고기한 : 20×4. 1. 31

[3] 해산 등기일의 다음날부터 청산가액확정일 또는 사업연도 종료일까지의 기간에 대한 법인세 신고·납부

해산 등기를 하는 경우 해당등기일의 다음날부터 청산가액확정일(해산등기일 및 청산가액확정일이 동일 연도인 경우) 또는 사업연도 종료일까지의 기간 및 해당 사업연도의 다음해 초일부터 청산가액확정일까지의 기간을 사업연도로 하여 3개월 이내에 법인세를 신고 및 납부하여야 한다.

[4] 청산소득에 대한 법인세 확정신고

청산소득에 대한 법인세 납부의무가 있는 내국법인은 다음의 각 호의 기한까지 **청산소득에 대한 법인세** 과세표준과 세액을 납세지 관할 세무서장에게 신고하여야 한다.

1. 잔여재산가액확정일이 속하는 달의 말일부터 3개월 이내
2. 해산에 의한 잔여재산의 일부를 주주등에게 분배한 후 상법에 따라 사업을 계속하는 경우에는 계속등기일이 속하는 달의 말일부터 3개월 이내

3 청산소득금액 계산

[1] 청산소득금액

내국법인이 해산한 경우 그 청산소득의 금액은 그 법인의 해산에 의한 **잔여재산의 가액**에서 **해산등기일 현재**의 자본금 또는 출자금과 잉여금의 합계액(자기자본의 총액)을 공제한 금액으로 한다.

□ 법인세법 집행기준 79-121-1 [청산소득금액의 계산]
① 청산소득금액은 다음과 같이 계산한다.
1. 일반적인 경우 청산소득금액
청산소득금액 = 해산에 의한 잔여재산 가액 - 해산등기일 현재 자기자본 총액

② 청산소득금액 계산 시 잔여재산가액은 다음과 같이 계산한다.
잔여재산가액 = 자산총액 - 부채총액
* 자산총액 : 해산등기일 현재 자산의 합계액(단, 추심할 채권과 환가처분할 자산은 추심 또는 환가처분한 날 현재의 금액으로 하고 추심 또는 환가처분 전에 분배한 경우에는 그 분배한 날 현재의 시가에 의하여 평가한 금액을 말함)

③ 청산소득금액 계산 시 자기자본총액은 다음과 같이 계산한다.
자기자본총액 = 자본금(출자금) + 잉여금 + 환급법인세 - 이월결손금
* 환급법인세 : 청산기간 중에 「국세기본법」에 의하여 환급되는 법인세액
* 이월결손금 : 상계하는 이월결손금의 금액은 잉여금의 금액을 초과하지 못하며, 초과하는 이월결손금이 있는 경우에는 이를 없는 것으로 본다.(자기자본총액에서 이미 상계되었거나 상계된 것으로 보는 이월결손금은 제외)

④ 청산소득금액을 계산할 때 해산등기일 전 2년 이내에 자본금 또는 출자금에 전입한 잉여금이 있는 경우에는 해당 금액을 자본금 또는 출자금에 전입하지 아니한 것으로 보아 계산하다.

□ 법인세법 제79조(해산에 의한 청산소득 금액의 계산) -요약-
① 내국법인이 해산한 경우 그 청산소득의 금액은 그 법인의 해산에 의한 잔여재산의 가액에서 **해산등기일 현재**의 자본금 또는 출자금과 잉여금의 합계액(자기자본의 총액)을 공제한 금액으로 한다.

□ 법인세법 시행령 제121조(해산에 의한 청산소득금액의 계산) ①법 제79조제1항의 규정에 의한 잔여재산의 가액은 자산총액에서 부채총액을 공제한 금액으로 한다.
② 제1항에서 "자산총액"이라 함은 **해산등기일 현재**의 자산의 합계액으로 하되, 추심할 채권과 환가처분할 자산에 대하여는 다음 각호에 의한다.
1. 추심할 채권과 환가처분할 자산은 추심 또는 환가처분한 날 현재의 금액
2. 추심 또는 환가처분전에 분배한 경우에는 그 분배한 날 현재의 시가에 의하여 평가한 금액

② 해산으로 인하여 청산 중인 내국법인이 그 해산에 의한 잔여재산의 일부를 주주등에게 분배한 후 사업을 계속하는 경우에는 그 해산등기일부터 계속등기일까지의 사이에 분배한 잔여재산의 분배액의 총합계액에서 해산등기일 현재의 자기자본의 총액을 공제한 금액을 그 법인의 해산에 의한 청산소득의 금액으로 한다.

③ 내국법인의 해산에 의한 청산소득의 금액을 계산할 때 그 청산기간에「국세기본법」에 따라 환급되는 법인세액이 있는 경우 이에 상당하는 금액은 그 법인의 해산등기일 현재의 자기자본의 총액에 가산한다.

<청산소득 금액> 법인세법 준용
⑦ 제1항에 따른 청산소득의 금액과 제6항에 따른 청산기간에 생기는 각 사업연도의 소득금액을 계산할 때에는 제1항부터 제6항까지에서 규정하는 것을 제외하고는
제14조부터 제18조까지, 제18조의2, 제18조의3, 제19조, 제19조의2, 제20조부터 제31조까지, 제33조부터 제38조까지, 제40조부터 제42조까지, 제42조의2, 제43조, 제44조, 제44조의2, 제44조의3, 제45조, 제46조, 제46조의2부터 제46조의5까지, 제47조, 제47조의2, 제50조, 제51조, 제51조의2, 제52조, 제53조, 제53조의2, 제53조의3, 제54조 및「조세특례제한법」제104조의31을 준용한다. <개정 2020. 12. 22.>

[2] 잔여재산의 가액

잔여재산가액이란 모든 자산을 처분하여 채무를 완재한 후에 잔존하는 재산가액으로 자산총액에서 부채총액을 차감한 금액을 말하는 것이며, 추심할 채권과 환가처분할 자산은 추심 또는 환가처분한 날 현재의 금액으로 하고 추심 또는 환가처분 전에 분배한 경우에는 그 분배한 날 현재의 시가에 의하여 평가한 금액을 말한다.

◆ 청산시 잔여재산가액
(법인, 서면인터넷방문상담2팀-1099 , 2006.06.14)
잔여재산가액이란 모든 자산을 처분하여 채무를 완재한 후에 잔존하는 재산가액으로 자산총액에서 부채총액을 차감한 금액을 말하는 것임.

[3] 자기자본의 총액

자기자본의 총액이란 해산등기일 현재 납입자본금과 잉여금의 합계액으로 **세무상 자본금 및 적립금**을 말한다.

◆ 자기자본의 총액

'자기자본의 총액'이란 해산등기일 현재 납입자본금과 잉여금의 합계액으로 세무상 자본금 및 적립금을 말하는 것으로, 해산등기일 이후 익금으로 확정되어 익금처리한 대손충당금과 유통손실보전자금 및 퇴직급여충당금 잔액은 청산소득으로 과세되는 것임

□ 법인세법 제79조(해산에 의한 청산소득 금액의 계산) -요약-
④ 내국법인의 해산에 의한 청산소득 금액을 계산할 때 해산등기일 현재 그 내국법인에 대통령령으로 정하는 이월결손금이 있는 경우에는 그 이월결손금은 그날 현재의 그 법인의 자기자본의 총액에서 그에 상당하는 금액과 상계하여야 한다. 다만, 상계하는 **이월결손금의 금액은 자기자본의 총액 중 잉여금의 금액을 초과하지 못하며**, 초과하는 이월결손금이 있는 경우에는 그 이월결손금은 없는 것으로 본다.

□ 제121조(해산에 의한 청산소득금액의 계산)
③ 법 제79조제4항 본문에서 "대통령령으로 정하는 이월결손금"이란 제16조제1항에 따른 이월결손금을 말한다. 다만, 자기자본의 총액에서 이미 상계되었거나 상계된 것으로 보는 이월결손금을 제외한다.

⑤ 제4항에 따라 청산소득 금액을 계산할 때 해산등기일 전 2년 이내에 자본금 또는 출자금에 전입한 잉여금이 있는 경우에는 해당 금액을 자본금 또는 출자금에 전입하지 아니한 것으로 보아 같은 항을 적용한다.

□ 법인세법 기본통칙 79-0…2 【 청산소득금액의 범위 】
해산등기일 현재의 잔여재산의 추심 또는 환가처분과 관련하여 발생한 각종 비용(계약서 작성비용, 공증비용, 인지대, 소개비 및 수수료, 청산인의 보수, 청산사무소의 비용 등)은 청산소득금액을 계산함에 있어서 이를 공제한다. <개정 2008.07.25>

□ 법인세법 집행기준 79-121-3 [청산소득금액 계산시 포함되는 금액] -요약-
① 법인이 해산등기일 현재의 자산을 청산기간 중에 처분한 금액(환가를 위한 재고자산의 처분액을 포함)
② 해산등기일 현재의 부채에 대하여 청산과정에서 채무면제를 받은 금액

□ 법인세법 집행기준 79-121-4 [청산소득금액 계산시 공제되는 금액]
① 해산등기일 현재의 잔여재산의 추심 또는 환가처분과 관련하여 발생한 각종 비용(계약서 작성비용, 공증비용, 인지대, 소개비 및 수수료, 청산인의 보수, 청산사무소의 비용 등)
② 해산등기일 현재 잔여재산가액에 포함된 채권가액 중 청산기간 중 법원의 확정판결 등에 의한 회수불능확정금액 및 지급해야 할 손해배상금

◆ 청산법인의 채무면제익에 대한 세무처리
(법인, 법인세과-903, 2009.08.11)
「법인세법」제79조의 규정에 의한 청산소득금액을 계산함에 있어 법인이 해산등기일 현재 부채에 대하여 해산등기일 이후 면제받은 금액은 청산 소득금액에 포함하는 것이며, 법인이 특수관계자에 대한 업무무관가지급금에 대하여 대손충당금을 설정한 경우 손금불산입하고 유보처분하는 것이며, 이후 특수관계가 소멸되거나 채권의 포기시 귀속자에게 소득처분하는 것임

□ 법인세법 시행규칙 제61조(해산에 의한 청산소득금액의 계산)
법인이 해산등기일 현재의 자산을 청산기간중에 처분한 금액(환가를 위한 재고자산의 처분액을 포함한다)은 이를 청산소득에 포함한다.
다만, 청산기간중에 해산전의 사업을 계속하여 영위하는 경우 당해사업에서 발생한 사업수입이나 임대수입, 공·사채 및 예금의 이자수입등은 그러하지 아니하다.

◆ 해산에 의한 청산소득금액 계산함에 있어 잉여금에서 차감하는 이월결손금
(법인, 법인세과-812, 2011.10.26)
「법인세법」제79조에 의하여 해산에 의한 청산소득금액을 계산함에 있어 같은 법 시행령 제18조제1항에 따른 이월결손금 중 기업회계기준에 의하여 잉여금과 상계된 결손금은 같은 법 시행령 제121조 제3항 단서 조항에 따라 자기자본총액 계산시 잉여금에서 차감하는 이월결손금에 포함되지 아니하는 것임

◆ 법인이 청산소득금액 계산시 이월결손금의 처리
(법인, 서이46012-10452, 2003.03.07.)
해산등기일이 속하는 의제사업연도에서 발생한 결손금은 이월결손금에 해당하지 아니하는 것으로 같은 규정에 의한 청산소득금액의 계산시 자기자본총액에서 차감하지 아니하는 것임.

□ 법인세법 집행기준 79-121-2 [청산소득금액 계산시 자기주식의 처리방법]
해산법인의 청산소득금액 계산 시 보유중인 자기주식의 가액은 해산등기일 현재의 자본금(또는 출자금)에서 차감하지 아니하며, 잔여재산가액을 구성하는 자산총액에도 포함되지 않는다.

□ 법인세법 집행기준 79-121-5 [주주에 대한 가지급금을 분배할 재산가액에서 상계하는 경우 청산소득금액 계산]
해산법인이 주주에 대한 가지급금을 회수하지 아니하고 동 가지급금을 해당 주주에게 분배할 재산가액과 상계하고 청산을 종결하는 경우 동 가지급금은 잔여재산의 분배금으로 보아 청산소득금액을 계산한다.

[4] 청산기간 중의 각 사업연도 소득

청산기간 중에 생긴 각 사업연도의 소득이 있을 때에는 이를 그 법인의 해당 각 사업연도의 소득에 산입한다. (법인세법 제79조 ⑥)

□ 법인세법 집행기준 79-121-6 [청산기간 중에 발생하는 각 사업연도 소득의 처리]
법인이 해산등기일 이후 청산기간 중에 해산전의 사업을 계속하여 영위하는 경우 해당 사업에서 발생한 사업수입이나 임대수입, 공·사채 및 예금의 이자수입 등은 각 사업연도 소득으로 과세하며, 청산소득금액을 계산함에 있어서 그 법인의 잔여재산가액에 포함하지 않는다.

[5] 청산소득에 대한 법인세 신고납부

청산소득에 대한 법인세의 납부의무가 있는 내국법인은 잔여재산가액확정일이 속하는 달의 말일부터 3개월 이내에 청산소득에 대한 법인세의 과세표준과 세액을 납세지 관할 세무서장에게 신고하여야 한다.

▶ 잔여재산가액확정일
1. 해산등기일 현재의 잔여재산의 추심 또는 환가처분을 완료한 날
2. 해산등기일 현재의 잔여재산을 그대로 분배하는 경우에는 그 분배를 완료한 날

◘ 청산소득에 대한 법인세 세율 [법인세법 제55조] (일반 법인세율과 동일)

종 전		개 정	
□ 법인세율 과세체계 ○ 세율 및 과세표준		□ 법인세율 인하 및 과표구간 조정 ○ 세율 1% 인하	
과세표준	세 율	과세표준	세 율
2억원 이하	10%	2억원 이하	9%
2~200억원	20%	2~200억원	19%
200~3,000억원	22%	200~3,000억원	21%
3,000억원 초과	25%	3,000억원 초과	24%

<적용시기> '23.1.1. 이후 개시하는 사업연도 분부터 적용

[6] 청산소득에 대한 법인세 신고납부시 제출서류

청산소득에 대한 법인세를 신고하는 경우 다음의 서류를 제출하여야 한다..
1. 청산소득에 대한 법인세과세표준 및 세액신고서
2. 잔여재산가액 확정일의 해산한 법인의 재무상태표
3. 해산한 법인의 본점 등의 소재지, 청산인의 성명 및 주소 또는 거소, 잔여재산가액의 확정일 및 분배예정일 기타 필요한 사항이 기재된 서류

▶ 청산소득에 대하여는 세무조정계산서를 제출하지 아니하며, 청산소득에 대한 법인세의 계산시에는 법인세법 제67조 소득처분 규정을 적용하지 아니한다.
(법인, 서이46012-10585 , 2002.03.22)

□ 상법 제264조(청산종결의 등기) 청산이 종결된 때에는 청산인은 전조의 규정에 의한 총사원의 승인이 있은 날로부터 본점소재지에서는 2주간내, 지점소재지에서는 3주간내에 청산종결의 등기를 하여야 한다.

제542조(준용규정) ①제245조, 제252조 내지 제255조, 제259조, 제260조와 제264조의 규정은 주식회사에 준용한다.

■ 중간신고

내국법인이 다음 각 호의 어느 하나에 해당하면 그 각 호에서 정한 날이 속하는 달의 말일부터 1개월 이내에 아래 서류를 납세지 관할 세무서장에게 신고하여야 한다.

1. 해산에 의한 잔여재산가액이 확정되기 전에 그 일부를 주주등에게 분배한 경우: 그 분배한 날
2. 해산등기일부터 1년이 되는 날까지 잔여재산가액이 확정되지 아니한 경우: 그 1년이 되는 날

▶ 중간신고시 제출할 서류 [법인세법 제85조 ②]
1. 청산소득에 대한 법인세과세표준 및 세액신고서
2. 해산등기일 및 그 분배한 날 또는 해산등기일부터 1년이 되는 날 현재의 재무상태표
3. 해산한 법인의 본점 등의 소재지, 청산인의 성명 및 주소 또는 거소, 잔여재산가액의 확정일 및 분배예정일 기타 필요한 사항이 기재된 서류

□ 법인세법 집행기준 85-0-1 [청산소득 중간신고] -요약-
내국법인이 다음의 경우에는 해당 각호에 정한 날부터 1월 이내에 청산소득에 대한 중간신고를 하여야 한다. (중략)
1. 해산에 의한 잔여재산가액이 확정되기 전에 그 일부를 주주 등에게 분배한 경우에는 그 분배한 날
2. 해산등기일부터 1년이 되는 날까지 잔여재산가액이 확정되지 아니한 경우에는 그 1년이 되는 날

◆ 잔여재산가액이 확정되기 전에 잔여재산의 일부를 중간 배분한 경우
(서이-2557, 2004.12.7)
법인이 해산에 의한 잔여재산가액이 확정되기 전에 잔여재산의 일부를 주주에게 분배한 경우 법인세법 제85조(중간신고)의 규정을 적용함에 있어 당해 주주가 취득하는 금전 기타 재산의 가액이 그 해산법인의 주식을 취득하기 위하여 소요된 금액을 초과하는 금액은 배당소득에 해당하는 것이며, 당해 배당소득금액의 수입시기는 그 잔여재산의 일부를 주주에게 실제로 분배한 날이 됨.

[참고] 청산소득금액 계산 및 회계처리 [국세청 발간 법인세 주제별 가이드]

○ 자본금이 1,000,000원(액면금액 1,000원, 발행주식수 1,000주)이고 해산등기일 현재의 재산상태가 다음과 같은 甲법인이 해산을 결의함
(영§18①의 규정에 의한 이월결손금 50,000원이 있음)

《대차대조표》
(단위 : 원)

현금예금	120,000	외상매입금	320,000
외상매출금	750,000	차 입 금	400,000
상 품	650,000	자 본 금	1,000,000
토 지	300,000	자본잉여금	50,000
		이익잉여금	50,000
합 계	1,820,000	합 계	1,820,000

○ 잔여재산의 정리상황 등
- 외상매출금 중 50,000원은 대손상각하고 나머지 700,000원은 현금 회수
- 상품 전부를 600,000원에 매각함
- 토지를 1,300,000원에 처분함
- 부채를 다음과 같이 변제함
• 외상매입금 중 20,000원을 할인하고 300,000원 지급
• 차입금 400,000원 전액 상환
- 청산중의 제비용을 현금으로 지급함
• 직원급료 : 25,000원
• 기타잡비 15,000원

○ 회계처리
□ 자산의 환가처분 및 채권의 추심

(차변) 현   금   700,000   (대변) 외상매출금   750,000
       청산손익   50,000

(차변) 현   금   600,000   (대변) 상   품   650,000
       청산손익   50,000

(차변) 현   금   1,300,000   (대변) 토   지   300,000
                                       청산손익   1,000,000

□ 부채의 상환

　　(차변) 외상매입금　　320,000　　(대변) 현　　금　　700,000
　　　　　차 입 금　　　400,000　　　　　청산손익　　　20,000

□ 청산제비용의 지급

　　(차변) 청산손익　　　40,000　　(대변) 현　　금　　　40,000

○ 잔여재산분배 직전 대차대조표

현금예금	1,980,000	자 본 금 자본잉여금 이익잉여금 청 산 손 익	1,000,000 50,000 50,000 880,000
합　　계	1,980,000	합　　계	1,980,000

○ 청산소득금액의 계산

□ 잔여재산의 가액 : 1,980,000원
• 자산의 환가처분 및 채권 추심액 : 2,720,000원
　현　금　120,000원　　외상매출금 :　　700,000원
　상　품　600,000원　　토　　지 : 1,300,000원
• 부채총액 : 700,000원 (부채총액은 720,000원이나 외상매입금 중 20,000원을 면제 받았으므로 부채총액을 700,000원으로 함)
• 청산비용 : 40,000원

□ 해산등기일 현재의 자기자본 총액 : 1,050,000원
• 자본금 및 잉여금 : 1,100,000원
• 이월결손금 차감 :　 50,000원

□ 청산소득 금액 : 930,000원 (1,980,000 - 1,050,000원)

○ 청산소득에 대한 법인세 납부

　　(차변) 청산손익(법인세 등) 102,300　(대변) 현　　금　　102,300
　　　　＊ 930,000 × 10% + 지방소득세 9,300원 = 102,300

○ 잔여재산의 분배

(차변)	자 본 금	1,000,000	(대변)	청산자본금	1,877,700
	자본잉여금	50,000			
	이익잉여금	50,000			
	청산손익	777,700			
(차변)	청산자본금	1,877,700	(대변)	현 금	1,877,700

③ 폐업신고만 하고 청산신고를 하지 않은 경우 세무문제

법인의 경우 부가가치세법에 의한 사업자등록을 폐업하더라도 폐업일을 법인세법에서 사업연도의 종료로 보지 아니므로 해산등기를 하기 전까지는 각 사업연도 개시일로부터 사업연도 종료일(12월말 법인 1.1 ~ 12.31.)까지를 1사업연도로 보아 당해 사업연도 종료일의 말일로부터 3월이내에 법인세를 신고.납부를 하여야 한다.

즉, 법인은 폐업을 하더라도 해산등기 및 청산종결을 하지 않는 경우 법인은 존속하는 것이므로 사업행위를 통한 수익의 창출을 하지 않더라도 사업상 지출된 경비 등을 반영하여 매년 법인세를 신고납부하여야 한다. 따라서 법인이 폐업신고 후 각 사업년도 소득에 대한 법인세를 신고하지 않는 경우 무신고로 보아 과세당국은 법인세 및 관련 제세를 추징하게 된다. 다만, 현실적으로는 과세관청에서 사실상 폐업한 법인에 대한 과세실익이 별로 없으므로 추계결정을 하지 않을 수도 있지만, 현행 법인세법상으로는 법인이 적법한 절차를 이행하지 않은 상태가 계속되는 것이다.

결론적으로 법인의 사업연도는 부가가치세법상의 폐업신고로 인하여 변경되거나 의제되는 것이 아니므로 법인이 사업을 폐지하는 경우 해산등기를 하고, 적법한 절차에 의하여 법인세를 신고 및 납부를 하여야 하는 것이다.

④ 법인이 폐업하고, 세금을 체납한 경우

법인이 세금을 납부하지 않은 경우 과세당국은 법인의 재산에 대하여 압류 등 강제징수를 하게 되며, 법인의 재산이 없는 경우 주주, 임직원 등에게는 세금 징수를 할 수 없다.

다만, 법인의 주주가 과점주주(주주1인과 그와 특수관계자에 해당하는 자의 주식보유비율이 50%를 초과하는 경우)에 해당하는 경우 2차 납세의무로 지정하여 과점주주의 개인 재산까지도 세무서가 체납처분하여 징수하게 되므로 특히 유의하여야 한다.

5 과점주주의 2차납세의무

[1] 과점주주

과점주주란 납세의무 성립일 현재 주주 1인(통상 대표이사)과 친족관계, 경제적 연관관계에 있는 자가 보유한 주식이 합계액이 해당 법인 주식의 50%를 초과하는 경우를 말하며, 과점주주에 해당하는 경우 출자지분에 상당하는 체납액에 대하여 제2차납세의무를 지게 된다. 단, 해당 법인의 주주1인과 그와 특수관계에 있는 자가 보유한 주식의 합계액이 해당 법인이 발행한 주식의 50% 이하인 경우에는 제2차납세의무는 없다.

▶ 과점주주

주주 또는 유한책임사원 1명과 그의 특수관계인 중 다음에 정하는 자로서 그들의 소유주식 합계 또는 출자액 합계가 해당 법인의 발행주식 총수 또는 출자총액의 100분의 50을 초과하면서 그에 관한 권리를 실질적으로 행사하는 자들을 말한다.

따라서 사용인은 당해 법인(체납법인)의 특정주주 1인과의 관계를 말하는 것이지 당해 법인과의 관계를 일컫는 것이 아니므로 단순히 당해 법인의 사용인(근로자)·기타 고용관계에 있는 주주는 그 특정주주 1인과는 특수관계에 있는 자에는 해당하지 않는다.

▶ 특수관계인의 범위 (국세기본법 시행령 제1조의 2)
1. 4촌 이내의 혈족
2. 3촌 이내의 인척
3. 배우자(사실상의 혼인관계에 있는 자를 포함한다)
4. 친생자로서 다른 사람에게 친양자 입양된 자 및 그 배우자·직계비속
5. 임원과 그 밖의 사용인

[개정 세법] 세법상 특수관계인으로서 친족범위 합리화(국기령 §1의2①)
□ 세법상 특수관계인 중 친족의 범위
  ㅇ 6촌 이내의 혈족 → (개정) ㅇ 4촌 이내의 혈족
  ㅇ 4촌 이내의 인척 → (개정) ㅇ 3촌 이내의 인척
<적용시기> '23.3.1. 이후 시행

□ 국세기본법 기본통칙 39-0…3 【과점주주의 판정】
과점주주의 판정은 국세의 납세의무성립일 현재 주주 또는 유한책임사원과 그 친족 기타 특수관계에 있는 자의 소유주식 또는 출자액을 합계하여 그 점유비율이 50%를 초과하는 지를 계산하는 것이며, 이 요건에 해당되면 당사자 개개인을 전부 과점주주로 본다.
<개정 2011.03.21>

[2] 과점주주의 2차 납세의무
법인세 신고를 하지 않는 경우 법인세가 추계결정되며, 법인이 세금을 납부하지 못하는 경우 과점주주는 2차 납세의무자에 해당하며, 법인의 체납세금에 출자지분을 곱한 금액에 대하여 납부의무가 발생한다.

즉, 법인의 체납세금에 대한 과점주주의 2차납세의무는 **체납국세의 납세의무 성립일** 현재 과점주주에 해당되는 경우 법인의 재산으로 그 법인에 부과되거나 그 법인이 납부할 국세, 가산금과 체납처분비를 충당하여도 부족한 경우 그 부족한 금액에 과점주주의 소유주식수를 그 법인의 발행주식총수로 나눈 금액(지분율)을 곱하여 산출한 금액을 한도로 법인의 체납세금에 대하여 2차납세의무가 있다

6 폐업한 법인의 가지급금 문제

법인이 사실상 폐업으로 특수관계가 소멸한 경우 특수관계가 소멸한 이후에는 인정이자를 계산하지 아니하나 법인이 약정 등에 의하여 회수할 가지급금을 계상한 이후에 폐업하여 정상적인 영업을 영위하지 아니한 상태에서 사실상 그 가지급금에 대하여 회수를 포기한 것으로 인정되는 경우에는 그 귀속자에게 상여 등으로 소득처분하여야 한다. 따라서 폐업 법인의 경우 가지급금을 회수하는 회계처리를 하거나 미처분이익잉여금이 있는 경우 배당을 하여 가지급금을 정리하여야 한다.

◆ 서면2팀-479, 2005.03.31
법인이 가지급금을 계상한 후 무단 폐업하여 정상적인 영업을 영위하지 아니한 상태에서 사실상 그 가지급금에 대하여 회수를 포기한 것으로 인정되는 경우에는 그 귀속자에게 상여 등으로 소득처분하는 것임

□ 법인세법 집행기준 79-121-5 [주주에 대한 가지급금을 분배할 재산가액에서 상계하는 경우 청산소득금액 계산]
해산법인이 주주에 대한 가지급금을 회수하지 아니하고 동 가지급금을 해당 주주에게 분배할 재산가액과 상계하고 청산을 종결하는 경우 동 가지급금은 잔여재산의 분배금으로 보아 청산소득금액을 계산한다.

❸ 의제배당 및 배당소득 원천징수

[1] 배당소득 원천징수

법인이 주주에게 배당하는 경우 배당소득세(지급금액의 14%) 및 지방소득세(배상소득세의 10%)를 원천징수하여 다음달 10일까지 신고.납부를 하여야 하며, 다음해 2월 말일까지 지급명세서를 제출하여야 한다. 단, 법인주주에게 배당금을 지급하는 경우 배당소득세는 징수하지 아니하나 지급명세서는 제출하여야 한다.

[2] 의제배당

법인이 해산하는 경우 법인의 자산 및 부채를 정리하여 주주에게 출자금을 반환하여야 하며, 법인 소유 자산(토지 등)가치의 상승등으로 인한 실현되지 않은 이익에 대하여는 법인세를 납부하지 않았으므로 그 이익을 계상하여 법인세를 신고 및 납부를 하여야 하고, 잔여재산을 주주에게 배분하여야 한다.

주주에 대한 배분금액이 주주가 당초 자본금으로 납입한 금액을 초과하여 지급하는 금액은 주주의 소득이 되므로 이 경우 배당소득세를 원천징수하여 신고 및 납부하여야 하며, 이를 의제배당이라 한다.

잔여재산의 가액이 확정되어 의제배당소득이 발생한 경우로서 주주가 개인주주인 경우 다음달 10일까지 배당소득세(14%) 및 지방소득세(1.4%)를 원천징수하여 신고 및 납부를 하여야 한다.

■ 의제배당소득 = 해산 등으로 인하여 받은 대가 - 소멸하는 주식의 세무상 취득가액

▶ 의제배당소득과 귀속시기
1) 법인이 해산함에 따라 당해 법인으로부터 받은 다음의 금액은 의제배당소득으로 본다. 이 경우 해산 등으로 인하여 받은 대가는 시가에 의하여 평가함을 원칙으로 한다.
2) 의제배당의 귀속시기는 해산의 경우 잔여재산가액 확정일로 한다.

□ 법인세법 제16조(배당금 또는 분배금의 의제) -요약-
① 다음 각 호의 금액은 다른 법인의 주주 또는 출자자인 내국법인의 각 사업연도의 소득금액을 계산할 때 그 다른 법인으로부터 이익을 배당받았거나 잉여금을 분배받은 금액으로 본다. <개정 2011. 12. 31., 2016. 12. 20., 2018. 12. 24.>
4. 해산한 법인의 주주등인 내국법인이 법인의 해산으로 인한 잔여재산의 분배로서 취득하는 금전과 그 밖의 재산의 가액이 그 주식등을 취득하기 위하여 사용한 금액을 초과하는 금액

◆ 현물로 잔여재산 분배를 받은 경우
(법인 46012-585, 2000.2.29)
해산한 법인의 주주인 법인이 해산으로 인한 잔여재산의 분배로서 취득한 자산은 법인세법 시행령 제72조 제1항의 규정에 의하여 취득 당시의 시가를 취득가액으로 하는 것이며, 이 경우 법인세법 제16조 제1항 제4호의 의제배당규정이 적용됨.

◆ 배당지급결의를 취소한 경우 당초 배당결의에 의한 배당소득의 원천징수 여부
(원천, 기준-2018-법령해석소득-0165 [법령해석과-2091], 2018.07.20)
주주총회의 결의에 의하여 배당소득으로 확정된 경우에는, 그 후 당초 주주총회에서 확정된 배당소득에 대하여 주주총회에서 취소하였다 하더라도, 동 금액에 대하여 원천징수 하는 것임

[3] 법인 해산 이전 미처분이익잉여금의 배당 처분 검토
법인 해산으로 남아 있는 미처분이익잉여금(법인의 이익이 증가하여 순자산이 증가하였음에도 주주에게 적정한 배당을 하지 아니하여 유보된 이익)을 일시에 배당을 하게 되는 경우 배당연도에 주주의 배당소득이 한꺼번에 발생하여 누진세율로 인한

소득세 부담이 많아지게 되므로 이를 감안하여 법인 해산 전 미처분이익잉여금은 연도를 나누어 배당처분한 후 법인 해산을 고려하여야 한다.

▶ 배당소득세(14%) 및 종합소득세 누진세율(최대 45%) [지방소득세 별도]
금융소득(이자소득 + 배당소득)이 연간 2천만원 이하인 경우 14%의 세율로 분리과세되어 배당소득세만 납부하면 되나 2천만원을 초과하는 경우 종합소득에 합산될 뿐만 아니라 소득의 크기에 따른 누진세율로 인한 소득세 부담이 많아지게 된다.

❹ 퇴직소득 및 근로소득신고와 연말정산

[1] 퇴직소득 원천징수
폐업하는 사업장은 퇴직금을 지급한 달의 다음달 10일까지 원천징수이행상황신고서를 제출하고 세액을 납부하여야 하며, 지급명세서는 폐업일이 속하는 날의 다음다음달 말일까지 제출하여야 한다. 한편, 반기별 납부자가 폐업하는 경우에도 폐업일이 속하는 반기 동안의 원천징수세액을 폐업일이 속하는 달의 다음달 10일까지 신고 및 납부하여야 한다.

[2] 근로소득 원천징수
폐업하는 사업장은 근로소득을 지급한 달의 다음달 10일까지 원천징수이행상황신고서를 제출하고 세액을 납부하여야 하며, 지급명세서는 폐업일이 속하는 날의 다음다음달 말일까지 제출하여야 한다. 한편, 반기별 납부자가 폐업하는 경우에도 폐업일이 속하는 반기 동안의 원천징수세액을 폐업일이 속하는 달의 다음달 10일까지 신고 및 납부하여야 한다.

▶ 근로소득 간이지급명세서 제출
폐업한 경우 '근로소득 간이지급명세서'의 제출기한은 폐업일이 속하는 반기의 마지막 달의 다음 달 말일까지이고, '근로소득지급명세서'는 폐업일이 속하는 달의 다음다음 달 말일까지 제출하여야 하며, '근로소득 간이지급명세서' 제출기한 전에 '근로소득지급명세서'를 제출한 경우 '근로소득 간이지급명세서' 제출을 하지 아니할 수 있다.

[3] 폐업한 사업장의 연말정산 신고 및 환급 절차

① 원천징수의무자인 사업자가 폐업을 하는 경우 원천징수이행상황신고를 폐업일이 속하는 달의 다음달 10일까지 하여야 하며, 폐업일이 속하는 달의 급여를 지급하는 때에 해당 직원에 대한 근로소득세 원천징수 및 연말정산을 하고 다음달 10일까지 원천징수이행상황신고서를 제출하여야 하고, 해당 근로자의 근로소득 연말정산에 따른 근로소득 지급명세서를 폐업월의 다음 다음달 말일까지 원천징수 관할세무서장에게 제출하여야 한다.

② 폐업으로 인하여 근로소득세에 대하여 연말정산을 한 결과 환급할 세액의 합계액이 납부할 세액 보다 많은 경우 원천징수의무자는 원천징수 관할세무서장에게 환급을 신청할 수 있으며, 환급신청시 연말정산 원천징수세액과 환급신청세액을 기재한 '원천징수이행상황신고서' 및 '근로소득지급명세서'를 폐업일이 속하는 달의 다음다음 달 말일 까지 제출하여야 한다.

③ 환급신청방법 ~ 원천징수이행상황신고서의 「원천징수세액환급신청서」에 "☑" 표시하고 「환급신청액」란에 환급신청액을 기재(원천징수세액환급신청서 부표, 기납부세액 명세서, 전월미환급세액 조정명세서 반드시 작성)하여 원천징수 관할세무서장에게 환급신청을 할 수 있다.

④ 연말정산 환급에 따른 지방소득세를 환급 받고자 하는 경우 아래의 서류를 구비하여 근로소득세에 대한 지방소득세를 납부한 구청 또는 시청에 환급 신청을 할 수 있다.
1. 지방소득세 특별징수 환급청구서
2. 지방소득세 특별징수 개인별 납부 내역서
3. 소득세 환급결정통지서 사본 또는 소득세 환급 입금된 통장사본
4. 원천징수이행상황신고서(연말정산분)

❺ 4대보험 정산 및 사업장 탈퇴신고

법인이 사업장을 폐업한 폐업 사유가 발생한 날이 속하는 달의 다음 달 14일내 사업장탈퇴 신고서 및 사업장 탈퇴 사실을 증명할 수 있는 서류를 국민연금공단 또는 건강보험공단에 제출하여야 한다.

[1] 국민연금 당연적용사업장 탈퇴신고

사업자가 당연적용사업장의 사용자로서 사업장을 폐업하게 되면 해당 사업자는 사업장의 폐업 사유가 발생한 날이 속하는 달의 다음 달 15일까지 사업장탈퇴 신고서 및 사업장 탈퇴 사실을 증명할 수 있는 서류를 국민연금공단에 제출해야 한다.

[2] 국민건강보험 사업장 탈퇴신고

사업장을 폐업하게 되면 해당 사업자는 폐업한 날부터 14일 이내에 사업장 탈퇴신고서(전자문서 포함)에 사업장 탈퇴 사실을 증명할 수 있는 서류(전자문서 포함)를 첨부하여 국민건강보험공단에 제출해야 한다.

[3] 고용보험 및 산업재해보상보험의 보험관계 소멸신고

사업의 폐업·종료 등을 이유로 보험관계가 소멸한 경우 해당 사업자는 그 보험관계가 소멸한 날부터 14일 이내에 근로복지공단에 보험관계의 소멸 신고를 하여야 한다.

■ 국민건강보험법 시행규칙 [별지 제4호서식] <개정 2022. 10. 26.>

국민연금 [ ]사업장 탈퇴신고서
건강보험 [ ]사업장 탈퇴신고서
고용보험 보험관계 [ ]소멸 신고서 [ ]해지신청서(근로자 종사 사업장)
산재보험 보험관계 [ ]소멸 신고서 [ ]해지신청서(근로자 종사 사업장)

[2023년 신간 도서 안내]

계정과목별 회계 및 세무 경리·지출증빙 결산·재무제표

법인기업, 개인기업 장부
손익계산, 세무회계 실무서

경영정보문화사